国家自然科学基金重点项目“城市交通治理现代化理论研究”（71734004）资助

面向未来的交通出版工程

城市交通交叉学科系列丛书

城市交通治理现代化理论及应用

汪光焘　陈小鸿　杨东援
郭继孚　吴娇蓉　刘淑妍　著

同濟大學 出版社
TONGJI UNIVERSITY PRESS
·上海·

图书在版编目（CIP）数据

城市交通治理现代化理论及应用/汪光焘等著.—
上海：同济大学出版社，2022.12
（面向未来的交通出版工程·城市交通交叉学科系列
丛书/汪光焘总主编）
ISBN 978-7-5765-0511-5

Ⅰ.①城…　Ⅱ.①汪…　Ⅲ.①城市道路—交通运输管
理—现代化管理—研究—中国　Ⅳ.①U491

中国版本图书馆CIP数据核字（2022）第233397号

面向未来的交通出版工程
城市交通交叉学科系列丛书
城市交通治理现代化理论及应用
汪光焘　陈小鸿　杨东援　郭继孚　吴娇蓉　刘淑妍　著

丛书策划　高晓辉
责任编辑　高晓辉
助理编辑　孙铭蔚
责任校对　徐春莲
封面设计　唐思雯

出版发行　同济大学出版社　www.tongjipress.com.cn
（地址：上海市四平路1239号　邮编：200092　电话：021-65985622）
经　　销　全国各地新华书店、建筑书店、网络书店
排版制作　南京文脉图文设计制作有限公司
印　　刷　上海安枫印务有限公司
开　　本　787mm×1092mm　1/16
印　　张　16.75
字　　数　418 000
版　　次　2022年12月第1版
印　　次　2022年12月第1次印刷
书　　号　ISBN 978-7-5765-0511-5
定　　价　86.00元

前言 PREFACE

本书结合国家自然科学基金重点项目“城市交通治理现代化理论研究”(编号:71734004)的研究成果编写,是城市交通交叉学科系列丛书之一。与已出版的城市交通交叉学科系列丛书——《城市交通学导论》《城市交通学总论——兼论城市交通学的基础问题》等共同构建城市交通学基础理论。同时,以城市交通学基础理论为支撑的城市交通学科(又称城市交通交叉学科)建设,培养的学生应该是引领我国城市交通治理体系和治理能力现代化的骨干,是今后一个时期的国家栋梁,甚至是领军人物。

中共十八届三中全会提出了“国家治理体系和治理能力现代化”,治理开始成为中国官方理论体系下的重要概念。随后中共中央一系列重要文件不断地对此概念的内涵进行补充,赋予治理概念崭新而明确的内涵,特别是赋予治理概念鲜明的政治内涵,形成了党中央治国理政的新治理观。中共十九大报告中对社会主要矛盾转化做出了历史性判断,并且指出人民群众对美好生活的需要日益增长。为了有效回应这些新需要,解决社会的新矛盾,十九大报告提出要完善党委领导、政府负责、社会协同、公众参与、法治保障的社会治理体制,打造共建、共治、共享的社会治理格局。执政党在治理体系中的核心地位与作用是理解十八大以来中国语境下治理理论内涵的关键,“共治”这一概念在十九大报告中首次被提出,既强调了中国共产党在治理体系中的领导与核心地位,又体现了其他主体参与到治理体系的路径。中共二十大继承和发展了十八大以来的国家治理能力和国家治理体系现代化理论,延续了十九大“共治共享”的理念,提出“社会治理效能提升”的目标导向。肯定了十九大推动社会治理重心向基层下移、健全城乡社区治理体系的治理思路,提出完善网格化管理、精细化服务、信息化支撑的基层治理平台。在空间尺度上,首次将“市域”作为治理能力发展的关注对象,提出加快市域社会治理现代化。要求发展壮大群防群治力量,建设人人有责、人人尽责、人人享有的社会治理共同体。

治理理论和城市治理理论提供了城市交通治理的基础理论分析框架。西方城市治理理论向合作治理发展的趋势为分析中国城市治理的具体问题提供了可供借鉴的基本理论与经验,但现有西方理论与中国的城市治理具体实践存在诸多不契合的地方。中共十八大到二十大,治理理论是指导城市交通治理变革的基本理论。城市交通治理在价值层面要创造性地借鉴与运用西方理论,将中国城市交通治理具体目标嵌入党和国家发展战略;在城市交通治理操作层面,要在党和政府的主导下推进不同主体的合作,实现治理目标。城市交通治理聚焦城镇化国家战略、城市公交优先发展现实困境、共享交通服务创新三类重点场域,着重处理两大界面关系:

第一,城市交通对新型城镇化的支撑关系。发挥交通引导城市发展的作用,通过交通治理落实以城市群、都市圈为主体形态,以公交优先组织城市空间布局等国家确定的重大城市发展战略，并对新技术发展趋势下城市未来发展前景提出前瞻性引导策略。

第二，城市交通内部多元主体间的合作关系。基于公共服务的基本属性定位，改变当前政府为主体的交通管理模式，构建政府主导的政府、企业、社会组织、公众多元主体“价值—信任—合作”新型关系，通过参与主体重组、权益关系重构、行为模式重塑与治理绩效重估，提升交通服务共建、共治能力与共享水平。

本书探索以交通服务为对象、以权益关系为内核、以大数据为技术支撑的交通治理现代化理论体系，为解决城市交通新老矛盾交织与新旧利益碰撞提供新的研究范式和实施途径。全书分为七章，其中，第一章和第二章主要讲述城市治理和城市交通治理的基本概念、基本理论，第三章至第七章为城市交通治理理论与方法的应用与实践。七章的主要内容如下：

第一章为城市交通治理基础理论，主要介绍城市交通治理的未来趋势与挑战，城市交通治理变革的理论基础与特征，城市交通治理研究的跨学科体系，城市交通治理的研究框架，城市交通治理中的政策议程与多源流和城市交通治理的对策体系。第二章为基于行政规制视角破解共享经济时代的城市交通合作治理危机，介绍共享经济时代的城市治理新形态与城市交通治理，城市交通服务合作治理及困境，建构城市交通合作生产服务新模式——以定制公交为例，面向合作治理的城市交通行政规制变革。第三章为面向交通服务创新的协作治理逻辑框架与分析方法，介绍城市客运交通体系新业态与新主体，交通服务协作治理逻辑与利益相关者分析方法，交通议题多元主体认知响应的采集与分析方法，多元主体参与互动与意见传播的建模分析方法。第四章为城市交通服务协作治理——互馈与趋同的实证，介绍基于公交可达性的需求管理约束评价，网约车安全监管——舆论响应推动认知与监管，共享单车定价机制调整——市场回归理性与信任重塑。第五章为出行活动调整协作治理——博弈与妥协的实证，介绍城市交通拥堵治理——需求管理影响网络运行，交通需求管理政策情景方案评价，交通拥堵收费政策制定——长期博弈妥协达成决策共识。第六章为城市群、都市圈协同共治体系及典型案例借鉴，分别介绍城市群与都市圈概念，城市群与都市圈协作治理及路径选择，典型案例包括“长江三角洲区域发展一体化：治理与合作”“京津冀交通一体化：‘自上而下’协调机构”“粤港澳大湾区交通一体化：轨道交通四网融合”“美国大都市区规划组织：多方利益协调者”。第七章为城市交通网络运行状况的评价指标，介绍评价指标体系构建总体思路、内涵要求，国内外交通评价指标及演变，指标框架构建，按照城市基底分类、面向居民、面向城市、面向区域四个层面进行指标选取，并给出指标定义。

感谢国家自然科学基金委员会管理科学学部的研究资助。本书是重点项目“城市交通治理现代化理论研究”(编号：71734004)的研究成果之一。

感谢所有参与本书撰写的专家、学者和同学们。

本书主编单位：同济大学。

本书稿总审稿人：汪光焘、陈小鸿；统稿人：吴娇蓉。

具体章节内容编写人员为：第一章，李玮峰、杨东援、葛天任；第二章，刘淑妍、张斌、刘冉、李兰茜；第三章，叶倩、陈小鸿、张华；第四章，叶倩、孙超、陈小鸿；第五章，孙超、陈小鸿、叶倩；第六章，吴娇蓉、刘翔、邓泳淇、刘旭东、王婷；第七章，郭继孚、王婷、王继峰、魏贺、孙建平。

由于编著人员水平有限，错误和不当之处请读者批评指正。

作　者

2022 年 11 月

目录 CONTENTS

前言

第1章 城市交通治理基础理论 001
1.1 城市交通治理的未来趋势与挑战 002
1.1.1 城市交通治理的未来趋势 002
1.1.2 城市交通治理未来面临的五大挑战 003
1.1.3 城市交通治理的主要议题 005
1.2 城市交通治理变革的理论基础与特征 007
1.2.1 治理理论的核心:工具理性与价值理性的统一 007
1.2.2 城市治理理论发展趋势:合作治理 008
1.2.3 城市交通治理的数字化转型:理论与实践 010
1.2.4 中共十八大以来的新治理观与发展:党建与共治 011
1.2.5 建构城市交通合作治理模式 011
1.3 城市交通治理研究的跨学科体系 012
1.3.1 传统交通学科体系的优势与劣势 012
1.3.2 未来城市交通治理的跨学科体系 013
1.4 城市交通治理的研究框架 014
1.4.1 方法论基础 014
1.4.2 研究框架 015
1.5 城市交通治理中的政策议程与多源流 018
1.5.1 城市交通治理政策议程的特殊性 018
1.5.2 基于多源流理论的城市交通治理政策议程 020
1.5.3 城市交通智能治理的两维矩阵架构 021
1.6 城市交通治理的对策体系 021
1.6.1 目标—要素—杠杆—机制框架的对策体系 021
1.6.2 价值—信任—合作的任务路径 025

1.6.3 面向城市交通合作治理的保障措施 027
1.7 本章小结 028

第2章 基于行政规制视角破解共享经济时代的城市交通合作治理危机 029
2.1 共享经济时代的城市治理新形态与城市交通治理 030
2.1.1 城市形态、城市治理演进与城市交通治理新议题 030
2.1.2 人工智能技术、交通革命与城市交通治理新局面 032
2.1.3 基于共享包容的新型交通服务模式与治理新结构 035
2.2 城市交通服务合作治理及困境 037
2.2.1 公共服务模式创新及合作治理 037
2.2.2 “互联网+”时代的公共服务共同生产及不足 038
2.2.3 边界融合与多中心治理难题:空间碎片化和环节碎片化 039
2.2.4 数据驱动的城市跨部门运营瓶颈:数据共享网络的断裂 040
2.3 建构城市交通合作生产服务新模式——以定制公交为例 041
2.3.1 城市地面公交发展困境与定制公交服务合作生产 041
2.3.2 合作生产的理论进展与研究评述 043
2.3.3 定制公交合作生产服务安排现状分析 044
2.3.4 建构定制公交服务合作生产新模式 046
2.4 面向合作治理的城市交通行政规制变革 049
2.4.1 管理视域下城市交通行政规制实践 049
2.4.2 治理逻辑下城市交通行政规制变革取向 051
2.4.3 面向合作包容的城市交通行政规制理论发展 054
2.4.4 建立合作治理导向的城市交通行政规制体系 055

第3章 面向交通服务创新的协作治理逻辑框架与分析方法 058
3.1 城市客运交通体系新业态与新主体 059
3.2 交通服务协作治理逻辑与利益相关者分析方法 061
3.2.1 交通服务创新协作治理的基本逻辑 061
3.2.2 典型交通服务创新治理场景选择与特性归纳 061
3.2.3 交通服务利益相关者分析方法 063
3.3 交通议题多元主体认知响应的采集与分析方法 072
3.3.1 认知响应分析的总体思路与技术流程 072
3.3.2 社交媒体数据爬取与预处理 074
3.3.3 自然语言处理技术核心方法 078
3.4 多元主体参与互动与意见传播的建模分析方法 082

3.4.1 意见网络及互动分析的总体思路与技术流程 082
3.4.2 数据获取与矩阵表示 084
3.4.3 主体参与互馈网络建模与分析 085

第4章 城市交通服务协作治理——互馈与趋同的实证 088
4.1 基于公交可达性的需求管理约束评价 089
4.1.1 公交可达性评价方法框架与模型 089
4.1.2 方案预设情况下的公交可达性评价方法 090
4.1.3 公交服务可达性评估 092
4.2 网约车安全监管——舆论响应推动认知与监管 097
4.2.1 网约车服务利益相关者分析与运营安全事件背景 097
4.2.2 网约车运营安全事件的微博数据描述 099
4.2.3 网约车安全事件公众响应模式与认知演变过程 100
4.2.4 从网约车安全监管实证提炼多元主体协作治理模式 108
4.3 共享单车定价机制调整——市场回归理性与信任重塑 109
4.3.1 共享单车利益相关者分析与价格调整背景 109
4.3.2 共享单车定价调整事件的微博数据描述 110
4.3.3 共享单车价格调整的公众参与网络结构与意见反馈 111
4.3.4 从共享单车价格调整实证提炼多元主体协作治理的实现 120

第5章 出行活动调整协作治理——博弈与妥协的实证 122
5.1 城市交通拥堵治理——需求管理影响网络运行 123
5.1.1 交通运行指数研究 123
5.1.2 多模式道路交通能耗排放模型 129
5.1.3 多源数据融合的道路交通运行评价与诊断 136
5.1.4 道路交通排放评价与诊断 139
5.2 交通需求管理政策情景方案评价 140
5.2.1 深圳交通总体运行与交通需求管理政策公众意向 140
5.2.2 “诊断评价”——确定交通需求管理政策实施范围 143
5.2.3 “约束评价”——评估小汽车可替代性服务能力 145
5.2.4 交通需求管理政策情景方案 146
5.2.5 “综合评价”——交通需求管理政策评价分析 148
5.3 交通拥堵收费政策制定——长期博弈妥协达成决策共识 153
5.3.1 纽约交通拥堵收费三轮提案背景 153
5.3.2 纽约拥堵收费政策研究框架与推特数据集描述 160

5.3.3 纽约拥堵收费政策制定关键主体和争议焦点演变 162
5.3.4 从拥堵收费决策提炼多元主体博弈妥协达成共识过程 167

第6章 城市群、都市圈协同共治体系及典型案例借鉴 170
6.1 城市群、都市圈概念综述 171
6.1.1 城市群和都市圈概念的起源与发展 171
6.1.2 城市群和都市圈范围的时空特征 176
6.1.3 行政区划对都市圈和城市群发展的重要影响 179
6.2 城市群与都市圈协作治理及路径选择 180
6.2.1 城市群和都市圈协作治理的基本内涵 180
6.2.2 城市群和都市圈协作治理的主要困境 182
6.2.3 城市群和都市圈协同共治体系的理论范式 184
6.2.4 我国六个都市圈规划实施保障:联席会议机制 188
6.3 长江三角洲区域发展一体化:治理与合作 189
6.3.1 长三角协同共治的发展背景 189
6.3.2 长三角区域一体化发展探索与阶段特征 189
6.3.3 长三角交通一体化进程与挑战 193
6.3.4 长三角区域一体化主要挑战与提升策略 195
6.4 京津冀交通一体化:“自上而下”协调机构 197
6.4.1 京津冀协同共治的发展背景 197
6.4.2 京津冀交通一体化组织框架及协调机制 197
6.4.3 京津冀交通一体化发展探索与成效 200
6.5 粤港澳大湾区交通一体化:轨道交通四网融合 203
6.5.1 粤港澳大湾区交通一体化发展背景与基础 203
6.5.2 粤港澳大湾区交通一体化发展主要挑战 204
6.5.3 粤港澳大湾区交通一体化探索与成效 206
6.6 美国大都市区规划组织:多方利益协调者 208
6.6.1 大都市区规划组织出现的背景 208
6.6.2 大都市区规划组织的设立与发展 209
6.6.3 大都市区规划组织的实效与借鉴价值 212

第7章 城市交通网络运行状况的评价指标 214
7.1 研究前提 215
7.1.1 总体思路 215
7.1.2 内涵要求 215

7.1.3 指标选取原则 216
7.2 国内外交通评价指标及演变综述 216
7.2.1 国内城市交通评价指标 216
7.2.2 国外城市交通评价指标 223
7.2.3 小结 229
7.3 交通网络运行评价的指标框架 229
7.3.1 描述城市基本属性的情景指标 229
7.3.2 衡量交通系统构建与运行成效的评价指标 230
7.4 交通网络运行评价的指标选取 231
7.4.1 交通网络运行评价指标汇总 231
7.4.2 交通网络运行评价指标比选 234
7.5 交通网络运行评价指标的定义及计算方法 235
7.5.1 城市基底分类指标 235
7.5.2 面向居民交通服务的指标 237
7.5.3 面向城市可持续运行的指标 239
7.5.4 面向区域协同发展的指标 240

参考文献 242

第 1 章
城市交通治理基础理论

1.1 城市交通治理的未来趋势与挑战

当前的中国,新科技革命方兴未艾,外部面临国际竞争格局时刻变化,内部城镇化进程不断加速,挑战重重。2021 年,中国政府在《中华人民共和国国民经济和社会发展第十四个五年规划和 2035 年远景目标纲要》中提出促进国内国际双循环。在上述背景下,城市交通治理研究面临现实与理论的双重转型。从现实层面看,城市交通作为连接城市各要素的桥梁与纽带,不仅是城市治理的重要组成部分,更是区域一体化发展乃至国家治理的重要组成部分。从理论层面看,城市交通治理研究需要探索如何构建学科体系、研究框架,如何开展下一步系统性研究等重要问题。作为交叉学科,城市交通治理研究的问题导向鲜明,但学科体系与研究框架的构建却仍有待进一步厘清,尤其是当前技术变革与社会变革快速深刻,如何以发展的眼光看待当前城市交通治理的挑战、趋势以及变革动力则更为关键。

1.1.1 城市交通治理的未来趋势

工业化、城镇化是构成现代化的两大主旋律,城市交通的发展与之密不可分。工业化使交通形态、交通技术得到升级;城镇化导致人口不断向城市集聚,同时也导致居民出行需求不断提升。在不同的城镇化、工业化发展阶段,城市面临着不同的城市交通问题。深入了解工业化、城镇化与交通的历史演变,对于分析未来城市和交通问题、制定治理策略具有重要意义(图 1-1)。

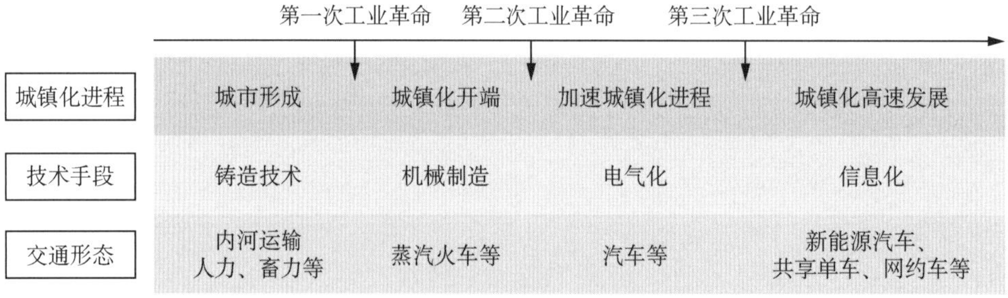

图 1-1 工业化、城镇化与交通的发展

在前工业时代,社会发展缓慢,资本主义经济主要以手工业为主,城市的形态初步形成,表现为生产与生活的混合。这一时期技术手段简单,主要通过铸造技术制造船舶等交通工具。交通运输以内河运输为主,陆上运输主要依靠人力和畜力,面临着交通工具单一与低效的问题。蒸汽机的发明引发了第一次工业革命,开启了城镇化进程,这一阶段的城市形态以生产活动为核心。工业革命不仅促进了社会的发展,同时也极大地促进了交通的革新。蒸汽火车的出现增强了交通运输能力,开创了以机械为动力的现代交通运输新纪元。

19 世纪中期,第二次工业革命促使科学技术突飞猛进,各种新技术、新发明层出不穷,并被迅速应用于工业生产中，大大促进了经济的发展。这一时期，人类社会从蒸汽时代跨入了电气时代，内燃机车、远洋轮船得到了迅速发展，汽车开始出现在城市中，城市交通机动化开始萌芽。随着汽车工业的发展，一些大城市出现了交通拥堵的现象，影响了城市运作，公路等基础设施建设成为城市交通关注的重点。

20世纪中叶，第三次工业革命实现了科技领域的重大飞跃，人类社会进入信息化时代。伴随着城市间经济交流的展开，人与物的流动范围和距离有了明显变化，城镇化率快速提升。同时，城市交通需求总量激增，需求构成更为复杂，交通供需关系逐渐引起人们的重视，城市交通规划管理理念逐渐形成。随后，城市综合交通体系初步建立，人们开始运用综合交通系统理论以及较为简单的交通规划方法研究城市出现的各种交通问题[1]。

进入21世纪后，信息革命推动了互联网、人工智能等的发展，城镇化、机动化步入高速发展时期。截至2018年，全球平均城镇化率达55%[2]；中国在改革开放的40年间，城镇化水平从17.9%增至59.58%[3]。城市人口增加，空间扩张提速，更新与建设同步推进。城市发展正经历着由城市与城镇协调发展向推进城市群发展的变化，交通拥堵、能源匮乏、环境污染等负外部性城市问题愈发严重。这一时期，交通面临着城市空间结构、交通结构、信息不对称问题，城市规划者开始关注交通发展模式、交通发展战略、交通政策等，因此推动了城市交通规划管理向城市交通治理的转变。

进入信息化时代后，物联网、大数据、人工智能等技术与可持续发展战略催生了网约车、共享单车、新能源汽车等新型交通方式，推进了交通的智慧化发展。未来，城镇化进程将趋于稳定，人类社会也会迎来第四次工业革命。这一阶段又会有新的技术、新的理念改变人们的出行方式。麦肯锡的研究提出了未来交通发展的七个趋势：共享移动性、汽车电动化、自动驾驶、新型公共交通、可再生能源、新型基础设施和"物联网"[4]。未来在AI、5G等技术成熟后，城市将迎来以无人驾驶等新交通方式为载体、以共享移动为主导的智慧交通时代，多样化的出行将使传统的政府提供服务向社会提供服务转变[5]。未来城市交通的发展为城市交通治理带来了新机遇，传统的交通规划治理手段也会受到各种挑战。

1.1.2 城市交通治理未来面临的五大挑战

不同的城市发展阶段的交通形态、交通方式也各不相同，技术进步和社会变迁深刻影响着城市交通治理。传统的交通治理是单一的政府主导的行政管理模式。未来，城市交通问题将呈现向交通拥堵、新服务业态监管治理和城市群背景下区域交通发展三大方向的聚集[6]。围绕这些问题，传统的交通治理面临多方面的挑战。

1) 从城市规模来看，城市交通治理未来面临着区域一体化的挑战

未来城市的发展不再局限于单个城市自身的发展，而是具有全球城镇化的趋势，形成以大都市为中心向四周辐射的城市群[7]。从全球趋势来看，城市群已成为支撑国家各主要经济体发展的核心区。交通是城市运行的重要命脉，是连接城市间经济、服务功能等的主要载体，也是支撑城市群出现及发展的关键基础设施。在幅员辽阔的中国，各地区交通发展程度差距较大，区域发展不协调。为推进城市群的发展，如何缩小城市之间的差距，如何实现并发展区

域交通一体化，是未来城市交通治理面对的巨大挑战。

2）从技术发展来看，城市交通治理未来面临着科技创新性的挑战

近年来，大数据、人工智能、云计算等新技术，改变着城市的运作和发展。未来城市离不开这些新兴技术，在其推动下，城市转型升级，未来城市将成为以服务为核心的新型智慧城市[8]。其中，智慧交通板块的发展理念和模式同样强调利用新兴科技推动城市交通治理服务的创新，使得城市交通朝着更加智慧化、更加高质量的方向发展[9]。然而，科技发展日新月异，未来交通的情形难以预测。目前，电动汽车、无人驾驶、共享出行的管理以及机动车所产生的交通拥挤、环境污染等问题尚未完全解决。在新型交通技术不断涌现的背景下，研究城市交通治理应该如何应对未知挑战、如何适应新型交通与创新技术显得尤为重要。

3）从交通发展模式来看，城市交通治理未来面临着可持续发展的挑战

由于环境污染问题严重，温室效应产生的后果难以想象，可持续发展的任务艰巨。交通运输行业 CO_2 排放在中国城市 CO_2 总排放中占据较大比例，因此城市交通需要坚持可持续发展理念，推进绿色交通。2019 年印发的《交通强国建设纲要》对现代化综合交通体系也提出了绿色生态发展的要求。城市交通正处在绿色交通转型的重要机遇期，但是绿色交通方式缺乏整合、交通需求管理滞后以及土地利用不协调等核心问题，阻碍了城市交通的可持续发展[10]。未来城市交通治理需要深入研究绿色交通发展策略，将传统交通与新型绿色交通有机融合，形成多模式的绿色交通系统。

4）从风险应急管理来看，城市交通治理未来面临着快速应对突发公共卫生事件的挑战

2020 年初，全球新冠肺炎疫情暴发后，社会经济严重停滞，而交通同样面临着巨大的阻碍与挑战。城市交通系统是城市运行的保障，在突发公共卫生事件发生时，交通面临着即时响应和出行保障的挑战。目前，应对突发公共事件的预案有很多，但是交通领域的专项案例依然较少。未来城市交通需要具备应对各种突发事件的实施方案，才能更加快速地响应各类需求与环境变化，提高城市交通治理的韧性。

5）从治理模式演化来看，城市交通治理未来还面临着多元化和精细化的新要求与新挑战

在城市发展过程中，中国一直实行以政府为主导的管控模式，行政权力相对强化集中，社会组织缺乏职能发挥空间。而随着交通新技术、新业态、新模式的发展，例如共享单车的问世，全能型自上而下的管理体系已难以适应复杂的城市交通治理现实。未来城市交通治理亟须构建民众、行业协会、企业、政府等共同参与的政策网络。政府在占据主导地位的同时下放权力，利用企业、基层组织等中间层与公众连接在一起，实现从基层到顶层的合作共治格局，以提供精细化、品质化的交通服务。

新时代城市交通面临着需求变化和治理革新，未来的城市交通不应只关注交通问题的根源，而应建立以人为本的理念，坚持人、车、路、环境的协调发展[11]。关注人、人的出行，提升人的出行品质，注重以人为核心的全出行链、整体出行体系的塑造，是未来城市交通治理的发展方向[12]。无论未来交通如何发展，未来城市的交通治理都应该有效利用科技的力量，充分发挥智慧交通系统的作用，通过实现业态多样化、管理智能化、互动多赢、多方合作等方式促进未来城市交通治理的发展[13]。

1.1.3 城市交通治理的主要议题

1. 交通区域治理：城市群的交通协同发展

2018年，为优化经济发展格局，中共中央、国务院提出京津冀协同发展战略，这一战略拉开了城市群协同发展的序幕。党的二十大报告提出，以城市群、都市圈为依托构建大中小城市协调发展格局，推进以县城为重要载体的城镇化建设。建立城市群，通过资源集中、区域协同发展，发挥资源开发和利用最大化的作用。其中，雄安新区、粤港澳大湾区、长三角区域等包含的城市在经济、产业发展上都有领先优势，对其他城市群建设具有引领作用。城市群建设依托交通设施，雄安新区、粤港澳大湾区、长三角城市群的战略目标都包括加快现代化综合交通运输体系的建设。在城市群建设重大交通基础设施，有助于高度集中枢纽功能，提高城市间的连通性[14]。

交通协同发展有助于城市群的建设，实现公共服务共建、共治、共享是经济发展的新突破口，也是协同发展之脉[15]。而交通协同发展，离不开交通基础设施建设与交通协同治理。当前交通协同发展的研究主要聚焦于京津冀城市群的交通一体化建设，尤其是新型城镇化背景下的轨道交通一体化建设。区域协同发展首先要实现城镇空间一体化发展，利用交通等公共资源实现共建共享。在交通协同发展的过程中，城镇、区域的空间壁垒相对容易突破，而跨区域的政治治理是今后面临的重大障碍。

2. 交通技术治理：数字城市与交通信息化建设

数字城市建设是信息时代的发展要求，是对城市过去、现在、未来的一种显示。在网络化不断完善的大环境下，数字化建设必将成为未来人类日常生活中不可缺少的一部分，而数字城市也将成为未来城市智能规划建设的重要工具。数字城市的广泛应用，对城市的繁荣稳定及可持续发展有着巨大的促进和推动作用[16]。随着交通系统逐渐向"出行即服务"的方向发展，通过数字化实现的融合构成了重塑交通系统的重大机遇[17]。在交通领域，多元、多时相数据量激增，交通系统信息化建设虽然趋于完善[18]，但是在很多方面仍有提升空间。可将未来智慧城市信息化交通的研究归纳为五大趋势：信息采集、数据分析、决策支持、信息发布、社会关注[19]。

关于数字城市与交通信息化建设研究最早可以追溯到1998年提出的"数字地球"，此后地学界和信息技术领域开始广泛关注该领域。文献[20]提到了数字城市研究的必要性和研究内容等，有助于研究者对数字城市建立初步认识。文献[21]总结了数字城市的总体框架模型，并对关键技术和实现策略进行了论述，这是对数字城市建设的一次初步探索。随着信息技术的发展，信息可视化的概念被提出。交通信息可视化主要包括两部分：地理空间信息的可视化和交通专题信息的可视化。文献[22-23]在信息可视化领域都有着深入的研究，可以帮助研究者了解信息可视化的技术手段与应用领域。

数字城市、智能城市、智慧城市的建设与交通信息化建设离不开信息化手段的介入。从信息空间入手，通过交通大数据挖掘、交通信息可视化等技术，对城市交通要素进行直观分析。实现交通信息化建设可以提高城市交通网络系统的运行效率，也能更好地帮助决策者实时了解交通问题。在信息化的前提下对城市交通进行治理，对未来城市交通发展具有重要意义。

3. 交通发展治理：智慧城市与绿色交通

随着信息化时代的发展，智慧城市将成为未来城市建设的蓝图，智慧城市是数字城市和智能城市后的城市信息化高级形态[24]。2010年，IBM正式提出了“智慧的城市”愿景，进而引发了全球智慧城市建设的热潮。智慧城市是城市发展的一种新型策略，可以实现城市治理智能化、精细化，通常包括智慧基础设施、智慧运行、智慧服务和智慧产业四部分。智慧城市的研究包括智慧城市理念[25-26]、智慧城市规划与建设[27-28]、智慧城市系统与评价[29]等。智慧城市的建设离不开智慧交通建设：交通是城市功能的重要载体，智慧城市的发展决定了未来交通发展将开启信息联动、科技驱动的智慧交通新模式。

在“创新、协调、绿色、开放、共享”的新发展理念的引领下，未来城市交通必须坚持可持续发展的理念，发展绿色交通，加快构建更加生态、更加和谐、更加宜居、更加富有魅力的城市。基于绿色环保理念的城市交通治理近年来一直是关注热点，主要研究可分为从政策入手改善交通[30-31]、从交通模式转型角度推进绿色交通治理[29,32]、从数据出发反映交通碳排放情况[33-35]等。

绿色交通工具是绿色交通发展的重要一环。近年来，随着共享经济的出现，共享单车、网约车等新的共享型交通业态不断涌现。共享出行直面城市机动车交通量日益增长及其带来的严峻的交通环境问题，是一种更加绿色的交通理念，是可持续交通发展的新动能[36]。但是共享出行在提供便利服务的同时，也引发了交通、经济、社会、环境等多重问题。大量学者关注了共享出行下的交通治理与法律法规问题[37-38]，对作为共享经济代表的交通方式进行法律地位的研究无疑有助于解决共享出行发展中的问题，使其长远发展[39]。除此之外，也有大量研究针对共享出行对传统交通方式的影响[40-41]以及共享出行的效益[42-43]等。共享出行是可持续交通的载体，依托新技术和新业态，共享的方式将更加丰富。在共享的基础上，将各种交通方式整合在一起，实现出行即服务(Mobility as a Service, MaaS)，是未来交通治理的重点领域。

4. 交通风险治理：城市交通应急管理

在经历非典型性肺炎、新冠肺炎疫情暴发后，面向突发公共卫生事件的城市交通应急管理引起了学者们的关注。对于高传染性的疾病而言，公共交通这样高人群聚集的环境是极佳的传播空间，具有交叉感染的风险。因此，面对突发公共事件下的需求和变化，城市交通治理不仅需要制定紧急状态下的应急预案，更需要制定常态化城市交通治理方案，这也是城市交通治理精细化的一种体现。

早期国内外对于交通应急策略的研究主要集中于交通疏散策略研究[44-45]和应急救援[46-47]研究等，关于公共卫生事件的应急策略研究较少。在新冠肺炎疫情期间，全球多个城市对城市交通实行了管制，限制居民的出行，因此针对疫情期间的交通管理研究主要停留在防疫战略、政策的定性分析上。大量突发公共卫生事件的城市交通应急管理研究主要集中在公共交通治理上[48-49]，因为公共交通与城市公共卫生和居民出行息息相关，公共交通出行会使乘客面临巨大的感染风险。

城市交通应急管理的研究呈现区域化的现象。从信息维度来看，国家的防疫战略应该与不同城市、不同交通方式的数据联系在一起，在大数据的背景下，研究高效快捷的城市交通应急救援措施具有重要意义。应急管理方案应该随信息的变化而变化,营造安全的出行环境,实现动态防范,同时保障必要的出行需求。

5. 交通人本治理:交通公平与多元共治

交通的本质是人和物的移动,而在快速城镇化的进程中,以机动车交通为主的城市交通规划和发展模式往往忽视了人的体验。习近平总书记在各地考察的过程中,多次提到"人民城市人民建,人民城市为人民"。以人为本理念渐渐融入城市交通治理中,成为未来城市交通可持续发展的必要模式。

随着经济的快速发展,居民生活质量不断提升,差距也越来越大,社会发展的矛盾引发了人们对社会公平问题的探讨。以人为本的城市交通治理体系需要构建更为公平的交通体系,为社会群体提供公平共享的基础设施和运输服务也是交通治理的重要目标之一。在近年的研究中,解释交通公平的工具有很多,主要聚焦于公共服务设施在空间单元中的交通可达性。可达性的测度方法非常丰富,包括时间距离成本可达性[50]、引力可达性[51]、机会累积可达性[52]、两步搜索移动可达性[53]等。

除了公平性研究,实现正义城市的建设还需要实现民主与多元协同治理。无论是区域交通一体化、交通信息化建设,还是交通应急管理等场景,都面临着交通治理主体的协同问题。研究政府、企业、社会组织、居民等多元城市交通主体的合作共治等问题,是提高交通综合治理能力的有效途径[54]。对于多元协同治理的研究主要集中在城市协同治理层面,交通领域的多元治理并未建立明确的研究体系与理论框架,城市交通治理模式如何实现向合作治理的变迁是未来研究的重点。

1.2 城市交通治理变革的理论基础与特征

治理理论和城市治理理论提供了城市交通治理的基础理论分析框架。西方城市治理理论与中国国家治理理论朝向合作治理的发展构成了中国城市交通治理理论的变革基础。治理理论要求城市交通治理在价值层面和工程技术层面统一,这是将西方城市治理理论与中国国家治理理论在城市交通治理具体实践中融合的可能路径。

1.2.1 治理理论的核心:工具理性与价值理性的统一

治理理论具有工具理性与价值理性相统一的特点。从工具理性的角度,治理理论为治理主体提供了寻求优化解决方案的视角。不同的治理主体都希望治理效率提高的同时治理成本降低。因而在工具层面,治理的模式具有多样性可能,不同治理模式可以提供不同的有效治理的必要条件。作为工具而言,治理理论需要构建提高治理能力和提升治理成效的理论设计。因而,从工具的角度,治理的概念可以根据治理目标在诸多情境和不同学科中同时运用和发展,从不同层面来理解。

从价值理性的角度,治理的目的与意义并不是其理论本身产生的,而是与治理主体的制度环境和价值取向相连,治理主体嵌入的国家制度环境直接影响治理绩效。已有实证研究的结果表明,国家治理在北美、新西兰、澳大利亚以及北欧等地都有成功经验,而在非洲、拉丁美洲、东欧部分国家和亚洲的欠发达国家却面临重重问题。对欧盟和经济合作与发展组织的部分成员国的调查结果显示,如果有保证非国家行为体提供集体物品的强国做后盾,无论是非国家行为体还是政府的治理都更加有效。因而,治理理论在理论价值内核上必然嵌入治理主体的政治制度及其背后的意识形态,具有强烈的政治倾向。对此,中国城市交通治理在引入和运用相关理论时要注意技术和价值两方面的统一。

1.2.2 城市治理理论发展趋势:合作治理

治理理论的核心假设之一是非政府参与主体能够在管理过程中发挥重要作用。城市治理也是基于政府管理的局限性,探寻政府、市场、社会共同促进城市发展的道路。但在具体的研究中基于学科差异出现了不同倾向,西方城市治理理论主要围绕地理单元和城市公共权力两大维度展开。

西方城市治理研究中围绕城市地理空间尺度范围展开的研究被学界概括为"区域主义"。萨维奇(Hank V. Savitch)总结和分析了西方区域主义演变的四种形态(大都市政府理论、公共选择、新区域主义、地域重构与再区域化)。不同理论形态主要聚焦如何通过城市空间区域的调整来促进城市经济社会发展。西方城市治理研究中的另一个维度围绕城市公共权力配置展开,经历了精英主义和多元主义、城市增长机器论和城市政体论的理论范式变迁。研究的核心由城市公共权力的支配问题向城市权力的运行机制转变。目前学界聚焦于通过城市政权实现政府、社会和市场主体之间的合作从而实现城市治理的共同目标。

西方城市治理理论的演进沿着以上两个维度展开,不同理论主张的前后继替并没有严格的时间界限,但在西方城镇化发展的不同阶段,各理论范式基于各阶段的实践也呈现阶段性的范式特点。现阶段随着合作治理的兴起,城市治理理论的研究开始打破空间维度和公共权力维度的局限,寻求多元主体下城市公共权力与城市空间尺度融合的分析框架。

2014 年,欧盟发布《可持续城市移动性规划》(*Sustainable Urban Mobility Plan*, SUMP)编制与实施导则,作为指导新时期欧盟城市交通发展规划的纲领性文件。经历道路交通(traffic)和交通运输(transportation)规划,SUMP 被视为一种全新的规划理念和规划范式。与传统交通规划相比,SUMP 尤其注重多方参与和多部门决策协调(表 1-1)。SUMP 认为人的活动需求是城市移动性规划的核心。因此,规划编制过程中公众和相关利益团体的共同参与尤为重要。只有公众和相关利益团体全程参与,SUMP 的理念才有可能得到认可和支持并付诸实施。同时,SUMP 着重强调了与其他相关政府部门决策协调的重要性——提出要打破基于行政管理的边界,服务于人的实际活动(尤其是通勤)空间;跳出交通行业内部编制规划的约束,与土地利用、经济发展、环境保护、能源、公众健康等相关部门协调;摈弃按照单一交通方式编制规划的思路,围绕人的需求整合各类方式,并将资源分配向更清洁、更可持续的交通方式倾斜。

表 1-1 评价维度与指标设想

评价维度	传统交通规划	可持续城市移动性规划
关注点	交通	人的出行
规划目标	交通流通行能力与移动速度	可达性与生活品质，同时注重可持续性、经济活力、社会公平、公众健康和环境质量
规划思想	分方式的独立系统	不同交通方式协同发展，并向更清洁、更可持续的交通方式转变
规划成果	基础设施建设导向	一系列整合行动计划，成本—效益高的综合解决方案
	行业内部规划报告	与相关行业（如土地利用和空间规划、公共服务体系规划、公众健康规划等）整合、互补的规划报告
	中短期实施规划	与长远目标、战略相协同的中短期实施规划
	基于行政管理边界	基于人的实际活动（尤其是通勤）空间边界
规划编制	交通工程师	多学科背景构成的规划团队
	精英规划	公众和相关利益团体共同参与
规划效果评估与调整	有限的效果评估	定期规划实施效果监测与评估，适时启动规划完善程序

在规划编制办法上，SUMP 包含 11 个步骤、32 项任务，涵盖规划准备、规划目标与方案、规划阐释和规划实施四个方面（图 1-2）。欧盟《可持续城市移动性规划》提出的新理念与编制范式，可以为我国城市综合交通体系规划编制提供有益参考。

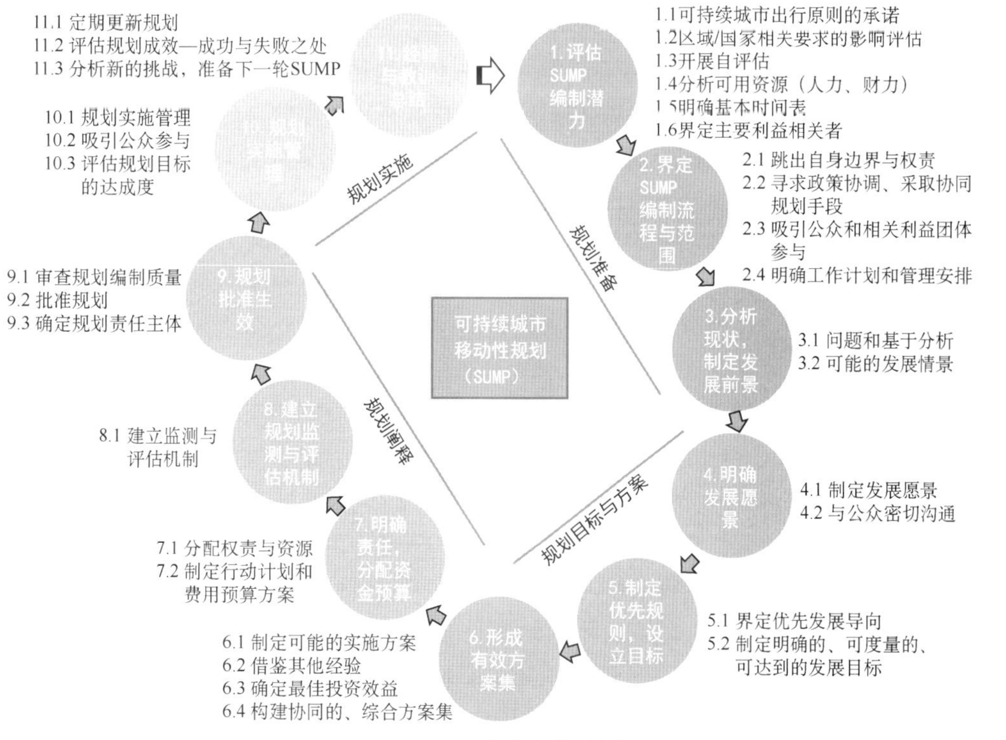

图 1-2 SUMP 流程与主要任务

1.2.3 城市交通治理的数字化转型：理论与实践

数字城市建设是信息时代的发展要求，是对城市过去、现在、未来的一种显示。在网络化不断完善的大环境下，数字化建设必将成为未来人类日常生活中不可缺少的一部分，而数字城市也将成为未来城市智能规划、城市建设的重要工具。随着交通系统逐渐向"出行即服务"的方向发展，通过数字化实现的交通治理构成了一个重塑交通系统的重大机遇。在交通领域，交通多元、多时相数据量激增，交通系统信息化建设趋于完善。城市交通治理开始采用交通信息可视化的方式，主要包括两部分：地理空间信息的可视化、交通专题信息的可视化。城市交通治理从信息空间入手，通过交通大数据挖掘、交通信息可视化等技术，对城市交通要素进行了直观的分析。实现交通信息化建设可以提高城市交通网络系统的运行效率，也能更好地帮助决策者实时了解交通问题。在信息化的前提下对城市交通进行治理，对未来城市交通发展具有重要意义。

以"创新、协同、绿色、开放、共享"为发展理念，在数字城市、智慧城市的建设下，以交通行业数据资源整合为基础，以提高管理精细化、服务精准化水平为核心，大力推进新技术、新模式在交通领域的融合创新，着力增强交通设施的全息感知能力，着力提升交通精细化运营管控水平，着力构建全程化智慧出行服务链，着力探索智能推演预判交通大脑，以高质量、高效率、高品质的交通服务，全面推进交通治理模式转型，实现"以人为本"的可持续智慧交通治理转型。

构建"政府—企业—居民"的多元交通治理的新型关系。多主体协同的智慧化治理模式需要确定参与主体之间的关系，无论是区域交通一体化、交通信息化建设，还是交通应急管理，都离不开治理主体。研究政府、企业、社会组织、居民等多元城市交通主体的合作共治等问题，是提高交通综合治理能力的有效途径。政府、市场与社会的基本关系，是以提供优质公共服务推动政府职能转变，坚持政府主导下的合作协商、共建共享以使不同主体之间达成良好的自愿性合作并形成集体行动等核心治理成果，也是构建城市交通治理内涵与目标的基本要素。同时，还须结合中国城市交通发展的现实背景与发展趋势，剖析城市交通治理现代化的内涵与理论的技术支撑要求。政府需要从传统的大包大揽转为监督为主、管理为辅，划清与企业之间的边界，推进数字政府建设；企业需要释放市场活力、提质增效，居民诉求需要得到进一步满足、活力更有待激发。目前城市交通治理开始逐步推进政府和社会资本合作（Public-Private Partnership, PPP）模式，使公共产品、公共服务的供给主体呈现多元化特点，公私部门间关系趋向平等化，且形成了利益共享、风险共担机制。

实施一体化交通治理策略。交通系统是一个复杂、开放的大系统，既包含人、车、物、交通设施（道路及公交网络、枢纽场站、停车场等）等交通基本要素，又涉及城市土地使用、经济与财政、环境、社会、科技等外部要素，因此，难以将交通归于单一属性，而需要结合城市交通多因素关联的特征，实施一体化的治理策略，包括综合交通系统内部协同、交通与土地使用协同、经济与政府财政的可持续、交通与环境的可持续、交通与社会的可持续、科技创新。

加强统筹协调运行机制。由于交通领域涉及不同运输方式、不同行业管理部门，为确保交通信息化规划与重大项目的顺利实施，需要建立一把手重视、上下联动的交通领域协同推进机制，各方协同、发挥合力，按计划、有步骤地抓紧抓好各项工作，形成以需求为导向，领导小组统筹协调、业务部门主导应用、技术部门支撑保障的良好工作格局。加强联合会议制度建设，形成跨部门常态化沟通协商机制，从规划、统筹、协调与考核多个环节形成制度保障。建立政府治理相关部门的绩效考评机制。建立合理科学的指标框架，构建民主的决策机制，共同商讨评估结果。

1.2.4 中共十八大以来的新治理观与发展：党建与共治

中共十八届三中全会提出了“国家治理体系和治理能力现代化”，治理开始成为中国官方理论体系下的重要概念。随后中共中央一系列重要文件不断地对此概念的内涵进行补充，赋予了治理概念崭新而明确的内涵，特别是赋予了治理概念鲜明的政治内涵，形成了党中央治国理政的新治理观。中共十九大继承和发展了十八大以来的国家治理能力和国家治理体系现代化理论。中共十九大报告中对社会主要矛盾转化作出了历史性判断，并且指出人民群众对美好生活的需要日益增长，为了有效回应这些新需要，解决社会的新矛盾，十九大报告提出要完善党委领导、政府负责、社会协同、公众参与、法治保障的社会治理体制，打造共建、共治、共享的社会治理格局。执政党在治理体系中的核心地位与作用是理解十八大以来中国语境下治理理论内涵的关键，“共治”这一概念在十九大报告中首次被提出，既强调了中国共产党在治理体系中的领导与核心地位，又体现了其他主体参与到治理体系的路径。二十大报告对社会治理做出了清晰、系统的论述，对新时代十年中国特色社会主义建设做了整体性总结。二十大报告指出，“健全共建共治共享社会治理制度，提升社会治理效能……建设人人有责、人人尽责、人人享有的社会治理共同体”。可见，在推进国家治理体系和治理能力现代化全局背景下，构建共建共治共享社会治理制度是党和国家关于社会治理的顶层设计和行动框架，是颇具时代意义和重要价值的理论及实践命题。

综上，西方城市治理理论向合作治理发展的趋势为分析中国城市治理的具体问题提供了可供借鉴的基本理论与经验，但现有西方理论与中国的城市治理具体实践存在诸多不契合的地方。中共十八大以来，治理理论是指导城市交通治理变革的基本理论。城市交通治理在价值层面要创造性地借鉴与运用西方理论，将中国城市交通治理具体目标嵌入党和国家发展战略；在城市交通治理操作层面，要在党和政府的主导下推进不同主体的合作，实现治理目标。

1.2.5 建构城市交通合作治理模式

改革开放以来城市交通发展的历史、未来城市交通发展的趋势，都从实践角度解释了城市交通治理模式向合作治理的变迁。西方城市治理理论的演变与中国治理理论的发展，构建了城市交通合作治理的理论基础。进一步推进合作治理，是城市交通治理现代化的实现手段。

中外学界对合作治理做出了多种不同界定。国外有学者将其定义为“公共政策决策和管理的过程和结构，通过打破公共机构、各级政府和(或)公共、私人和公民领域的边界来建设性地参与其中，以实现其他方式不能实现的公共目的”。城市交通合作治理是合作治理理论在城市交通领域中的具体应用，是城市交通的利益相关主体面对日益复杂的城市交通问题和未来城市交通服务的变革,在政府主导下通过建立合作关系,共同参与城市交通治理决策制定的过程和机制。

城市交通合作治理基于以下研判:①城市交通问题复杂化的现实,即已经由单一的供需问题发展为若干子因素和不确定因素叠加导致的复杂问题;②城市交通管理的行政部门在职能和职责上无法通过单一行政手段解决问题;③根据中国城镇化的趋势以及城市交通发展的现状,可以预判城市交通问题在今后相当长的一段时期内仍将十分棘手。因此,需要相关利益主体合作治理。

根据城市交通典型交通问题类型,城市交通合作治理模式的主要内容包括:

(1) 城市群背景下的区域交通治理问题的实质是“府际之间”的合作。国务院批复的《北京城市总体规划(2016 年—2035 年)》中明确提出“打造以首都为核心的世界级城市群”。区域发展进入了城市群发展的新阶段,区域交通治理必须面对这一新形势。区域交通治理的关键是,通过打破行政、部门、地域界线建立城市群交通协同治理政府间合作关系,既包括纵向不同行政级别政府间的合作,也包括横向政府不同部门间的协同与平级政府间的合作。

(2) 城市交通拥堵治理的实质是“政社之间”的合作。城市交通拥堵治理的一个关键在于转变城市居民对小汽车出行方式的过度依赖,需要居民的支持与合作。政府要从满足人民美好生活需要的角度来发展城市公共交通,提供满足城市居民机动化需要的公共交通替代出行方式;同时,转变出行方式治理交通拥堵是现实的民生工程,政府与社会参与合作是重要手段。

(3) 城市交通服务市场治理的核心是“政企之间”的合作。基于移动互联网技术产生的新交通服务形式(网约车、共享单车等)打破了原有政府监管模式,政府需要在服务行政改革大背景下,进一步厘清政府与企业的关系,创新能够让新服务形式生存和发展的市场监管机制,围绕公共利益的实现探索政府—企业合作共治的框架,通过法律制度保障合作治理实现。

1.3 城市交通治理研究的跨学科体系

城市是一个复杂庞大的空间,城市交通治理不仅仅是解决交通问题,就交通论交通的传统思维模式需要被进一步打破。传统的交通学科虽然已经拥有完备的学科体系与研究路径,但是过于强调从单一的交通系统出发研究问题,尤其是忽略人的行为和感受。需要指出的是,城市交通治理不仅仅是解决工程技术问题,还涉及政策、法律、经济、环境等多个领域。传统的交通学科体系已经难以解决复杂城市环境下的综合交通问题,故而需要进一步融合城市规划、公共管理、地理学等人文社会属性较强的知识和方法。当前,城市交通治理须顺应时代变化,构建跨学科的知识体系,形成系统性的研究框架,从而更好地应对社会与技术的新发展与新挑战。

1.3.1 传统交通学科体系的优势与劣势

20 世纪 30 年代,在欧美研究汽车交通规律的背景下,交通工程学诞生。在交通领域不断发展的过程中,逐渐形成了交通运输学。交通工程学是一门用于解决道路交通问题、涉及基础理论和基本技术的实用性学科，包含交通规划、交通设计、交通信息与管理三大内容[55]。交通运输学则是采用各种技术手段和政策手段，研究交通设计、运输运筹、运输规划管理、交通运输组织等多方面的知识与学问。

1997年，中国通过分类和归并后设置了"交通运输工程"一级学科，包含道路与铁道工程、交通信息工程及控制、交通运输规划与管理、载运工具运用工程4个二级学科。交通运输工程学科以"规划—设计—管理"的思路来搭建学科体系，为交通问题的研究提供了分析理论和技术方法，形成了铁路、公路、水路、航空4种运输方式单独的研究体系与完善的学科框架。运用其方法体系可以解决基础设施的布局及修建、载运工具运用、交通信息及控制、交通运输经营和管理等领域的问题[56]。在工业化与城镇化发展进程中，交通运输工程学科体系不断成长，也不断融合新技术、解决新问题。在学科的专业知识支撑下，过去的城市交通问题得到了一定改善。

从学科体系来看，交通运输工程学科是一门工程性的学科，它过于强调交通设计、交通工程类的问题。与传统的交通问题不同，未来的城市交通建设更加强调以人为本的理念，还涉及不同的法律法规体系、制度政策等[57]。虽然传统学科对"人、车、路、环境"这一统一体进行了综合研究，但仍侧重交通运输系统、设施、环境的工程属性而忽视人的理念、价值观、社会行为，忽略城市发展的政策与制度设计、城市的文化传统等[58]。其次，虽然传统学科建立了铁路、公路、水路、航空运输方式下单独的学科框架，但这些学科之间的关联性较弱。未来城市交通是多种交通方式共存的综合交通系统，单一的学科体系无法解决综合性问题。就交通论交通的工程思维无法适应与满足新阶段的需求，需要形成综合性的城市交通学科。

1.3.2 未来城市交通治理的跨学科体系

从交通治理面临的挑战与趋势以及学科发展来看，城市交通治理的对象不只是交通系统本身，而是需要运用城市规划、公共管理等多学科知识应对城市规模扩张、交通技术创新、交通可持续发展、交通系统风险应急、多元化治理等问题。中国的城市交通正处于一个敏感而关键的阶段：新型城镇化背景下城市快速聚集与扩张，城市机动性提高，新型交通业态不断出现，由此引发的城市交通问题日趋严重。城镇化的加速打破了城市道路系统的均衡状态，从传统交通学科体系来看，工程性、弱关联性等缺点使得其学科知识难以解决目前的交通问题。同时，城市交通设施与服务属于公共产品，城市交通治理也应该向城市公共性回归，依靠政治学、经济学与社会学等相关理论解决城市交通问题。针对未来城市交通治理面临的种种挑战，应在传统交通运输工程学的基础上，从城市规划、公共管理等角度进行多元分析，以一级学科目录为参考，建立文理交融的多学科体系（图1-3）。

交通运输工程学科作为交通问题研究的基石，为城市交通治理提供了工程思维和技术手段。公共管理学科围绕公共性展开公共管理、公共利益、公共活动、公共空间、公共领域等研究[59]。城市规划学的核心是从土地利用、建成环境、空间布局等方向对城市空间进行规划、管理[60]。随着人们对宜居环境要求的提高，城市交通治理需要实现从道路向街道的转变，而城市规划学为交通治理提供了这种尺度转变的可能性。结合地理学、测绘科学与技术所提供的

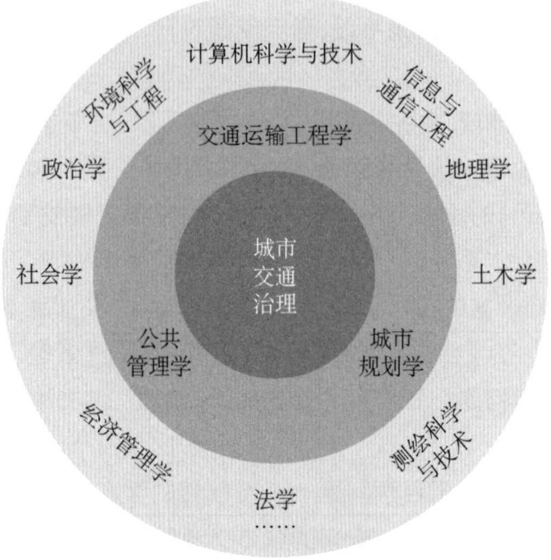

图 1-3 跨学科体系

空间可视化、交通地理网络整合等手段，将交通基础设施空间布局、交通网络与居民出行、空间功能、环境资源联系在一起。社会学、政治学、行为学、心理学等学科从社会要素与人的行为心理入手，挖掘社会关系、社会行为、政治行为、政治体制中的发展规律。而对于不同参与主体的利益分配或是通过经济手段解决交通问题(如拥挤收费)，又会运用到经济学领域的学科知识。为跟随科技的发展，城市交通治理会融入信息化、云计算、大数据技术，而计算机科学与技术、信息与通信工程等学科为大数据时代的城市交通治理提供了技术支撑[61]。这类学科可以运用算法、程序探索交通相关数据背后的现象与规律，实现精细化治理的目标。

这些学科为城市交通治理提供了更加多元化的分析视角与基本的方法理论，从不同的治理角度出发，提供不同的有效治理的必要条件，以助认清交通治理中各要素的相互作用与逻辑关系[62]。因此，在构建知识体系的时候需要融入学科交叉的思想，从而实现城市交通治理现代化。

1.4 城市交通治理的研究框架

未来城市交通治理的跨学科体系是在传统交通学科方法论的基础上，融入多学科的理论与方法技术。除了建立多学科体系，未来城市交通治理还应该从多元视角发现问题，形成未来城市交通治理的方法论，并建立以问题为导向，以提升交通服务为目标的现代化治理研究框架。

1.4.1 方法论基础

传统的交通方法论包括四阶段法、交通流理论、交通区位论等。四阶段法是一种基于交通量预测的交通规划方法，以居民日常出行调查为基础，常常被用于交通规划中，是交通需求预测的经典方法。交通流理论研究行人和机动车在运动中的规律，运用数学、物理学等方法分析车流量、流速和密度之间的关系，是研究交通流随时间和空间变化规律的方法，可以运用其阐述交通现象形成的原因。交通流理论包括车辆跟驰理论、排队理论、流体动力学模拟理论，在交通规划和交通管理中，应用这些理论可以对交通设施和交通量进行科学分析并提出改进措施。交通区位论从交通系统的特性出发，分析交通需求与交通网络之间的关系，从空间经济学角度为综合交通网络的供给分析提供了重要视角。

随着交通问题的复杂化，交通治理需要多学科的方法论融合来共同解决交通问题，如基于经济学领域的博弈论解决城市交通拥堵[63]、基于管理学中的合作治理理论解决多元治理问题[64]等。博弈论，又称对策论，是指两人在平等的对局中各自利用对方的策略变换自己的对抗策略，以达到取胜的目的。著名经济学家、诺贝尔经济学奖获得者约翰·纳什(John Nash)在纳什平衡(Nash Equilibrium)理论方面作出了重要贡献，对博弈论产生了重大影响。博弈论是在研究不同主体冲突过程中寻求最优决策的理论，在经济、军事、政治等领域被广泛应用。城市交通治理过程中常常出现冲突问题，而博弈论也逐渐被用于城市交通问题的治理。近年来，由于单一主体无法解决复杂的城市交通问题，合作治理理论应运而生。合作治理是指多主体(如政府、企业、社会组织等)在平等、自愿的原则下参与社会公共事务的治理方式，反映了治理模式的变革，是实现交通问题从单一管制模式向合作治理模式转变的有效途径(图 1-4)。

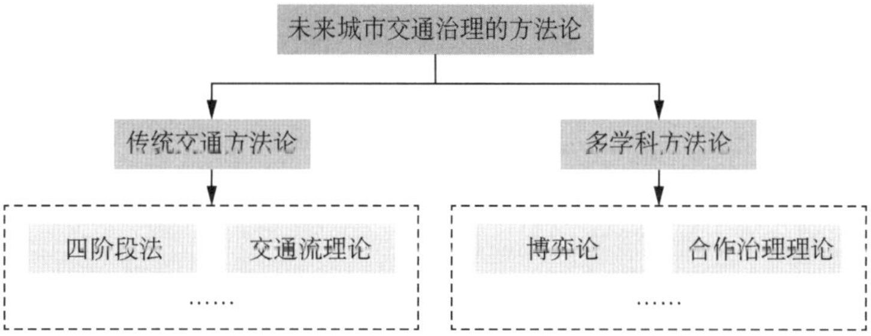

图 1-4　未来城市交通治理的方法论

传统的交通学科本身是一门综合性的交叉学科，融合了土木工程、机械工程、计算机、经济管理等专业。交通学科的方法论与其他学科相比较为单薄，在城市交通的研究中，其他学科的理论方法在城市交通治理中同样扮演着重要角色，为推动交通治理发展作出了重要贡献。在未来的城市交通治理中，既要继承交通学科已有的理论方法，又要引入其他领域的理论成果与方法体系，传统的交通方法论与多学科方法论的融合是城市交通问题研究的理论基石。

1.4.2　研究框架

为了有效地实现城市交通治理现代化，必须科学认识其研究对象——城市交通系统。城市交通系统在城镇化、工业化的变革中不断发生变化，从传统的物理空间扩展为“物理—社会—信息”三元空间中展开的系统[65]。在信息化时代，随着设施革新、社会进步和技术进步，城市交通研究需要跳出交通系统本身，拓宽分析问题的维度，注重以人为本的思想，从更多元的视角看待交通问题[66]。

城市交通系统是一个处于三元空间的复杂自适应系统，其三元空间属性并非简单的线性叠加，更为重要的是三元空间之间的关联，探讨三元空间中的动力机制，成为理解城市交通演化规律的关键。置于三元空间中来描述城市交通系统，有助于相关认识共同体和政策共同体对问题形成科学的认知，有助于促成战略思维引导正确的对策行动路径，有助于有效使用政策执行的信息工具(图 1-5)。

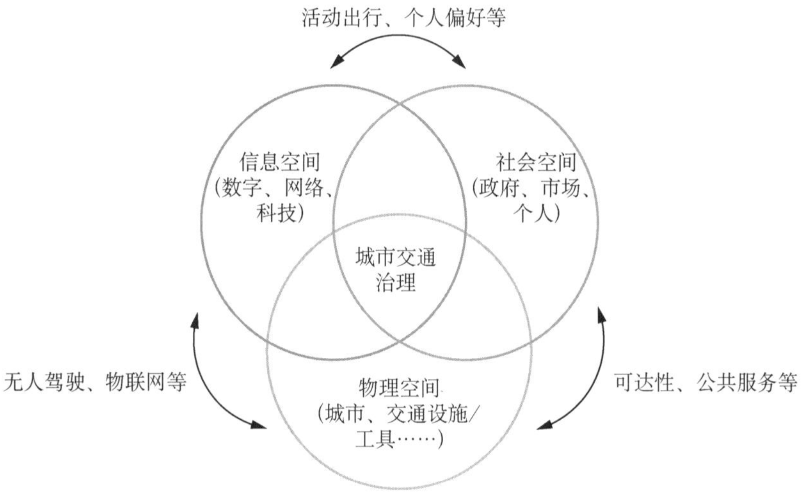

图 1-5　城市交通治理的“三元空间”理论

1. 城市交通系统在三元空间中的属性特征

城市交通属于复杂适应系统，其中的各种行为主体在三元空间中发生的适应性演化过程，是产生系统复杂性的主因。

开展城市交通系统在三元空间的属性研究，既是为了辨识城市交通系统中各种主体适应性行为的环境，也是为了在宏观层面上分析信息空间对物理空间及社会空间产生的影响。

1) 城市交通的物理空间属性

城市交通物理维度子空间的基础表达是“场所 + 网络”。场所强调的是人居环境和产业环境。慢行系统、“窄路密网”等，均是与场所密切相关的概念。网络强调的是空间的联系与活动能力，其底层是交通基础设施网络，上层是运输组织和交通服务网络。正是在这种物理空间中网络的支撑下，社会空间中形成了各种空间关系(如企业关联网络、居民职住关联网络等)，出现了多样化的空间活动。

城市交通领域的网络功能不仅能保证物理空间中的流动，而且是社会空间中空间正义的技术支撑。传统交通工程理论中所关注的基于 OD 的供需关系，仅是网络功能的一种表象。城市中交通网络的内在本质，一方面是建立各种土地使用之间的关系，另一方面是赋予处于物理空间中的“人”获取公共服务和发展机会的能力。因此，物理空间中的网络属性特征，需要表达的一方面是底层网络自身的物理能力，例如容量、速度等，另一方面是上层网络所提供的空间连接和覆盖能力，例如空间时间距离、空间可达性覆盖等。

2）城市交通的社会空间属性

城市交通系统所关注的三元体系中的社会空间，是表述与城市物理空间中的网络与场所的生产及使用紧密关联的社会组织、社会群体和社会活动的概念。围绕城市交通治理对社会空间属性的分析，也按照政府及社会组织、与交通及空间关联的社会利益群体，以及空间中的社会活动展开。其中，空间中的社会活动包括空间中的实践、对空间的认知以及空间的重塑。

3）城市交通的信息空间属性

城市交通系统三元体系中的信息空间建立在网络空间基础上，其将数据库（数据仓库）、信息源、数据分析系统等连接在一起，以构建“数据—信息—知识”加工过程和交流发布的潜力空间。其底层是网络层，中层是信息层，上层是知识层。

网络层正处于从信息互联到价值互联的进化阶段。传统互联网实现的是信息互联，随着区块链技术的引入，社区化治理、分布式网络架构、社会化协作等技术应用开始逐步推进，从信息互联跨向价值互联的进程已经开启。

信息层由各种数据库、信息源、信息应用系统等构成，其主要功能是将数据组织起来转换成为信息。信息是组织起来的数据，城市交通的信息空间中包含两大类信息：专项定制数据所产生的信息，以及非专项定制数据所产生的信息。所谓专项定制数据是指针对特定需求，采用专项调查、专项观测等手段获得的数据，针对这类数据进行符合技术规程要求的加工后产生的信息，被称为专项定制数据产生的信息。非专项定制数据指并非特定针对城市交通领域的特定信息而采集的数据，例如移动通信信令数据、POI 数据等，采用间接数据加工获得的信息被称为非专项定制数据所产生的信息。这两类数据是根据原始数据采集的设计目的而区分的，同一数据源的数据，用以组织产生不同目的的信息时，有可能形成两种类型的信息。例如公共交通 IC 卡所产生的数据，用于获取单纯公交乘客数量时，为专项定制数据所产生的信息；但是公交 IC 卡数据中并没有包含上下车位置的直接信息，用于推断具有起终点的乘客流量分布（公交客流 OD）时，就成为非专项定制数据所产生的信息。

2. 城市交通的三元空间关联特征

在三元空间中认知城市交通治理，首要问题是对三元空间之间关联性的关注。三元空间意味着不仅需要关注物理空间、社会空间和信息空间自身的属性，而且要关注三者之间的相互关联。

首先，城市交通的物理空间并不等同于地理空间，它并非单纯的自然产物，而是社会的产物，且能够被社会所改造。也就是说，城市交通物理空间中的结构受到社会空间的作用、制约与影响。城市交通社会空间中的特征，是不能脱离物理空间来讨论的，特定的城市物理空间属性，往往是造就某种社会关系的原因。例如空间正义所涉及的可达性覆盖、作为政策作用对象的路权分配等，均是两个空间之间强关联的例证。信息维度作为“倍增器”增大物理空间中技术系统的使用效率，另外更加重要的是作用于主观个体和组织，帮助或制约他们对于物理空间和社会空间上各种问题的认识，改变其行为和政策响应。可以说，城市交通中的各种行为主体认识客观世界，完成各种决策的情况，受到信息空间中能力的制约。

在伦敦交通规划（Transport for London，TfL）中，需针对交通基础设施和服务的作用进行分析，采用的一个重要的方法为可达性（accessibility）分析，也称为连通性（connectivity）分析。使用可达性分析的主要目的在于:①识别因交通改善而得益的区域;②更好地了解新的公交线路、站点和道路规划的影响;③识别就医等公共服务的最佳选址以便居民使用;④了解伦敦的哪些地方更适合居住和办公场所的开发;⑤对不同区域的停车配建指标高低提出建议。可达性分析的主要内容包括:①基于区域内公共交通的服务距离和频率的公共交通可达性指标(Public Transport Access Level, PTAL);②等时线图,展示特定区域到其他区域的时间或一定时间内可以到达的区域;③服务范围分析(Catchment Analysis),描述特定区域在一定时间内可以到达的工作地点,或不同形式的服务情况。

1.5 城市交通治理中的政策议程与多源流

政策议程是将有关政策问题纳入政治或政策机构实施行动计划的过程。城市交通具有特殊的演化进程,其战略调控往往具有对调控时点的敏感性。在恰当时间点进行有效战略调控,不仅需要研究调控的技术方案,更需要研究如何将相关问题提上政府议事日程,纳入政府决策领域。

根据政策活动功能特征,可以将政策议程划分为问题确认议程、提案议程、协议议程以及持续议程;从政策议程的主要阶段角度,可以将政策议程划分为系统议程和政府议程。

1.5.1 城市交通治理政策议程的特殊性

城市交通合作治理,是基于对城市交通问题复杂化及不确定性、城市交通管理的行政部门在职能和职责上无法通过单一行政手段解决问题、交通发展及中国新型城镇化趋势等发展现状及趋势的研判,对应地,城市交通相关的政策议程具备以下三方面的特殊性。

1. 适时响应与政策调整

城市交通属于复杂适应系统,其演化过程和结果的复杂性,产生于系统中的行为主体对其他行为主体和系统环境变化的适应调整。由于行为主体相互关联的复杂不确定性,调控者并不能准确把握系统未来的演化规律,也难以制定应对各种变化的万全之策。在与时俱进的控制策略指导下,对所发生的变化实现适时响应的政策调整,是城市交通治理的政策议程研究中的重要课题。

城市交通政策的适时响应所产生的影响,可以从北京市和上海市小汽车控制管理过程对比中看到。尽管技术人员早已意识到北京市无法承受小汽车无序增长所带来的压力,但是直到 400 万汽车保有量所产生的巨大负荷造成道路网络接近瘫痪,相关部门和社会才对控制小汽车购买的必要性达成初步共识。但此时巨大的存量规模和社会分化,限制了相当部分控车政策的可实施性。但是上海市始于 1986 年的车辆牌照拍卖能够进入政策议程,与历史原因造成的早期交通基础设施严重不足和建设速度完全无法跟上车辆增长的状态有密切的关系,并不具有普遍指导意义。

2. 跨界挑战的应对与管理

跨界挑战可以刺激和促使跨职能领域、行业领域和/或多个行政管辖区的跨界合作,由此产生了一系列新的合作课题。城市交通涉及广泛的社会群体利益，城市交通服务供给涉及不同体制下不同类型的服务供应商，城市交通建设与管理又涉及众多的政府管理部门。类似共享交通、互通互联、多式联运等跨界挑战问题层出不穷。在应对城市交通领域的跨界挑战过程中，条块分割对政府公信力的损害，角色局限所造成的组织价值观偏差，促使我们研究如何建立和稳固认识共同体；立场差异导致诉求不同，责任和经验差异导致认识不同，需要通过沟通网络持续磨合。

认识共同体对于组织偏好具有巨大的影响，但是认识共同体不一定是科学认知共同体。促使认识共同体成为科学认知共同体的重要工具是沟通网络和沟通语境。城市交通是一个人们很容易从中获得一些初步感受，又很难把握问题实质和内在关系的领域。围绕促成认识共同体组织相关的沟通信息，准确且易于理解地传递问题的特征及评价，是一个尚待解决的重要课题。

跨界挑战应对的另一个难题，在于不同行业、不同领域中的管理者和技术人员仅仅认同本领域的专业理论，对于跨界理论、方法缺少了解和认可。由此造成的沟通障碍，往往极大地影响了共识的形成。建立跨界沟通的语境，以及在新语境与传统领域语境之间架设联系桥梁，是城市交通治理中急迫的任务，也是将大数据资源转变成为城市交通治理能力过程中需要完成的关键性任务之一。

3. 政策网络的变革

随城市空间活动的多样化，交通新技术的体系化变革，以及交通领域大量新业态的快速孵化，城市交通领域的公共制定过程日益复杂，公共政策环境也迅速演化。加之公民意识觉醒，使得政府机关推行公共政策时，越来越不容易通过单纯行政手段动员所有必要的政策资源，往往必须依赖政策利益相关者的合作，以及动员分散的社会资源，以期在和谐的集体行动过程中解决政策问题。

这种在现代公共政策制定过程中产生影响，由多方利益相关者共同参与形成的一定的网络，被称为政策网络。政策网络一旦形成，就具有相对的构成稳定性和规范化的交互模式。伴随工作重点的变化，政策网络将发生相应的调整。

上海交通白皮书的编制过程中，处于政策网络核心位置的管理主体随关注问题的特殊性而做出调整。例如，2002 年发布的交通白皮书，是在 2000 年上海市城市总体规划完成之后编制的，其主要任务是落实总体规划所提出目标，因而发展和改革委员会在围绕交通白皮书编制形成的政策网络中占据了核心地位。2012 年发布的上海市交通白皮书，则是在新一轮城市总体规划编制全面展开之前，白皮书中的重要议题将为新一轮城市总体规划奠定政策基础，因而建设和交通委员会与城市规划和国土资源管理局在政策网络中占据中心位置。在国家交通强国战略提出之后，第三版上海市交通白皮书政策网络的核心成员顺势成为城市交通委员会。

城市交通白皮书所讨论的政策框架具有一定的延续性，不同管理部门所关注的问题和管理思路则具有很大的差异性。为了在相关政策网络调整变化的同时，处理好政策框架延续性和阶段重点任务的差异性的关系，必须研究不同核心角色如何突破自身局限问题。

在政策网络变革过程中，相关主体突破自身局限问题，是一个关联到社会控制理论的研究课题。社会控制论指出，社会系统控制与物理系统控制之间最大的差别，是社会系统控制必须考虑到控制者本身就位于系统之中，其立场、经验等方面的局限，及利益诉求导致的价值异化，往往是造成系统控制失败的原因。社会控制论由此提出了“退馈”的概念，即社会系统的控制者必须经常重新审视自身对于问题的理解是否正确，必须经常对自身进行纠偏。实现退馈的关键，就是摆脱自身羁绊，退后一步，站在更加广阔的视角重新审视问题。

1.5.2 基于多源流理论的城市交通治理政策议程

为了对政策议程给出一个更加明确的说明模板，我们需要重视并引用美国公共政策学家约翰·W. 金登(John W. Kingdon)所建立的多源流理论。

在公共政策研究领域中，1995 年金登所提出的多源流模型，提供了政策过程参与者的全景分析图。金登在 1984 年出版的《议程、备选方案与公共政策》(*Agendas, Alternatives, and Public Policies*)一书中提到，“一个项目被提上议程是在特定时刻汇合在一起的多种因素共同作用的结果，而并非它们中的一种或另一种因素单独作用的结果”。对于这种共同作用，采用了问题源流(Problem Stream)、政策源流(Policy Stream)和政治源流(Political Stream)三者的连接与交汇来加以阐述。

社会环境中的各种社会问题形成问题源流，但不是其中所有的问题都能够得到政策制定者的关注从而上升到政策议程，只有当“各种问题开始引起政府内部及其周围人们的关注”的时候才能被识别；由特定政策领域专业人员所生成的政策源流，其内在的一种重要机制是政策共同体的形成，这种政策共同体由专家和官员、规划评估方面的人员、预算部门的人员、决策机构的办事人员、学者、利益集团以及研究人员构成；独立于问题和政策源流的政治源流中，包含了不同社会群体的舆情和诉求，利益集团的影响，以及不同社会力量的对比结构等，政治源流中的实践产生往往不依赖于问题源流和政策建议源流。这三股源流运行具有相对独立性，只有当三者交汇而打开“政策窗口”时，问题才会提上政策议程。

政策窗口可以分为两种类型：一种是围绕问题的“问题窗口”；另一种是以政治为基础的“政治窗口”。问题窗口打开的原因是问题源流内发生了变化，这种变化的原因大体上又有三种：

(1) 受到广泛关注的指标发生了变化，这种指标变化促使人们意识到非常态现象的存在及相应问题的产生；

(2) 出现了惹人注目的事件，比如焦点事件的发生或者外部事件的冲击；

(3) 政策效果的反馈，特别是现实情况反映出既有政策效果不够理想。

多源流理论对政策变迁的解释逻辑可以表示如下：问题源流或政治源流内发生变化→政策之窗打开→政策企业家有效利用机会→三条源流实现交汇→政策变迁发生。

从城市交通治理的角度来看，在我国城市交通战略与政策的决策过程中，政治源流具有独特的规律，通过机构改革提升国土空间治理能力，党的十九大提出加强和创新社会治理的新理念和新举措等，均是政治源流中的重要事件。而国土空间规划体系的推进、中央第五次财经会议提出提高中心城市和城市群的经济和人口承载力等，是国家层面的一些重要政策窗口，城市交通白皮书编制、中央活动区(Central Activity Zone, CAZ)组团规划编制等，是地方层面的一些重要政策窗口。

伴随社会和经济的发展，问题源流中对于城市建设的“以人为本”、生态文明等的关注逐步受到重视。但是在具体政策建议形成过程中，交通研究者过于将注意力集中于具体对策方案制定，忽视了与相关领域和部门之间的沟通交流，并没有形成可靠的政策共同体。另外，交通研究者热衷采用的技术语言停留在基于 OD 的交通流模型，很难在国土空间规划、长三角一体化上升为国家战略、粤港澳大湾区发展战略等政策窗口中有效阐述问题，很难在多视角综合评判中取得共识，也就很难取得话语权。

正因为如此诸多原因，交通系统往往从一种战略层面的重要政策工具降格为实施保障手段，从而导致系统结构性缺陷、丧失战略调控主动权等方面的重大问题。

1.5.3 城市交通智能治理的两维矩阵架构

借鉴公共政策研究领域中的多源流模型，从政策议程的角度对城市交通战略与政策进行讨论，提供了城市交通政策过程参与者的全景分析图。将多源流理论中的“三股源流”（问题源流、政策源流、政治源流）与“三元空间”相对应，提出了城市交通治理基础理论研究的两维矩阵架构（图 1-6）。

三股源流 \ 三元空间	物理空间	信息空间	社会空间
问题源流	• 空间中的关系—空间中的行为—空间中的网络 • 物理空间与空间正义的契合度	• 可信数据的获取 • 证据理论基础上的情报决策 • 促进共识的沟通技术	• 空间中的社会问题 • 网络中的社会问题
政策源流	• 城市/都市圈/城市群的空间组织与治理 • 空间中的冲突与协调	• 支持智能治理的系统 • 基于平台的多方政策建议协调	• 城市交通的政策共同体构建方法
政治源流	• 空间资源分配 • 公共服务配置	• 不同群体的舆情与诉求分析技术 • 城市交通的运行博弈	• 城市经营模式 • 资源分配中的组织影响 • 资源使用中的组织博弈 • 社会组织的作用

图 1-6　城市交通治理基础理论研究的两维矩阵架构

1.6 城市交通治理的对策体系

1.6.1 目标—要素—杠杆—机制框架的对策体系

1. 融合技术对策的城市交通治理体系架构

城市交通对策已经进入体系化时代，将城市交通对策体系与城市治理体系相融合，最为重要的是在城市交通技术对策体系（图 1-7）基础上，根据交通治理的任务领域，完成相关体系框架的构建。

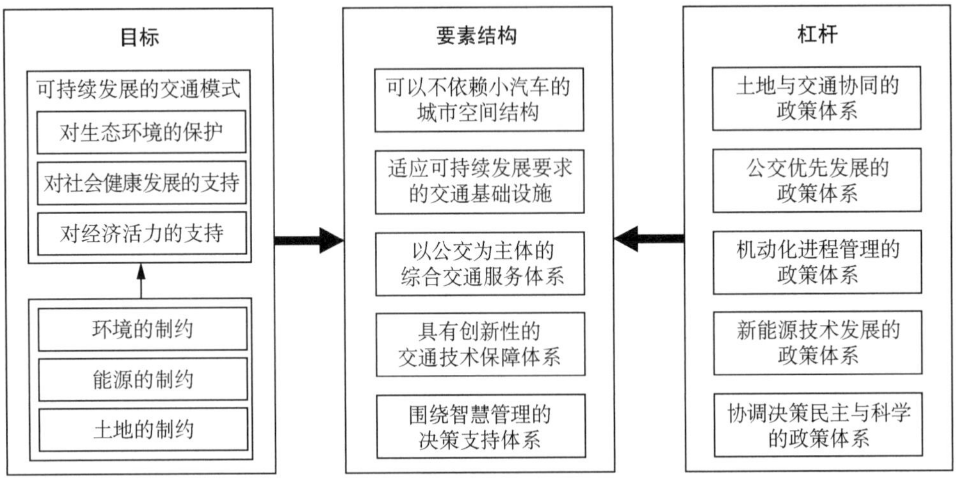

图 1-7　城市交通的对策体系

城市交通治理中，为了有效地实现目标统一、要素整合、杠杆协力的工作中的“价值—信任—合作”治理模式，需要促进治理理念、治理体系和治理能力的现代化。

城市交通治理理念主要由目的层的人本治理理念和手段层的依法治理理念、系统治理理念和智能治理理念构成。城市交通治理体系由治理主体、治理客体和治理方法构成，分别解决谁来治理、治理什么和如何治理的问题（图 1-8）。城市交通治理能力则可以从动员能力、管理能力、沟通能力和合作能力等方面来加以表征。

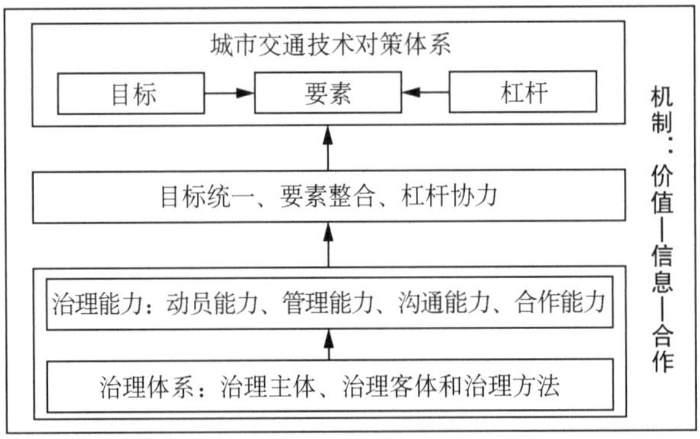

图 1-8　与技术对策体系相融合的城市交通治理体系架构

2. 三元空间框架下的目标共识

城市交通对策体系，是在战略引导下的体系化的对策行动。在我国现行体制下，在相关战略制定方法中，目标导向占主导地位。

为了避免城市交通战略目标偏离科学、正确的轨道，构建平台协作型的研究和交流模式显得尤为重要。所谓平台协作型组织模式一般由政府下设的机构成立研究平台，规定研究范围体系，设定大研究方向，引导外部各研究力量加入，根据研究特点针对专项问题进行研究。

对此,《美国2050空间战略规划》(以下简称《美国2050》)提供了一个可参考的样本。《美国2050》研究于2006年由联邦政府提议,由洛克菲勒基金、福特基金、林肯土地政策研究所等资助,由“美国2050”国家委员会管理,联合美国区域规划协会、林肯土地政策研究所、宾夕法尼亚大学等机构的专家、学者和政策制定者,共同研究构建美国未来空间发展的基本构架。“美国2050”国家委员会由商业领袖、政策制定者、区域规划人员组成。“美国2050”是一项持续性研究项目,研究时间较长,没有明确具体的研究周期。其各阶段研究成果通过“美国2050”网站发布,其研究组织机制如图1-9所示。

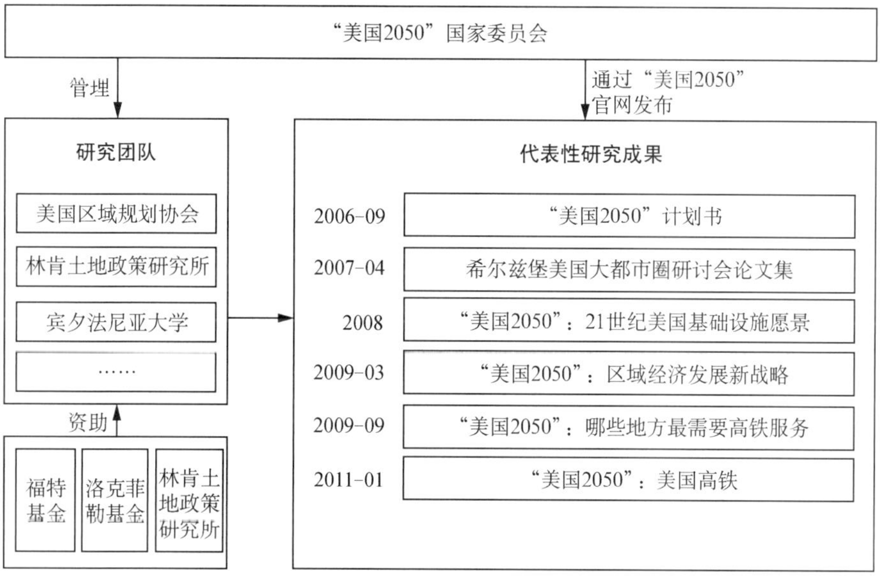

图1-9 “美国2050”研究组织架构

*资料来源:根据《美国2050》相关报告文本整理绘制。

在这种模式中,平台是社会空间与信息空间协同的概念,提供了一种共享的数据环境和交流场所,中立基金的支持则避免了研究单位被立场束缚。与此同时,在研究项目的设定时,克服目前我国政府项目普遍存在的集中于任务导向的倾向,加强趋势研判、挑战识别项目的设定也具有重要意义。

3. 渗透三元空间的政策杠杆工具

政策工具的特征是具体化,作为实现特定目标的途径,其作用是实现既有的政策目标。我国城市交通治理领域一般情况下使用的政策工具主要是管制工具和经济手段,但是在三元空间框架下还需要加强自愿型工具(如志愿者组织、学会及行业协会等)和信息工具的使用研究。

自愿型政策工具包括家庭与社区、自愿型组织和私人市场等。

1) 家庭和社区

其优点包括:公共成本低且质量高;在许多领域相比于其他政策工具更为有效;容易得到广泛的社会支持。

但是这一政策工具也存在显著的缺点，包括：难以应对复杂的社会问题；规模经济效应；依赖这种工具解决公平问题往往导致另类不公平。

上海市及部分城市正在推进的社区规划师制度，是城市交通治理领域中可以充分加以利用的一个政策工具。

2）自愿型组织

其优点包括：提供的服务质量较高且成本较低；具有较强的灵活性和回应性；对政府行动的依赖性较低。

其缺点包括：应用范围有限，志愿者组织存在蜕变为官僚组织的可能性，许多社会成员没有足够的时间和资源去从事公益活动。

上海市新华路街道的“微更新”，提供了一个自愿型组织与社区相结合，进行城市公共空间改造的案例。尽管由于多种原因项目的结果与最初的意愿相差很大，但是仍然对理解这方面政策工具的应用具有很大帮助。

在上海推进城市“微更新”的过程中，起步于愚园路城事设计节、由城市规划师主导的兴趣小组“大愚小余”，利用 2018 年城事设计节转移至新华路街道的契机，转变成了民政局注册的民办非企业“大鱼社区营造发展中心”，成了扎根新华路的有营业执照的社会组织。针对新华路街道所提出的改造项目设计，其用“人行优先”“里弄客厅”和“儿童友好”三个概念获得了街道和城事设计节主办方的认可。利用“2018 城事设计节”拉动企业赞助资金 300 万元，政府叠加约 90 万元作为工程费用，执行相关的公共空间改造项目。

“大鱼社区营造发展中心”作为多方共建的协调者，借助城事设计节的平台，与引进外部设计师团队、文化团队、文体团队、大数据团队等跨界协作，进行了一次“政府支持、民间发起、多方共建”的城市“微更新”实践活动。

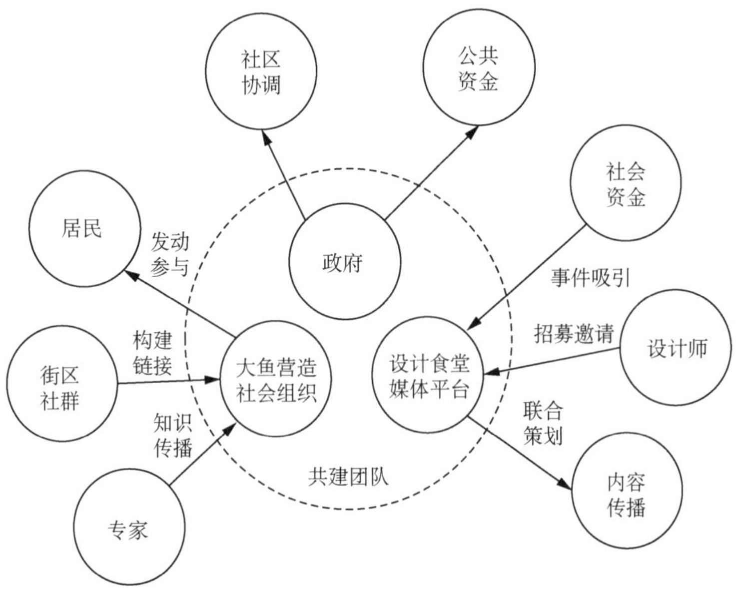

图 1-10　上海市新华社区“政府支持、民间发起、多方共建”的新机制

3）私人市场

其优点包括：市场在提供大部分私人物品时是富有效率和效力的手段；在某些公共物品和服务领域，市场工具也可能是提高效率和效益的手段。

其缺点包括：不能提供大部分公共政策旨在解决的那些纯公共物品；由于存在不同类型的市场失灵，市场在提供各类收费的俱乐部物品和公共资源时也存在困难；市场是一个高度不公平的政策工具，因为它仅仅满足具有支付能力的群体。

城市交通领域中的共享单车，就是一次私人市场展现力量的尝试，也充分暴露了这种政策工具的问题。

1.6.2 价值—信任—合作的任务路径

尽管城市交通治理涉及诸多方面，但"价值—信任—合作"是贯通三元空间架构和政策议程的任务主线。

1. 治理理念和价值观的共识与传递

凝聚治理共识是合作治理的前提，新形势下，不同行动主体治理共识的凝聚面临许多挑战。利益主体的多元化制约了治理共识的凝聚。

城市交通治理领域面临的挑战，是难以合理、有效节制的个体化出行需求，与日益增高的人居环境要求之间的矛盾。传统采用的"技术治理"，受到新技术与商业模式融合发展的不确定性，政府组织价值体系转变，公民社会意识增强导致的诉求变化，关联群体变化导致新的利益结构等的影响，已经难以适应社会发展的需求。

在此背景下，建构主体理性多层嵌入城市交通治理的框架，要点包括：多元主体自觉，提供充分的城市交通治理动力；协同主体价值理性，确保正确的城市交通系统发展方向；激发主体工具理性，不断提升城市交通治理效率等。

城市交通治理，并非交通行业内部问题。从城市战略整体角度来说，由于部门分割、行业分割，以及立场和利益的差异，城市交通实际上处于主体理性欠缺的状态。在此背景下，培育主体理性作为优化城市治理的重要路径，不仅要激发多元主体的认同参与自觉，更要帮助主体凝聚城市交通治理共识和提升主体的现代化治理技能。

在我国现有体系下，城市政府即使充分贯彻上级意图，仍然会在具体目标理解中加入大量的自身利益考虑。以"交通强国战略"为例，这一战略实际上包含三方面的内容："交通自身强，支撑国家强，人民获得感强"。不难看出，当这一战略落实到具体工作过程中，三者的关系会发生微妙的变化，甚至导致整个战略出现偏差。

针对政府组织的价值观，不断凝聚治理共识，是一个极为重要的任务。从整体上来说，需要在技术人员使用的技术分析平台基础上，进一步建构面向政府管理者的学习提升平台，进而实现一个支持部门间形成共识的数据、信息、知识及智慧（data, information, knowledgeable, wisdom, DIKW）体系（图 1-11）。

温伯格提出了数据—信息—知识—智慧处理过程的金字塔模型，认为处理知识最基本的策略就是过滤、筛选。涉及不同部门和不同领域的提升学习体系，与合理设计的语境（即人、任务等)进行结合才有意义(图 1-12)。

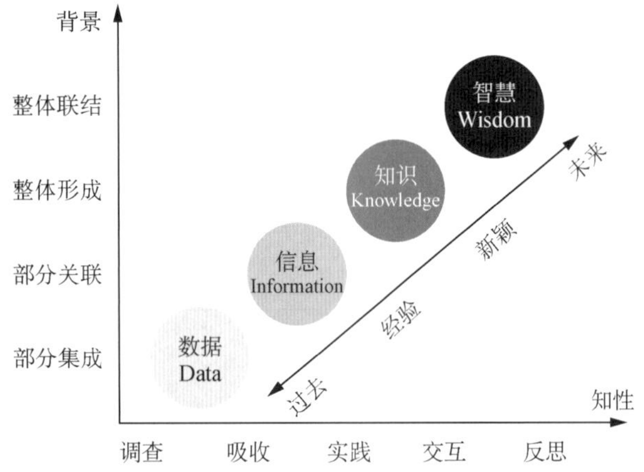

图 1-11 DIKW(数据、信息、知识及智慧)体系示意

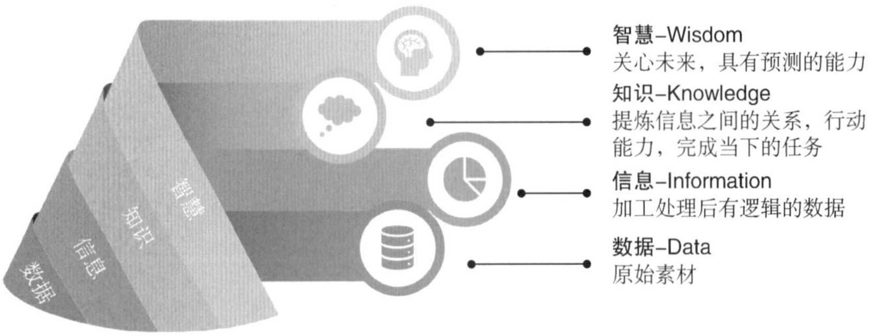

图 1-12 数据—信息—知识—智慧处理过程的金字塔模型

2. 城市交通治理中的信任机制

良好的治理和有效的服务是公共政策成功实施的前提,而信任的建立是先决条件。现代公共治理体系是一个多层级、多主体的复合系统,信任是维系这个系统有效运作的纽带,是治理各层面和各主体间的“软环境”。

“公共行政中的信任”的五个内涵:一是公民、顾客或用户对公共服务的信任;二是决策者、执行者、行政管理专家和其他公共管理者之间的信任;三是政府、企业、社会组织等治理主体间的相互信任;四是从国际组织、中央政府到地方各级政府间的相互信任;五是全球范围的社会网络组织中的信任培育问题。在垂直信任和水平信任两个维度中,横向的“水平信任”具有更加重要的意义。

政府公信力危机的影响因素主要有三个方面:一是政府应对经济和社会危机的能力;二是社会防治腐败的能力;三是所提供的公共服务质量。

在城市交通治理中,需要关注治理主体间的信任,避免忽略公共治理主体之间、政府部门之间的相互信任问题。增进信任的工具创新和制度设计:一是建立公共治理主体间相互信任的监督保障制度;二是开放政府数据,促进公民参与;三是改进合作方式,促进共享共赢。

3. 合作治理与可信数据管理

合作治理是指在治理目的具有多元价值因素考虑中,多种治理主体如政府、企业、社会组织、民众团体等在平等、主动、自愿的原则下以某一方为侧重参与社会公共事务的治理方式。

合作治理与传统公共行政的重要区别在于:合作治理打破了公共政策政治目标的单一性,使政策走出单纯对政治机构负责的单线的线性关系形态;在合作治理的条件下,行政权力的外向功能会大大地削弱,治理主体不会再依靠权力去直接作用于治理对象。行政权力服务于抽象的公共利益的状况也会改变,进而会紧密地与行政权力持有者的道德意识相关联。这就是合作治理的基本特征。合作治理必然首先表现在公共政策目标受多元价值因素影响,从而以复杂的目标体系的形式出现。

合作治理与参与治理之间存在着本质上的不同,参与治理属于民主建构的范畴,它决定了治理过程是由某一方主导的,其他各方则被定位在参与其中的地位上,而合作治理则要求治理主体"基于特定的互惠性目标",并在自主、平等的基础上开展合作,因而是一种真正的共同治理。治理主体的状况永远是一个值得关注的主题,特别是离开了治理主体间的关系而去构想所谓民主的建构,显然是不可取的。治理主体的建构问题应当从属于治理主体合作的需要。

合作治理的研究重心主要集中在合作治理的协商过程、有效参与、联合行动的能力及其互益的互动。合作治理的未来研究需要进一步深入研究参与者的协商行为、参与代表性和共识判断。

1.6.3 面向城市交通合作治理的保障措施

新时代的治理变革对城市治理的绩效提出了更高要求,但是治理的方式并不一定能确保治理的目标达成并取得成效。具体到城市交通治理的具体场景,合作治理提供了一种路径选择,需要相应措施保证合作体系、过程及机制的有效运转。

1. 完善城市交通治理法治体系

法治化与现代化是相互依存、相互促进的关系,城市交通治理法治化是城市交通治理现代化的必要条件,城市交通治理的关键是构建"良法"与"善治"的城市交通治理法治体系。根据构建城市交通治理内涵与目标的基本要素,以及城市交通治理的公共治理属性,构建包含不同位阶的法律制度规范的城市交通治理"良法"体系;从城市交通治理的过程入手构建动态的法治实施、监督与救济体系,引导城市交通治理走向"善治"。

2. 形成城市交通合作治理的协调机制

在长期的管理逻辑下,城市交通管理往往偏重交通工程和交通管理技术层面的问题,对于管理机构而言,跨部门、跨层级、跨区域的协调较少,管理系统是自上而下的线性结构。城市交通治理系统是由多元主体构成的多因素、多层次和非线性的复杂系统,作为主导部门的政府在横向上需整合碎片化的管理,加强政府部门间的协同,搭建与市场、社会和公众协调合作的渠道;在纵向上创新不同行政层级的协同流程,建立跨层级跨区域的交通治理协调组织和机制。

3. 建立城市交通合作治理的评估体系

对城市交通合作治理的评估体系建设与探索,能够科学评判交通合作治理的政策效果,促进城市交通合作治理体系优化完善。城市交通合作治理的评估应根据交通治理的具体合作事项选择评估主体,根据评估的重心与交通技术性的关系选择合适的评估主体;评估的内容聚焦于交通治理政策实施运行的合作过程、社会效应和结果;大数据分析手段为城市交通合作治理的量化评估提供了有力的技术支持。中国多个大中城市开发建设了交通大数据信息平台,使得评估及反馈环节具备了良好的数据条件,但是大数据技术在交通治理评估中的具体运用还有待具体实践的检验。

1.7 本章小结

回顾工业化、城镇化的发展历程,每一次技术革新都会带来城市发展与治理模式的变革,城市交通形态的发展也随之发生根本性变革。这一过程始终伴随着城市人口聚集、机动化程度提高、交通技术革新、城市交通问题日益显著等现象。未来城市交通治理面临着区域一体化、科技创新、交通可持续、交通风险管控、多元化和精细化等新挑战。为顺应时代的发展、应对各种新兴风险与挑战,城市交通治理研究需要构建面向未来的城市交通治理跨学科体系和研究框架。虽然传统的交通学科已经具备较为完整的理论方法与研究框架,但是由于缺少以人为本的思想,忽视交通服务质量的重要性而亟须补充新知,开展交叉研究,推动学科的转型升级与适应性变革。城市交通治理问题不是单一的交通物理系统问题,而是由物理空间、社会空间、信息空间中各要素之间的矛盾产生,过于注重交通系统的旧思路,已经难以适应复杂环境中城市交通的新问题与可能的新挑战。因此,城市交通治理需要融入社会学、政治学与管理学等学科的方法、理论,需要打通物理—社会—信息三元空间,构建面向未来的跨学科体系与研究框架,从而建立一种适应性强的交叉学科探索新范式。

第 2 章
基于行政规制视角破解共享经济时代的城市交通合作治理危机

2.1 共享经济时代的城市治理新形态与城市交通治理

2.1.1 城市形态、城市治理演进与城市交通治理新议题

城市形态学(Urban Morphology)是一门关于在各种城市活动(包括政治、社会、经济和规划过程)作用力下的城市物质环境演变的学科[67],城市形态是其核心概念,齐康院士在20世纪80年代将其定义为构成城市并能表现出来的不断发展变化着的空间形式的特征,分为外部空间和内部空间[68]。城市形态包含两方面的重要内容:一是从时间维度而言,城市形态涉及城市演变发展的历史过程,表现为城市空间尺度与内部结构在历史发展过程中的变化及其规律;二是从空间维度而言,城市形态涉及城市的物质与非物质空间环境,城市物质空间环境包括各种有形要素的空间布置方式,非物质空间环境则包括社会空间、象征空间、心理空间和文化空间等内容[69]。从西方城市发展和城市形态演变的历史和规律来看,城市形态在进入工业时代后伴随城市化进程加速演变,从而形成了小城市、中等城市、大城市、特大城市、城市群的发展过程。

改革开放以来,我国经济社会发展取得了巨大成就,综合国力不断提升。截至2021年,我国国内生产总值(GDP)由1978年的3 645亿元增长至114.4万亿元,经济总量在世界经济总量中的占比超过18%,居全球第二位。我国城镇化率由17.9%提高至64.7%,城镇常住人口由1.7亿人增长至9.1亿人,已由传统农业大国转变为城镇化程度超过全球城镇化平均水平的城市型国家。我国用40余年的时间走过了西方100余年的城镇化历程,城市的内部结构随人口增加、基础设施建设而发生变革,城市外部轮廓不断扩展,呈现都市圈、城市群、城市带的集群发展。《国家新型城镇化规划(2014—2020年)》明确提出我国要加快推进中国特色的新型城镇化,指出目前我国正处于城镇化快速发展阶段。有学者预测,中国的城镇化率将以每年大约1个百分点的速度上升,到2030年达70%[70],未来30年,中国城镇化对于城市容量的增长需求将超过全球发达国家的总和,这一过程将把约3亿农村人口转移到城市[71]。城市交通指城市行政区域范围内的各种交通,伴随城市发展不同阶段的变化而变化,城市交通正在从协调人—车—路—环境关系、提供人和物的移动,向满足人的需求,组织城市高效、安全、低耗可持续运行转型[72]。在城市产生以来的发展历程中,城市交通与城市形态相互影响。在我国进入以城市群为主要发展形态的背景下,中国特色新型城镇化目标的实现是城市治理面对的新挑战和新任务。

城市治理指的是通过制度化的设计与安排,去塑造有效的、正确处理城市问题的能力;是依据城市发展客观规律和各种规范要求以及市民的反应,对城市各方面的矛盾和不协调进行系统整治和调理的经常性的管理行为[66]。现代城市的治理变革实践和理论始于欧美发达国家,伴随西方国家城市化的进程,城市治理理论各理论范式的演进基于各阶段的实践也呈现出阶段性的特点,主要沿着“地理单元”和“公共权力”两个维度展开。对城市地理空间尺度范畴的关注构成了“地理单元”的城市治理理论的演进主线,萨维奇总结和分析了西方区域主义

演变的四种形态(大都市政府理论、公共选择、新区域主义、地域重构与再区域化)。不同理论形态主要聚焦如何通过城市空间区域的调整来促进城市经济社会发展。

城市治理理论的另一个维度以公共权力为核心展开。精英主义、多元主义等理论基本围绕着“谁统治城市”的问题,形成了以城市权力为核心的研究领域。治理理论的核心假设之一是非政府参与主体能够在管理过程中发挥重要作用,因而在治理时代,城市治理也被认为是“个人与机构、公共部门和私营部门共同规划管理城市公共事务各种手段的总和持续的过程”[73]。现阶段随着合作治理的兴起,城市治理的“地理单元指向”和“公共权力指向”的理论展现出合流的趋势,城市治理理论的研究开始打破空间维度和公共权力维度的局限,寻求多元主体下合作治理的发展趋势(图 2-1)。

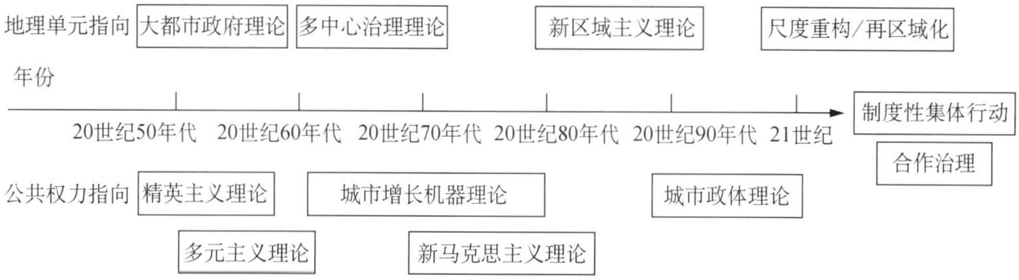

图 2-1 城市治理的理论模式[66]

当下我国城市治理处于“现代化与后现代化交织”的复杂时期,城市化历程已跨过增量扩张阶段走入以存量优化为发展模式的后半程,社会分化和空间分异成为中国大都市的典型特征。这要求非政府部门的充分发展和服务水平的提高以及市民社会的广泛参与和民主意识的增强,由“治理”向“善治”转变。城市交通作为城市发展的关键一环,应当把城市交通治理放在提升治理能力的重要位置。进入城镇发展新时期后,城市群成为城镇化主体形态,深化供给侧结构性改革与经济转型发展同步推进,交通也由城市发展的配套设施转变为调控城市发展模式、通过城市发展引导区域发展的重要手段。区域交通治理是实现各种运输方式融合和运输业综合管理的重要基础。其目标是打破行政、部门、地域界线,通过交通体系内部整合(设施平衡、运行协调和管理统一)和外部关联(交通体系与区域内城市功能调整的互动)两个方面,推动区域综合运输系统的协调发展,实现区域内交通资源的优化配置。

随着大城市的中心辐射能力不断增强,与其毗邻地区由于功能联系紧密而自发形成都市圈结构,依托基础设施网络实现互联互通,实现区域一体化发展。2018 年,中共中央、国务院提出了京津冀协同发展战略,这一战略拉开了城市群协同发展的序幕。党的十九大报告提出,以城市群为主体构建协调发展的城镇格局。建立城市群,通过资源集中、区域协同发展,实现资源开发和利用的最大化,重大交通基础设施有助于高度集中枢纽功能,提高城市间的连通性,因此,交通设施在城市群发展战略中的重要性更加突出,雄安新区、粤港澳大湾区、长三角城市群的战略目标都包括加快现代化综合交通运输体系的建设。京津冀交通一体化将有效推进京津冀区域城市群发展,对将京津冀城市群打造成“以首都为核心的世界级城市群、全国创新型经济增长新引擎、生态环境保护和修复示范区”具有重大作用。交通协同发展有助于城市群的建设，实现公共服务共建、共治、共享是经济发展的新突破口，也是协同发展之脉。而交通协同发展，离不开交通基础设施建设与交通协同治理。京津冀的轨道交通和公路交通发展较为完善，其交通设施在促进四大经济区间的社会经济交流方面起到了重要的作用，是我国装备较为齐全，综合运输能力较强的综合交通枢纽之一。京津冀协同发展不仅在于促进京津冀区域的经济、交通、生态等多方面一体化综合推进，更能为未来我国其他区域的一体化发展提供探索路径，亦有利于京津冀首都经济圈和世界级城市群的建设。其中，京津冀交通一体化作为京津冀协同发展的先导尖兵，为区域的整体性发展和协同目标的实现奠定了基础。

从城市规模来看，未来城市交通治理面临着区域一体化的挑战。未来城市的发展不再局限于单个城市自身的发展，而是具有全球城镇化的趋势，形成以大都市为中心向四周辐射的城市群。从全球趋势来看，城市群已成为支撑国家各主要经济体发展的核心区。交通是城市运行的重要命脉，是连接城市间经济、服务功能等的主要载体，也是支撑城市群出现及发展的关键基础设施。在幅员辽阔的中国，各地区交通发展程度差异较大，区域发展不协调。为推进城市群的发展，如何缩小城市之间的差异，如何实现并发展区域交通一体化，成为未来城市交通治理面对的巨大挑战。

不同模式、不同阶段的城市群交通一体化的发展导向不同，对于京津冀、长三角等以超大城市为核心、表现出一定溢出效应的城市群，应从整体的视角考虑交通发展问题，引导、顺应城市功能外溢趋势。尤其是对于具有明确规模扩张趋势的城市群，应在统筹规划的基础上，优先建设通达周边组团的市郊铁路系统，同步配合教育、医疗等公共资源倾斜，加快引导促进外围组团发展，建设一批产城融合、职住平衡、生态宜居、交通便利的郊区新城，承接中心城区溢出。

2.1.2 人工智能技术、交通革命与城市交通治理新局面

人工智能（Artificial Intelligence, AI）与基因工程、纳米科学作为 21 世纪三大尖端技术，涉及系统科学、认知科学、计算科学、思维科学等学科。人工智能作为一个专业概念于 1956 年由美国计算机科学家约翰・麦卡锡（John McCarthy）在达特茅斯会议上提出，但关于人工智能的定义学界尚未统一，诸多定义从技术发展不同阶段、不同学科角度反映了人工智能的基本思想和内容，可以概括为研究人类智能活动的规律，构造具有一定智能行为的人工系统[74]。经过 60 余年的发展，人工智能技术在多个领域取得突破性成果，并形成了多元化应用和发展方向。2016 年 3 月，谷歌公司开发的阿尔法围棋（AlphaGo）以 4∶1 的总比分击败围棋职业九段棋手李世石获胜，该事件使得人工智能的发展再次引起大众的关注，虽然“阿尔法围棋”能否代表当前人工智能的发展方向还存在争议，但它背后以数据、算法和算力为核心的新一代人工智能时代已然来临。人工智能作为新一代科技革命的主导技术，由于其技术本身的基础性和通用性，新一代人工智能时代的到来意味着它不是某一领域或产业的颠覆性创新，而是基于技术发展的综合性变革，在城市交通领域，新技术正在推动城市交通走向“智能化”的革命，主要体现为以下三方面：

(1) 城市交通基础设施的智能化革命。当前城市交通传统基础设施已难以提供基于数字

化的城市交通信息系统所依赖的城市交通数据等信息来源，智能化革命正在引发交通基础设施建设的大调整、大变革。城市交通基础设施包括硬件设施和软件设施，升级和完善交通基础设施是智能化革命的前提，国家在城市交通基础设施建设硬件方面正由传统基建(铁路、公路、机场等)向新基建(信息基础设施、融合基础设施、创新基础设施)过渡，交通智能化的功能性设施建设与基础设施智慧化提升[75]日趋重要。城市交通基础设施的硬件系统只是为实现智能化功能提供数据信息来源的条件，软件系统则是实现智能化功能的保证。任何智能系统没有充分的信息来源都无法运作，但是没有可靠的分析、指挥系统，智能功能更是无从实现，如基于大数据、全要素信息感知的新型交通控制系统，可以依托强大的计算能力对出行进行实时调控，不断优化信号灯配时、改善路权空间分配，从而优化和提升城市路网容量[76]。因而，在城市交通智能化新阶段，智能软件系统的设计开发同样是基础工程。

(2) 城市交通管理的智能化。城市交通管理的智能化是智慧交通的重要组成部分，由城市交通参与主体提供准确且清晰的信息，通过城市交通智慧平台收集和处理，发挥物联网、云计算、人工智能等技术作用，实现人、车、路的高效协同。传统的城市交通管理侧重于道路通行效率，信息来源集成与整合不足，管理决策的滞后性明显且缺乏参与性。城市交通的本质是满足人的需求，智能化在技术层面将信息采集范围扩大到直接参与交通活动各节点的主体，通过支持各类组织和行为主体的情报决策过程，达到引导行动决策、改变行为模式的效果[77]，从而形成以人为本的智能交通管理系统。

(3) 城市交通工具的智能化。人工智能技术的发展加速推动了交通工具智能化的革命，无人驾驶技术是交通工具智能化发展的最新阶段。目前，无人驾驶技术已经在港口作业车辆、城市轨道、快递投送等领域广泛应用。2021 年 4 月，国际自动机工程师学会(SAE International)与国际标准化组织(International Organization for Standardization, ISO)更新了《SAE J3016：驾驶自动化分级》，新标准区分了“驾驶员辅助”和“驾驶自动化”的定义，提供了从无驾驶自动化到完全驾驶自动化六个级别的驾驶自动化分类(表 2-1)：在 0 级到 2 级主要是由驾驶员操作，在 3 级到 5 级是自动驾驶。0 级是“无驾驶自动化”，由驾驶员执行整个动态驾驶任务(Dynamic Driving Task, DDT)，即时辅以主动安全系统。1 级是“驾驶员辅助”，驾驶自动化系统持续执行特定运行设计域(Operational Design Domain, ODD)动态驾驶任务的横向或纵向车辆运动控制子任务(但不能同时执行这两个子任务)，由驾驶员执行动态驾驶任务的其余部分。2 级是“部分驾驶自动化”，驾驶自动化系统持续执行特定操作设计域动态驾驶任务的横向或纵向车辆运动控制子任务，由驾驶员完成目标和事件探测及反应(Object and Event Detection and Response, OEDR)子任务并监督驾驶自动化系统。驾驶的自动化根据是 3 级：有条件驾驶自动化；自动驾驶系统(Automated Driving System, ADS)持续执行特定操作设计域整个动态驾驶任务，但是车内乘员在接受 ADS 发出的干预请求以及其他车辆系统中与 DDT 执行相关的系统故障后能作出适当的响应。第 4 级的“高度驾驶自动化”与第 5 级的“完全驾驶自动化”区别在于自动驾驶系统在执行整个动态驾驶任务时是否完全自主，是否受到限制。

表 2-1 驾驶自动化分级[78]

分类	等级	动态驾驶任务		动态驾驶任务支援	自动驾驶运行设计域
		持续纵向或横向控制	目标环境感知与响应		
驾驶员驾驶	0级 无驾驶自动化	人工驾驶	人	人	无自动化
	1级辅助驾驶	人+机器	人	人	部分工况
	2级 部分自动化	系统	人	人	部分工况
自动驾驶	3级 有条件自动化	机器	机器	人	部分工况
	4级 高度自动化	机器	机器	机器	部分工况
	5级 完全自动化	机器	机器	机器	所有工况

作为一项新兴技术，我国的自动驾驶汽车大多为 L2 水平，还处于基础自动驾驶阶段，也就是通过汽车上安装的传感器代替人类驾驶员对道路交通存在的隐患进行预判，提醒驾驶员规避危险；当自动驾驶技术逐渐成熟，高级的自动驾驶系统可以在司机来不及刹车、来不及转向等紧急情况下，帮助司机刹车或转向，防止事故的发生；而更高级的自动驾驶则可以实现完全的自动化，无须人为干预，通过车内安装的自动驾驶系统就能够自动驾驶汽车，完成出行。

目前自动驾驶已经步入加速发展期，《中国智能交通产业生态发展战略研究》表明，在“十四五”末期我国将实现 L4 级以上的汽车量产，在多个大城市以及旅游城市普遍应用为自动驾驶汽车提供设施基础支撑的城市智慧道路[79]。届时，智能交通进入全面普及阶段，企业积极布局智能网联汽车，绿色低碳出行的理念深入人心，自动驾驶汽车全方面影响着人们的日常生活、工作和娱乐方式。

城市交通的本质是服务人的需求（包括就业需求和生活需求，不能仅理解为出行需求），城市交通面临的基本挑战，是有限空间和环境资源制约下，人居环境与空间机动性之间的矛盾。科学合理地协调两者关系，需要突破交通领域的局限，针对城市的空间关系、空间行为进行广泛的调控。构建城市交通智能治理体系的核心任务，是充分发挥对政府或公众决策产生“催化剂”作用的信息和信使的效能，提供可信数据搭建平台型沟通和研判环境，在跨界和跨部门的协作中获得共识与信任，形成社会合作的基础环境。

城市交通绝非单纯的物理系统，而是在物理—信息—社会三元空间中的复杂适应系统；城市交通面临的核心矛盾，是日益提升的人居环境质量要求与快速增长的机动化活动之间的矛盾。某项技术的单兵突进，并不能从根本上摆脱困境。城市交通体系的技术发展，既要防止以偏概全、包打天下，也要积极应用新技术推动整体变革，组织城市的可持续运行，特别是要通过体系化对策来应对信息化发展和适应后工业化时代。

2.1.3 基于共享包容的新型交通服务模式与治理新结构

共享是中国特色社会主义的本质要求[80]，党的十八届五中全会提出了“创新、协调、绿色、开放、共享”的发展理念，在新的发展理念指引下，国务院相继出台了《关于大力推进大众创业万众创新若干政策措施的意见》《关于积极推进“互联网＋”行动的指导意见》等政策文件，在包容的制度环境下，一大批基于互联网的创新业态得到了发展，共享经济是其中的重要代表。共享经济经济成本较低，在供给者与需求者之间相互信任和资源共享的基础下，能够对闲散资金进行有效整合，大大减少持有者在生产活动中对资源的浪费。共享经济由来已久，在现阶段主要表现为利用网络信息技术，通过互联网平台将分散资源进行优化配置，改善消费能力差异和资源分配不均的情况，促进新型经济形态提高利用效率，从而落实可持续和绿色低碳的发展理念。

共享交通是在“互联网＋”和共享经济背景下出现的一种新的城市大众出行交通模式，一般是指通过市场机制，以获得一定报酬为主要目的，基于陌生人且存在交通工具使用权暂时转移的一种新的交通服务供给模式。它适应了生态智慧城市发展时代对城市交通的新要求，增加了城市交通的有效供给，能够降低出行成本，有效缓解城市道路拥堵，减轻碳排放污染，因此它已经成为共享经济时代交通运输系统的一个必然发展趋势。目前市场上主流的共享交通方式包括网约车、分时租赁及共享单车，共享交通在中短距离及交通接驳方面展现出了强大的竞争力。相较于传统公共交通出行，共享交通更为灵活，能够有效改善传统公共交通定点、定线的出行模式，实现点到点的便捷出行，提高出行效率，减少步行距离；相较于私家车等个体出行方式，共享交通可省去购车、养车等费用，降低出行成本。共享交通的诞生填补了个体出行方式与传统公交出行方式之间的空白。

新型交通服务模式主要包括共享单车、网约车、共享汽车、定制公交、MaaS 等。共享单车是指企业在政府许可下，在社会人流量大的公共区域如地铁站、火车站、住宅区、商业街区等提供可共享服务的自行车，是一种分时租赁的公共自行车模式，又被称作互联网技术租赁自行车[81]。截至 2017 年年底，我国共享单车市场整体用户数量已超过 2.2 亿人[82]，共享单车一方面丰富了城市居民的出行方式，可代替公交出行，另一方面它的普及很大程度上解决了“最初一公里”和“最后一公里”的交通出行难题，尤其是在高密度城市中心区域，早晚高峰时间地铁轨道交通通常遭遇拥堵，加强共享单车对于短中距离出行的替代性将为缓解城市中心公共交通拥堵提供很好的解决办法。随着城市化进程的加速和城市人口的不断增长，用车需求也不断增加，共享汽车、网约车的出行模式为居民提供了新的出行服务。共享汽车，即分时租赁，是一种可以使用户避免拥有车辆的麻烦（购买、维护、保险、清洁、寻找停车位等），同时享受灵活而自由的小汽车出行的可持续交通方式，国外研究表明其具有减少私家车保有量的作用[83]。《国务院办公厅关于深化改革推进出租汽车行业健康发展的指导意见》将出租汽车服务分为巡游和网络预约两种方式。网约车全称网络预约出租汽车，根据交通运输部发布的《暂行办法》，网约车是利用移动互联网技术构建服务平台，接入符合条件的车辆和驾驶员，通过整合供需信息，提供非巡游的预约出租汽车服务，相比于传统的巡游出租车，网约车基于手机移动客户端平台，具有提前预约、价格透明、定位准确等优点，乘车选择的多样性也减轻了城市的出行压力。2020年年底，交通运输部发布了《城市定制公交服务规范》(JT/T 1355—2020)，该标准界定了定制公交是通过整合出行起讫点、出行时间等相近出行需求，向乘客提供预订线路或车次的一种差异化、集约化、高品质的城市公共交通服务。定制公交是一种需求响应式公交系统，相比于传统提供固定线路、站点来满足乘客出行需求的常规公交，定制公交突出"定制"特点，开通前通过需求调查等多种渠道收集相近出行需求，包括起讫点、出行时间等，依次提供可预订的线路和班次，体现集约化出行理念。在线路组织规划到投入运营的全过程中都区别于常规公交。"出行即服务"(MaaS)被认为是近年来交通领域最重要的概念之一。《交通强国建设纲要》也明确提出打造基于移动智能终端技术的服务系统，实现"出行即服务"。从发展动力来看，云计算引发了一系列"X即服务"的新模式。如在手机电信领域，将基站等物理设施及手机无线网络作为平台，将数据信号的传输和计算作为一种服务提供给其他运营商。MaaS是"X as a Service"与交通出行领域的结合。其本质是将出行作为一种服务来消费，即用户购买出行服务的使用权，而无须拥有出行服务的生产要素(如车辆、设施、信息等)。共享出行及其集成者MaaS，通过分离交通工具的拥有权与使用权，提高交通资源配置效率，以尽可能少的交通设施、交通工具提供尽可能多的交通出行服务，降低交通对资源和能源的消耗，推动交通可持续发展[36]。

随着移动互联网技术的发展与共享经济的兴起，网约车、定制公交、MaaS等新的交通服务形式带来了全新的绿色交通服务发展方向，代表了不依赖城市道路基础设施供给增加而满足城市居民出行需求的未来交通服务发展趋势，城市交通治理模式也由行政管理向合作治理转变。未来的出行服务将针对不同出行者的个性化需求和个体偏好，以预约或定制的形式，采用多模式、网络化、协同化组织技术，对出行链进行一体化整合与优化，提供差异化、多样化的全过程服务方案，以高品质、高效率的服务方式满足市民出行的需要，更加注重服务体验的提升。这些基于移动互联网技术的新交通形式打破了原有政府监管模式，政府需要在服务行政改革的大背景下，进一步厘清政府与企业的关系，创新能够让新服务形式生存和发展的市场监管机制，围绕公共利益的实现探索政府—企业合作共治的框架，通过法律制度保障合作治理实现[6]。

当前城市交通发展已经从增量为主转向存量优化，城市交通问题呈现出向交通拥堵、新服务业态监管和城市群背景下区域交通发展三大场域的聚集。围绕这些问题的治理，单一的行政管理手段难以面对现实和未来问题的挑战，例如共享单车问世后，全能型自上而下的管理体系已难以适应复杂的城市交通治理现实。未来城市治理体系将凝聚城市战略体系、空间规划体系、公共政策体系、智慧交通支撑体系和治理机制体系为一体，更加关注交通需求的精准管控、交通管理的精明控制和交通服务的个性提供，构建民众、行业协会、企业、政府等共同参与的政策网络，以寻求城市治理的突破点，提升未来城市智慧化治理水平。

2.2 城市交通服务合作治理及困境

2.2.1 公共服务模式创新及合作治理

公共服务是现代政府的核心职能之一,法国公法学家莱昂·狄骥(Léon Duguit)最早从政府职能的角度定义了公共服务,其在《公法的变迁》中提出:“任何与促进和实现社会团结密切相关,且必须由政府来规范和控制的活动,就是一项公共服务。”[84] 如何通过公共服务供给方式的创新来提升公共服务的效率和质量,是城市治理理论研究和实践探索的重要内容,公共服务的创新是极具时代性的命题,每个时代的治理理念和技术进步都对公共服务的方式供给和质量提升具有巨大推动作用。西方国家公共服务从政府垄断到公私合作供给改革发展的历史经验也表明,公共服务的供给模式变化通常与推动和支撑制度革新的理论逻辑演变高度相关。福利国家兴起后,公共服务成为全体公民应当平等享有的基本权利,基于公共服务的这一特性以及福利国家的给付职能,政府垄断了公共服务的供给。萨缪尔森(Paul A. Samuelson)、马斯格雷夫(Richard Abel Musgrave)等经济学家提出的公共产品理论提出公共产品的非竞争性和非排他性会导致“市场失灵”,从经济学的角度论证了市场不能有效供给公共服务。伴随经济社会的发展,公共服务的范围和领域不断扩大,政府垄断供给的模式受制于有限政府和财政预算无法充分回应需求增长的问题,公共选择学派将理性经济人的假设引入公共服务领域,对相关政府管理活动进行分析,提出了“政府也会失灵”的观点。奥斯特罗姆(Vincent Ostrom)等学者创造性地将公共物品供给划分为提供和生产两个环节[85],为公共服务打破政府垄断、引入竞争机制、实施多元化供给创造了理论依据。依据此理论,在随后西方国家的“新公共管理”运动中,私有化、合同承包、特许经营等公共服务民营化改革形式得到实践[86]。20 世纪 80 年代以后,“新公共服务”“多中心治理”等理论试图打破公共服务供给中政府与市场的二元对立理论范式并在实践中得到广泛应用。西方国家公共服务理论与实践的发展表明,政府、市场和社会其他主体在公共服务供给中承担不同任务,发挥不同作用,改革创新供给模式来提升公共服务的效率和质量,实现公共服务的有效供给,需要多主体的合作治理。

以移动互联网、移动支付、大数据等为代表的网络与数字技术推动了公共服务模式的不断创新,催生了“网约车”“共享单车”等全新的城市交通服务业态。当下业态之“新”不仅表现为在网络与数字技术“连接一切”在公共服务供给实践过程中引发了广泛而深刻的变化,而且表现为引发了公共服务公私合作方式的变化。公共服务由于其公益性的属性,市场盈利预期不大,在传统供给模式下都是由政府单独供给或是政府主导下的公私合作供给。基于互联网等新技术的服务形式使传统公共服务的市场突破了地域的限制,移动支付的普及也极大地拓展了潜在客户群体的范围,市场规模和客户数量的激增大大增加了企业的赢利预期,从而使公共服务具备了由企业独立商业化运作的条件。以共享单车和城市公共自行车为例,共享单车企业是服务的供给者和主导者,在提供服务的过程中具有相对的独立性;服务从规划到供给都是企业的市场运作，没有政府的补贴和投入。在国内城市公共自行车各种运营模式中，政府主导运营商选择和项目规划建设，企业无法脱离政府的财政支持或其他补贴政策独立完成服务供给。这种全新的公共服务形式一方面在移动互联网的助力下产生了可观经济社会效益，为完善城市绿色交通出行体系作出巨大贡献；另一方面，也改变了城市交通公共服务中政府主导的公私合作模式，形成了全新的政府、市场、社会的关系。针对这种全新公共服务模式的治理，合作治理是解决问题的优势方案，公私不同主体通过扩展和整合资源、促进信息共享[87]，超越传统公私角色的责任[88]，形成公共政策决策、管理的过程和结构，以实现其他方式无法达到的公共目标。

2.2.2 “互联网+ ”时代的公共服务共同生产及不足

“网约车”“共享单车”等“互联网＋”城市交通服务业态通过互联网平台直接连接了企业与消费者，企业成为服务的直接供给者和互联网平台规则的制定者，互联网平台实际赋予企业自我管理的权能，消费者通过网络平台的直接沟通与参与，被赋予了共同生产的权力，改变了传统公共服务公私合作供给中企业和社会作为生产者与公众作为接受者的角色定位。这些新变化改变了城市交通公共服务中政府主导的公私合作模式，将私人部门供给发展为一种企业主导供给、政府参与治理的逆向公私合作供给模式[89]。在这种模式下，政府承担公共利益维护，企业负责服务生产，市民在获取服务的同时需要配合，相关社会主体可以协助市场规范，在全新合作治理网络形成中各主体的共同生产至关重要。在共同生产的过程中，政府、公民、企业或其他组织需在服务的不同环节中投入资源、贡献力量并参与合作，其中，公众不仅仅是潜在的消费者，更是服务过程中创造公共价值的重要伙伴[90]。在共享单车的使用过程中，用户是否合作直接影响共享单车管理的成效，如果用户每次使用服务时拒绝遵守相关服务规范，不按规定停放，不依法骑行，那么城市管理部门及企业则会面临管理难题和管理成本增加。因而，单车企业希望通过用户规范停放车辆、减少使用中的不文明行为来降低管理成本，城市管理部门希望通过单车的使用与企业和公众共同创造新业态能够产生的公共价值。在服务中，用户的遵从行为及其他主体的参与，不仅创造了新业态交通出行的使用价值，更深切地影响了城市市容及交通管理，成为公众与政府及企业共同创造公共价值的重要途径。

共同生产所促进的不是某一主体的责任，而是通过参与网络中各主体之间的合作，动员社会的整体资源，提高公共服务的效率从而增强政府治理能力。新业态的创新为实现这一目标提供了可能，但是新业态作为市场行为，资本的逐利性与公共服务的公益性之间的矛盾并没有因创新而改变，仍然需要政府对于其产生的负外部性进行行政干预以保障公共利益和社会秩序。相关部委以及多地已经出台管理法规来规范新业态发展，但是政府的回应性明显跟不上新业态的变化发展。

第一，制度回应的滞后。“互联网＋”新业态作为颠覆性技术创新，有别于一般创新的有序性，“互联网＋”新业态在最新网络信息技术的加持下创新的周期短、商业化应用及扩散极其迅速，如何确保规制制度与快速变化的商业形态相同步是管理部门面对的巨大的挑战。在法律制度对互联网新兴技术规制的历史中，“出台就过时”的案例并不少见。“颠覆”意味着与传统的根本性区别，这种创新所引发的社会效应及产生的风险具有巨大的不确定性，传统公共服务领域的制度回应是逐渐弥补完善的，形成规律性的制度体系。传统的制度制定回应程序无法回应层出不穷的新技术、新应用、新业态，旧的法律规则作为政府规制的重要指引法成为社会发展的一种阻碍，从而加剧了制度回应的困难。

第二，行政主导的路径依赖。在政府、市场二分传统公共服务的治理实践中，政府主管部门的行政治理始终处在主导地位，引入市场机制和市场力量以提升公共服务部门的效率是新公共管理运动中民营化改革的理论前提。在“互联网＋”新业态出现伊始，围绕市场主导还是政府规制也产生了激烈的争论，但实践已证明，仅靠政府干预或者市场自行调节都不能解决，治理范式应从政府、市场二分向政府、市场和社会协同合作转型，构建需要行政、市场、社会治理机制的共生机制。在《交通运输部、中央宣传部、中央网信办、国家发展改革委、工业和信息化部、公安部、住房城乡建设部、人民银行、质检总局、国家旅游局关于鼓励和规范互联网租赁自行车发展的指导意见》(交运〔2017〕109 号，以下简称《指导意见》)这一指导共享单车治理与发展的重要政策文件中，“多方共治”是基本原则，实质就是多元主体的合作治理。在中国“政府主导”的治理语境下，在行政主导力量发挥重要作用的同时激活其他机制是提升政府回应能力的关键。

第三，政府回应能力的不足。“互联网＋”新业态时代是技术与资本的时代，数字化技术的广泛应用需要政府针对性建设一系列相应基础设施，并以此构建适合数字化“互联网＋”新业态特点的规制管理体系，而政府在自身数字化转型方面相对于新业态发展明显滞后。在传统管理模式中，数据是决策与管理的辅助支撑资料，在大数据驱动的数字化时代，数据源已从简单小型“结构化数据”演变为复杂大型“非结构化数据”[91]；政府的治理需引入大数据、人工智能等技术向智能化、专业化、高效化发展，建立在大数据基础上的政府决策，即循证决策更具科学性，更加可预测化、灵敏化，能够快速响应公众诉求[92]。从管理实施能力而言，在“互联网＋”新业态发展中使用且不断更新迭代的技术手段具有专业性、复杂性的特征，政府管理部门具体实施人员在知识匮乏和技能缺乏的困境下难以有效回应治理需求。

2.2.3 边界融合与多中心治理难题：空间碎片化和环节碎片化

“互联网＋”新业态创造的公共服务模式的重要创新及优势之一是，将碎片化的公共服务供给进行整合，通过数字化平台化提高公共服务供给的效率。然而，新业态在国家鼓励“互联网＋”和“共享经济”的背景下，在地方政府的默许下进入市场，并在资本的助推下“野蛮”生长并迅速在全国范围蔓延，其过快过度的市场发展导致服务供给面临再度碎片化的困境。

一是空间碎片化。新业态大都属于具有市场性和公共性双重特点的准公共服务产品。市场化运作的动力机制是利润，公共服务是企业追逐利润的副产品。对于政府而言，公共物品的生产和公共服务供给是政府的基本职能，要对共享单车涉及公共利益和公共秩序的部分加强干预和治理，在民营化运动中的公私合作治理模式之中，政府以行政任务解决为导向，通过特许经营、行政许可、行政合同等方式将公共服务外包给私主体，私主体的责任和义务通过合同和协议得以事先明确；而各种“互联网＋”创新业态是先进入后治理，各种政策规范是在发展的过程中形成的。在规制政策的宽松时期,各种新业态通过疯狂抢占市场来竞争市场份额,向不同城市扩张。新业态承担的公共服务事项以属地管理为主,不同于传统公共服务企业多是一地一企,新业态企业服务基本是面向全国的,甚至部分企业已尝试探索开展跨国业务。一旦进入政策规范期,企业扩展范围扩大,面临的规制政策增多,造成服务的空间碎片化。

二是环节碎片化。"互联网+"新业态治理涉及政府、企业、社会和公众等多元主体,多中心治理的关键在于合作互动,涉及整个合作治理网络中的多元主体能否协作互动。从政府角度来看,"越位""缺位"并存,内部部门之间的责任不清晰,外部政府不仅要执行规制政策,监督相关主体行为,还要与其他主体沟通协作。从治理实践来看,在部分新业态的规制政策的制定与执行过程中,政府与各相关主体的互动不充分。以各地出台的共享单车规制政策文件为例,继中央十部委出台《关于鼓励和规范互联网租赁自行车发展的指导意见》后,各地先后出台规制制度,发文部门有交通部门、城市管理部门和公安部门,也有多部门联合发文,出现了管理职能分散、功能和角色定位模糊等问题,"越位"现象时有发生。2022 年 7 月 21 日,滴滴全球股份有限公司因违反《网络安全法》《数据安全法》《个人信息保护法》的违法违规行为被国家互联网信息办公室罚款人民币 80.26 亿元,这也说明政府对新业态的规制存在盲区和"缺位"。

2.2.4 数据驱动的城市跨部门运营瓶颈:数据共享网络的断裂

在大数据时代,数据本身蕴含着巨大的商业与社会价值,是"互联网+"新业态生存与发展的核心资源,企业通过数据以及数据的加工来提升营利空间;数据也是现阶段公共服务供给模式革新的"引擎",公共服务供给全过程对大数据资源、技术和决策的依赖程度越来越高。加强数据的共享和流动对于提升公共服务创新模式的效率至关重要,国家发改委在 2016 年印发了《关于组织实施促进大数据发展重大工程的通知》,明确支持大数据的共享开放,提出了完善公共数据开放制度和建立统一的公共数据共享开放平台体系,来优化公共资源配置和提升公共服务水平。但是目前数据的流动和贡献在理论和实践层面都还面临诸多障碍。已有研究中已指出了大数据开放与共享存在制度、任务复杂度、使用与参与、立法、信息质量、技术等方面的障碍和难题[93]。在管理层面,我国大数据流动共享的实践仍处于发展阶段,加快推动数据资源的开放、共享和流通已成为各级政府部门推动公共服务供给创新的重要措施,但随着智慧城市建设的深化,大数据开放与共享这一基础问题并未得到很好的解决。

一是数据开放与共享的顶层设计仍不完善。2007 年出台的《政府信息公开条例》为政府数据的开放提供了制度依据;2015 年出台的《关于促进大数据发展的行动纲要》是我国推进大数据发展的第一份具有顶层设计意义的制度文件。目前,《中华人民共和国数据安全法》《中华人民共和国网络安全法》《中华人民共和国个人信息保护法》等法律对数据安全以及政府数据开放有所规定,但是,总体而言我国数据开放共享还处于探索阶段,并且局限在政府数据层面,相关政策法规效力位阶不高,配套措施尚不健全,导致数据共享开放的顶层设计不清晰。在地方的制度建设实践层面,许多地区尚未制定数据开放共享相关制度文件,而是将相关内容嵌套于地方数字政府等其他文件中。

二是“数据割据”“信息孤岛”不同程度存在。数据的割据和信息的孤岛是信息数据流动乏力的典型特征，是非技术因素所造成的数据分散现象。政府行政系统嵌入在管理体制之中，在我国“条块分割”的管理模式下，部门分割的科层组织在数据信息平台建设时容易各自为政独立建设，地域部门之间建设水平不平衡，导致信息数据资源的碎片化，整合加工利用难度大，信息跨部门共享难以落实。在企业层面，进入“互联网＋”时代，各领域的企业都通过数字化手段拓展线上业务，涌现出大量的应用程序及平台企业。相关的数据和信息都被割裂在一个个应用程序及平台中。同时，数据是核心商业资源，企业收集的大量数据可以转化为商业竞争上的优势。对于大型互联网平台企业而言，数据甚至是一种可以强化其垄断地位的战略资产[94]，因而政府、企业和社会之间的数据共享网络形成难度极大。

2.3 建构城市交通合作生产服务新模式——以定制公交为例

2.3.1 城市地面公交发展困境与定制公交服务合作生产

党的二十人提出健全共建共治共享的社会治理制度，这意味着在各个领域的公共治理中，利益相关者的参与、互动、协商都是非常关键的。交通运输行业作为最贴近民生的公共行业之一，更需要建立起政府负责、社会力量协同、公众积极参与的共建共治共享的现代化交通治理体系，城市交通服务模式亟须变革。以城市公共交通为例，作为我国历史最悠久的交通方式之一，常规公交承担城市大部分客运量，始终是城市公共交通的重要组成之一。近年来，城市轨道交通建设快速发展，轨道交通运营线路不断增加，基础设施网络加快完善。与此同时，推广、普及分时租赁、网约车以及共享单车等互联网交通方式。相比之下，传统的常规公交线路服务模式较为单一，供给与需求的灵活性较差，与居民出行时空匹配度不高的问题日益显现，公共交通客运量中常规公交车所承载的客运比例均呈现明显下降趋势[95-96]。尽管国家坚持引导公交优先发展战略，不断加大公交基础设施、运营能力等的供给与投入，但公交服务的投入产出比在不断下降，市民对地面公共交通的出行需求也在降低，常规公交服务供给进入瓶颈阶段。发展服务模式多样、能满足不同出行群体出行时空需求的多元化地面公交服务，发展“互联网＋城市公交”[97]，形成便捷高效的出行结构，成为我国城市公共交通发展的重要改革方向[98]。

2016 年，交通运输部印发了《关于深化改革加快推进道路客运转型升级的指导意见》，首次提出“道路客运定制服务”的概念，明确提出充分发挥移动互联网等新技术应用，鼓励提供灵活、便捷的道路客运定制服务[99]。自提出后，北京、江苏、浙江、湖北、云南等 30 余个省市围绕鼓励发展定制客运服务制定了相关政策文件，指出定制公交相关服务类型和服务场景。定制公交作为地面公共客运交通的一种新兴业态，自 2013 年在公交行业兴起后，各个城市都依据城市特色积极开拓定制公交服务市场。但整个定制行业发展进程缓慢，定制公交服务依旧处于起步阶段，具体表现为：

（1）定制公交受众面仍有待扩大。2018 年赵雪钢等人对深圳小汽车用户的抽样调查结果显示，约有62%的受访者主动尝试了推出的“e巴士”定制公交服务，剩余38%的受访者表示从未听说过深圳的“e巴士”定制公交，这一调查结果也说明三分之一以上的定制出行服务市场有待发掘[100]。

(2) 定制公交宣传力度仍有待加强。通常定制公交通过公交集团网站或公众号对社会上的潜在乘客进行召集，这种方式使得定制公交信息传递速度较慢。

(3) 定制公交发展处境艰难。定制公交线路开通与关闭直接与市场需求、盈亏平衡相关，因此，持续开通2～3年并生存下来的线路较少，以上海驿动在虹桥枢纽开通的线路为例，2019年运行的14条线路，至今只有7条线路仍继续开通[101]。可见，仅由企业自负盈亏承担日常营运，很难激活行业整体创新性，定制公交处境较为艰难。

(4) 部分城市形成特色定制公交发展模式。以南京为例，南京公交集团联合互联网企业，开通“优点出行”定制公交服务，定制模式上创新推出“社群拼团”和园区企业“托底支付”两种创新方式，激发潜在用户群体众筹参与定制公交的开通运行，线路从原有的几十条，增加至二百多条，并且定制公交上座率达到80%[102]。

交通运输部自2014年起，将定制公交划入城市公共交通规划中，至今已在多项纲要及政策文件中就定制公交发展提出相关规范和指导意见，整理如表2-2所示。由此可见，国家宏观政策对于互联网定制公交的鼓励态度十分明确，鼓励发展定制公交等特色公交服务来完善多元化公交体系，丰富市民出行选择。

表2-2 定制公交相关规划、指导意见及规范

时间	部门	规划、指导意见或规范	主要内容
2014年12月4日	交通运输部	《城市公共交通规划编制指南》(交运发〔2014〕236号)	根据公众出行需求，合理规划社区公交、通勤班车、旅游专线、学生专线、定制公交等特色公共交通服务线路和网络，满足公众多样化的出行需求
2016年7月25日	交通运输部	《城市公共交通“十三五”发展纲要》(交运发〔2016〕126号)	积极发展商务班车、定制公交、社区公交、旅游专线等多种形式的特色服务，更好地满足上班、上学、就医、旅游、购物等多样化出行需求
2016年12月21日	交通运输部、财政部、国家铁路局等	《关于鼓励支持运输企业创新发展的指导意见》(交运发〔2016〕227号)	引导城市公交企业发展定制公交、夜间公交、社区公交、接驳公交、通勤班车等多层次公交服务模式
2016年12月31日	交通运输部	《关于深化改革加快推进道路客运转型升级的指导意见》(交运发〔2016〕240号)	提升农村客运公共服务水平。灵活采取通班车、公交车或者提供预约定制服务等多种方式方便居民出行。 规范发展道路客运定制服务。鼓励开展灵活、快速、小批量的道路客运定制服务
2017年3月28日	交通运输部	《城市公共汽车和电车客运管理规定》(交运发〔2017〕5号)	城市公共交通主管部门应当根据社会公众出行便利、城市公共汽电车线网优化等需要，组织运营企业提供社区公交、定制公交、夜间公交等多样化服务

(续表)

时间	部门	规划、指导意见或规范	主要内容
2021年4月1日	交通运输部	《城市定制公交服务规范》(JT/T 1355—2020)	标准规定了城市定制公交服务的总体要求、运营线路、运营车辆、服务系统、服务要求和服务监督与评价等
2021年11月18日	交通运输部	《综合运输服务"十四五"发展规划》(交运发〔2021〕111号)	完善多样化公交服务网络,构建快速公交、微循环公交服务系统,发展定制公交、夜间公交、水上公交巴士等特色服务产品

定制公交服务属于准公共物品,准公共物品具有相似的特性,因此定制公交的配置应从公共出行的供给需求面切入,并且考虑全局规划,以便融入原有的公共交通体系,进一步完善市场竞争、激励方法,加强监督和约束机制[103],还要考虑到准公共物品具备一定的公益性,又兼具一定市场性。同时公交服务属于公共服务,它的合作生产涉及政府、企业、公众等多个主体,只有各主体之间相互协作配合,才能产生高质量和高效率的城市公交服务。

2.3.2 合作生产的理论进展与研究评述

著名学者埃莉诺·奥斯特罗姆(Elinor Ostrom)最早提出"合作生产"这一概念。20世纪80年代,奥斯特罗姆和她的团队开始研究如何实现更好的城市治理这一问题。学者们和政府工作人员认为,政府雇佣的专业人员能够为公民提供更有成效和更高效率的服务[104]。然而,在研究了几个大城市地区的警察服务之后,他们没有发现一个大型集中警察部门能够提供更好的直接服务,更多的是以较低的成本移交给设在周边的司法管辖区。他们通常会找一些服务代理机构和私人公司提供即时响应服务,但效果也并不是很好。后来,他们意识到,如果没有被认为是接受服务的人的积极参与,服务就很难实现。因此,他们提出了"合作生产"这个术语来描述"常规"生产者(政府)与希望由服务部门转变为更安全的"客户"(公民)之间可能存在的关系[105]。奥斯特罗姆最早对合作生产(Co-production)进行定义,她认为合作生产是指"公民作为生产者之一参与到公共服务的生产过程中"。合作生产的基本理论范式是探究通过与城市居民的合作将同质化的公共服务转变为"定制"的服务。然而西方学界对于合作生产的概念并没有统一的定义。布鲁德尼(Brudney)认为,合作生产是指"政府和公民为确保或提升公共服务提供的数量和质量所作的共同资源贡献"[106]。这也是合作生产区别于传统公共服务供给的特征,即公民直接参与到公共服务的生产过程当中,并对服务的内容和效果产生深远影响。惠特克(Whittaker)从政治参与的角度出发,认为"合作生产是指服务的直接受益者积极地参与到服务的供给中",并认为合作生产共有三种类型:一是公民向公共机构索取帮助;二是公民向公共组织提供帮助;三是公民和组织在互动中调整彼此的服务期望和行动[107]。此外,还有学者从制度的角度来对合作生产进行定义,如乔希(Joshi)和穆尔(Murr)提出了制度化合作生产,认为"合作生产是指政府和有组织的公民团体通过他们正式的、长期的制度化的合作关系来实现公共服务的供给，并且二者都能在公共服务的供给当中作出实质性的贡献”[108]。也有学者从合作关系的视角来看，认为合作生产提供了一种基于互惠互利原则的公共服务的不同愿景。内斯塔(Nesta)据此对合作生产提出了如下定义：“合作生产是指公共服务的提供者和使用者利用他们之间平等互惠的关系，来实现公共服务的供给。”

合作生产在20世纪七八十年代掀起了第一次研究高潮，此后一段时间，倡导竞争、市场化的新公共管理理论仍处于主导地位。进入21世纪后，倡导竞争、市场化的新公共管理理论开始走向衰落，强调多元主体合作的新治理理论开始走进学者的视野，社会组织等力量随之兴起，公民权利意识提升以及对公共服务需求日益增加等背景下，公共服务合作生产又引起了新一轮的研究高潮。合作生产关注合作能创造的社会价值。合作生产的研究往往是通过观察主体间的互动合作联系，展开剖析合作生产价值创造的过程和合作成果。合作生产的价值内涵是多重的，既有公共价值又包含私人价值。就目前的文献来看，合作生产创造的价值内涵主要涵盖：共同生产被认为可以提升公共服务的效率与效益[109]，共同生产被认为可以促进政府与公民直接的直接联系，从而提高政府对公民需求的了解，提升公民对公共政策的支持[110]。

国内在合作生产方面的研究起步较晚，最早对合作生产进行的研究针对的是企业提供的产品和服务而非公共服务，我国真正开始公共服务合作生产方面的研究还是从21世纪初开始。20世纪90年代，我国开始探索政府购买服务，同时政府开始与社会组织合作。近年来，我国政府也在大力培育和发展社会组织，学界也对政社合作进行了一系列探讨，就目前来看，政社合作已成为当前公共服务供给的主要方式，但这只是合作生产的一个方面，并不能代表真正意义上的公共服务合作生产。在公共服务供给方面，国内文献更多关注研究政府如何与社会组织合作供给公共服务，在公共服务合作生产方面的研究较少，公共交通这一合作生产中的重要领域还处于“待挖掘”状态。

2.3.3 定制公交合作生产服务安排现状分析

公共服务进行合作生产的各个环节，主要包括三个基本参与者：消费者、生产者、安排者或提供者[111]。服务提供者，亦称服务安排者，负责为生产者和消费者完成指派工作，或直接选择服务的生产者。政府部门对公共物品的供应承担重要责任，通常是由政府来担当安排者的角色，也会出现共同安排者的情况。服务的生产者接受服务提供者的指派，进行服务的组织生产，或者向消费者直接提供服务。生产者可以是政府部门、企事业单位、志愿组织等，甚至可以是消费者自身。服务的消费者是公共服务的直接获得者或接受方。消费者可以是个人、特定地理区域的所有人、政府部门、私人组织、拥有共同特征的社会阶层(贫困人群、学生等)或者获得辅助性服务的政府机构。合作生产实际过程是服务提供者、服务生产者和服务消费者等各类主体共同合作参与服务的生产、供给和实现。任何一项合作行为的发生总是参与合作的行为主体在一定的动力支配下产生的[112]。2004年，世界发展报告提出基于“服务接受者—服务安排者—服务提供者”主体结构关系来解读公共服务的生产全过程。在交通治理创新路径方面，汪光焘等国内学者提出面向多元主体构建"价值—信任—合作"新型关系的城市交通治理现代化理论框架和方法[113]。兹结合合作生产的服务安排结构分别考察当前我国定制公交合作供给现状，为后续建构定制公交合作生产服务新模式提供实践支撑。

1. 从服务提供者角度

《国务院关于城市优先发展公共交通的指导意见》(国发〔2012〕64 号)鼓励汽车租赁、包车客运等交通方式，将定制公交视为一种公共交通运输方式；2016 年 7 月 25 日，交通运输部发布《城市公共交通"十三五"发展纲要》(以下简称《纲要》)，将开通定制公交线路作为全面提升城市公交服务品质的案例纳入《纲要》，都表明定制公交具备社会属性，这一系列政策回应了地方政府和社会该如何看待定制公交的角色问题，要求地方政府关注这项服务，并且进行一定干预，干预指的是地方政府在服务政策、规划、组织、运营、管理等方面不同程度的支撑、参与和干涉，并且安排专门负责的监管机构[114]。政府作为社会公众和公共利益的代表，无论是出于职责还是自身优势，都应当在这一机制的建设中担当起"带头人"的角色[115]。通过制定相关政策，营造良好的制度环境，统一规划，积极引导，促成协商，公共部门、私人部门和非营利组织共同参与，在协调机制的保障下充分发挥各自优势。

2. 从服务生产者角度

市场化主导发展的定制公交服务，主要交由私营企业或者社会组织，多由互联网企业组织、规划、运营定制客运服务，地方政府会给予部分政策支持，如允许定制公交在快速公交道行驶，允许定制公交车使用常规公交车辆、站点等。定制公交服务是一种整合出行需求的整合性服务，自然是一个重运营的出行服务市场，对平台的建设性有所依赖。互联网公司打造的定制客运服务，具有客车的碎片化时间管理、资源整合以及接单快速灵活等特点，是互联网公交进入定制客运行业的明显优势。互联网企业的营运目标在于客户，即定制公交乘客，在车票定价策略上主打低价，例如滴滴巴士在进入定制客运市场时借助滴滴平台的导流和品牌效应，推出一分钱或一元钱坐巴士，以极低的票价吸引乘客，对车辆进行粗放式的投放[116]，例如杭州"车来了"在西湖区开通的数十条线路也只需 1 分钱[117]。压低票价为的是寻求一批稳定的客户群体，打通定制客运市场，依托后续匹配增值服务项目实现营收。流量价值是平台的掘金点，互联网公司具有与生俱来的商业性，自然就瞄准定制客运市场的盈利空间，这一部分额外收入被称为"钱＋"。例如，小猪巴士试行"巴主"制度进行商业变现，"巴主"承担乘车用户群体的日常监督运营工作，在乘车社群中起着重要维系作用，社群用户地理属性的相似性激发用户的活跃交流，据此拓展本地生活的商业化可能性；杭州"车来了""拼搭客"企业负责人畅想在巴士内提供售卖蔬菜水果，预约按摩、美甲师傅等生活服务，以此来拓宽收入渠道，获得增值收益。

互联网企业一般都是通过租赁以及深度绑定等形式获得营运车辆。但客运市场竞争激烈，加之服务本身毛利较低甚至没有盈利，并且市场规模尚未形成一定体量，单靠"钱＋"理想化的营运模式未显成效，无法解决定制服务自给自足的困境，企业依赖风险投资，存在资金断投风险。同时，定制服务重运营的特性不可避免地会限制定制公交的扩张速度，在司机、车辆、用户群、线下运营等方面存在限制条件，如企业需具有省、市交通部门审批的车辆运营资质；欠缺公交场站等公交资源；乘客客流不稳定考验线下车辆调配与运营。

政府主导发展的定制公交服务,是由国有公交企业来进行线路规划、运营和管理,明确在多元公交体系下发展建设定制公交服务。定制公交作为多元化公交体系重要的组成部分,仍归属"公交"范畴,和传统常规公交相辅相成,政府主导模式能够从定制公交长远、可持续发展的角度,兼顾定制公交服务的社会性和市场性,并且保障线路开通运营的稳定性,从而吸引更多人改为乘坐定制公交完成出行活动。政府主导下,公交企业参与定制公交行业发展,其参与模式主要分为两种:一是公交企业完全主导,自主调查、开通定制线路;二是以"互联网+公交"的形式,吸纳互联网企业的平台资源,公交企业与互联网企业各取所长展开合作。在定制公交服务供给上,传统公交企业仍处于主体地位,掌握公交资源,拥有运营资金和运营资质优势,还可适当兼顾常规公交情况来开通线路,企业往往会选择主动尝试,积极参与到定制公交的服务供给中。但传统公交企业网络技术相对欠缺,需求分析和线上运营能力弱。因此,一些国有企业选择和互联网平台开展合作,调整定制方式和线路设置。

3. 从服务消费者角度

准公共物品与社会公众的生活密切相关,公共物品供给时应该以服务消费者为中心。作为公共服务(尤其是以需求为导向的定制公交服务)的受益者,社会公众在线路开通上拥有较强的自主性,应当积极主动参与到整个供给过程中。在合作生产范式下,服务消费者也是服务生产的协助者,也称消费生产者,在公交服务的供给环节,服务消费者可以与服务生产者在生产资源上进行合作。研究表明,定制公交具有广泛的受众服务群体,相比于地铁和私人小汽车,越来越多的通勤群体愿意选择定制公交服务[118],甚至愿意为其支付比常规公交更高的票价[119-120]。

定制公交的服务消费面向具有潮汐式通勤需求的群体,现有公共交通无法满足其出行需求,或者公共交通出行体验感较差,定制公交有益补充了常规公交服务能力以外的区域,主要服务对象为市内中长距离通勤人员。以市内中长距离通勤人员为例,这类群体或是利用定制公交完成轨道站点接驳,或是乘坐定制公交直达办公场所,前者一般是居住地交通欠发达,但目的地所处位置公共交通便利,后者往往是居住地、目的地所处位置公共交通都欠发达,比如地处偏远的高新园区,大型企业、园区或是取消班车接送,或是调整就近接驳,将乘车交通补贴以货币的形式发放给员工。虽然有了交通补贴,但员工仍面临一系列出行问题:无车族乘坐公共交通,耗时长且十分拥挤,还存在换乘不便的情况;有车族出行成本高,停车位一位难求等。开通定制通勤班车后可以"出门上车、下车入厂",实现"两点一线"的便捷生活。以学生为例,居住地相近、学校相同的学生群体同样具有潮汐式出行需求,若是选择常规公交线路,停靠站点多,乘车时间长,甚至还需要中途换乘,如果错过了常规公交,时间紧的情况下需要打出租车,甚至打黑车。而早晚校园专线直接从学校发车、一站直达,能够缩短通学时间,提供方便快捷舒适的体验,还添了一份出行安全保障。

2.3.4 建构定制公交服务合作生产新模式

合作生产从合作对象、生产方式到服务效果都有极大多元性。定制公交服务供给环节包括服务安排、服务生产、服务消费、服务评估四个环节，通过将消费者转化为服务生产者，使得同质化的公交服务实现服务“定制”和“消费”，达成服务生产者和服务消费者的生产合作来提高服务效能。在进行合作生产供给机制设计时，要利用好传统的服务生产者，即国有公交企业和私营企业(一般是互联网企业)的资源、设施、技术等方面的优势和专业性，更要重视服务消费者作为消费生产者所能贡献的生产资源、服务渠道等，实现服务供给与需求的精准匹配，不仅能提高乘客乘车满意度，还能保证客流稳定。

从三类服务参与者视角出发，根据服务供给的四个环节，建构起定制公交服务合作生产框架(表2-3)。第一，进一步明确政府始终占据主导性地位。政府对定制公交服务供给的干预不等于干涉生产活动，而是在制度设计、服务安排环节起到高屋建瓴的作用，通过制度设计来把握服务供给模式、展开公共服务合作生产的程度。在后续服务过程中发挥政府公共部门的监管责任，监管服务消费状况，确保服务生产者的生产行为符合制度要求，保障生产者和消费者的权益不受侵犯。考虑将定制公交划入公共交通服务体系，在政府的支持和引导下，后续出台系列服务保障规范和政策文件，安排生产任务，营造公平竞争的市场环境，落实监督监管责任，才能确保合作生产公共服务的有序开展，保障服务的稳定性。第二，强调政府将生产权移交至企业。政府代表社会公众的权益，国有企业有义务在生产过程中保障公众的社会权益，合理界定服务成本，是在坚定公交服务的社会效益基础上，秉承服务可持续发展的理念，票价制定体系遵循“市场调节，微利、服务可持续经营”的原则，吸引更多的用户转向定制公交出行服务；同时兼顾普惠性常规公交线网和定制公交线网建设，力争两网合作，从而拓宽整个地面公交服务网络。

互联网企业和国有公交企业合作共同承担生产任务，互联网企业搭建服务平台，利用大数据处理技术，科学梳理公众的出行规律，挖掘相似的出行线路、出行时间，畅通供需匹配渠道，分析潜在客户群体，尤其是在尚未开通地铁线路，公交线路复杂但客流比较集中的区域，精准、主动找上门推广定制公交服务，招募乘客群体，洽谈合作服务。但私营企业的意图是通过生成公共服务来获取市场经济利益，具有与生俱来的逐利性，互联网平台往往关注用户、利用附加服务创造额外价值。在制度规定允许、用户可接受范围内，可给予互联网企业发挥空间，放开私营企业利用附加服务实现创收，从而激发互联网企业参与定制公交服务的动力，营造定制公交市场活力。

第三，凸显公众既是出行消费者，也是消费生产者。代表定制出行需求的消费者群体中，部分公众自愿成为消费生产者，协助专业生产者完成生产任务，出于非经济性动因，自发性地组建有着相似出行需求的定制出行社群，满足自身和他人的社会性需求，是一种承担社会责任的志愿行为。将消费者转化为生产者拉近了生产和消费的距离，同时增强了消费群体的主体责任感，有助于提高服务的社会效益。

综上，定制公交服务生产过程由国有公交企业提供车辆、司机及相关服务保障，互联网企业通过大数据分析、人工智能、机器学习等技术高效科学地规划线路与校验，是传统与互联网科技的融合，两类生产者共同合作，让精准服务满足乘客多元化公交出行。

表 2-3　定制公交服务合作生产供给框架

服务环节	服务提供者	服务生产者			服务消费者
		专业生产者		消费生产者	
	政府	国有企业	私营企业	公众	
服务安排	提出定制公交服务要求 出台定制公交服务规范 制定服务评价办法			提出定制公交出行需求	
服务生产		公交设施 车队人员	网络平台建设 出行数据挖掘、分析 附加服务	社群建设 需求收集	
		定制公交线路设计			
服务消费	监管服务状况	线下运营 合理界定服务成本	数据分析 乘客维护 线上运营	社群维护	
				服务消费	
服务评估	服务质量考核、评估 组织服务质量评价结果听证 完善监管体系	定制公交线路优化 优化服务质量		服务反馈	
				汇总服务意见反馈	

根据公交服务的产权归属和管理权归属两个维度，现有公交服务供给模式可分为国有国营、私有私营、混合经营和国有民营四种[119]，分析比较四种服务供给模式的产权、管理权、竞争情况、组织规模、公众参与情况、绩效信息，详见表 2-4。

表 2-4　公交服务供给模式比较

供给模式	产权	管理权	竞争	组织规模	公众参与	绩效信息
国有国营	政府	政府	少	很大	低	少
私有私营	私营企业	私营企业	很多	小	低	很多
混合经营	政府	一定时期归企业	较多	大	低	较多
国有民营	政府	混合制企业	一般	大	高	较多

参考四种治理模式的比较和我国几十年来发展公交服务治理模式在政府主导和市场经

营间不断调整的经验，直接采用国有国营政府直接提供服务和私有私营的市场化模式都存在局限性。对于定制公交的服务供给，建议选择国有民营模式，原因有以下三点。

(1) 产权管理。国有民营模式下，公交服务产权归属政府部门，保障服务的公共性；在运营管理层面上，由国有企业相关部门和私有资本等组成的混合制企业来共同合作，深化了政府和市场的合作，提升服务绩效。

(2) 市场环境。国有民营模式强调政府监管责任，政府负责提供和安排公交服务，市场负责服务的生产和供给[120]。市场虽然坚持全成本回收，但并不以利益最大化为目的，强调各类群体参与的重要性；不同于私有私营和混合经营模式，具有良好的财务透明制度和标杆化管理措施；还可控制市场竞争，引入市场契约、高效的特点，平衡社会各方利益，解决国有国营模式下提供和生产公交服务低效问题，将公共责任机制与私营企业的市场运营机制相结合，达到高效率的状态，很好地适应市场环境所需。

(3) 社会效益。以公共服务为核心，以公众利益为导向，国有民营模式强化了政府在提供公共服务过程中的公共责任，促使其向服务型政府转变。

2.4 面向合作治理的城市交通行政规制变革

2.4.1 管理视域下城市交通行政规制实践

纵观中华人民共和国成立70余年来我国城市交通的发展历程，无论是城市交通基础设施建设的规模和质量，还是城市交通服务市场供给的能力和水平，都得到了跨越式的提升。城市交通规制是城市交通治理的重要手段之一，在城市公共交通发展、交通秩序稳定方面发挥着重要作用。由于起步较晚，我国城市交通规制集规制与管理于一身，长期以来以管理与规制同行，以“命令—控制”为主要手段，形成了基于“管理逻辑”的规制体制。

第一，行政规制机构是政府科层组织。长期以来，城市交通规制内嵌于城市交通行政管理体制之中，政府交通行政管理部门是城市交通规制的主体，从宏观层面的区域交通发展政策到微观层面的规制执法都由政府交通管理部门操作。从横向关系上来看，规制部门散布在各相关职能机构之中，在中央一级由交通运输部等多个国务院组成部门，以及相关直属单位承担城市交通的规制职责。如国家发展和改革委员会负责牵头组织统一规划体系建设，安排中央财政性建设资金，按国务院规定权限审批、核准、审核重大项目；交通运输部负责促进各种交通运输方式融合，国家层面城市交通市场规制的制度制定；自然资源部负责建立空间规划体系并监督实施；公安部负责指导、监督道路交通安全、交通秩序以及机动车辆、驾驶员管理等工作。从纵向关系上来看，条块分割，职责同构。中央与地方形成了纵向层级管理结构，地方参照中央交通行政部门的组织结构，设置了大体上类似的地方交通行政机构。

第二，“命令—控制”型规制手段。城市交通治理是国家不可推卸的职责，政府管理部门在规制过程中更加倾向于选择“单向性”和“刚性”的行政管理措施，在具体规制方式上表现为命令、处罚、强制等多种形式，为对象设定作为和不作为的义务，促使对象采取积极行动，规制主体与规制对象之间的关系呈对抗性。一是严格市场准入条件，强化审批、许可等事前程序。二是威慑执法，将规制对象视为对立面，执法主体和规制对象之间缺乏协商与沟通，采取单向度、运动式执法，一旦被查出违法，成本极高，导致规制对象消极对抗。三是强制性、对抗性立法，在立法中制定大量违法行为、责任以及处罚条款，以此来控制威慑规制对象。

城市有桩公共自行车是政府公共服务职能改革背景下，政府主导下与市场合作供给的探索。原本应当由政府提供的公共服务，通过与企业的合作供给，需要政府部门管理职能与责任的重构，但并不意味着政府规制的退出。提供公共服务是政府的职能所在，出于对城市公共自行车运营服务供给和公共性的确保，政府需要对公共自行车企业的运营管理进行监督和规制，同时政府需要确保公共自行车企业提供价格合理、便利安全的服务，因此政府需要承担相应规制职责，主要包括公共自行车的市场准入规制、运营后的价格规制、运营质量规制、安全规制等方面。

(1) 市场准入规制。城市公共自行车的准公共物品属性决定了需要对企业提供服务的能力等条件进行限制而确保公共服务的实现。纯私营模式下，经营企业形式上需在工商管理部门登记注册，经过审批取得营业执照后方可经营，在审批的条件中实际上设定了多个准入门槛条件①。在"政府引导 + 私企运营"模式中，由交通管理部门提出公共自行车特许经营项目，相关准入条件在招标文件中做出具体规定。"政府主导 + 国企运营"模式下，根据城市公共自行车发展规划中的发展目标、建设时序及保障措施成立公共自行车国有企业，由相应人民政府批准后实施。

(2) 价格规制。城市公共自行车的价格规制包括公共自行车使用收费、公共自行车系统损坏赔偿价格和押金管理，一般由城市物价管理部门核定批复。作为特殊的"商品"，不同定位决定了城市公共自行车服务价格的定价方式与标准，进而影响政府的规制行为。纯私营模式下，公共自行车租赁服务被定位为一种"经营方式"，因而其价格由企业按照市场制定，政府对于自行车租赁企业的定价根据其是否遵守公平、公正、公开的交易原则进行规制。在"政府引导 + 私企运营"模式和"政府主导 + 国企运营"模式下的城市有桩公共自行车大多被定位为具有公益性质的城市公共交通组成部分②，公益性定位反映在使用价格上较纯私营模式更为便宜。以北京市为例，2008 年奥运期间北京方舟自行车服务公司的自行车租赁收费标准为 1 小时 5 元、24 小时 20 元[121]。北京市公共自行车的收费标准为首小时骑行免费，之后每小时 1 元，每日最多收费 10 元。

---

① 《北京市自行车租赁示范企业服务管理规范》(试行)中规定："企业应具备的条件，1. 经营自行车租赁服务的企业应在工商行政管理部门注册登记，经批准领取营业执照后方可从事自行车租赁服务。2. 有固定的经营场所及加工、修理、仓储场地，通过连锁、加盟、合作等经营方式，建立方便、快捷的服务体系。3. 从事自行车租赁的企业应按照自行车修配技术质量标准，对出租的自行车进行检查，确保符合有关技术质量标准后方可出租。4. 自行车租赁企业应建立规范的服务流程和价格体系，并在固定经营场所或企业网站对消费者公示。5. 为方便消费者，应具备本市内通存通取、异地租还的服务功能。6. 建立企业标准化体系。包括：标准化用语、统一的企业标识、规范合同文本等。"

② 《苏州市公共自行车交通系统管理办法》和《南京市公共自行车管理办法》中明确规定"公共自行车是具有公益性质的城市公共交通组成部分"，《广州市公共自行车系统管理办法》中第二条规定："公共自行车系统是作为城市公共交通系统的重要补充。"

(3) 运营质量规制。城市公共自行车的运营质量规制包括:城市公共自行车服务网点规划编制、公共自行车行业服务行为规范、公共自行车运营绩效考核监督。纯私营模式下公共自行车企业完全自负盈亏,网点设置需要主管部门的审批,更取决于企业的财力和运营状况。在政府引导+私企运营模式和政府主导+国企运营模式下,城市有桩公共自行车的网点设置和发展规划由主管部门根据经济社会发展情况制定,其运营需要政府直接的财政补贴或间接的补助政策,因而政府需对其运营服务状况进行考核监督,部分城市将其与财政补贴挂钩①。

(4) 安全规制。城市公共自行车的安全包括车辆及附属系统设备的安全、消费者的骑行安全。技术标准是现代国家产品质量安全规制过程中的重要手段,通过国家标准来控制车辆及附属系统设备的质量是目前城市公共自行车及附属系统设备安全规制的普遍做法。国家标准《自行车安全要求》(GB 3565—2005)对自行车及其零部件的安全性能要求做出了详细规定,该标准是目前城市公共自行车车辆安全保障的执行标准。为了保障消费者的骑行安全,多数城市对租用公共自行车骑行设置了年龄、身体状态和文明使用等要求②;对于骑行公共自行车的意外事故保险,城市政府基本持非强制性态度,部分城市鼓励从业企业为消费者购买人身意外险和第三者责任险③。

在城市公共自行车的规制实践中,规制主体仍基于管理逻辑下的规制理念来进行规制,以政府为主导,强化事前规制,对公共自行车企业的运行过程规制不严,导致大部分项目的实际效果不尽如人意。

2.4.2 治理逻辑下城市交通行政规制变革取向

《中共中央关于全面深化改革若干重大问题的决定》(以下简称《决定》)指出,全面深化改革的总目标是完善和发展中国特色社会主义制度,推进国家治理体系和治理能力现代化。《决定》等一系列文件,赋予了"治理"概念在中国语境下崭新而明确的内涵,特别是赋予治理概念以鲜明的政治内涵,形成了中共中央治国理政的新治理观,也标志着治理新时代的来临。在治理新时代大背景下,依法治国、依法行政和法治政府的建设不断深入推进,超大城市的行政管理理念也随之改变,这些直接触发了城市交通管理体制的变革,开启了城市交通规制由"管理逻辑"向"治理逻辑"的实践过渡。从政府角度来看,城市交通治理已经不能局限于政府自上而下的行政管控,新时代治理的关键与核心是共建、共治、共享。在共建体系中,政府需要从公众

---

① 西安市出台了《西安市公共自行车运营补助暂行办法》《西安市公共自行车运营绩效考核奖励暂行办法》,北京市交通委员会制定了《北京市公共自行车区域服务质量考核办法(试行)》。

② 例如:《南京市公共自行车管理办法》第二十三条规定:"公共自行车使用者应当年满12周岁以上,并具备相应的民事行为能力,按照使用守则和租用合同约定使用公共自行车。醉酒、患有疾病等无安全骑行能力的,不得租用公共自行车。"《太原市公共自行车管理办法》第二十二条规定:"公共自行车承租人应当遵守下列规定:(一)爱护公共自行车及其相关设施,文明使用;(二)租用前应当对自行车进行检查,发现性能和安全装置存在问题的,放置到故障车位;(三)不得载人骑行;(四)醉酒、精神病患者、智力障碍或者患有其他疾病影响正常骑行的,不得骑行公共自行车;(五)法律、法规、规章的其他有关规定。"

③ 《南京市道路交通安全条例》第二十九条规定:"鼓励从事互联网租赁自行车经营或者公共自行车租赁的企业为用户购买人身意外伤害险和第三者责任险。"

的角度出发，提供高质量的公共服务，将城市交通建设成一项满足人民美好生活需求的服务。在共治体系中，政府占据主要地位，对城市交通的治理发挥主导作用，形成政府、市场、社会共治网络。

共享单车作为创新服务模式带来诸多规制新问题。共享单车是在国家鼓励"互联网＋"和"共享经济"的背景下，地方政府在规制缺失情况下默许其先行进入市场，因而其市场准入规制在运营之后通过相关规制间接实施：一是对共享单车投放数量的管控，包括城市区域内共享单车的增量控制和总量控制；二是对共享单车线下管理维护人员的配置要求①；三是严格按照国家标准要求共享单车满三年强制更新。在价格规制上，由于共享单车平台的注册使用用户数量数以亿计，各级政府完善了对巨额押金的沉淀积累额度规制措施：一是设立押金专用账户接受金融管理部门监督；二是要求制定和完善押金退还制度，明确具体退还期限；三是鼓励企业提供免押金服务②。共享单车的安全规制，除了自行车辆设备和骑行的安全，更为重要的是信息数据的安全规制。共享单车企业采集了大量个人身份隐私信息数据，共享单车在使用过程中基于移动互联网、物联网、GPS 定位、移动支付等技术产生大量数据，数据信息在存储、流动过程中存在安全风险，目前的规制措施中主要强调消费者个人隐私信息的保护而忽略了数据信息流动使用的安全风险规制③。共享单车的营运质量规制多数城市制定了详细的考核实施办法④，将营运考核质量与市场投放数量配额挂钩，政府规制的重点在于秩序而忽略了如何保障共享单车企业承担提供公共服务的责任以实现"共享"。共享单车企业只有实现盈利才能够生存，通过大数据的分析和应用，企业能够将单车精准投放和调度至使用频度更高的区域，而低使用频度地区的投放量和调度频次自然会减少。共享单车规制治理因此需要关注以下三方面。

第一，多元主体参与和多重维度的合作关系。这里面包含政府、企业、社会机构与公众之间的多重关系。共享单车的合作治理的关键在于互动，但并非简单的双方的互动，而是包含整个网络中治理主体在内的多形式、多途径的互动。实践已证明，共享单车引发的治理问题并不是仅靠政府干预或者市场自行调节所能解决的，需要综合行政、市场和社会各种力量进行综合治理，这就需要在多元主体间形成多重维度的合作关系。在政府内部，《指导意见》由交通运输部联合两个党的中央机构和七个部委共同发布可以看出，共享单车治理需要行政管理部门的跨部门协作。例如共享单车出现之初，成都、杭州、常州等地城管部门依据城市市容管理相关规定，以未经审核占道经营为由，对共享单车予以收缴，地方政府部门之间显然未协调一致；共享单车的支付是通过移动互联网终端完成的，用户支付及信息安全需要公安、工信等部门协同；企业、政府也并未对共享单车带来的大数据信息进行充分应用，在调度、协调、监管等方

---

① 团体标准规定运营企业应当组建专业运营维护团队，按照投放量的 5‰配备线下维护人员；在地方政府的规定中，天津市要求按照投放量 1∶80 配备，昆明市要求每 200 辆共享单车至少配置 1 名维护人员并应当实行网格化、定人、定点实施维护并且每投放 2 000 辆共享单车至少配置 1 辆调度车。

② 如杭州的退还时效自承租人提出申请之日起不得超过七日，昆明的退还时效不得超过两个工作日。

③ 目前上海市规制政策明确提出共享单车企业所采集的消费者个人信息和生成的相关数据，只能在中国内地存储和使用，且保存期限不得少于 5 年。

④ 这些实施办法包括《上海市互联网租赁自行车经营服务考核办法》《北京市公共自行车区域服务质量考核办法(试行)》等。

面没有发挥数字治理的效能。共享单车不仅仅是商业模式的创新,也推动了自行车制造技术的创新,共享单车将智能锁具、定位技术等新技术运用到自行车上以实现通过互联网平台管理;同时,不少单车企业致力于通过自行车技术的升级和改造来提高耐用性,以实现更高的“周转率”,摩拜单车(现更名为美团单车)是其中具有代表性的企业,截至 2019 年 4 月 1 日,该企业共申请和已获得实用新型专利和发明专利 420 项①,涵盖从车身和轮毂设计、传动、制动、发电、定位和网络通信功能的智能锁、软件系统等完整技术领域[122]。由于单车企业的技术创新的专业性是行政管理部门所不擅长的,因而利用这些创新更好地推动和促进行业发展,需要行业协会、专业机构及相关技术专家共同协作。在政府与企业和社会公众之间,传统的规制只是政府与企业之间发生关系,共享单车原具有随停随放、自由使用的特点,在政府向企业划定运营区域后要求企业对用户进行约束,同时需要其他市民的共同维护。

第二,分工明确、层次清晰的责任体系。明确责任是合作治理运转的基本保障,多元主体在共享单车的合作治理过程中,按照各自的权力、职能和专业等明确分工。对于政府而言,公共物品的生产和公共服务供给是政府的基本职能,要对共享单车涉及公共利益和公共秩序的部分加强干预和治理,而对于共享单车涉及企业市场发展行为的部分减少干预;共享单车以属地管理为主,不同于公共自行车企业多是一地一企,共享单车企业服务范围基本是面向全国的,甚至部分企业已尝试探索开展跨国业务,同时共享单车的使用数据和信息能够通过企业运营的互联网平台在线上实现区域、全国联网,线下分散各地服务,因而需要明确中央政府部门和地方政府的责任分工。对于企业而言,是主动承担社会责任的自我规制问题,共享单车企业的经营活动并不是纯粹的市场活动,需要从社会秩序的角度来不断调整经营策略和活动,实现社会效益和企业效益的双赢,从而减少政府的强制干预。对于其他社会主体和公众而言,一是要通过法律赋予的权力主动参与到共享单车治理活动中的程序中来,发挥专业优势,贡献集体智慧,例如 2020 年,湖北省咸宁市出台的《咸宁市中心城区互联网租赁自行车管理规定》,通过基础考核、现场考核、社会评议的方式对城区内 5 家企业进行考核,根据考核结果分配投放车辆数额,2021 年,团体标准 T/ZZB 2220—2021《城市自行车用电子智能锁》和 T/ZZB 2221—2021《城市自行车电子围栏系统定位装置》获批发布,这是浙江省首个城市自行车系统相关团体标准,能实现市面上所有主流共享自行车品牌同时入栏停放,达到规范有序、统一监管的目的。二是,市民要承担起城市治理主体的责任,共享单车的乱停乱放和肆意损坏成了媒体报道的热点,对身边这种破坏城市文明的行为要敢于监督。例如民间力量“摩拜猎人”[123]用手机拍下不文明现象,通过 App 进行举报并当场纠错,以这种“游戏化”的行为方式维护共享单车的使用秩序。

第三,基于学习的治理政策过程。在现有政府主导的公私合作治理模式之下,以行政任务解决为导向,政府主要通过特许经营、行政许可、行政合同等方式将自己负责的公共服务外包给私人主体,私主体的责任和义务通过合同和协议得以事先明确。共享单车在国家鼓励“互联

---

① 在国家知识产权总局网站专利检索及分析平台(http://www.pss-system.gov.cn/sipopublicsearch/patentsearch/)“常规检索”栏中按申请(专利权)人以“北京摩拜科技有限公司”检索共出现 420 项,该数据包括了“专利权授予”的实用新型专利以及“申请公布”和“实质审查生效”的发明专利。

网＋”和“共享经济”的背景下，在地方政府的默许下进入市场，企业主动提供准公共服务，并在资本的助推下迅速在全国范围蔓延，这种先进入后治理形式使得治理的政策规范在发展的过程中形成，因此要求治理政策需要学习的过程。比如公共自行车的选点与公共空间使用是经过政府部门论证后选择的，而共享单车对公共空间的使用是随意的，短时间大量出现的共享单车加剧了城市慢行公共空间的拥挤程度，需要政府在企业开展活动的过程中不断学习来重新规划与安排。例如北京市主城区的X街道，辖区内人员众多且潮汐现象显著，因此公共自行车随意停放的情况十分常见，政府对X街道共享单车的治理经历了无规制、传统规制、协作治理三个阶段，政府从“管制者”转为“服务者”，组织形态也由高度的垂直集中转向扁平化，打破了既有的信息孤岛；通过与企业建立微信群也建立了横、纵向的联系、互动、监督机制，提高了沟通效率[124]。

2.4.3 面向合作包容的城市交通行政规制理论发展

共享单车作为共享经济时代的新业态和公共服务模式的替代性创新，其自身的复杂性要求合作治理的解决方案，同时也带来合作治理的多重困境。新模式的运转机制与规则形成对传统治理机制、规制体制和制度工具的突破要求合作治理体系作出回应，其合作治理网络的建立与有效运转需要通过多元规制体系和机制来明确约束各方行为来保障。因而，有必要对规制理论在合作治理时代的转型变革进行勾勒。

第一，从政府规制到规制治理的理论变革。规制伴随时代变迁而发展，伴随第二次世界大战后新政而生的规制主要是指政府规制，主要强调政府机构通过规则的制定及实施以实现规制目标，规制的经典定义“公共部门对所关注重要活动进行的持续和集中的控制”[125]，体现了这一指向。自20世纪七八十年代，伴随西方各国公共行政改革，政府不再被视为公共服务的唯一机构，在“解除规制(Deregulation)”的浪潮中，政府将自己负责的公共服务外包给私人部门。在这种模式之下，私主体的责任和义务通过合同和协议得以事先明确，政府实现了公共服务生产供给和监督角色的分离，由履行责任转变为确保私主体公益实现的担保责任[126]。治理对晚近规制理论研究产生重大影响，西方治理理论是基于市场、政府双重失灵的反思，其理论主张“多中心”，核心假设之一在于，非政府参与者能够在管理过程中发挥重要作用[127]，强调政府与非政府主体相互依赖与合作以实现公共服务与经济发展的协调。受此影响，在规制理论中形成了诸多强调私人规制、其他非政府规制与政府规制共同合作的概念和理论，“规制治理”[128]是对规制转型现象进行概括的一个开放性概念，主要涉及三个层次的革新：价值目标的转变、法律之外工具和机制的使用，以及非政府主体的广泛参与。规制理论的变革涉及规制过程和体系的重构，在合作治理时代，规制理论最大的变化就是多中心、多主体的合作。

第二，从二元对立到多元协同的规制体系形成。在政府规制时代，政府规制和市场规制是二元对立的。而规制治理涵盖政府和非政府主体，由他们合作推行规制政策以塑造被规制对象的行为。依靠政府制裁措施来实施规制政策传统的命令控制型规制和市场自我管控的二元对立体系不断被其他进路所代替，规制体系向多元化变迁。从规制工具、对象、规制者、命令和结果[129]的要素角度，可以将规制体系多元化发展的脉络更加清晰化。从规制者的角度来看，规制者的范围扩展至非政府主体和被规制者，由他们自身制定和实施的规则被称为自我规制，包含“团体的自我规制”和“个体的自我规制”；另一个进路是“元规制”重点关注外部规制者，其有意促使规制对象本身针对公共问题作出内部回应，有学者将其定义为“对规制者的规制”[130]，是政府规制和自我规制之间的互动。元规制理论的兴起，回应了在国家、市场和社会共同合作发展的视野下政府规制、企业自我规制与社会自我规制如何协同实现公共治理任务的理论关切。

第三，从“命令—控制”到“遵从—合作”的规制执行策略优化。行政部门的强制性“命令—控制”措施是传统政府规制的主要执行策略。规制治理研究的一个重要方向是集中于优化传统“命令—控制”规制体系的缺陷与不足从而提升规制活动质量，这一方向的核心主题是规制的执行策略，在理论演化过程中经历了“回应性规制(Responsive Regulation)”“精明规制(Smart Regulation)”“风险规制”“真正回应性规制(Really Responsive Regulation)”。《回应性管制：超越放松管制的争论》中针对传统政府规制机制的弊端，提出了回应性规制的基本理论框架，旨在超越政府规制和解除规制的争论，构建强制与非强制的混合规制体系。理论核心是“执法金字塔”的执行策略，规制主体鼓励企业进行自我规制，通过金字塔底端的相对非正式和非强制性措施促进被规制者合作，如果无法实现合规，规制主体将逐步升级其执行活动的强制程度，从警告到民事和刑事制裁直至位于金字塔顶端最为严厉的制裁措施[131]。“精明规制”是对回应性规制进路的进一步拓展，针对执法金字塔论说其单一规制主体和工具的缺陷做了两方面的优化[132]，一是在主体层面除了政府主体之外，还应当包括企业和非政府组织在内的其他主体，他们亦能够承担规制或准规制主体的角色分担规制任务；二是存在多元化的规制工具，各种规制角色都能够通过自身方式影响被规制者的行为，而且在合作治理网络中非正式的规制工具往往比正式的政府规制机制更为重要，因而在执行金字塔框架下，政府与非政府不同规制工具协同推动不同层级执行工具实现渐次增强。约翰·布雷斯维特(John Braithwaite)自己也对回应性规制理论进行了补充和修正，真正回应性规制[133]增加了一个激励性的金字塔，通过非强制和奖励的手段来鼓励被规制者的主动合作，从而与执法金字塔互为补充。在规制理论的发展过程中，规制的执行策略不断多元化，政府由直接的“命令—控制”角色向间接的“监督—引导”的转变，导致对抗的强制性执行策略被逐渐弱化，而鼓励合作的“主动遵从”策略机制日渐被推崇。

2.4.4 建立合作治理导向的城市交通行政规制体系

实现包容性合作导向的城市交通行政规制，需要做到以下三点：

第一，建立起从二元对立到多元协同转变的规制体系。在现有规制治理结构中，政府规制、社会自我规制与企业自我规制各自发挥不同功能。要促进规制治理过程的合作性，首先要实现各参与主体地位平等。共享单车作为新事物业态在发展过程中出现问题是正常的，这些问题中有些是行业和企业经过规范后会自行消失的，有些是市场可以调节的，因此政府在规制中应更加审慎，在手段中不必过分强调命令控制，而应采取更多非强制的柔性措施，在规制的具体内容中少一些行政干预或者多一些低干预度的内容。规制治理新范式还要求规制权在政府与非政府主体之间做合理分配，根据规制权在不同主体间的分配，规制治理结构上政府规制、企业自我规制以及社会自我规制三者共存。在规制权力结构的分配上，应该以提升企业自我规制能力，促进社会自我规制的共同生产为首选，然后按照“元规制”理论，促进政府的主要角色从直接规制者转变为主导者，同时通过“社会信用机制”等制度设计来培育社会个体的公民精神，从而提升其社会参与能力。社会的自治能力越强，政府需要规制的事项就越少，以此促成“元规制＋自我规制”的合作型规制治理结构转型，发挥治理时代非政府主体的重用，激励企业和社会自我规制的发育。

第二，促进更具包容性的规制治理政策建构过程转变。包容性理念旨在构建机会均等、合作共赢的发展模式，注重兼容性、共享性和参与性[134]。共享经济规制治理的包容性政策不是静态和一次性的，而是伴随共享经济的发展过程，根据各发展阶段差异化的规制情景来不断修正和调整而形成的动态政策过程。在规制政策内容制定的过程中，首先要考虑多元化的参与主体，协调和兼顾各方的利益诉求，同时通过设立制度化的参与程序机制替代指向不太明确的“公众参与”表诉来保障各方主体表达观点和利益诉求的权利，从而形成协商的规制政策制定过程，在数量控制指标、考核评价指标设定等涉及企业发展的关键规制政策中，只有各利益相关方充分表达，才能保障政策内容的包容性。

在规制政策的实施层面，各参与主体相互建立信任关系是规制政策合作实施的必要条件，同时，多元主体的参与是共享单车治理共识，需更加重视非政府组织的规制作用，在治理时代，公与私的划分界限更加模糊，非政府主体越来越多地承担公共职能，而不能集中依靠政府行政力量，要更加重视共享单车企业、行业协会和其他非政府组织的作用。其次是规制政策在实施中应该有利于企业和行业发展，政府和共享单车在服务社会上存在一致性，但是政府的规制任务和企业的核心利益存在差异，政府规制任务的首要目标是保障公共利益，而“对于公共服务的承包商而言，他们关注的核心是利润而不是公共物品广泛的道德”[135]，共享单车企业没有公共自行车的财政支持或是特许经营协议中规定的其他盈利渠道，只有生存下去才能谈公共服务，因此政府规制要避免公共自行车“管理有余，服务不足”，同时还要促进企业和行业的良性发展。最后是规制政策的多方共赢，多元主体的参与和合作的目的是实现参与各方的利益最大化，共享单车发展的最佳结果就是，政府仅通过慢行公共空间的规划和共享单车停放空间的供给，对行业发展仅承担监督与指导的职责，实现共享单车企业与行业的良性发展，从而为市民提供方便快捷的绿色出行服务。

第三，完善“遵从—合作”的规制执行体系与策略。规制的执行体系由三个要素组成：执行所参照的目标、标准、规则；执行体系的运行机制；执行偏离目标的调整机制[136]。在规制研究的文献中，强制威慑式的规制执行与遵从合作式的规制执行各有优缺点，针对不同情况采取不同执行策略，但从共享单车的实践来看，地方政府行政威慑执行是一种习惯性的选择，在地方制定的规制细则和实施中已经产生了负作用。在合作治理时代，政府行政系统的科层式执行不是公共规制执行体系的唯一选项，激励社会和企业私主体的合作参与和主动遵从同样重要，甚至更有利于合作。共享经济的发展充满不确定性，政府不可能尽在掌控之中，自我规制是应对行业发展的不确定性问题的途径。对于合作治理网络中的私主体而言，其活动往往缺乏法律授权而没有强制力，这一转型趋势就需要政府进一步转变政府职能，在共享单车的规制执行中从“管理”向“服务”转变，综合运用政府和非政府规制策略，以及强制与说服等不同规制手段；各种规制手段在规制执行策略的运用中是有次序的，正如规制金字塔理论，首先要鼓励自我规制，使用柔性的说服、教育等措施。在这些措施不起作用的情况下，逐步提升手段的强制与严厉程度，处在金字塔顶端的手段应具有强大的威慑作用。同时需要构建基于激励的执行策略，以鼓励的手段促进共享企业不断创新，主动合规与培养承担社会责任的意识与能力。

第 3 章
面向交通服务创新的协作治理逻辑框架与分析方法[137]

3.1 城市客运交通体系新业态与新主体

交通是城市除工作、休憩、娱乐外的基本功能，城市交通服务的提供直接关系到人们生产生活需求的满足以及整个社会经济的运转效率[138]。我国城市客运交通服务市场随着市场化和城镇化进程经历了巨大变革。传统的城市交通服务主要由城市政府管理、交通集团供给运营，乘客通过支付一定票价乘坐公交汽(电)车、轨道交通、轮渡等交通工具。此时的城市客运交通服务体系存在二元主体关系，即政府部门及所雇佣驾驶员提供交通服务，乘客使用公共服务。这一时期社会公众对交通出行的诉求相对简单，与政府和交通企业的沟通手段单一。

随着“互联网＋”时代到来以及社会对资源信息开放共享的认同度增加，以利用过剩的存量资源为核心的共享经济模式在全球范围迅速崛起。渗透到交通出行领域中，促进了交通服务市场分化与商业模式变革，催生了城市交通服务创新——共享交通(shared mobility)。全球最早的汽车共享平台 Zipcar 和网约车平台 Uber 分别于 2011 年和 2014 年成立，随后，汽车共享(car sharing)、网约车(ride hailing)、出行即服务(MaaS)等交通服务新模式新业态陆续出现并迅速发展。巡游出租车到网约车、公共自行车到共享单车的发展历程见图 3-1 和图 3-2。作为交通服务创新的里程碑，共享交通的核心是将“拥有”与“使用”分离，通过消费模式和生活方式的变革，以共享的方式提高资源利用率。交通服务创新有效缓解了传统交通服务供给类型单一、服务效率低下、品质受限等痛点，以创新出行方案和信息化手段满足了公众个性化、差异化的出行需求。

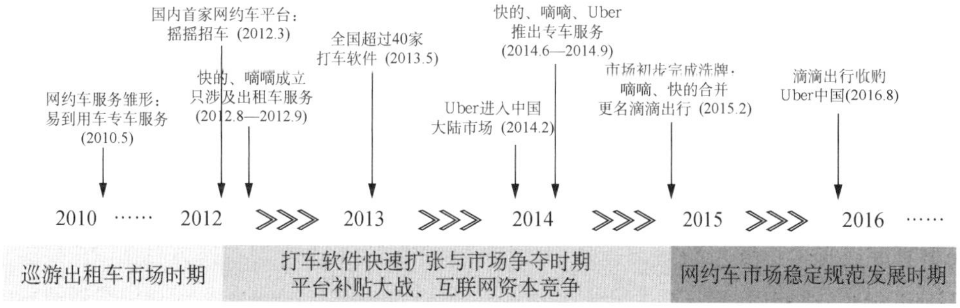

图 3-1 巡游出租车到网约车的发展历程梳理[137]

图 3-2 公共自行车到共享单车的发展历程梳理[137]

平台企业作为新的服务提供商出现，使得城市交通服务形成政府监管、企业经营、乘客消费的三元主体格局，甚至出现平台、乘客、车辆、司机、政府等多元关系。城市交通服务在城市客运交通体系的位置以及其利益相关者的属性定位、主体之间的权责关系等话题饱受争议。这直接导致了新的交通服务模式在兴起拓展过程中引发不可避免的社会矛盾，从网约车连续多次司乘安全危机，到共享单车过量无序投放甚至出现单车坟场，平台企业等新的服务供应商遭受社会舆论的广泛质疑与谴责。同时，诸如乘客人身财产安全、公民信息隐私以及城市公共空间被侵占等问题触及政府监管底线，各级政府部门逐渐介入交通服务领域，通过制定相关法律法规以及行政处罚等方式实施管理。此外，公民、社会组织等广泛社会群体是交通服务市场发展乱象最直接的利益受损者，他们借助移动互联网和新媒体平台积极发声，向政府和企业反馈感受与意见，在这一过程中扮演了重要的社会监督者。

面对城市交通服务新模式与新主体带来的社会主体关系变革与治理问题复杂化，有必要系统研究城市交通服务的多元利益相关者，理解其价值立场与利益诉求，探索政府部门、运营企业和社会公众等主体之间的互动与协作，从而保障城市客运交通服务的高效供给。因此，解决城市交通问题的手段也正在经历从管理（management）向治理（governance）的范式转变，前者强调自上而下的行政命令，后者侧重网络化组织与沟通协作过程。治理一词由联合国全球治理委员在 1995 年提出，被界定为“或公或私的个人和机构经营管理相同事务的诸多方式的总和”，包括有权使得人们服从的正式机构和规章制度以及非正式安排。2016 年 10 月联合国“人居三”大会通过的《新城市议程》提出，积极开展不同层面互动与合作、实现良好的社会治理、推动城市规划与管理的范式转型。2017 年世界银行将“政府治理和法律”作为《2017 年世界发展报告》主题，将“较好的治理”界定为“国家和非国家群体在一套由权力塑造的正式和非正式规则的框架内运作，通过相互作用来设计和实施政策的过程”[139]。

城市公共服务作为最广泛的治理客体，经历了从基于传统公共行政的城市管制模式，到基于新公共治理的城市经营模式，再到基于新公共服务的城市治理模式的转变[140]。不同城市管理模式的基本理念、要素和政策手段都有区别。公共行政范式的城市管制基于政治学和公共政策理论，强调自上而下的管理结构；而城市治理模式以制度理论和网络理论为基础，超越“行政—管理”二分法，强调服务型政府以及政府与社会形成合作关系，基于参与、沟通、协商、共赢的原则选择合适的政策手段[141]。此外，我国城市建设提出以人本价值为核心取向、“人民城市人民建，人民城市为人民”等重要理念。近年来，出行者对于自身权利的意识以及对公共服务质量的要求也呈现越来越强烈的趋势[142]。因此，面向交通服务新模式与新主体的治理，将对交通服务提供、组织模式和绩效评估产生巨大变革[143]。如何在保障出行者权益和维系服务运营者利益之间取得平衡，使得政府、市场和社会等主体进行有效的服务供给成为当前城市交通治理的挑战。

3.2 交通服务协作治理逻辑与利益相关者分析方法

3.2.1 交通服务创新协作治理的基本逻辑

面对城市发展进入由存量为主向增量转化的新阶段,有序建设和适度开发将更多关注建设与运行的融合,包括交通的理论对象,从交通流到交通设施、再到交通服务和交通网络的相互作用[138]。主要特征属性为:

(1) 服务的主体不单是政府主导的设施规划、建设、运行管理,而是政府、企业、社会组织、公众等多元主体共同作用下形成的出行服务共同体。

(2) 服务的载体将是多方式交通工具与基础设施、运输组织与调控、信息服务与干预等要素共同构成的复合交通网络。

(3) 服务的方式更加强调通过政策、经济、法律、信息等正式和非正式安排手段对交通需求进行时空调控,并最终映射在交通网络的运行状态中。

上述特征赋予了交通服务创新协作治理根本内涵,本书应用公共管理领域利益相关者研究理论与分析方法,提出基于多元主体协作的城市交通服务协同共建理论框架,将城市交通服务分为提供、生产、消费和评估四个环节(图 3-3)。在不同治理场景中不同服务模式排他性、竞争性和外部性基础上,综合考虑资源配置效率和公共利益保护,提出各类交通模式服务提供机制与生产机制,明确政府、企业、社会组织在服务提供和生产中的职责、权益,建立基于协作关系的服务生产准入制度、奖惩制度、退出制度等相关机制,形成政府主导与市场配置融合的交通服务共建理论[57,66]。

本书将交通服务创新协作治理的理论逻辑解析为,从交通工具到共享化、结合制度性和非正式安排的管理组织手段,促成提供—生产—消费—评估等服务链环节多元主体的协同合作,最终实现城市交通协作治理的目标。

(1) 城市基础设施网络对应着交通方式或载运工具,例如私家车、公共交通以及网约车、共享单车、分时租赁等交通服务新模式、新业态,以及街道、城市道路、轨道、桥梁隧道等城市范围的供载运工具通行的公共设施或公共空间。

(2) 运输组织网络是在物理设施网络基础上施加的短期或中长期交通建设和管理,最为典型的是共享,包括共享载运工具以及共享公共设施两类。

(3) 协同服务网络是指依托智慧化、信息化手段组织城市交通高效、可持续运行,以实现精细化管理和创新城市交通治理的目标,例如我国城市所建设的智慧城市、智慧大脑项目。该层网络对应交通服务创新,依托手段分别进行刚性政策约束(如价格调整、法律法规)以及柔性策略引导(如信息传递、道德约束)。

3.2.2 典型交通服务创新治理场景选择与特性归纳

立足于城市交通治理研究视角,分析治理要素以及相对应的责任边界可以厘清不同

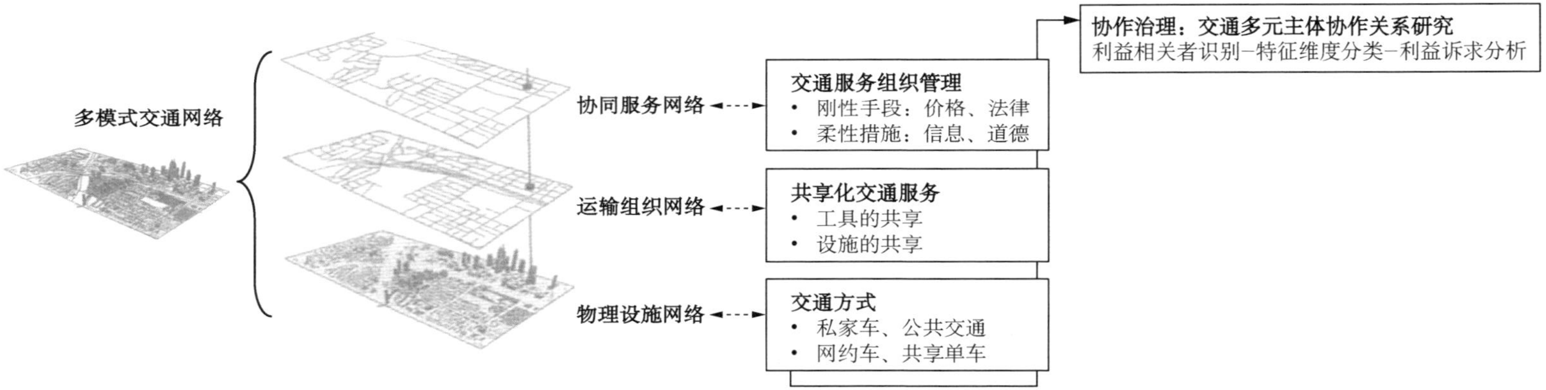

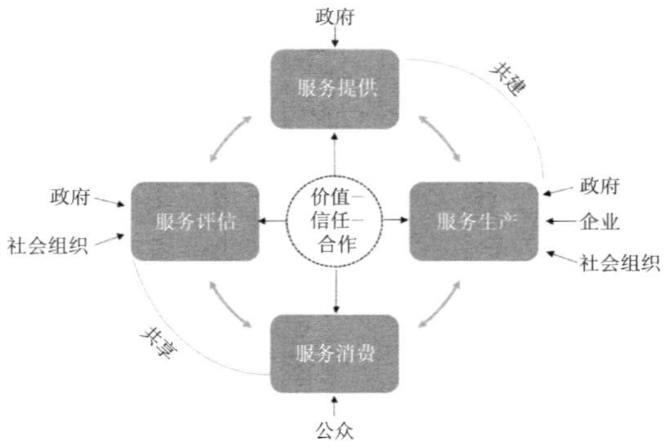

图 3-3　交通服务创新多元主体协作治理理论逻辑图[137]

城市交通服务创新的区别与关联。从治理要素来说，安全、秩序、效率和服务水平依次是交通服务需要重点关注的焦点，其中安全是客运交通服务的底线。对应的治理责任边界分别是对车辆和驾驶员的准入管理、组织用户和平台的合作生产、以信息化手段提高服务供—需匹配效率、对低服务水平服务运营行为（如驾驶员拒载绕路、不合理定价、平台大数据杀熟）进行监督。依照此治理逻辑，综合国内外最新的交通服务创新实践经验，四类典型交通服务治理场景分别是：①中国网约车运营安全事件，属于触及客运服务安全底线的恶性事件，需要重点关注驾驶员准入机制以及平台的主体责任承担；②中国共享单车价格调整事件，涉及定价机制，共享单车服务充分供给，属于中性事件；③纽约拥堵收费政策过程，需要社会个体的充分参与，共同改善城市交通系统的运转；④纽约都市圈疫情管控政策与信息化影响，属于灾害风险情形下的交通系统组织，需要公众与政府的配合响应。逻辑对应关系可概括为图3-4。四类场景分别对应表3-1：场景①对应共享设施和工具且信息传递为主导手段的治理场景；场景②对应共享设施和工具、采取经济手段的治理场景；场景③对应共享设施，且采取经济刚性手段的治理场景；场景④对应共享设施、以信息传递引导的治理场景。

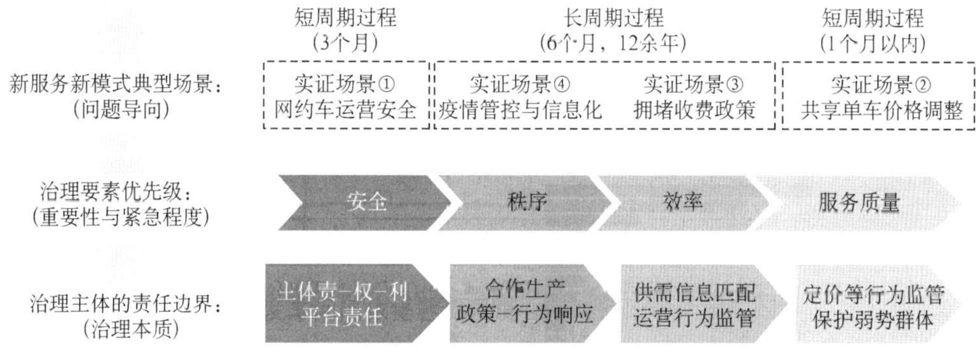

图3-4 四类城市交通服务治理的逻辑关系[137]

3.2.3 交通服务利益相关者分析方法

利益相关者理论（stakeholder theory）起源于20世纪60年代欧美等国家的现代企业管理理论。1984年，美国经济学家弗里曼（Freeman）在出版的《战略管理：利益相关者管理的分析方法》一书中提出利益相关者管理理念，指企业的实际经营者为了保持各个利益相关者的利益平衡发展而进行管理的一个过程[144]。关于利益相关者的界定，Freeman、Blair、Mitchell等众多研究者并未达成一致，自1963年以来发展形成20余种表述。结合城市交通领域特点，交通服务治理的利益相关者被界定为：能够影响服务提供、服务生产、服务消费和服务评估整个交通服务链全过程，或交通服务创新将会影响到的个人或群体。兹基于利益相关者理论，建立起一套识别分析交通服务利益相关者的流程，以剖析主体关系演变，流程如图3-5所示。

表 3-1　四个交通服务创新典型治理场景的特性归纳[137]

实证场景	事件属性 （倾向性、代入感、影响范围）	治理场景类型	治理推动力	实证分析维度	治理问题本质
1. 网约车运营安全	1. 负面恶劣事件； 2. 司机—乘客关系普遍，广泛公众群体代入感强烈； 3. 人身安全触及公众底线，发声群体规模大	1. 共享设施和工具； 2. 柔性措施主导	1. 公众舆论爆发谴责； 2. 企业风险响应	时间跨度内 2 次发生事件：服务整改；期内连续 2 次发生类似安全事件	安全底线，价值和认知趋于一致，舆论响应推动监管制度完善
2. 共享单车价格调整	1. 中性事件； 2. 用户对服务价格有直接体验，社会公众参与讨论动力强； 3. 服务供应充分，对所有公众利益影响小，但持续时间长	1. 共享设施和工具； 2. 刚性政策	1. 政府主导定规则； 2. 企业盈利策略	2 个主体行为：交通部门发文和运营企业实施价格调整	押金问题，塑造价值观，建立信任机制和多方协作
3. 拥堵收费政策过程	1. 中性事件； 2. 小汽车驾驶员和公共交通乘客群体规模大； 3. 政治议程提供长期博弈和采集意见机会，公众参与动力强	1. 共享设施； 2. 刚性政策	1. 多主体态度摇摆，难以决策； 2. 长期讨论博弈塑造社会共识	12 年跨度的政策回溯：纽约拥堵收费政策历经 3 轮制定与调整	利益主体众多且不断新增，态度认知从对立到经过长期博弈后寻求共识
4. 疫情管控与信息化影响	1. 城市管理者的积极应对，属于中性事件； 2. 对公众工作生活影响大，讨论代入规模包括全市居民； 3. 社会公众与官方机构相互配合，各方主动参与动力强	1. 共享设施； 2. 柔性措施引导	1. 政府主导主动应对； 2. 公众自主通过信息学习形成认知，做出决策	2 类干预手段：纽约疫情无响应—封城—解封阶段的交通政策与信息化综合影响	对风险存在统一价值认知，但个体行为存在差异，信息传递和自组织实现共治

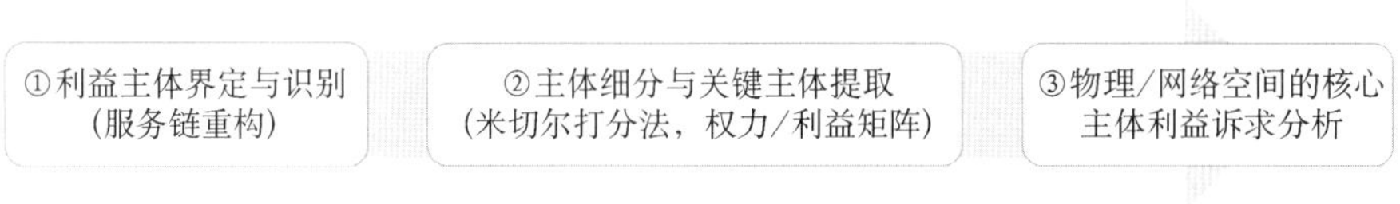

图 3-5　交通服务利益相关者识别分析流程[137]

1. 利益相关者分类方法：米切尔打分法

利益相关者相关研究经历“窄定义—宽认识—多维细分属性评分”三个阶段发展历程。进入 20 世纪 90 年代中期，关于利益相关者的细分方法研究成为热点。相关代表性分类方法如表 3-2 所示。

表 3-2　利益相关者分析方法总结

研究学者	分类依据	利益相关者划分类别
Charkham (1992)	相关群体与企业是否存在交易性合同关系	1. 契约型利益相关者：股东、雇员等； 2. 公众型利益相关者：消费者、监管者等
Clarkson (1994)	在企业经营活动中承担的风险种类	1. 自愿利益相关者； 2. 非自愿利益相关者
Clarkson (1995)	与企业联系的紧密性	1. 首要的利益相关者； 2. 次要的利益相关者
Wheeler (1998)	结合 Clarkson 提出的紧密性维度，引入社会性维度	1. 首要的社会性利益相关者； 2. 次要的社会性利益相关者； 3. 首要的非社会利益相关者； 4. 次要的非社会性利益相关者
Mitchell (1997)	基于利益主体的作用和地位，合法性、权力性、紧急性	1. 确定型/核心利益相关者：同时拥有合法性、权力性和紧急性。对企业的生存和发展意义重大，管理层必须十分关注他们的愿望和要求，并设法加以满足。 2. 预期型/重要利益相关者：拥有上述三项属性中的两项，与企业保持较密切的联系，以更加积极的姿态关心组织事务，并期待管理层能够有效回应他们的诉求。 3. 潜在/边缘利益相关者：只具有任一种属性的群体，其利益相关者特性不太显著，与组织管理层之间表现为一种潜在的关系

其中，1997 年美国学者 Mitchell 归纳了 20 余种代表性利益相关者定义，并提出了一种基于利益主体的作用和地位的米切尔评分法[145]。米切尔评分法基于利益相关者的认定和特征两个核心问题，通过三个属性对潜在利益相关者进行评分，分别是：①合法性（Legitimacy），即某群体或个人是否被赋有法律和道义上的或者特定的对于企业的索取权；②权力性（Power），即某群体或个人是否拥有影响企业决策的地位、能力和相应的手段；③紧急性（Urgency），即某群体或个人的诉求能否立即引起企业管理层的关注。米切尔认为，作为企业的利益相关者至少要符合上述三条属性中的一条。由此，利益相关者被归为三类：

(1) 确定型/核心利益相关者(Definitive Stakeholders)。这类人群对企业的生存和发展意义重大,企业管理层必须十分关注他们的愿望和要求,并设法加以满足。典型的确定型利益相关者包括股东、雇员和顾客。

(2) 预期型/重要利益相关者(Expectant Stakeholders)。具体包括:①拥有合法性和权利性,往往能够达到目的,有些情况下还会正式地参与到企业决策过程中;②拥有合法性和紧急性,却没有相应权力来实施他们的要求。这类群体要想达到目的,需要赢得另外的更强有力的利益相关者的拥护,或者寄希望于管理层的善行。通常采取结盟、参与政治活动、唤醒管理层的良知等方法;③拥有紧急性和权力性,但没有合法性的群体。这种人对企业而言非常危险,他们常常通过暴力来满足要求。

(3) 潜在/边缘利益相关者(Latent Stakeholders)。具体而言,①只拥有合法性但缺乏权力性和紧急性的群体,随企业的运作情况决定是否发挥其利益相关者的作用;②只具有权力性的群体,处于一种蛰伏状态,一旦他们实际使用权力,或者是威胁将要使用这种权力时就被激活成一个值得关注的利益相关者;③只具有紧急性的群体,被米切尔评价为"危机不断但无须太多关注"。除非他们能够展现出其要求具有一定的合法性,或者获得了某种权力,否则管理层并不需要、也很少有积极性去关注他们。

米切尔评分法的优势在于,一是其分类模型强调是动态的,即利益相关者类别会根据企业运营的具体情况和属性变化,由一种类别划分至另一种类别;二是其方法启示企业运营者,需要结合多种属性考虑利益相关者的影响程度和利益需求被重视程度[146]。该方法极大改善了利益相关者界定和理论推广的可操作性。

2. 利益相关者权责识别方法:权力/利益矩阵

基于利益相关者分类结果,可进一步确定不同主体之间的权责关系,从而确定主体在特定领域或事件中所处的位置,分析其对组织发展、战略制定或管理的影响,进而制定相应的对策和措施[147]。权力/利益矩阵(Stakeholder Mapping)[148]是评估每个利益相关者拥有权力大小和利益水平的可视化方法(图3-6)。权力/利益矩阵根据两个维度决定对利益主体采取的管理模式:一是利益维度,即各主体对组织发展决策、战略制定的利益诉求程度;二是权力维度,即某利益相关者是否有途径争取其利益,也就是对组织拥有的权力大小。利益水平反映某利益相关者去实现利益的潜在动力,权力大小反映利益主体改变的能力和动机。

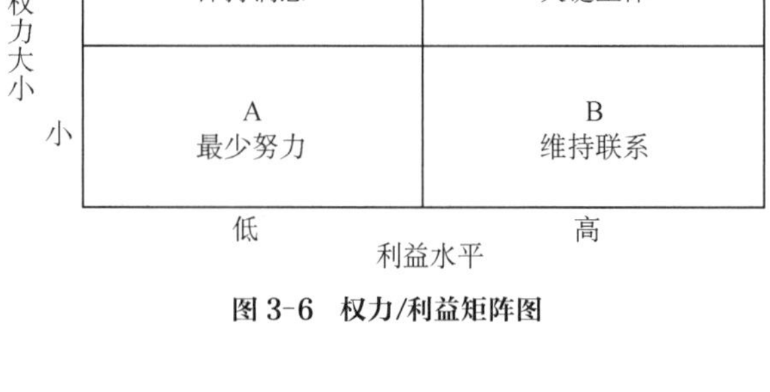

图3-6 权力/利益矩阵图

图3-6矩阵展示了不同权责关系的利益相关者及其对应的组织管理策略:

A区域:该区域的利益相关者利益诉求低、权力小,组织决策中容易被较少关注甚至被忽略。管理者分配最少的时间和精力关注该类群体。

B区域:该区域的利益相关者利益诉求高、权力小,与组织决策的利益关联较强,但缺乏一定的权力去维护自身权益。通常与其他利益相关者结成联盟来增强自身影响力,给管理者施加压力以维护权益。组织决策过程中需要关注其诉求,保持沟通与联系。

C区域:该区域的利益相关者利益诉求低、权力大,受组织决策影响较小,但维护自身权益的权力大。管理者必须保持该类利益相关者满意,若其利益无法得到满足将会严重影响组织运转。

D区域:该区域的利益相关者利益诉求高、权力大,受组织影响程度最大,维护自身利益的权力也大,是组织中最为核心的群体。其行为直接影响组织决策,管理层必须分配大量精力和时间,密切关注其诉求满足情况。

此外,四个区域的利益相关者的定位并非固定的,由于不同主体的利益诉求和权力具有动态性的特点,当他们的属性发生变化时,其在权力/利益矩阵中所处的位置也会被重新定位。例如,当C区域的利益相关者决定行使权力来影响组织决策时,将会从只需要保持其满意的区域转变为关键主体。这种转变若不在组织管理层的预期和控制范围内,将对决策过程产生不利影响。因此,组织决策者要根据权力/利益矩阵,持续关注各类利益相关者的属性和行动变化,甚至要阻止潜在的不利主体的位置变动[149]。

3. 共享单车服务利益相关者识别与权责分析案例[137]

共享单车的服务链是一个与共享单车生产、投入、建设、使用、管理存在直接或者间接利益关系的组织和个人互动和选择的过程,其中包含众多的利益相关者。结合城市交通领域专家意见以及共享单车政策法规规定的责任主体以及其他文献资料[150-151],本研究将共享单车服务链涉及的众多利益相关者分为以下12类:①运营平台,②各级政府部门,③单车用户和其他方式出行者,④第三方科技公司,⑤资本投资商,⑥自行车制造厂商,⑦提供同质服务的其他共享单车平台,⑧社区街道和商场物业,⑨地铁及公交公司,⑩专业机构及学术团体,⑪第三方单车管理公司,⑫新闻媒体。此外,信息化环境下,不同利益相关者参与共享单车服务链和产生影响力的途径有所区别,可划分为物理空间和网络空间两个维度。共享单车的服务供给与治理是多个利益相关者之间相互博弈和共同选择的过程,具有不同功能角色(表3-3),利益关系错综复杂(图3-7和表3-4),也验证了共享单车这一研究对象具有多元性和复杂性。

表3-3 共享单车服务的利益相关者及角色功能

序号	利益相关者	角色功能	空间维度
1	运营企业	生产者、直接供给者和具体执行者、管理者	物理空间、网络空间
2	中央政府	间接供给者、监督者	物理空间
3	政府部门	间接供给者、监督者、引导者或管理者、执法者	物理空间

（续表）

序号	利益相关者	角色功能	空间维度
4	用户	消费者、参与者及监督者	物理空间、网络空间
5	第三方科技公司	间接供给者	物理空间
6	投资者	扶持者、受益者及宣传者	物理空间、网络空间
7	自行车制造厂商	生产者、支持者及受益者	物理空间
8	企业竞争者	生产者、博弈者	物理空间、网络空间
9	社区街道和商场物业	支持者、受益者及间接受损者	物理空间
10	地铁和公交公司	支持者、受益者及间接受损者	物理空间
11	专业机构及学术团体	出谋划策者	物理空间
12	第三方管理公司	间接提供者	物理空间
13	广泛社会公众(包括意见领袖、普通公众及其他社会组织)	参与者、监督者及出谋划策者	网络空间
14	新闻媒体(包括传统媒体和新媒体)	监督者、宣传者	网络空间

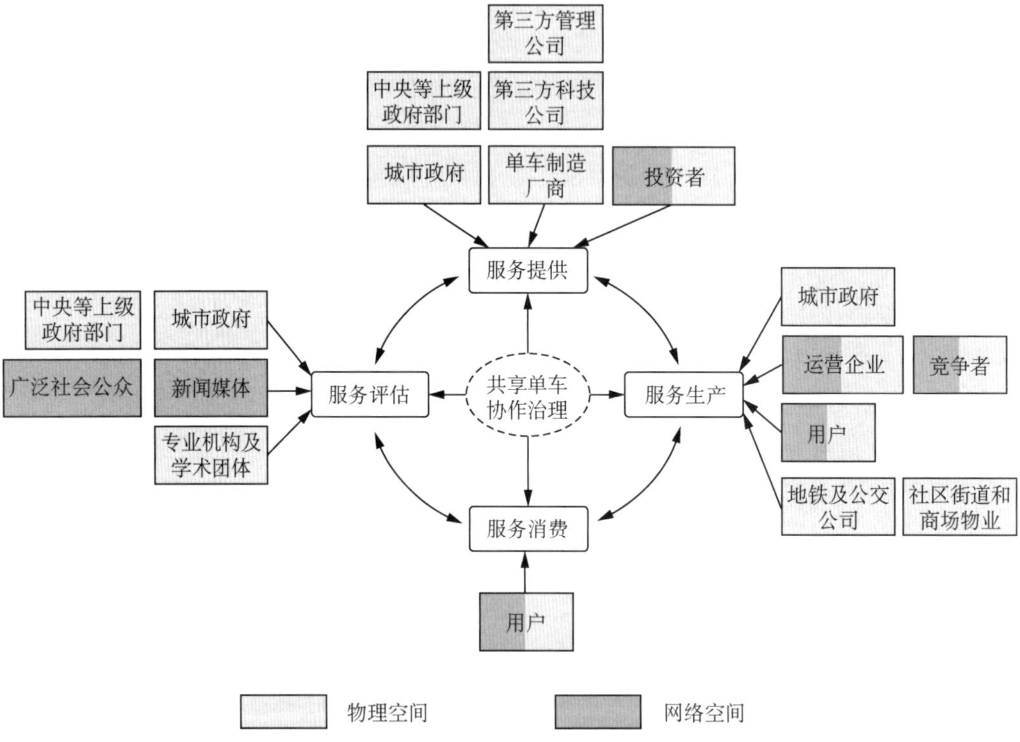

图 3-7　基于服务链四个环节的 12 类共享单车服务利益主体识别

表 3-4 共享单车服务链对应利益相关者

服务链环节	利益相关主体	主体角色属性
服务提供	企业/运营商、政府部门、第三方科技公司(如智能锁厂商)、车辆制造企业(如永安行)、第三方管理公司	生产单车车辆;提供单车服务;分配城市公共空间
服务生产	企业/运营商、社会公众/用户、社区(居委会、街道、社区等)、政府部门(如城管)	在不同城市公共空间具体领域中形成博弈合作生产关系,实现共享单车规范停放、实现公共空间价值
服务消费	用户	付费使用共享单车服务
服务评估	政府部门、研究机构、新闻媒体、广泛社会公众	城市公共空间和单车服务的管理者;更广泛地在城市发展政策方面贡献专业知识和能力

由于共享单车运营管理涉及主体数量众多、范围较广,每一个利益主体对其利益诉求存在差异,他们对共享单车服务链运转的影响程度也各异。显然,在实际城市交通治理过程中,不可能也不必要满足所有利益相关者的全部诉求。因此,需要在共享单车治理过程中识别的所有利益相关者后进一步分类。本研究采用米切尔评分法和权力/利益矩阵分析两种分类方法,综合筛选出对共享单车运营管理决策影响程度高(影响力)、利益诉求引起决策者关注可能性高(紧急性)、具备法律或道义所承认的响应服务诉求的途径或权力(合法性)的核心利益相关者。共享单车利益相关者类型划分如表 3-5 所示,权力/利益矩阵分析以及分区状况如表 3-6 和图 3-8 所示。

表 3-5 共享单车利益主体的米切尔打分结果

利益主体	合法性	权力性	紧急性
1. 核心/确定型利益相关者			
运营企业	高	高	高
中央政府	高	高	高
地方政府及相关部门	高	高	高
投资者	高	高	高
用户	高	中→递增	中→递增
2. 重要/预期型利益相关者			
竞争者	中	中	中
第三方科技公司	中	中	中
自行车制造厂商	中	中	中
社区街道和商场物业	中→递增	中→递增	中→递增
地铁和公交公司	中→递增	中→递增	中→递增
专业机构及学术团体	中	中	中
第三方管理公司	中	中	中
3. 边缘/潜在型利益相关者			

（续表）

利益主体	合法性	权力性	紧急性
新闻媒体（传统和新媒体）	中	低→递增	低→递增
广泛社会公众（意见领袖、普通公众及其他社会组织）	中	低→递增	低→递增

注：该打分结果是综合专家打分和文献[152-153]关于共享单车利益相关者米切尔打分的结果。

表 3-6　共享单车服务链利益相关者权力/利益分析

利益相关者	权力	利益
运营企业	在合法框架下运营和维护，制定商业发展策略，管理共享单车	提高企业经营利润，建立良好的企业社会形象
中央政府	制定法律法规和产业政策，进行国家宏观调控	提供更多、更优质、更高效的公共服务以保障公民的出行活动和生存需求；建设低碳城市；鼓励新技术发展；维护社会稳定
城市政府	在中央政策框架下实施微观规制手段；建立基础设施；监督企业运营	提供城市交通系统的运行效率；完善基础设施网络
公众	自主选择是否使用交通服务，监督企业运营，反馈共享单车服务存在的问题	安全、便利、绿色、可负担、高效、可选择的出行环境
第三方科技公司	提供配套软硬件及服务	维持与企业长期合作关系，获取利润
投资者	提供企业运营资金，支持其发展	获取投资回报
自行车制造厂商	车辆生产和供应	维持与企业长期合作关系，获取利润
竞争者	提供同质服务，对其他运营企业形成相互竞争的威胁作用，引导出行服务创新	吸引更多用户渗透，技术、思想等方面学习借鉴，促进竞争对手不断进行技术创新
社区街道和商场物业	提供共享单车停放点或停车位；管理区域内停放车辆	提高居民出行效率，获得居民认可；维护空间秩序
地铁和公交公司	提供共享单车停放点或停车位	提高乘坐公共交通乘客的出行效率和换乘便利性；维护交通枢纽空间秩序
专业机构及学术团体	提供理论支持和技术指导，促进共享单车可持续发展，为解决面临的问题提供方案	无直接需求；提升社会服务能力；通过校企合作等方式获取科研资料和经费，推动科研发展
第三方管理公司	调度和管理车辆	维持与企业长期合作关系，获取利润
新闻媒体	提供共享单车信息传播和宣传引导；监督企业运营、政府监管、用户使用行为；表达公众诉求，报道存在的社会问题，接受公众反馈	无直接需求；营造良好的舆论氛围，吸引更广泛社会公众的流量关注和讨论

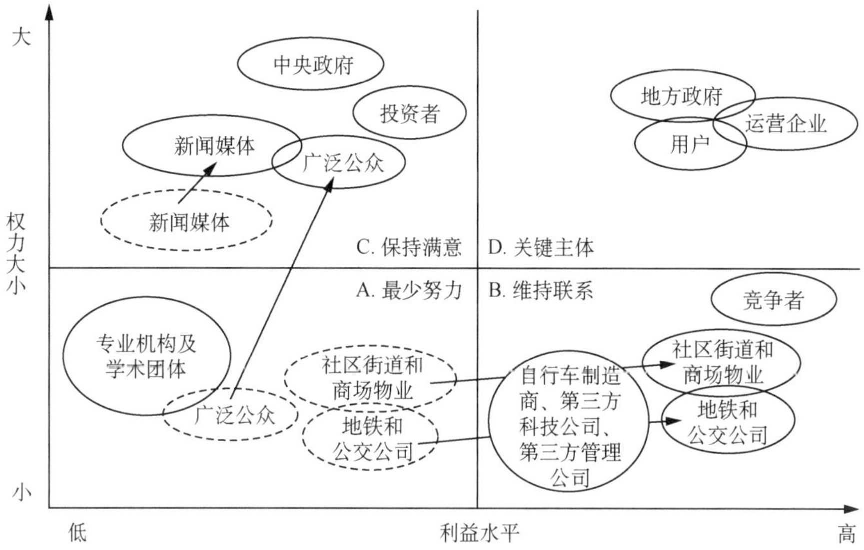

图 3-8 共享单车服务的权力/利益矩阵的关键主体细分结果

根据表3-5可知,共享单车服务链中的关键利益相关者是运营企业、中央政府、地方政府、投资者和用户。这些利益相关者对共享单车服务的运营发展至关重要,在治理过程中需要重点关注他们的愿望与诉求,并加以满足。预期型利益相关者包括竞争者、社区街道和商场物业、地铁和公交公司、专业机构及学术团体、第三方管理公司等,他们处于与共享单车服务保持比较稳定联系的状态,可以作为规划决策的候选参与者。而广泛社会公众和新闻媒体属于边缘利益相关者,管理者往往对其诉求缺乏关注和考虑。

基于表3-6和图3-8对多元利益相关者权责关系进一步梳理可知,城市政府、运营企业及用户三个利益主体在共享单车运营管理过程中的权益水平和权力大小层面上影响最大,是研究共享单车治理问题的关键。在组织共享单车多元主体协作治理过程中,管理者应当充分考虑其诉求并予以满足。

另外,有两类共享单车服务利益相关者的权力大小和利益水平发生动态变化。一类是社会舆论(包括广泛公众和新闻媒体),如表3-6所述,其所代表的共享单车治理利益诉求不断增加,其对组织决策的影响程度也被强化。这类具有权力的社会监督力量多依存于网络空间发挥作用。新媒体时代下,舆论媒体不仅是重要的社会监督力量,同时也是广泛公众参与共享单车服务话题讨论与反馈意见的重要渠道;相关文献也指出网络社会公众参与对公共服务提供和公共政策制定的重要意义。因此,本研究中将广泛公众和新闻媒体列为网络社会的关键利益相关者。另一类是社区单元物业和公交公司,由于共享单车社区治理的关键性而转变为管理者需要加强沟通、维持联系的利益主体类别。

尽管中央政府也被识别为关键利益相关者,但在权力/利益矩阵中处于次重要类别。这是因为不同层级政府部门对以共享单车为代表的新兴出行服务的监管存在差异。从根本上讲,行政立法层面中央立法高于地方立法[154],地方政府在国家政策框架下根据城市实际情况制定相应的监管措施。总体而言,中央政府负责制定法律法规和产业政策,在贯彻经济民主原则的基础上进行宏观调控，而地方政府是在中央政策框架下制定微观规制手段和监管策略，落实产业政策[155]。因此，在城市推行共享单车市场发展和协调治理时，城市政府的角色更为关键，影响更为直接。

综上所述，本研究将城市政府、运营企业及用户列为共享单车治理物理空间的关键利益相关者，将除用户外的广泛社会公众和新闻媒体列为网络社会的关键利益相关者。

3.3 交通议题多元主体认知响应的采集与分析方法[137]

借助社交媒体这一多元主体交流互动的媒介，采集交通文本数据，运用网络爬虫、自然语言处理和社会网络分析等数据科学技术，遵循"选取观察维度—对现象进行测度—形成评价判断"的逻辑提出交通服务多元主体认知响应与互动行为建模分析方法，从而构建城市交通服务协作治理模式与治理过程。具体而言，本研究选取网络媒体空间不同维度的测度指标，对物理空间交通实体事件的发酵进行舆情追踪、形成认知判断。

3.3.1 认知响应分析的总体思路与技术流程

基于自然语言处理技术，本研究构建了一套针对交通议题特点的多元主体态度认知演变挖掘分析技术框架(以下简称"交通主体态度认知挖掘框架")，包括议题文本爬取、利益主体界定与识别、关键词提取及话题分类、多元主体态度情感倾向分析等核心功能模块。该框架旨在通过社交媒体，观察交通议题在网络空间的传播和消散规律，获取并分析交通各类利益主体在交通议题推进过程的认知诉求和态度响应，从而测度交通治理过程和模式[137]。本方法框架适用于中、英文交通议题非结构化数据。交通主体态度认知挖掘框架如图3-9所示，输入是网络平台获取的交通舆情，输出是交通议题对应的核心主体、关注焦点、讨论话题、情感倾向和舆情异常情况。

交通主体态度认知挖掘框架包括四个流程：

(1) 数据获取。基于所研究的交通议题选取关键词，利用规则搜索等方法从媒体网络爬取包含关键词的舆情文本，得到完整的原始交通议题非结构化数据集。

(2) 数据清洗。数据清洗质量直接关系到分析结果的准确性和有效性。本研究运用自动化程序和人工校核相结合的方法，剔除包含关键词但与话题不符的数据，包括但不限于广告营销、僵尸粉转发、网络机器人等，得到"干净"的交通文本数据集。

(3) 文本预处理。将原始文本数据转换成以单个词语为单元的文本向量化表示，流程包括文本正则化、分词和停用词过滤，最终输出的是语料库。文本分词环节中，按照研究需求自定义交通相关的术语词典。

(4) 建模分析。针对交通主体响应与认知态度挖掘的三类问题对应建立功能模块。

① 基于信息内容特征的判别规则(发文量、被@次数)，使用文本挖掘技术从文本中提取特定交通议题中网络空间的关键主体类别，例如发文活跃者、频繁被提及者，或特定交通议题

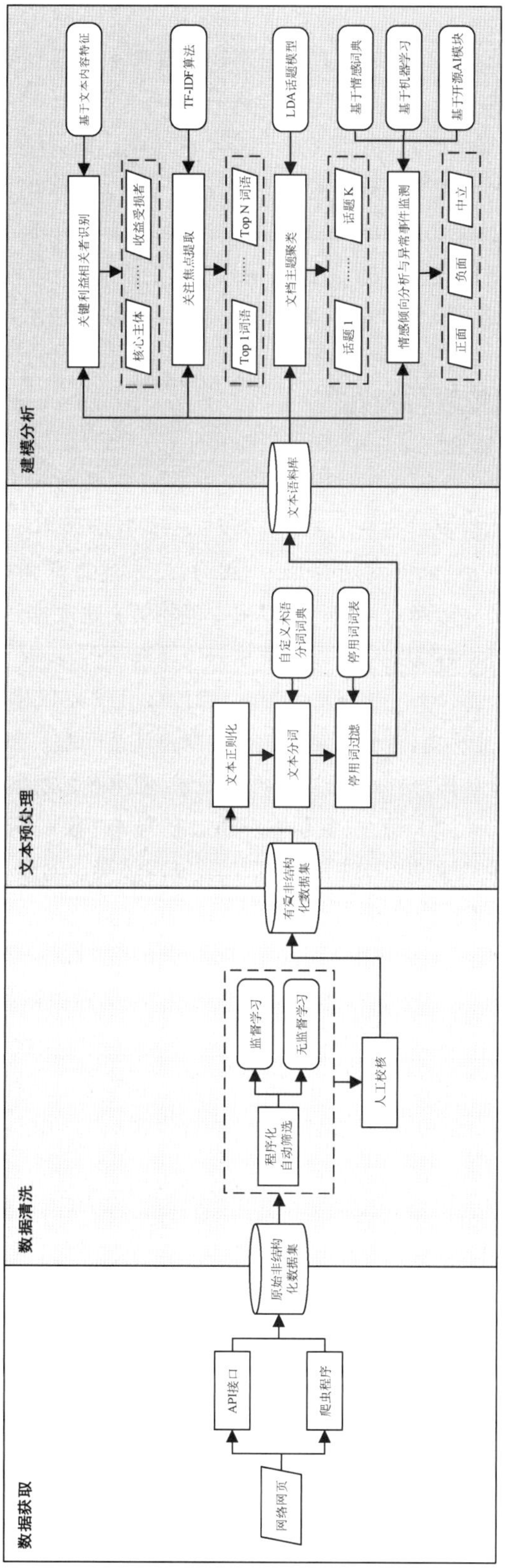

图 3-9 交通服务多元主体态度认知演变挖掘分析技术框架图[137]

下的获益者和受损者等。

② 运用词频—逆文件频率算法(TF-IDF)筛选出语料库中的重要词语,在整体上推测交通议题的讨论热度词和争议焦点。

③ 运用文档主题聚类模型(如 LDA)识别语料库中的分类话题,将繁杂海量的文本整合成给定数量的内容相似度较高且重要性较高的话题簇,比较话题差异和时间演变规律。

④ 运用情感分析方法(sentiment analysis)将语料库划分为具有不同态度倾向的子集,为监测网络舆情波动和异常事件提供依据,输出采用最常见的正向、负向和中立三分类结果。具体推荐采用基于情感词典、基于 LSTM 模型和基于开源程序模块等技术方法。

3.3.2 社交媒体数据爬取与预处理

1. 网络文本数据获取

通过媒体网页获取文本数据的方法主要分为两种,一是直接调用社交媒体平台所提供的应用程序接口(Application Programming Interface, API);二是通过网络爬虫技术抓取网页内容。本研究综合应用两种方法以尽可能全面地获取交通相关文本数据。

应用程序接口 API 是社交媒体平台提供的数据开发获取途径,具有一套标准的调用规则,通过请求命令获取数据,以 JSON(Jave Script Object Notation)或 XML 格式表示数据。以微博为例,要调用微博 API 的开放平台,首先需要解决用户身份认证问题。微博的授权方式是申请为开发者并通过 OAuth 2.0 认证,向微博服务器发送请求,便可在加密模式下获得访问特定用户资源的权限,包括微博文本、用户信息、话题等。通过官方 API 获取的数据来源于网络平台服务器,直接传参,不需要对页面进行分析,使用简单,效率较高。同时,获取数据是 JSON 格式,数据结构清晰且带有完整标签,可直接用于开发。

网络爬虫(Web Crawler)是一种按照某些规则自动抓取网页数据的程序或脚本操作。通过向网页服务器端发送请求,使用相关技术解析返回内容,获取网页信息,根据内容进行不同的处理。目前主要的网络爬虫网页搜索策略有广度优先遍历、深度优先遍历、以反向链接策略和在线页面重要性计算策略为代表的最佳优化搜索方法。相比于应用程序接口 API 数据获取方式,网络爬虫直接采集并处理网页的原始信息,处理数据量更大、信息获取规模更大、消耗的运算资源与带宽资源更少。

本研究通过调用官方 API 接口和网络爬虫采集到三类数据:关系数据集、用户数据集和互动转发数据集,将关系数据集和互动转发数据集统称为内容数据集,因此得到用户数据集和内容数据集两部分。内容数据集主要包含特殊表情符号、网页链接等信息,用户数据集包含用户名、性别、年龄、注册位置、发文时间、发文位置、转发数等信息。

2. 文本数据清洗

1) 数据清洗

数据清洗的目的是对从网络平台获取的数据进行处理,得到标准的、干净的、连续的数据,供后续的数据统计、数据挖掘使用。重点从数据重复、数据缺失和数据异常三方面检查。

(1) 数据重复

在正常情况下,同一时刻同一用户只存在一条内容数据记录,也仅存在一条用户属性记录。但因为网络传输或数据库储存不当等问题,可能会存在内容数据集中包含多条同一用户在同一时间发布的相同内容的记录,或是用户数据集合中存储了多条同一用户的属性信息。为了确保数据的唯一性,本研究按照主键(用户 UID)或字段联合规则进行查找,搜索数据库重复的情况,处理方法为仅保留第一条,删去其余重复记录。

(2) 数据缺失

用户数据集和内容数据集普遍存在字段缺失,本研究根据研究需要对不同字段缺失情况进行分类处理:

① 用户数据集中所在位置信息缺失,对基于空间位置的信息筛选影响较大。针对不涉及空间维度的研究,直接删除该字段。对于涉及特定空间范围的分析,本研究结合内容数据集中发文定位信息以及空间位置相关词语进行综合判断;若均无相关判定依据,将其归为无位置标记的数据记录。

② 用户数据集中职业、教育、身份认证等关键信息缺失,对判断用户身份属性影响较大。如该三个字段存在任一非空值,本研究采用人为判断后对用户身份打标签;若该三个字段均缺失,本研究将其身份判定为社会公众。

③ 内容数据集中的转发数、回复数、点赞数等出现空值,判定为网络中无相关互动关系存在,直接赋零值处理。

④ 其他非核心字段信息缺失,本研究直接将字段赋空值。

(3) 数据异常

用户数据集的各字段均应处于符合常识的合理范围内。然而,由于社交媒体平台对用户账号信息并无强制规定、用户设置习惯存在差异,通常会出现无法支撑科学判断的异常数据。本研究设定强制合法规则,将查找不在规则范围内的字段判为无效,人工处理为空值或删去该条异常记录。本研究综合使用监督学习模型(supervised learning)和无监督学习模型(unsupervised learning)对文本进行噪声的特征识别、提取、剔除,同时辅以人工校核的方法对数据结果进行最终校核,从而保证经过数据清洗流程的数据集能够达到科学研究和建模分析的数据质量要求。

2) 文本正则化

数据清洗完毕后,内容数据集中的文本仍含有大量标点符号、网页连接、数字等噪声,需要对清洗文本内容进行预处理,从而为特征构造和建模提供支持。文本预处理是自然语言处理最为关键的一环,包括文本正则化、分词、停用词过滤等步骤,以及网络新词和专业术语的补充。文本正则化有调用正则表达式、使用 Numpy、Pandas 等工具库模块等多种方法。相比于其他方法,正则表达式方法具有代码简单、处理速度快以及能够高效完成字符串捕获等优势,也存在可读性差的不足。

本研究采用正则表达式方法剔除噪声数据。以处理微博数据为例,利用 Python 的 re 模块调用正则表达式,通过匹配指定字符串,对转发微博去除“//@”后续内容,仅保留用户本人发布的内容。同时,剔除微博正文含有“@用户名”的内容。示例如表 3-7 所示。

表 3-7 交通文本正则化

原微博文本(包含噪声)	正则化处理后的文本
\r\n#玉林爆料# 微友 4 月 30 日晚,从玉林市区滴滴打车到二环路,之前的都是 23 块多,今晚竟然收了 37 块多,一投诉减 5 块钱,天天差不多都这个时间点滴滴打车,从没遇到这样收费的,要怎么投诉呢? \u200b	玉林爆料微友 4 月 30 日晚,从玉林市区滴滴打车到二环路,之前的都是 23 块多,今晚竟然收了 37 块多,一投诉减 5 块钱,天天差不多都这个时间点滴滴打车,从没遇到这样收费的,要怎么投诉呢?
\r\n 一个能从每个滴滴师傅口中 听出满满自豪感的城市 溜了 2 重庆 \u200b	一个能从每个滴滴师傅口中 听出满满自豪感的城市 溜了重庆
\r\n 滴滴车上听到这首歌,就唱起来了。L 海是倒过来的天 HLW 的秒拍视频\u200b	滴滴车上听到这首歌,就唱起来了。L 海是倒过来的天 HLW 的秒拍视频
\r\n 第一次用滴滴,比出租车便宜了三分之二,原来差价可以这么多,还不用等那么久!!! 2 柳州 · 五里亭街区 \u200b	第一次用滴滴,比出租车便宜了三分之二,原来差价可以这么多,还不用等那么久!!! 2 柳州 · 五里亭街区

3) 文本分词和新词处理

分词(word segmentation)是按照一定规范将句子、段落、文章的文本序列以词为单位切分的过程,方便关键词提取、命名实体识别等工作。分词是分析中文非结构化数据最为重要的一步,将语料库切分为表达含义完整的最小单元。中、英文的语言体系结构存在差异,导致分词流程主要存在以下三个典型区别:

区别 1:分词间隔不同,中文更难分词。英文词与词之间有空格作为分隔符,中文是由每个字相连组成词,最终构成句子,没有特殊标注作为区分。中文一词多义非常常见,容易出现歧义。

区别 2:英文特有的形态和时态问题。英文分词相比于中文包括词形还原(lemmatization)和词干提取(stemming)等处理步骤。例如,通过词性还原将"does""done""doing""did"恢复成"do",通过提取词干将"cities""children""teeth"转换为基本形态"city""child""tooth"。

区别 3:中文分词特有的粒度问题。长字符中文词语具有多种切分方法,粒度越大,表达的意思越准确,但也会导致歧义和对术语的召回较少。因此,中文分词需要根据不同场景和要求选择不同的粒度。例如,"共享交通出行服务创新"可以分为"共享交通/出行服务创新""共享/交通/出行/服务/创新""共享/交通出行/服务创新""共享/交通出行/服务/创新"等。

因此,中文分词任务具有三大难点:①没有统一的标准。目前中文分词没有统一的标准,也没有公认的规范,不同的公司和组织提出了多种方法和规则。②歧义词切分。不同的分词方法可能对应着不同的含义。③新词识别。在模型中需要加入交通服务的代表性术语。

本研究采用基于字符串匹配的分词方法,中文分词使用 Jieba 分词词库,英文分词使用 NLTK 进行分词。Jieba 分词是一款开源的中文分词工具,其优势在于容易获取和调用,支持载入自定义的字典、词性标注、去除停用词等功能。Jieba 分词系统提供了处理新词的 API 接口,只需将新词和它们的相应权值写入文件,即可准确无误辨别。例如,本研究将"共享交通""共享单车""分时租赁""网约车""网络预约出租汽车""互联网租赁自行车"等新业态术语加入自定义词库。Jieba 分词系统支持精确模式、全模式、搜索引擎模式三种分词模式。由于精确模式分词可以将句子切割成最精确的单位，最适合应用于文本分析场景，本研究采用精确模式。分词处理结果如表 3-8 所示。

表 3-8　交通文本分词处理

正则化处理后的文本	分词处理后的文本
玉林爆料微友 4 月 30 日晚，从玉林市区滴滴打车到二环路，之前的都是 23 块多，今晚竟然收了 37 块多，一投诉减 5 块钱，天天差不多都这个时间点滴滴打车，从没遇到这样收费的，要怎么投诉呢	玉林/爆料/微友/4 月/30 日/晚/从/玉林/市区/滴滴/打车/到/二环/路/之前/的/都是/23 块/多/今晚/竟然/收了/37 块/多/一/投诉/减/5 块/钱/天天/差不多/都/这个/时间点/滴滴/打车/从没/遇到/这样/收费/的/要/怎么/投诉
一个能从每个滴滴师傅口中 听出满满自豪感的城市 溜了重庆	一个/能/从/每个/滴滴/师傅/口中/听出/满满/自豪感/的/城市/溜了/重庆
滴滴车上听到这首歌，就唱起来了。L 海是倒过来的天 HLW 的秒拍视频	滴滴/车上/听到/这首歌/就/唱起来/了/海/是/倒过来/的/天/的/秒拍/视频
第一次用滴滴，比出租车便宜了三分之二，原来差价可以这么多，还不用等那么久！2 柳州 · 五里亭街区	第一次/用/滴滴/比/出租车/便宜/三分之二/原来/差价/可以/这么/多/还/不用/等/那么久/柳州/五里亭/街区

4) 停用词过滤和新词处理

停用词是指在文本表达中频繁出现但信息量低的词语，包括人称代词、助词、副词、介词、连词等。过滤停用词可以提升文本特征的质量，降低文本特征的维度。常用的开源中文停用词表包括哈工大停用词表、百度停用词表、四川大学机器智能实验室停用词库等，英文包括 NLTK 停用词表模块等。也可以根据环境要求制作自定义停用词表。本研究使用 Github 自然语言处理项目中常用的开源停用词词表，包含中文停用词、表情、符号等。停用词过滤处理结果如表 3-9 所示。

表 3-9　交通文本停用词过滤处理

分词处理后的文本	过滤停用词后的文本
玉林/爆料/微友/4 月/30 日/晚/从/玉林/市区/滴滴/打车/到/二环/路/之前/的/都是/23 块/多/今晚/竟然/收了/37 块/多/一/投诉/减/5 块/钱/天天/差不多/都/这个/时间点/滴滴/打车/从没/遇到/这样/收费/的/要/怎么/投诉/呢	爆料/市区/滴滴/打车/二环/路/收了/投诉/减差不多/时间点/滴滴/打车/遇到/这样/收费/怎么/投诉
一个/能/从/每个/滴滴/师傅/口中/听出/满满/自豪感/的/城市/溜了/重庆	滴滴/师傅/听出/满满/自豪感/城市/溜
滴滴/车上/听到/这首歌/就/唱起来/了/海/是/倒过来/的/天/的/秒拍/视频	滴滴/听到/这首歌/唱起来/海/倒过来/视频
第一次/用/滴滴/比/出租车/便宜/三分之二/原来/差价/可以/这么/多/还/不用/等/那么久/柳州/五里亭/街区	第一次/用/滴滴/比/出租车/便宜/差价/多/不用/等/那么久

经过分词后的文本在计算机中仍然以字符串形式存在，无法表达上下文的相互关系。因

此,需要将自然语言科学合理地表示成计算机能够处理的数学语言,即对文本进行编码。文本表示的基础模型包括 one-hot 模型、词袋模型(Bag of Words, BOW)以及 Word2vec、BERT 等深度学习模型。针对本研究需求,运用词袋模型对文本预处理后的语料库进行表示。词袋模型的基本思想是假设文档中所有词之间没有任何关系,文档由构成它的词进行表示。具体而言,通过构造一个长度等于字典长度的向量,向量每一个索引位的值对应字典索引位的词在目标文档中出现的频率。词典模型的优点是简单有效,通过单个向量对文档进行表示,计算成本较低,不足在于编码后的文本丢失了前后词之间的顺序关系,语义信息丢失。

3.3.3 自然语言处理技术核心方法

交通主体态度认知挖掘框架包含三个子模块,即词频—逆文件频率算法、文档主题模型、情感分析异常值检验。以下简要说明后两种模型在交通领域的研究应用。

1. LDA 主题模型

本研究采用 LDA 主题模型对交通舆情数据进行文本挖掘,细分交通语料库中针对特定交通议题的讨论话题,发现话题随时间的演变。具体而言,运用 UMass 一致性计算方法确定合适的主题数,结合 Python 提供的开源话题模型交互可视化库 pyLDAvis[156],判别科学的主题聚类结果。基于 UMass 指标计算一致性系数(coherence score)如式(3-1)和式(3-2)所示。

$$coherence(N) = \sum_{(n_i, n_j) \in V} score(n_i, n_j, \epsilon) \tag{3-1}$$

$$score(n_i, n_j, \epsilon) = \log \frac{M(n_i, n_j) + \epsilon}{M(n_j)} \tag{3-2}$$

式中, N 是描述主题的词的集合;ϵ 是保证 score 值返回实数的平滑因子;$M(x, y)$ 表示包含词 x 和 y 的文档数;$M(x)$ 计算包含 x 的文档数。

主题数 K 的选取对 LDA 主题模型结果非常关键。以交通拥堵收费议题社交媒体数据集为例进行说明,首先将初始 K 值设为 10 得到模型默认结果,使用开源模块 Gensim[157] 对默认模型进行训练,默认超参数(hyper parameter) $\alpha = 0.01$ 和 $\eta = 0.1$,得到基准一致性系数为 0.35。为改善模型,研究进行一系列敏感性测试确定模型更加合理的超参数。数据集网格搜索(grid search)中选取占原始语料库 20% 的验证集规模(10 000 个样本)。验证结果以主题数——一致性系数的二维坐标图表示,如图 3-10 所示,当 $K = 9$ 时,一致性系数达到最高(0.38),因此确定为交通拥堵收费议题社交媒体数据集的最佳主题数。在给定 $K = 9$ 的前提下生成满足最大一致性的超参数值,即 $\alpha =$ "asymmetric" 和 $\eta = 0.81$,经验证,一致性结果比基准系数提高了 30.9%。

pyLDAVis 图谱中圆圈表示每个主题在整个语料库中的重要性,圆圈面积越大,表示该主题在整个语料库中占比越大。圆圈中心之间的距离表示主题之间的相似性,默认由 Jensen-Shannon 散度计算得到。若圆圈之间重合较多,说明模型运行结果不理想,没有将不同话题做明显区分。对于每个主题,界面右侧的直方图列举出了前 30 个最相关词语。以交通拥堵收费议题社交媒体数据集为例,图 3-11 显示了当 $K = 9$ 时的主题分类结果,即绝大部分主题圆圈面积较大,彼此分开且相距很远,说明有关拥堵收费议题的文本数据集可以划分成具有明显差异的主题,运用训练过的 LDA 主题模型可以较好聚类不同主题。

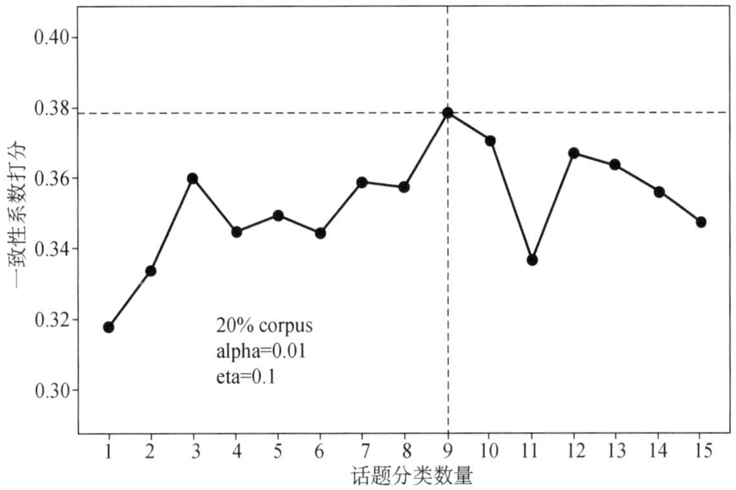

图 3-10　基于一致性计算的文档主题数选取示意图

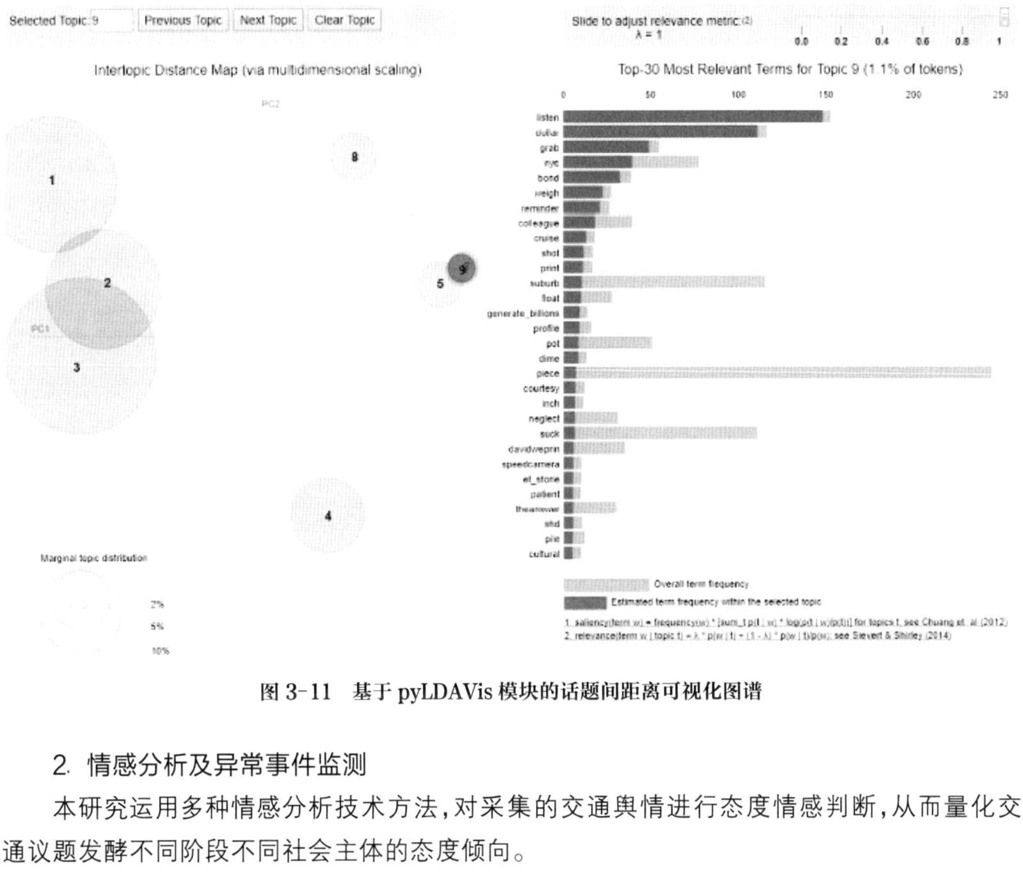

图 3-11　基于 pyLDAVis 模块的话题间距离可视化图谱

2. 情感分析及异常事件监测

本研究运用多种情感分析技术方法,对采集的交通舆情进行态度情感判断,从而量化交通议题发酵不同阶段不同社会主体的态度倾向。

1）基于情感词典分类

基于情感词典的分析思路是查找文档中的情感词、否定词和程度副词，判断每个情感词前序是否有否定词和程度副词，将它与否定词和程度副词划分为一个组，如果有否定词，将情感词的情感权值乘以负系数（一般取值为 −1），如果有程度副词，就乘以程度副词的程度值，最后将所有词组的得分加起来，结果大于 0 即归于正向情感，小于 0 即归于负向情感。该情感打分方法的最大优势是简单易操作，但情感打分结果非正即负，难以区分态度中立的文本。为解决情感词典方法对文本情感极性二分法的局限，本研究结合中、英文语言体系中标点符号的用法规则和用户网络发文习惯，将新闻报道等客观信息标记为中性情感，例如，在中文中以引号、书名号标注，英文中以＃号标注。

本研究中基于否定词词典（记为词典 A）、程度副词词典（记为词典 B）和标准情感词词典（记为词典 C）三个词典综合判断文本情感极性，输出结果为正向、负向、中立。情感分析单元是每个句子 $i(i \in [1, I])$ 中出现的情感词组 $j(j \in [1, J])$。语义情感判别规则是，出现在两个情感词语中间的否定词和程度副词都分配给后一个情感词组。文档 m 中句子 i 的情感得分由式（3-3）和式（3-4）计算得到，最终每篇文档的情感得分 S_i^m 通过累加得到。

$$S_{i_j}^m = (-1)^{n_{i_j}^m(a)} \cdot h_{i_j}^m(b) \cdot H_{i_j}^m(c) \tag{3-3}$$

$$S_i^m = \sum_{j=1}^{J} S_{i_j}^m \tag{3-4}$$

式中，$n_{i_j}^m(a)$ 是否定词 $a(a \in [0, A])$ 在情感词组中出现的次数；$h_{i_j}^m(b)$ 是程度副词 $b(b \in [0, B])$ 的权重；$H_{i_j}^m(c)$ 是预先定义的情感词 $c(c \in [1, C])$ 的分值；$S_{i_j}^m > 0$ 表示文本的情感倾向为正面，$S_{i_j}^m < 0$ 表示情感倾向为负面。

2）基于 LSTM 模型的情感分析

本研究运用长短期记忆网络（long short-term memory，LSTM）模型对英文文本进行情感分类。以交通拥堵收费议题社交媒体数据集为例，使用网络开源的推特人工标记情感语料库对原始 LSTM 情感分析模型进行训练，整个语料库被划分为三分之二训练集和三分之一测试集。本研究使用 softmax 激活函数输出预测概率，该模型采用的超参数为最大特征数（max feature），取值 2 000，批量处理规模（batch size）取值 32，迭代时期（iteration epoch）取值 7，输出测试集的准确性为 0.81。将经过训练的 LSTM 情感分析模型应用于本案例数据集，结果显示 124 行文本（约占数据集总数的 0.3%）中有 76 条正面情绪和 48 条负面情绪的数据，模型输出结果的准确率（accuracy）为 0.78，精确率（precision）为 0.83，召回率（recall）为 0.79，F1 得分为 0.81，说明该 LSTM 情感分析模型在本案例数据集的预测效果较好，情感分析结果可靠，满足后续建模分析的要求。

3）基于开源模块的情感分析

本研究调用适用中文中短语料的百度开源情感分析 Senta 系统。该模型是百度在 2018 年提供开源的基于 SKEP 的情感预训练代码和中英情感预训练模型，在百度 AI 开放平台网站和项目 github 网页均可免费使用。

目前的人工智能技术都是基于大量的数据训练复杂的模型，以支持不同场景的应用。因此其核心困难包括模型和数据两个方面。百度 Senta 情感分析系统底层算法基于 DNN 语义模型和深度学习框架 PaddlePaddle Fluid。bi-LSTM 的情感分类模型能够实现在大规模语料上提取语句中词语顺序相关的信息，考虑词与词之间较长上下文的依赖。深度学习的特点是可以不依赖繁复的人工特征工程，而直接从最原始的文本数据中获取语义层面的信息，进而进行情感倾向的判断。由百度开源的深度学习框架 PaddlePaddle Fluid 具有一些特别适合于自然语言处理的特性，可以批量处理、充分应用计算资源，有效应对现实的 NLP 多种复杂应用场景。同时，Senta 情感分析系统基于海量优质的标注数据，保证了模型精准度。首先获取一部分标注好的数据，再找到与该批数据相似度高的未被标注情感倾向的数据(基于百度开发的语义相似度模型)，将数据根据相似度连接成图结构，最后通过标记传播算法，将原来未标记数据转化为标注数据。

百度 Senta 系统在各种学界行业研究应用准确率较高，本研究将其作为判别中文微博语料库情感倾向的方法之一。Senta 情感倾向分析模型输出结果包括情感极性判别、分类的置信度、积极类别概率、消极类别概率。

4) 基于情感分析的异常舆情事件监测

物理空间的异常事件会影响人的情感，而情感变化又会通过网络媒体的发言得以反映，细粒度的文本情感挖掘有助于及时监测舆情的异常波动，发现潜在异常事件。本研究借鉴了学者 Zhao 等[158]在 2012 年提出的基于情感分析系统 MoodLens 识别异常事件的方法。识别异常舆情事件的基本思想是，基于文本情感分析结果筛查集计情感变化的转折点(turning point)，结合文本内容，挖掘潜在异常事件。具体参数设定如下，将由各义本组成部分 c_j 的序列定义为 $\{S_t^{c_j}\}$，其中 t 是观测时间，时间单元根据研究目的而定，一般取一天或一小时。以观察到从 $t = t_1$ 到 $t = t_2$ 的情感变化为例，文本组成部分 c_j 的平均情感波动如式(3-5)所示：

$$S_{t_1 \to t_1}^{c_j} = \frac{1}{t_2 - t_1} \sum_{t=t_1}^{t_2} S_t^{c_j} \tag{3-5}$$

式中，$\Delta t = t_2 - t_1$ 是观察时间窗口。

进一步，得到一系列 c_j 的相对情感波动 $V_t^{c_j}$，计算如式(3-6)：

$$V_t^{c_j} = \frac{S_t^{c_j} - S_{t_1 \to t_1}^{c_j}}{S_{t_1 \to t_1}^{c_j}} \tag{3-6}$$

该方法将情感波动的序列定义为 $\left\{\sum_{j=1}^{4} | V_t^{c_j} |\right\}$。将该序列降序排列，选取排序前 k 位的值判定为离群时间点(outlier time point)，记为 $\{t_1, t_2, \cdots, t_k\}$。对于每个 t_i，依次筛查该时间段发布的相关文本内容，进行特殊舆情事件的溯源和信息提取。MoodLens 方法排序规则最简单，即提取高频的前 5 个 Bi-gram 术语用来描述事件。本研究采用 MoodLens 方法测度网络媒体文本不同情感极性的波动，按日作为观测窗口，选取情感波动排序前 3～5 个离群日期进行异常事件挖掘。

3.4 多元主体参与互动与意见传播的建模分析方法[137]

转发、关注和点赞是网络空间用户互动和信息传播的重要方式。研究表明,社交媒体平台(如微博和推特)的转发比评论、点赞更加频繁[159],国内外学者积累了大量关于转发行为特征分析和预测模型开发[160-161]等研究成果。社交媒体平台主要存在四种与转发相关的用户行为:①不转发,说明用户对该博文不感兴趣,但难以确定用户对博文的态度(赞同、反对或中立),这类行为没有完成消息的扩散与传播;②转发且带积极评论,说明用户赞同博文观点,并且有意愿将该观点向其他人传播,被认为是完成了一次意见加强版的消息传播;③转发且带消极评论,说明用户与博文观点意见不同,被认为是完成了一次意见削弱版的信息扩散;④仅转发(或发表中性评论),认为用户观点与博文一致,同样有助于增强该舆情在网络中的影响力。

因此,本研究以用户转发行为作为观察维度,探究社会公众参与交通议题讨论的交互行为与意见传播规律,以挖掘特定交通事件演进过程中不同群体的舆论发酵作用和主体之间互馈行为机制。

3.4.1 意见网络及互动分析的总体思路与技术流程

本研究基于社会网络分析(Social Network Analysis, SNA)理论方法构建了以转发行为为度量的个体观点交互与舆论传播演化分析技术框架(以下简称"交通主体参与互动与意见传播分析框架")。该框架旨在度量交通议题舆情网络的主体参与和意见传播,即多元主体在线参与的可视化与测度、意见转发网络的结构特征计算、关键主体(如意见领袖)与社团识别、主体身份与意见取向的关联分析等。交通主体参与互动与意见传播分析框架如图3-12所示,输入是网络页面所获取的交通议题转发信息,输出是主体转发网络图、意见传播网络结构统计、重要利益主体和关键社团、不同类型主体与观点态度的关联(如反映主体之间观点态度影响效应的"回音壁")。

交通主体参与互动与意见传播分析框架包括四个流程(图3-12):

(1) 数据采集:利用网络爬虫技术从网络页面中采集用户数据集和内容数据集,解析用户信息、文本信息和转发关系信息。

(2) 数据清洗:对用户数据集和内容数据集进行数据去重、缺失值处理和异常数据处理,将原始数据转化成干净、有效的数据集合。

(3) 转发关系数据结构重组:通过对用户数据集和内容数据集进行整合、结构化得到相对模式化的数据库,其中文本转发数据集一部分通过查询得到语料库,另一部分与用户信息形成邻接矩阵,其他用户信息数据划分到属性数据库中。

(4) 建模分析:包括关系网络图谱的构建与可视化、网络结构特征统计、主体权重排序与社团识别、主体角色与意见综合分析四个功能模块。

① 关系网络图谱的构建与可视化,包括可视化和幂律度分布检验两部分。可视化的目的

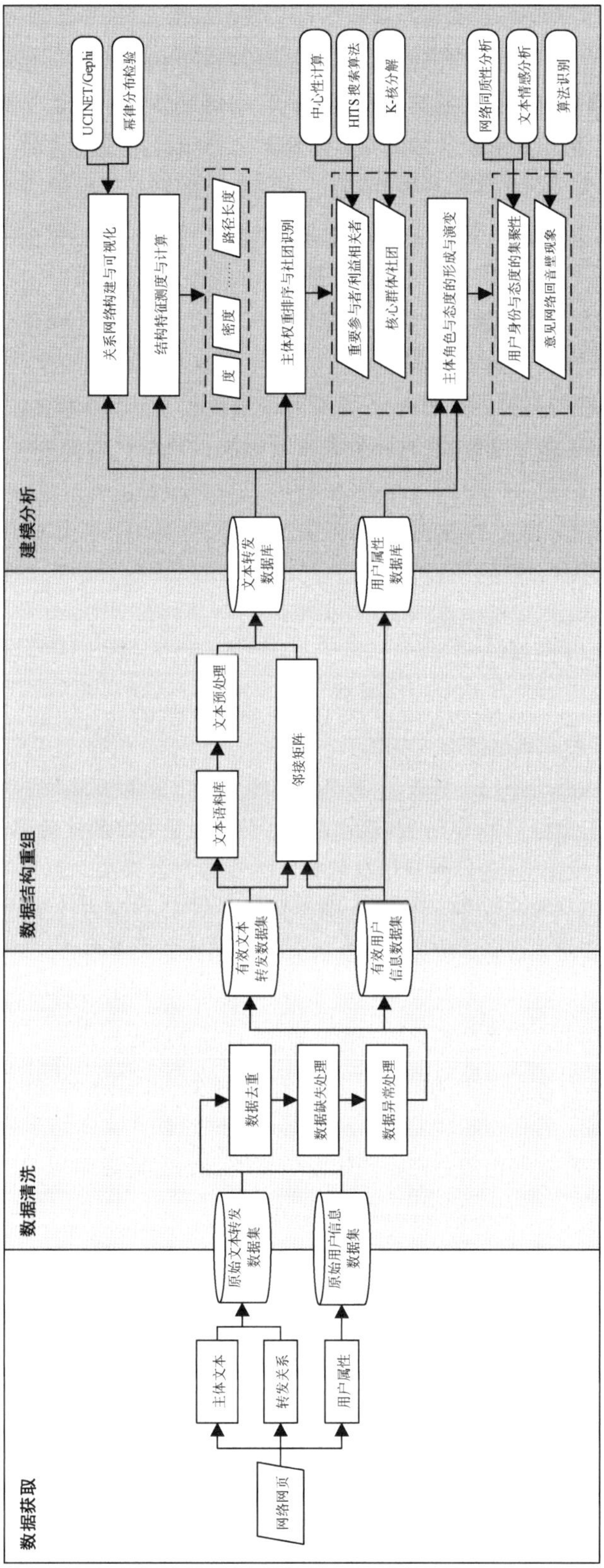

图 3-12 交通服务多元主体互动结构与意见传播网络特征分析技术框架图[137]

是以图谱形式呈现用户在线参与网络。该网络基于邻接矩阵，以参与者和转发关系为主体，有向边表示参与者之间的转发关系与方向，处于点簇中间的是中心节点（对应博文发布者），围绕中心节点延伸构成Ⅰ级转发关系，Ⅱ级转发关系，…，n 级转发关系。本研究中以节点形状区分主体的身份，以节点颜色区分发文情感倾向。幂律分布检验是通过将散点图和双对数坐标系转换成线性函数的方法刻画网络均匀性，验证转发关系数据和现实世界网络是否近似符合幂律分布。

② 网络结构特征统计，对在线参与网络进行节点的度、网络密度、平均路径长度、网络直径、网络中心势、网络连通片等基本拓扑性质计算。

③ 主体权重排序与社团识别，识别在线参与网络中重要度较高的个体和团体，帮助判别交通议题关键利益主体。本研究运用 k-壳分解方法度量网络中的关键社团。

④ 主体角色与意见综合分析，目的是将文本情感和用户身份属性关联起来，从网络形成维度挖掘交通议题中多元主体在线参与和意见传播过程中的集聚或分散规律，分析主体类型与所持观点态度的关联性。考虑到社交网络平台的特殊性，本研究对“回音壁”（echo chamber）效应开展专题性分析讨论。

3.4.2 数据获取与矩阵表示

1. 数据爬取流程与数据描述

为获取特定交通议题的用户转发关系、博文文本和用户特征属性，本研究运用了基于转发关系的网络爬虫框架。爬虫框架采用了一种被普遍用于分析社会网络和社会动态的方法——滚雪球抽样（snowball sampling）[162]进行用户信息和转发关系信息的采集。为了简化网络分析复杂性，本研究在每个事件关键词下选取网络空间阅读量排名前 50 条信息作为初始样本（对应发文者为初始用户），从初始样本被转发列表中提取转发文本和转发用户信息（对应Ⅰ级转发关系和Ⅰ级转发用户），依次对更深层的转发关系进行搜索、信息提取，直到没有新的转发关系被查找到。转发用户信息是通过转发文本中的用户索引进行寻址，在社交媒体用户主页中爬取采集。

实际上，网络爬虫无法直接爬取到网络转发关系，本研究通过拆分解析转发文本内容的语法结构，实现重建参与者之间的转发关系。使用正则表达式在文本信息中识别唯一的用户索引和转发分隔符，获取从初始用户开始的转发信息流，例如，微博中以“//@”作为分割相邻转发层级的标志符号。

写入数据库的信息主要分为用户信息、文本信息和转发关系信息三大类。用户信息包含用户 ID、用户名、身份认证、职业、教育等用户特征和关注数、粉丝数、微博数等微博使用特征；转发信息包括不同转发层次的用户节点和具有方向的转发关系；文本信息是用户转发的文本内容。

2. 网络的图表示和邻接矩阵表示

本研究采用网络的图表示和计算机表示（通常以邻接矩阵形式）两种方法[163]描述交通议题转发关系网络。用户转发网络抽象表示为一个有向连接图 $G=(N,\ L)$，其中，参与主体用节点 N 表示，$N=\{1,\ 2,\ \cdots,\ n\}$，主体之间的转发关系用连线 L 表示，$L=\{1,2,\ \cdots,\ l\}$。若用户 i 转发用户 j 的消息，则存在一条由 j 指向 i 的连线，因此，图中的连线方向与网络中的信息传播方向一致。按照图算法的基本规则,使用邻接矩阵(adjacency matrix)和邻接表(adjacency list)表示图结构和映射数据集。图的邻接矩阵表示方法优势在于,容易判定任意两个节点之间是否有边相连;并且可以借用矩阵分析的方法来研究图的性质。图 G 的邻接矩阵 $\boldsymbol{A} = (a_{ij})_{N\times N}$ 是一个 N 阶方阵,第 i 行第 j 列上的元素 a_{ij} 定义如公式(3-7):

$$a_{ij} = \begin{cases} 1, & \text{若有从节点 } i \text{ 指向节点 } j \text{ 的边} \\ 0, & \text{若没有从节点 } i \text{ 指向节点 } j \text{ 的边} \end{cases} \tag{3-7}$$

若用户 i 转发用户 j 的博文,则 $a_{ji} = 1$,即信息从用户 j 传递到用户 i。$a_{ji} = 0$ 表示用户 i 和 j 之间没有信息的沟通交互行为。为简化分析,本研究假设不考虑自转发关系,即 $\boldsymbol{A}$ 矩阵的对角线元素均为 0。

3.4.3 主体参与互馈网络建模与分析

本研究通过交通议题传播网络的建模与分析,观测不同主体如何进行互动交流,是否存在推动信息传播的高影响力主体或群体,该类重要主体如何影响其他主体的态度等。

1. 社会网络分析方法

对转发关系数据进行图表示和邻接矩阵表示后,借助 UCINET 和 Gephi 等开源社会网络分析工具分析节点度分布、网络拓扑计算,中心性分析和 K-核分解。

1) 在线参与网络的特征幂律分布

对转发关系网络进行特征指标幂律分布检验,用来评估特定交通议题在线参与网络结构特征的不均匀性。本研究将转发网络的出度 D_{out} 和入度 D_{in} 分别定义为转发该消息的用户数量以及该用户转发他人的消息数量。幂律分布是指度数大于或等于 k[表示为 $D(k)$] 的网络节点的累积概率,推断度分布是否符合幂律分布的简单方法是将其转换成双对数坐标下的线性函数。假设存在比例常数 C 和幂指数 α,则近似可用式(3-8)、式(3-9)表示。

$$D(k) = C \cdot k^{-\alpha} \tag{3-8}$$

$$\ln D(k) = \ln C - \alpha \ln k \tag{3-9}$$

式中,$D(k)$ 表示度值排在第 k 顺位的节点度值;α 为幂指数,数值越高,表示网络中存在少数用户对信息流动有显著影响,值越低表示用户对网络的影响近乎均匀。

2) 基于中心性指标的网络重要主体识别

采用三个中心性指标(度中心性、介数中心性、接近中心性)识别网络中的关键主体。

(1) 度中心性 (DC)。本研究中转发网络是双向的,因此度中心性包括节点进和出两个方向。计算如公式(3-10)所示。

$$DC(i) = \sum_{j=1}^{I} \delta_{ij} \tag{3-10}$$

式中,若节点 $\boldsymbol{i}$ 和节点 $\boldsymbol{j}$ 是连通的,那么 $\delta_{ij} = 1$,否则 $\delta_{ij} = 0$。

(2) 介数中心性 (BC)。网络中节点对之间的传输频率存在差异,并非所有的传输都是基于最短路径，介数可以近似刻画节点对大规模网络中信息流动的制约能力。若某节点的 BC 值高，说明该用户在网络中具有“桥梁”或“中间人”作用，其他用户对之间的信息流动很大程度需要经由该用户在中间促成。S_{jk} 计算如式(3-11)所示。

$$BC(i) = \sum_{j,\ k} \frac{G_{jk}^{i}}{S_{jk}} \tag{3-11}$$

式中，S_{jk} 是节点 j 到节点 k 最短路径的数量，G_{jk}^{i} 是节点 j 到节点 k 并且通过节点 i 的最短路径的数量。

(3) 接近中心性 (CC)。d_{ij} 对于网络中每一个节点 i，计算该节点到所有节点的距离的平均值，记为 d_i。d_i 值的相对大小一定程度上反映节点 i 在网络中的相对重要性，d_i 越小意味着节点 i 更接近其他节点。计算如式(3-12)所示。

$$CC(i) = \frac{1}{d_i} = \frac{N}{\sum_{j=1}^{N} d_{ij}} \tag{3-12}$$

式中，d_{ij} 是节点 i 到节点 j 之间的距离。

3) 基于 k-核分解的意见传播网络关键主体角色功能界定

本研究采用 k-核分解方法分析转发关系网络中主体的位置和功能，揭示网络核心—外围结构(core-periphery structure)，发现包含高影响力个体的网络社团组成。

2. 网络空间回音壁识别

本研究基于学术界关于政策网络回音壁的研究成果[164-165]，参照学者 Jasny、Waggle 和 Fisher 提出的理论界定[166]，建立了在线参与网络的“回音壁”识别规则。用户在线参与网络形式如图 3-13(a)所示，当两个主体对交通议题有相同看法时，形成“回声”(echo)结构，如图 3-13(b)所示，当同一信息源通过多个不同的路径最终到达同一主体时，形成“室”(chamber)结构。如图 3-13(c)所示，三角结构(transitive triad)是“室”结构的最小示例，消息通过有向边从主体 A 传递到主体 C，但也间接通过主体 B，因为 B 转发来自 A 的消息。一旦在持有相同意见的主体周围存在室结构，可以判定存在“回音壁”(echo chamber)现象[图 3-13(d)]。

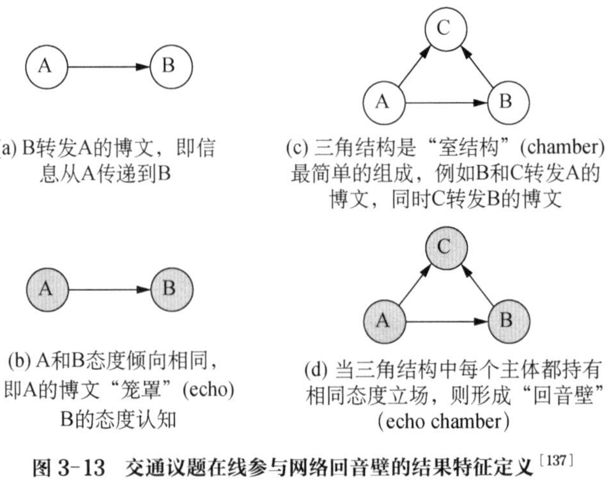

(a) B转发A的博文，即信息从A传递到B

(c) 三角结构是“室结构”(chamber)最简单的组成，例如B和C转发A的博文，同时C转发B的博文

(b) A和B态度倾向相同，即A的博文“笼罩”(echo) B的态度认知

(d) 当三角结构中每个主体都持有相同态度立场，则形成“回音壁”(echo chamber)

图 3-13 交通议题在线参与网络回音壁的结果特征定义[137]

考虑到转发更多情况下发生在从少数关键主体传递给大量用户的方向，本研究建立了一种从在线参与网络中快速找到“回音壁”的识别算法。算法思路可概括如下，首先，搜索存在从多个信息源转发的主体，例如对应图3-13中找出从至少两个信息发出者接收消息的主体C；其次，查找任意两个信息传递边之间存在联系的结构，即找出一个类三角结构；再次，测试三角结构中主体的唯一性，找出具有三个不同参与主体的传递路径——即“室结构”；最后，通过检验“室结构”内的主体是否持有相同的观点，确定“回音壁”的存在。

第 4 章
城市交通服务协作治理
——互馈与趋同的实证

4.1 基于公交可达性的需求管理约束评价[167]

4.1.1 公交可达性评价方法框架与模型

基于伦敦 PTAL 可达性评价方法,提出基于公共交通可达性的公共交通设施资源供给评价方法,借鉴新加坡陆路交通规划的评价方法,提出基于公交私家车行程时间比来评价城市个体出行全过程公交与私家车的相对服务竞争力[168-169]。研究技术方法如图 4 - 1 所示。

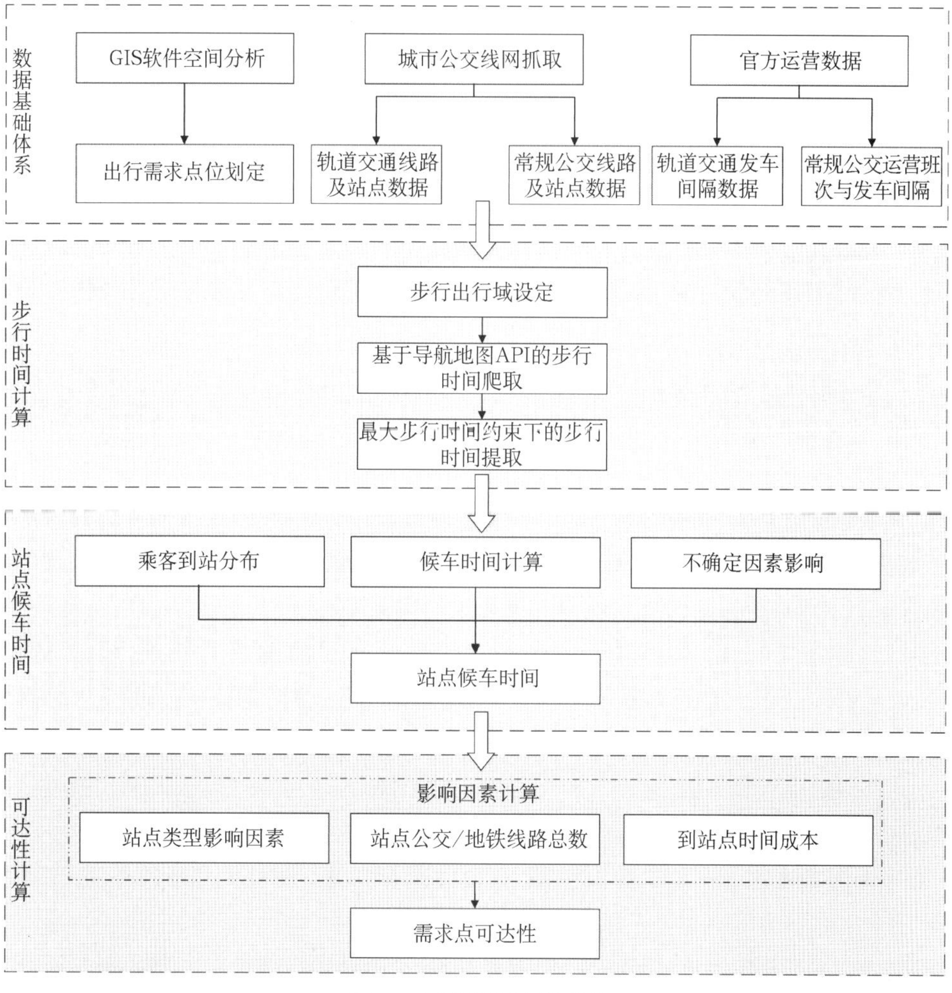

图 4-1　可达性计算方法框架

(1) 构建数据基础体系:利用 GIS 地理信息软件进行出行需求点位划定,基于高德导航地图开放 API,抓取城市公交线网数据(轨道交通线路及站点,常规公交线路及站点),从官方运营网站、交通运输局等渠道获取轨道交通发车间隔数据、常规公交运营班次与发车间隔数据。

(2) 计算步行出行时间,依据相关研究,确定出行者最大出行距离,定义步行出行域,应用地图开放 API 爬取出行 OD 下的步行出行时间,依据最大出行时间约束,提取满足要求的步行出行时间。

(3) 站点候车时间计算:综合考虑乘客到站分布规律、候车等待时间以及不确定因素的干扰,计算得到实际站点候车时间。

(4) 可达性计算:考虑公交、轨道站点类型,站点通达的公交、地铁线路总数以及到达站点时间成本等因素的综合影响,确定权重系数,计算需求点的公共交通可达性。

4.1.2 方案预设情况下的公交可达性评价方法

上述公交可达性评价方法基于导航地图 API 计算,综合考虑公共交通(常规公交、地铁等)发车时间间隔,能够实现现状公共交通可达性的精准计算。导航地图的路网以及城市交通系统数据均为现状数据,而在为需求管理政策模拟、公交线网调整等提供决策支持的过程中,需要基于详细交通网络和城市交通服务信息,通过 Mapinfo、Transcad、Arcgis 等专业软件的开发,进行规划年或公交线网调整方案预设情况下的城市公交可达性评估,方法框架如图 4-2 所示。

基础数据方面,在准备相关计算数据的基础上,需要获取详尽的城市步行网络、道路交通网络数据、公交与轨道交通线路及运营数据,将相关数据输入分析软件中,为后续的计算提供支撑。

政策规划影响方面,在面向规划年的公交设施资源评价过程中,需要对实施的需求管理政策、公交线网调整规划、停车收费等政策规划的影响进行评价,对公共交通、轨道交通的运行速度、发车班次等进行相应调整,以评估相关政策的实施效果与可行性。

步行时间计算方面,基于输入的步行速度和计算得到的出行距离,通过 Mapinfo、Transcad、Arcgis 等软件进行计算,步行出行域通常设定到达公交、地铁站点的最大可接受时间为 10～15 分钟,步行速度设定为 80 米/分钟左右。

站点等候时间计算方面,与 4.1.3 节采取相同的计算方法,获得在公交和轨道交通站点的等待时间。

可达性计算方面,与 4.1.3 节采取相同的计算方法,并利用 GIS 软件进行可视化展示。

公交小汽车行程时间比计算方面,需要对道路、公交线路以及地铁线路的运行速度进行赋值,设定行程规划导航算法和换乘算法,得出所需研究区域的公共交通与小汽车行程时间比。

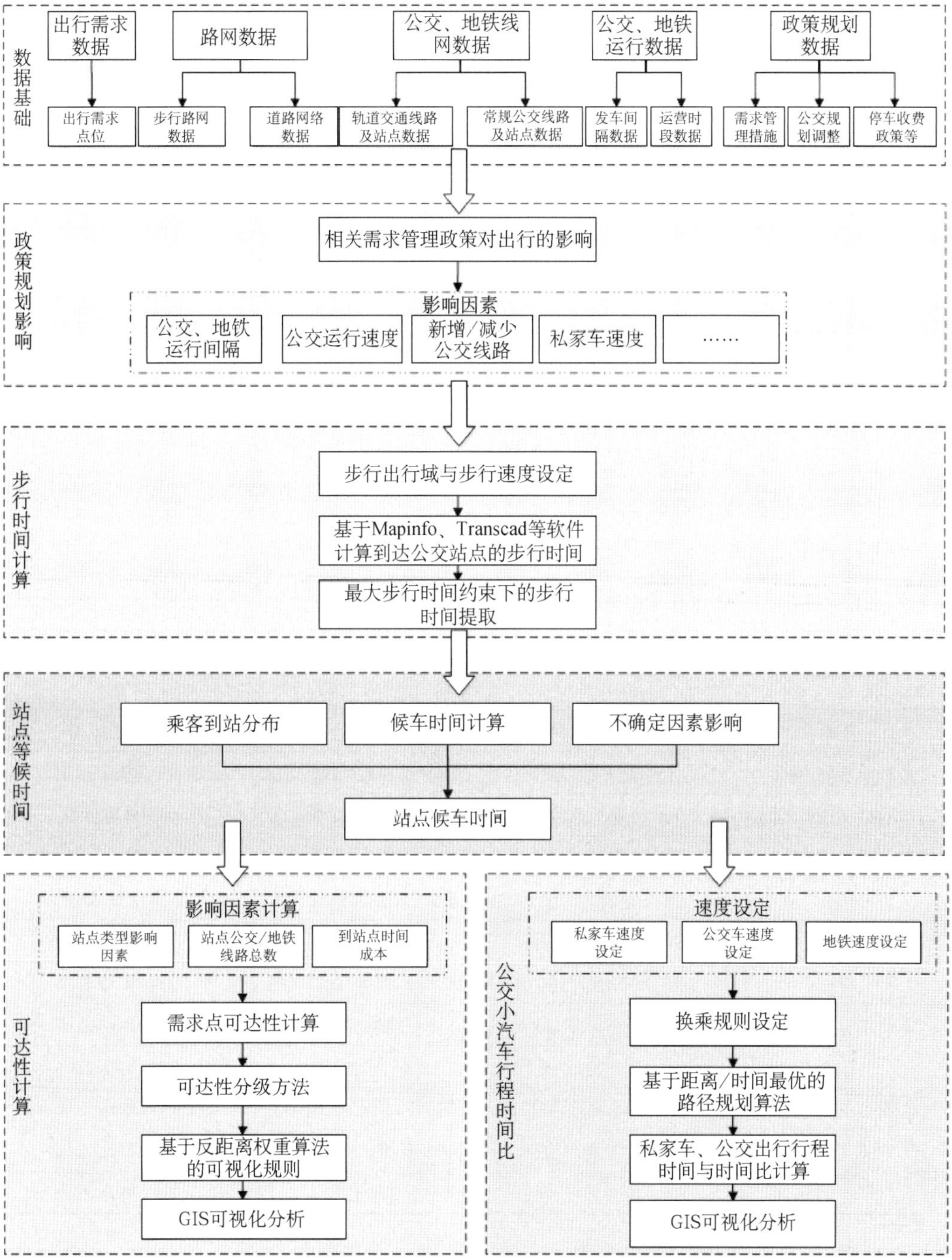

图4-2 面向规划年或方案预设情况下的公交可达性评价方法

4.1.3 公交服务可达性评估

1. 公交可达性计算模型

1) 定义

公共交通服务可达性(Public Transport Access Level, PTAL)是衡量片区公交服务供给水平的重要指标,其数值表示从某个具体地点出发在步行范围内能够获取公共交通资源服务的量度。根据研究需要通常将PTAL值划分为不同的等级,如伦敦交通局将可达性计算划分为0、1a、1b、2、3、4、5、6a、6b共9个等级,等级越高,公共交通服务水平也越高。

伦敦交通局在城市规划、交通规划、公共设施资源供给等方面广泛应用PTAL指标支撑决策,具体包括:

(1) 支撑确定不同区域的房屋配建密度;

(2) 确定不同区域的住宅房间数;

(3) 确定不同区域的停车位配建数量;

(4) 商业中心通常在PTAL服务水平不低于5的区域布设。

表4-1 伦敦应用不同PTAL服务水平对应的房屋配建密度

房间数量	PTAL服务水平		
	0~1	2~3	4~6
郊区	150～200间/公顷	150～250间/公顷	200～350间/公顷
3.8～4.6间/单元	35～55单元/公顷	35～65单元/公顷	45～90单元/公顷
3.1～3.7间/单元	40～65单元/公顷	40～80单元/公顷	55～115单元/公顷
2.7～3.0间/单元	50～75单元/公顷	50～95单元/公顷	70～130单元/公顷
市区	150～250间/公顷	200～450间/公顷	200～700间/公顷
3.8～4.6间/单元	35～65单元/公顷	45～120单元/公顷	45～185单元/公顷
3.1～3.7间/单元	40～80单元/公顷	55～145单元/公顷	55～225单元/公顷
2.7～3.0间/单元	50～95单元/公顷	70～170单元/公顷	70～260单元/公顷
中心城区	150～300间/公顷	300～650间/公顷	650～1100间/公顷
3.8～4.6间/单元	35～80单元/公顷	65～175单元/公顷	140～290单元/公顷
3.1～3.7间/单元	40～100单元/公顷	80～210单元/公顷	175～355单元/公顷
2.7～3.0间/单元	50～110单元/公顷	100～240单元/公顷	215～405单元/公顷

伦敦借助PTAL评价促进土地、交通的高效协同,充分平衡交通供需,提供了一种从规划开始开展交通需求管理的有效参考。以PTAL评价值为依据,指导城市进行公交导向开发(Transit Oriented Development, TOD)模式的开发。在PTAL更高的地区进行高密度的小户型房屋开发建设,居民机动车出行需求较小,通过约束停车位的供给进一步降低拥车意愿,以高水平的公交服务满足日常出行需求。

2）计算方法

以深圳市为例开展公交可达性评价研究，具体步骤如下。

（1）整理用于可达性分析的基础数据

根据开展可达性分析的区域，形成进行 PTAL 计算的基本数据，主要包括：交通需求点位数据，公交、地铁站点等交通站点数据，公交地铁的运行频率与班次数据，步行网络数据。交通需求点位数据通过在 Arcgis 软件中进行栅格划分，将研究区域（深圳市）按照 200 米 × 200 米的栅格分块，取每个栅格的质心点作为交通需求点，共获得深圳市 51 178 个出行需求点。200 米 × 200 米的栅格划分，可保证质心点到达栅格区域最远端的步行时间在 2 分钟以内（$100\sqrt{2}$ 米，步行速度按 80 米/分钟计算），能够满足研究需求；公交、地铁站点的地理信息数据基于导航地图爬取获得，其中公交线网、站点数据与深圳市交通运输委员会（现更名为深圳市交通运输局）公布的官方数据基本相符，满足研究需要，轨道线网和站点数据经过校验满足研究需求；应用基于导航地图的 API 接口获取到达站点的步行时间，不再需要建立步行网络的数据。

（2）步行时间计算

将需求点作为行程出发点，计算到达步行可接受范围内的公交和地铁站点的步行出行时间。无障碍空间条件下，以出发点为圆心，最大步行接受时间下的最大步行距离为半径确定步行范围。在实际的交通出行条件下，道路网络条件、建筑物障碍约束、交通组织模式都会影响市民选择公交、地铁的意愿。同时以出行距离为约束进行步行范围的划定存在局限性，由于道路环境的差异，同样的出行距离耗费的出行时间存在较大差异。以出行时间作为约束判定市民对公交、地铁的接受意愿具有更高的实用性，通常，交通站点最长步行可接受时间为 10 分钟，超过 10 分钟以后，出行者会感到疲劳，因此将 10 分钟定义为行人可接受的最长步行时间。

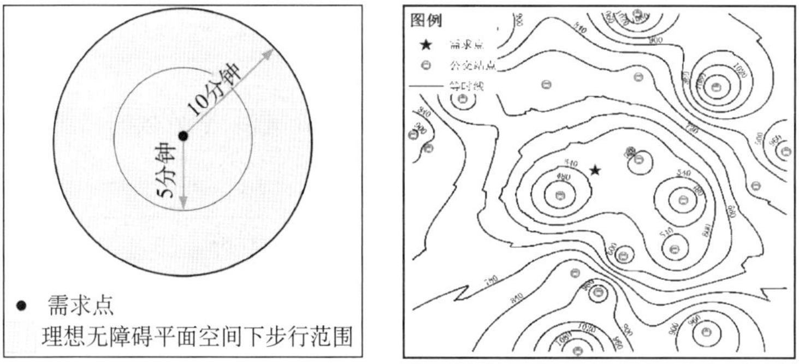

(a) 无障碍平面下步行范围　　(b) 实际步行范围等时线

图 4-3　步行范围计算

以 10 分钟作为市民步行出行至公交/地铁站点的最大出行时间约束，充分考虑实际路网出行环境，采取基于导航地图 API 的方式抓取市民从需求点至交通站点的步行出行时间。在具体计算中，设定行人步行速度为 4.8 公里/小时，则 10 分钟内步行最大可达范围为从需求点出发的半径为 800 米的圆，将该范围称为市民的理想出行域，编写程序循环提取步行出行范围内的交通站点,基于网络地图 API 获得从需求点到达理想出行域范围内交通站点的步行时间。去除结果中步行时间多于 10 分钟的数据,保留有效数据支撑后续可达性分析。技术路线如图 4-4 所示。

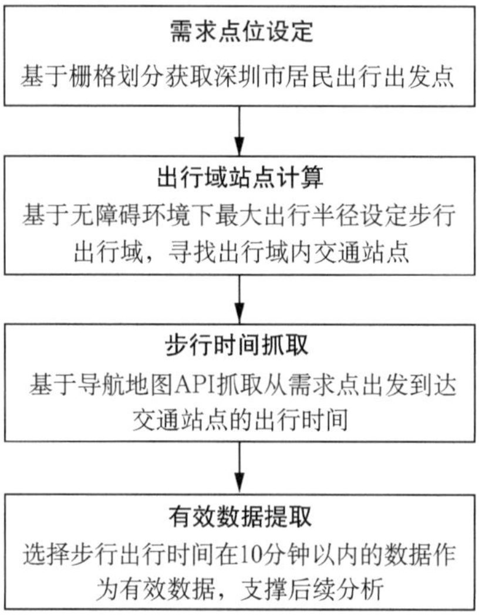

图 4-4 步行时间计算流程

(3) 等待时间计算

深圳市公交按照一定的发车频率运营,设定乘客到达公交站点的时间服从随机分布,则每名乘客等待时间可计算为:

$$S_{wt} = 0.5 \times S_t \tag{4-1}$$

式中，S_{wt} (Scheduled Waiting Time)是乘客在每个站点的计划等待时间；S_t (Spacing Time)是公交车辆的发车间隔数据。

公交车辆发车间隔数据由深圳市交通运输局公交处提供,部分数据如所表 4-2 所示。

表 4-2 深圳市公交线路统计表

公交线路	发车频率/间隔（分钟）	平峰运营时段	高峰发车频率/间隔（分钟）	高峰运营时段
M157	28	9:00—17:00	25	7:00—9:00;17:00—19:00
M483	22	9:00—17:00	15	7:00—9:00;17:00—19:00
M484	19	9:00—17:00	12	7:00—9:00;17:00—19:00
M507	16	9:00—17:00	12	7:00—9:00;17:00—19:00
…	…	…	…	…

地铁发车间隔数据从深圳地铁官网获取(https://www.szmc.net/),如表 4-3 所示。

表 4-3 深圳地铁运营发车间隔

线路及方向	工作日		休息日		节假日	
	高峰间隔（秒）	平峰间隔（秒）	高峰间隔（秒）	平峰间隔（秒）	高峰间隔（秒）	平峰间隔（秒）
1 号线罗湖	165	330	180	360	240	360
1 号线机场东	165	330	180	360	240	360
2 号线赤湾	180	480	270	480	270	480
2 号线新秀	180	480	270	480	270	480
3 号线益田	205	480	210	480	210	420
3 号线双龙	205	480	210	480	210	420
4 号线福田口岸	360	360	360	360	360	360
4 号线清湖	360	360	360	360	360	360
5 号线赤湾	180	480	265	480	265	480
5 号线黄贝岭	180	480	265	480	265	480
7 号线西丽湖	265	540	295	600	265	600
7 号线太安	265	540	295	600	265	600
9 号线前湾	265	540	295	540	265	540
9 号线文锦	265	540	295	540	265	540
11 号线福田	240	600	300	600	300	600
11 号线碧头	240	600	300	600	300	600

深圳市公交和地铁的发车间隔依据客流强度在高峰时段和平峰时段进行了调整，尽管在高峰时段发车频率更高、发车间隔更低，但由于流量过饱和，部分大客流站点等候时间过长，排队候车时间难以估算。以平峰期间发车间隔为依据，按照式(4-2)计算候车等待时间，同时考虑公交、地铁服务的可靠性因素，增加出行不确定影响因素的考虑，即等待时间计算为：

$$T_{wt} = S_{wt} + \delta \tag{4-2}$$

式中，T_{wt} (Total Waiting Time) 为乘客在站点的总等候时间；S_{wt} 为乘客在每个站点的计划等待时间；δ 为不确定等待时间，公交车取 2 分钟，轨道交通取 0.75 分钟。

则乘客从需求点步行到上公交/轨道交通车辆的总体时间计算为：

$$T_w = T_{wt} + W_t \tag{4-3}$$

式中，T_w 为从出发点步行出发到乘客上车的总时间；T_{wt} 为乘客在站点的总等候时间；W_t (Walking Time) 为乘客从出发点到交通站点的步行时间。

(4) 可达性计算

不同类型的站点等级和服务水平不同，对乘客的吸引程度也有差异，站点服务能力、到站步行时间、站点线路数是影响站点可达性的要素，用于计算站点可达性的公式如下：

$$W_x = \partial_n \times L_i / T_b \tag{4-4}$$

式中，W_x 为站点的吸引指数；∂_n 为 n 型站点的权重系数；L_i 为经过站点 x 的公交和轨道交通线路总数；T_b 为从需求点出发到达公交/轨道站点的步行时间。

公交或轨道站点的吸引系数由站点的换乘能力决定，在本研究中，将通过线路数少于10的公交或轨道站点定义为一般站点、线路数大于10的公交或轨道站点定义为换乘站点。公交站点、换乘站点、地铁站点以及高铁/火车站的权重系数分别取0.1、0.2、0.3和0.5。站点可达性与站点重要性、经过线路数以及到站时间的倒数成正比。

某一点的可达性等于步行范围内涵盖的所有公交/轨道站点的出行可达性之和：

$$K_i = W_x \times F(O,\ D)_j = \sum_i \sum^j \partial_n \times L_i \times R(O,\ D)_j / T_b \tag{4-5}$$

式中，K_i 为出发点的可达性之和；$F(O,D)_j$ 判断站点 j 是否位于需求点 i 步行可达区域之内。

2. 公交小汽车行程时间比计算模型

1) 定义

公共交通与小汽车行程时间比等于分别选择公共交通和小汽车出行方式从出发点A到达终点B的行程时间之比，该项指标是衡量公共交通与小汽车相对竞争力的关键参考。国际公共交通发展的经验表明，当采取公共交通出行时，其行程时间在小汽车出行时间的1.5倍以内，则公共交通相对于小汽车交通具备竞争力。新加坡陆路交通总体规划中提出，到2020年，新加坡的选用公共交通方式的“门到门”出行时间将降至小汽车行程时间的1.5倍以下。

$$E_i = T(AB)_{pt} / T(AB)_{car} \tag{4-6}$$

式中，E_i 为公共交通与小汽车行程时间比；$T(AB)_{pt}$ 为选用公共交通出行方式从出发点A到达目的地B的行程时间；$T(AB)_{car}$ 为选用小汽车出行方式从出发点A到达目的地B的行程时间。

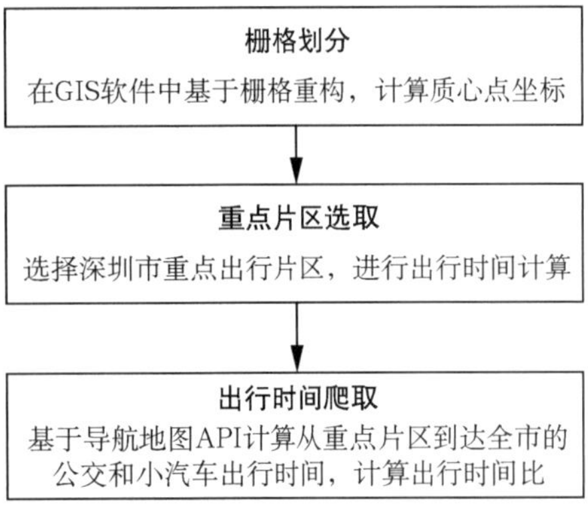

图 4-5　公交小汽车行程时间比计算

2) 计算方法

在本案例中，公交与小汽车行程时间的计算主要依托ArcGIS专业分析软件和导航地图API爬虫开展。将深圳市地图在ArcGIS软件中进行栅格划分处理，以200米×200米作为栅格单元，得到50 549个出行需求点。选择深圳市罗湖商业中心、福田华强北、福田CBD、福田车公庙、南山科技园、坂田华为、龙岗龙城广场、坪山中心区以及光明中心城9个重点片区为研究对象，基于导航地图API获取从重点片区选用公共交通或小汽车方式出发到达深圳市出行需求点的行程时间，具体计算流程如图4-5所示。

3) 可视化计算

基于网络地图获取需求点到达步行范围内交通站点的行程时间，基于公交、轨道运营数据计算得到站点公交等待时间,通过进一步的计算得到每个点位的可达性。为使相关结果具备更好的可读性和实际意义,使用 Arcgis 软件对计算结果进行渲染,获取深圳市各需求点到达交通站点的步行时间,而区域其他点位到达交通站点的步行时间可以通过临近需求点和交通站点的时间计算获取。此处选用反距离加权差值法(Inverse Distance Weighted, IDW)计算获取步行时间,可达性和公交小汽车出行时间比的可视化渲染同样应用反距离加权差值法进行。

反距离加权差值法以目标插入点与样本点之间的距离作为权重,计算样本点数值,样本点与目标插入点之间的距离越近,权重影响越大。以公交站点分布 $S(lon_i, lat_i)(i=1, 2, 3, \cdots, n)$ 为例,各站点的可达性值为 K_i。采用反距离加权差值法,可以得到圆滑的曲线,计算公式如下:

$$A(Z)=\left(\sum_{i=1}^{m}\frac{Z_i}{[d_i(x, y)]^n}\right)\Big/\left(\sum_{i=1}^{m}\frac{1}{[d_i(x, y)]^n}\right) \tag{4-7}$$

式中, $d_i(lon, lat)=\sqrt{(lon-lon_i)^2+(lat-lat_i)^2}$, $d_i(lon, lat)$ 为待插点与站点之间的距离;n 为区域内站点的数目;K_i 为待插点的可达性;权重系数 $1/[d_i(lon, lat)]^m$, m 为大于 1 的系数,根据需要设定,通常取 2。

4.2 网约车安全监管——舆论响应推动认知与监管[137]

本节基于网约车服务的两次恶性伤害事件,借助社交网络空间采集相关舆情数据,实证多元主体对交通服务安全议题的态度响应模式,重点关注社会公众在事件发展不同阶段的关注焦点转移与态度演变。

4.2.1 网约车服务利益相关者分析与运营安全事件背景

2018 年 5 月 5 日,河南郑州一名乘客在使用滴滴出行平台公司(以下简称“滴滴公司”)顺风车服务时被司机杀害。该案引起公众和媒体的高度关注,人们通过微博、微信、网站、论坛等平台表达了对网约车安全问题的强烈担忧。数据显示,微博平台上由该事件引发的话题在案发 5 天内被评论、转发超过 92 万次。该事件发生后,国家及地方交通和监管部门对滴滴公司进行了行政约谈和处罚,进一步明确其运营主体责任。滴滴公司采取了公开致歉、下架服务、运营整改等一系列措施应对。但在仍处于平台整改期的三个月后,即 2018 年 8 月 24 日,浙江乐清发生了第二起滴滴顺风车司机杀害乘客的案件。滴滴公司被曝在案发期间未配合警方及时提供车辆信息,由于处置不及时最终导致案件的发生。媒体公众表达了对滴滴公司因整改不当而危害乘客人身安全这一事实的强烈愤怒。在舆论压力下,滴滴公司宣布在全国范围内暂停顺风车营运业务,同时加强和警方的信息合作。两次网约车安全事件的发展过程及相关的关键事件梳理见表 4-4。为便于理解与分析,将 2018 年 5 月和 8 月的两次网约车安全事件分别用“首次”和“再次”指代。

表 4-4 两次网约车安全事件发展时间线及关键事件（2018 年）

事件	日期	参与主体	回应与措施
首次网约车安全事件	5 月 3 日	滴滴出行平台	发布全平台整改方案
	5 月 5 日		郑州空姐顺风车事故发生
	5 月 9 日	当地新闻媒体	播报案件情况，引发更多主流媒体关注
	5 月 10 日	当地警察	在媒体平台更新案件进展
		滴滴出行平台	在媒体平台发布道歉声明
	5 月 11 日	当地警方	再次更新案件进展
		滴滴出行平台	公布自查结果，宣布顺风车服务下线一周整顿
		当地交通部门	约谈滴滴当地分公司高层管理人员
	5 月 12 日	当地警方	宣布案情告破
	5 月 16 日	滴滴出行平台	公布整改措施，完善平台安全功能
	5 月 19 日	滴滴出行平台	重新启动顺风车服务
	5 月 21 日	滴滴出行平台	承认平台存在安全漏洞
	5 月 24 日	交通运输部	印发《出租汽车服务质量信誉考核办法》文件规范网约车企业和驾驶员的资格和运营责任
再次网约车安全事件	8 月 24 日		浙江乐清女孩顺风车事故发生
	8 月 25 日	当地警方	更新案件进展
		滴滴出行平台	在媒体平台发布道歉声明
		地方交通运输、公安等监管部门	约谈滴滴公司等网约车平台及管理人员
	8 月 26 日	当地警方	在媒体平台更新案件进展
		国家和地方政府部门	交通运输部联合公安部以及地方监管部门约谈滴滴公司，要求落实企业安全管理主体责任，责令全面整改顺风车
	8 月 28 日	滴滴出行平台	再次向公众道歉，并承诺会加强平台安全功能
	8 月 29 日	地方监管部门	责令各地滴滴分公司纠正其服务问题
	9 月 4 日	滴滴出行平台	启动服务整改计划，承诺强化安全功能
	9 月 5 日	交通运输部等十部委	检查组在全国范围内对所有网约车平台开展进驻式全面检查
	9 月 10 日	交通运输部、公安部	发布进一步加强网约车顺风车安全管理的紧急通知，要求各地交通运输主管部门、公安机关等部门组织联合安全大检查，要求平台清退不符合条件的车辆和驾驶员，计划在 2018 年底前基本实现网约车公司、车辆和驾驶员合规化

4.2.2 网约车运营安全事件的微博数据描述

本节以“滴滴”作为关键词搜索相关新浪微博，利用第3章所构建的交通主体态度认知挖掘方法框架，采集网约车安全事件前后一个月的微博数据。首次安全事件数据最早出现在2018年5月1日，最晚结束于2018年6月1日，数据量为44 850条消息；再次安全事件数据跨越时间段为2018年8月20日至2018年9月20日，数据量为107 352条消息。数据包括两部分，由用户UID连接，即：①微博数据，包括用户名、发文时间、发文内容等；②用户信息，包括用户简介、教育程度、粉丝数、个人标签、注册位置等。数据样式如图4-6所示。

	Name	Time	article
0	弥生有三月	\r\n\r\n 05月01日 05:27\r...	\r\n#滴滴,早起卡!# 滴...早起成功。早安世界，早安自己早起计划：1、拉伸运动2、看书...
1	3Liang的故事	\r\n\r\n 05月01日 05:07\r...	\r\n 2018.5.1开始有了微博，记录自己的点点...
2	梁冰E	\r\n\r\n 05月01日 03:32\r...	\r\n 一个人在乎你。因为他在担心你；再忙也会抽出一...
3	玉林生活资讯	\r\n\r\n 05月01日 03:05\r...	\r\n#玉林爆料# 微友4月30日晚，从玉林市区滴滴打车到二环路，之前的都是23块多，今晚...
4	用户6533200058	\r\n\r\n 05月01日 02:15\r...	\r\n 鹰首先用它的喙击打岩石，直到其完全脱落，然后...
5	落拓就很酷	\r\n\r\n 05月01日 02:04\r...	\r\n滴滴滴~晚睡打卡！5月也是依旧喜欢厉俊俊的一个月！
6	兔子小耳朵	\r\n\r\n 05月01日 01:57\r...	\r\n 带宝宝坐小火车的时候，脑海中突然浮现小时候妈...
7	NaN	NaN	NaN
8	林深之--	\r\n\r\n 05月01日 01:13\r...	\r\n P5官图恍然看到了大赛现场时的样子《Shal...
9	昵称不可用才怪咧	\r\n\r\n 06月01日 01:10\r...	\r\n 1.野生的猴子，拿了我们的香蕉还要凶我们2....

(a) 微博数据示例

	brief	education	fans	label	location	name
0	简介：为了遇见更好的自己，给自己立了一年flag的狠姑娘	NaN	7	游戏动漫,	北京市	弥生有三月
1	简介：低调的没存在感	小泊头中学|	6	NaN	山东省东营市	3Liang的故事
2	简介：成功的花，人们只惊慕她现时的明艳！然而当初她的芽儿，浸透了奋斗的泪泉，洒遍了牺牲的血雨	NaN	273	NaN	上海市普陀区	梁冰E
3	简介：爆料合作请私信	NaN	29	玉林生活,玉林身边事,	广西省玉林市	玉林生活资讯
4	简介：冷酷，犯蠢，有趣，超怂	NaN	111	萌宠,视频音乐,美食,名人明星,	辽宁省大连市	落拓就很酷
5	简介：生活可以热烈如一场拳击，也可以轻盈如一场游戏。	湖南现代物流职业技术学院|湘潭市三中|湘潭纺织印染厂子弟小学|湘潭市三中|	444	天蝎座,阿信,STAYREAL,五月天,	湖南省长沙市	兔子小耳朵
6	简介：Welcome to Nana Ou-yang 's 微博 希望能用音樂帶大家快樂和...	NaN	1218	NaN	台湾省台北市	NaN

(b) 用户信息数据示例

图4-6 新浪微博两类数据样式

去除无关和重复的微博和无评论信息的转发数据后，最终得到清洗后可用于话题提取和情感分析的有效数据。数据清洗后的数据量情况详见表4-5。总体而言，最终从原始数据中提取30%～35%有效微博数据——该阈值也可作为其他类似基于关键字搜索的微博数据集清洗任务的参考阈值，即微博中有关特定事件的有效数据比例（不包括转发）约为 1/3。

表 4-5 网约车安全事件微博数据介绍

事件	数据时段	原始数据量	清洗后数据量	采样率
首次网约车安全事件	5/1/2018—6/1/2018	44 850	13 738	30.6%
再次网约车安全事件	8/20/2018—9/20/2018	107 352	36 270	33.8%

4.2.3 网约车安全事件公众响应模式与认知演变过程

1. 网络社会响应热度演变和焦点演化

根据每日微博中相关博文的数据量，绘制按天统计的网约车两次安全事件的舆论关注曲线，如图 4-7 所示。

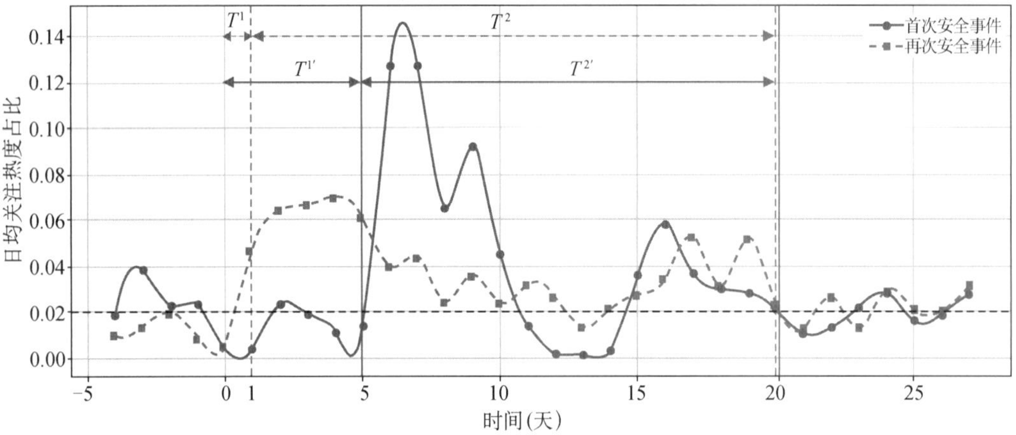

注：令现实事件发生日为第 0 天，即时间轴标注为基准“0”。

图 4-7 网约车安全事件的公众舆论响应热度曲线

根据生命周期理论的舆情爆发与消散过程研究[166]，舆论事件自发生后的整个响应过程可以分为舆情潜伏期和形成期、舆论扩散期和发酵期、舆情爆发期或高峰期、舆情消散期或回落期四个阶段。为了探索在线讨论的时间演变规律，本节定义阶段划分的规则：①舆论形成时期的起始点对应事件开始的日期，即时间“0”；②舆情形成的起始点是追溯微博数据集中第一条提到该事件信息的微博所对应的时间点，对应图中第一条竖实线（时间点“5”）和竖虚线（时间点“1”）；③当微博占比回落到事件发生前的平均水平，即认为到达了舆情消散点，对应图中第一条横虚线和横实线（日均讨论热度占比 2% 左右）；④事件后即舆情消散起始点以事件发生前平均水平进行判断，即对应图中第二条竖实线和竖虚线（时间点“20”）。因此，两次网约车安全事件的公众网络响应时间区间为[−4, 27]。从总体上划分为“事件前—事件爆发—事件后”三个阶段（表 4-6），对应舆情形成和响应阶段的时间长度分别表示为 $T^{1'}$（T^1）和 $T^{2'}$（T^2）。

表 4-6 网约车事件基于全生命周期的网络舆情爆发与消散过程

时间点	事件前	事件爆发				事件后
	舆情基准	舆情形成期	舆情爆发期	舆情回落期	舆情二次爆发期	舆情消散
首次网约车事件	[−4, 0)	[0, 5)	[5, 10)	[10, 15)	[15, 20)	[20, 27)
再次网约车事件	[−4, 0)	[0, 1)	[1, 7)	[7, 15)	[15, 20)	[20, 27)

结合图 4-7 和表 4-6，归纳对两次网络社会交通事件响应模式以及公众认知过程的四条发现：

(1) 双峰舆情响应模式。总体而言，网约车两次同类型安全事件的网络空间响应曲线呈现出舆情爆发期的双峰值现象，且第二个峰值对应的关注热度水平明显低于第一次。整个网络空间响应模式可以表示为：网络热点事件形成后引发用户广泛讨论，并迅速蔓延开来达到舆论热度最高点并保持在一定水平；随后关注度逐渐下降；直到用户又重新开始关注该话题，再次引爆舆论达到峰值；最后事件热度衰减消散，最终归于沉寂。对照事件参与主体的回应时间线，第一次舆论峰值主要对应着警方实时案件更新、滴滴公司的危机公关与回应、地方监管部门的介入，第二次峰值的出现往往对应着关键参与主体的举措，例如 2018 年 5 月的第二次舆论爆发处于滴滴公司向公众承认平台存在安全管理漏洞时。不难发现，在共享交通这类话题领域中，服务运营商和市场监管部门的回应和举措会直接吸引公众在网络空间参与、引发舆论爆点。

(2) 网络空间交通事件的长期生存和短时高密度扩散。共享交通事件在网络空间的全程持续关注时间为 2～3 周，这远超一个社会热点事件在现实世界中产生影响和引发争议的持续时间。因此，该结果验证了网络空间的信息传播与响应具有跨越时间和空间的特点，这有助于数字时代下更多社会群体和个人参与到公共服务相关事务的规划与决策中。然而，在整个响应周期中能够引发用户高密度讨论与舆论发酵的时间并不长，为 5～7 天（对应第一个峰值），随后关注度迅速下降。这说明网络社会中信息传播还具有速度快、信息量大等特点，因此，公众能够在短时间内接收到关于特定事件的大量信息[126]。

(3) 两次事件的网络社会响应速度和发酵持续时间。区别在于，相较于首次网约车安全事件的爆发，微博用户面对再次事件发生时迅速响应（即 $T^1 < T^{1'}$），引发舆论爆点，且整个事件引发关注和发酵的持续时间更长（即 $T^2 > T^{2'}$）。具体而言，首次网约车安全事件发生后直到第 5 天才引起微博空间的广泛关注和讨论，关键原因在于，当地新闻媒体对此案进行播报，随后迅速引发线上线下主流媒体的转载。而再次网约车事件从现实世界发生到网络舆论发酵仅耗时 1 天时间。此外，再次网约车安全事件的微博讨论热度远低于首次事件。可以发现，当再次发生恶性事件时，公众的反应相对稳定，从激烈讨论到消散所需的时间更短。

(4) 公众对网约车安全问题的心理认知演进。公众对网约车安全事故的认知和逐步学习可以从短期和长期两个维度考虑。其中,短期认知演变是指在一次单独安全事件中公众在网络空间的信息接收与观点交换。从图 4-7 可知,以首次安全事件为例,微博舆情在案件发生 15 天后再次到达二次波峰,但峰值水平远低于第一次峰值,且舆情到达峰值的速度慢(即从舆情形成期到爆发期所耗费的时间更长)。可以推断,导致两次舆情爆发响应差异的原因,除了滴滴公司的举措引起网友二次密集讨论之外,还包括网络用户对于网约车安全问题的心理认知过程。微博用户在社会事件的影响期内通过密集迅速接收网络消息逐渐形成自己的认知,甚至达成较一致的认识,因此,随着事件的推进,对获取新信息和与他人观点争论的需求降低。对比长期维度的网络社会的响应模式,即接连两次类似安全事件的爆发,可以发现,两次响应高峰水平均低于首次事件舆情水平。这说明社会公众一定程度上对于这类事件已经产生心理适应性,即第一次事件发生时广泛社会热议激发了更多关注度;第二次发生事件性质相似,公众讨论建议在一定认知基础上,因此推断微博中相关交流更加理性。该推测需要结合接下来的话题内容分析进一步验证。

图 4-8 展示了使用 TF-IDF 算法提取的两次事件的前 30 个微博热议词语。总体而言,热议词语可分为案件本身跟进与讨论、类出租车出行方式、倾向情感表达、安全监管探讨四类。

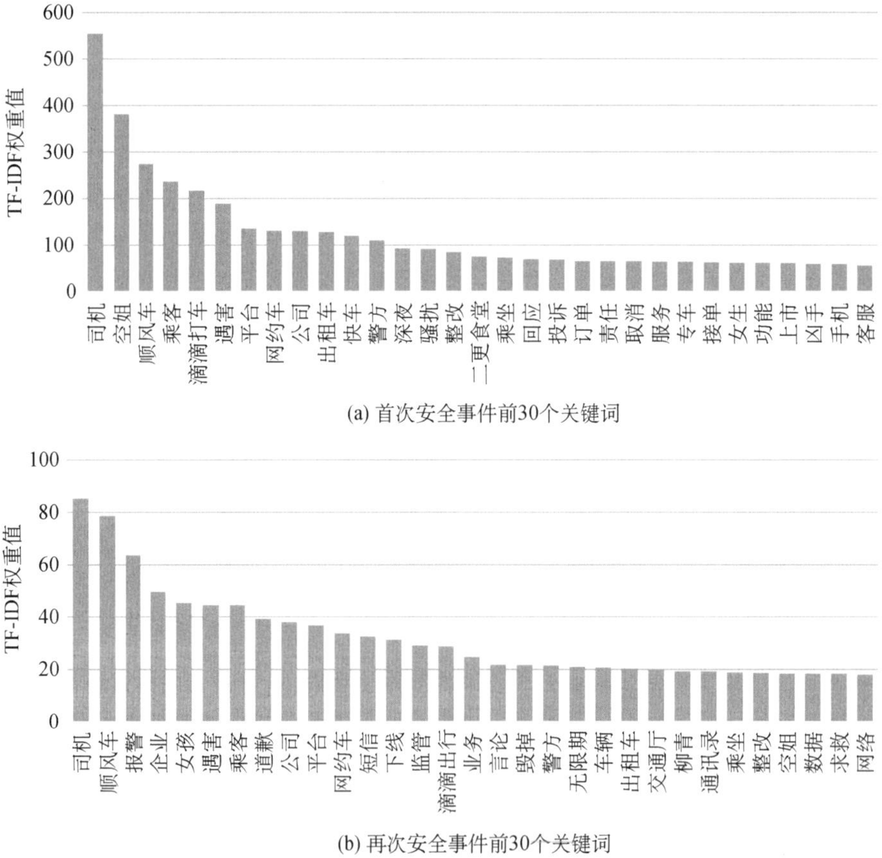

图 4-8　网约车两次安全事件的关键词提取及其 TF-IDF 权重值结果

首次安全事件中，前五个关键词是“司机”“空姐”“顺风车”“乘客”“滴滴打车”，这表明人们主要通过微博等社交网络平台关注此案进展，并且关注滴滴公司所提供的类似服务，即“网约车”“出租车”“快车”“服务”“专车”。滴滴公司采取的危机公关措施[如“整改”“(安全)功能”“道歉”]也成为热议话题。此外，网络公众也在谴责平台企业没有承担责任、运营管理不当等问题，例如“(平台)功能”“(企业)回应”“责任”。再次安全事件发生时，案情更新、平台整改计划仍然是公众最为关注的话题；此外，也出现了一类新关键词，例如“(平台)监管”“交通厅”“数据(隐私)”“管理”“信息(安全)”“合规(运营)”等。这些术语与网约车服务市场及监管策略有关，且更具有专业性，表明公众对交通服务安全话题的认知逐步深入。

2. 总体热点话题的时间转移

为了更明确地了解两次网约车安全事件的讨论话题与公众情感态度，本研究运用 LDA 话题模型将微博语料库分为 25 个话题(见附录 B 中表 B.1 和 B.2)，并基于话题相似度进一步人工合并，最终得到 6 类公众热议主题，即“案情相关进展”“平台责任争议与整改”“政府监管和市场管理”“网约车服务意见反馈”“女性安全知识普及”和“其他”。

图 4-9 展示了 6 类热议主题在两次事件中的关注比例分布情况。如图所示，在首次安全事件爆发时，社会公众谈论得最多的 3 个话题是谴责滴滴公司网约车服务(占比 35%)、探讨平台在该事故中的责任以及其整改措施(占比 25%)、关注案情进展(占比 19%)。当再次安全事件发生时，公众讨论的话题分布已经发生了较大变化。

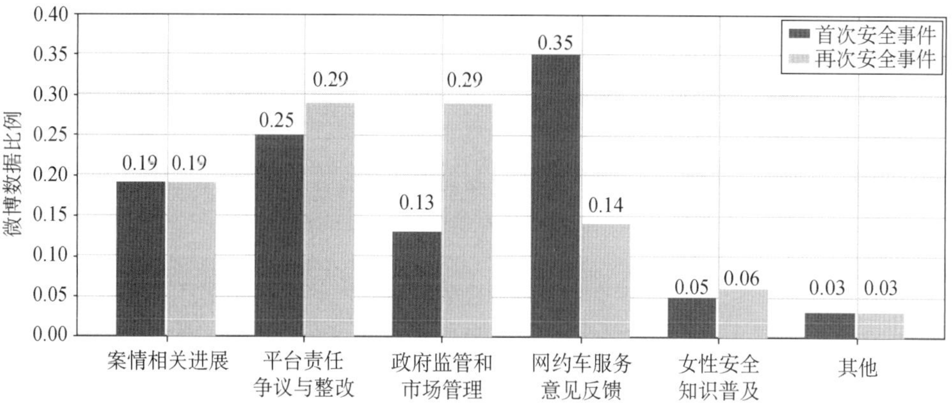

图 4-9　网约车两次安全事件的热议话题转移

具体而言，关于网约车服务本身的话题讨论热度从 35% 下降到 14%；相比而言，除了对案情的跟进、聚焦滴滴公司失责(占比 29%)以外，微博用户提及政府对出行服务市场的监管热度增加一倍多(占比 29%)。这是因为，一方面，当网约车事件再次发生时，国家和地方监管部门和交通管理部门对网约车服务和企业行为采取了更为严格的行政措施，从而引起公众热议；另一方面，当舆论经过一轮爆发后，社会公众更加关注政府部门对于交通新业态发展的态度，以及在网约车安全运营问题中所扮演的角色。此外，可以推断，大多数公众认为滴滴公司和政府是此次安全事件的主要利益相关者。因此，作为政策制定者和服务提供商，通过采集网络平台的公众观点可以有效了解交通出行服务消费者的利益诉求与不满，这应当是讨论服务改善和行业治理的关键契机。

进一步研究,提取两次安全事件中排名前四的话题,观察各个话题随时间的演变规律,如图 4-10 所示。由图可知,热点话题受到的持续关注度较低,其具有典型的间歇性和爆发性特征。这与岳文泽等学者研究出的社会公众通过微博参与《上海市城市总体规划(2017—2035 年)》编制的话题时间演进规律一致[170]。

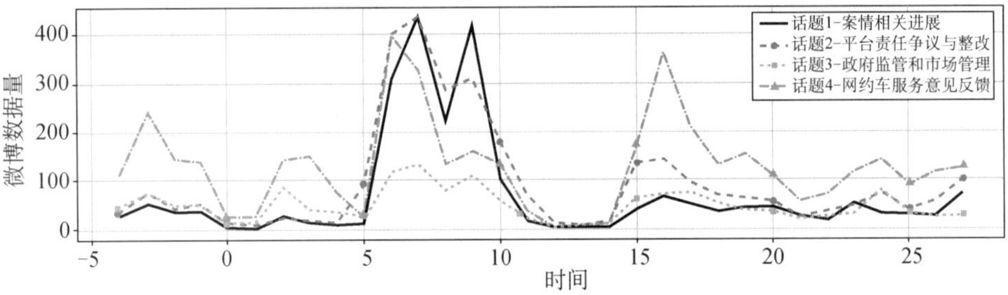

(a) 首次事件话题演变

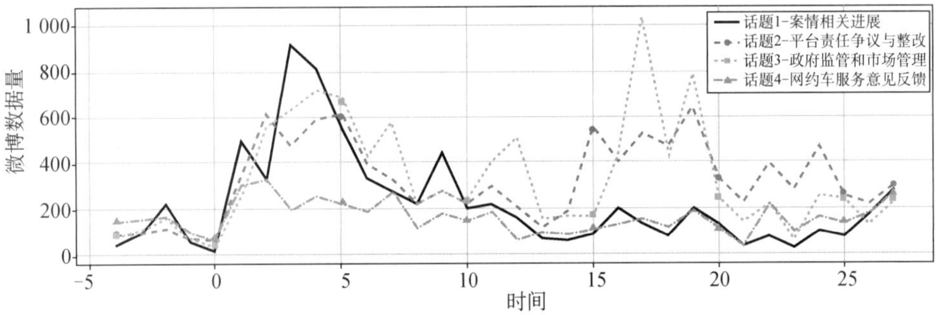

(b) 再次事件话题演变

注:令现实事件发生日为第 0 天,即时间轴标注为基准“0”。

图 4-10 网约车两次安全事件的话题随时间演变

随着事件的发酵,公众对于各个话题及其代表主体行为的重视程度是不同的。例如,案件进展话题在两次事件中都是单头分布型,关于网约车服务本身的抱怨与争议话题的变化特征是双头分布型和单头分布型。这是因为各类社交媒体和网站是案情信息传播的主要场所,并且绝大多数公众倾向于借助社交媒体发表对服务或产品的负向情绪[170-171]。

值得关注的是公众在事件发酵过程中对于网约车涉事企业和政府监管部门的讨论。滴滴公司责任争议话题一直处于舆论漩涡,介于单头分布型和中间分布型之间。首次安全事件发生时与案情话题的爆发时间联系紧密。这是因为滴滴公司在案件曝光后立即采取了一系列危机公关措施,包括公开发表道歉声明、进行自我检查和整改,在一定程度遏制了消息扩散。当事件再次爆发时,公众的愤怒情绪被点燃,表现为舆论全程都围绕企业展开,热议其在提供出行服务过程中的过失和不恰当的处理方式。此外,政府监管与治理话题在第一次事件中仅在一开始受到了关注,而在再次发生事件时,该话题自始至终受到广泛关注,甚至在后期被大量提及。市场监管话题的热议与城市和国家层面政府部门对类出租车以及整个运输行业的严格规范密不可分。网约车作为交通出行新业态,政府—企业所扮演的角色和所承担责任是共享交通出行服务市场可持续发展的关键。

3. 公众情感倾向与价值诉求识别

通过对微博话题的情感倾向分析，可以有效把握公众舆情动向，监测情绪异常值及对应的关键事件。图 4-11 展示了除案情进展话题以外的三个主要话题类型下的用户观点情感倾向（即积极、消极和中立）的堆叠比例分布。由于各个话题类别涉及的利益相关者不同，该结果也可以反映社会大众对于政府机构、滴滴公司和网约车服务的态度诉求。

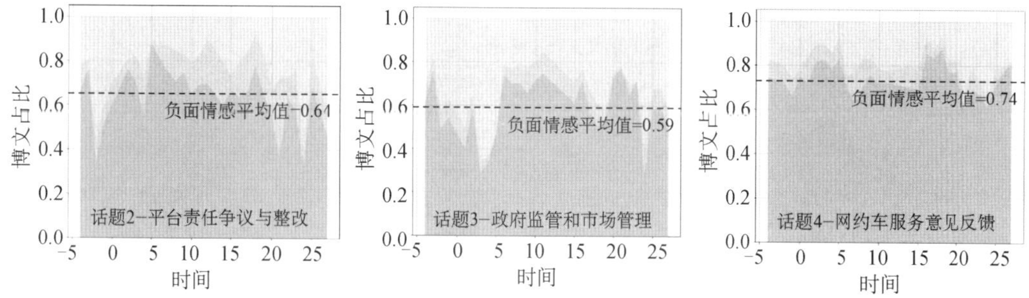

(a) 首次事件主要话题的情感倾向演变

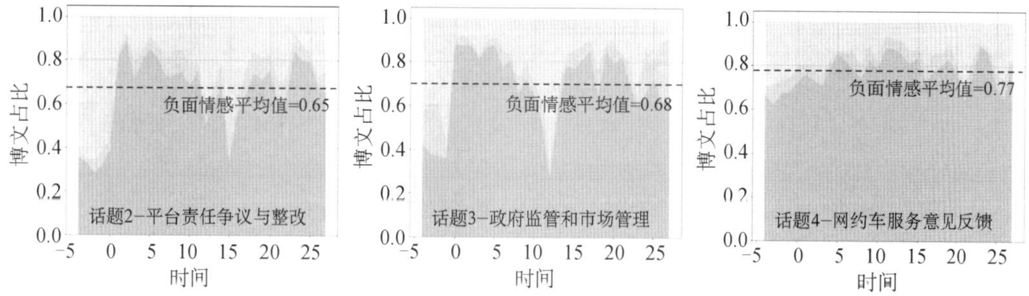

(b) 再次事件主要话题的情感倾向演变

注：下方阴影区域是对应消极情绪博文的关键词，上方阴影区域是对应积极情绪博文的关键词，中间阴影区域是对应中立情感的关键词。基准线 0.5 表示话题的正面意见与负面意见水平大体一致。令现实事件发生日为第 0 天，即时间轴标注为基准“0”。

图 4-11 网约车两次安全事件主要话题的公众认知情感倾向演变

由图 4-11 可知，“网约车服务意见反馈”这一话题在两次类似事件中的负面情感观点始终占据优势，并且保持着较高的情绪水平（负面意见占比均高于 60%）；安全事件再次发生时，用户对于网约车服务话题表现出最高的负面情绪，负面情绪平均值为 0.74。首次事件中“平台责任争议与整改”话题和“政府监管和市场管理”话题在整个舆情爆发期均呈现负面意见比例高于正面意见的情形；随着事件传播讨论的消散，公众态度逐渐恢复正负面情感波动状态。而在再次事件爆发时，针对平台和政府相关话题的负面意见比例水平在整体上相比于首次事件明显提高；负面意见比例分别从 0.64 和 0.59[图 4-11(a)]增长到 0.65 和 0.68[图 4-11(b)]。而情感波动曲线在第一次舆情消散之后、第二次舆情爆发之前也呈现负面意见占比显著降低的规律。

此外，在这次一系列网约车安全事件中，利益相关者（无论滴滴公司还是监管部门）都希望通过采取及时有效措施来应对危机。因此，公众舆论从负面明显转向正面的时间点值得关注。

例如，在图 4-11(b)中，平台话题的时间点“12”和“15”，对应滴滴公司发布旨在改善运营和平台安全性的整改计划；政府话题的时间点“10”至“13”，对应监管部门发布更严格的规定，即多个城市政府约谈滴滴分公司要求深入整改、交通运输部开展全国范围的交通运输行业以及网约车公司的检查。相比之下，滴滴公司的一般性回应措施，例如发布道歉声明，实际上并不能明显消除公众的负面看法。

为进一步了解社会公众对于网约车安全事件各个利益相关者的建议与诉求，查看不同情感极性的微博消息，提取到 12 个出现频率最高的术语(表 4-7)。

表 4-7　网约车两次安全事件不同情感话题的前 12 个关键词

<table>
<tr><th></th><th>话题2−平台责任争议与整改</th><th>话题3−政府监管和市场管理</th><th>话题4−网约车服务意见反馈</th></tr>
<tr><td>首次安全事件</td><td>
</td><td>
</td><td>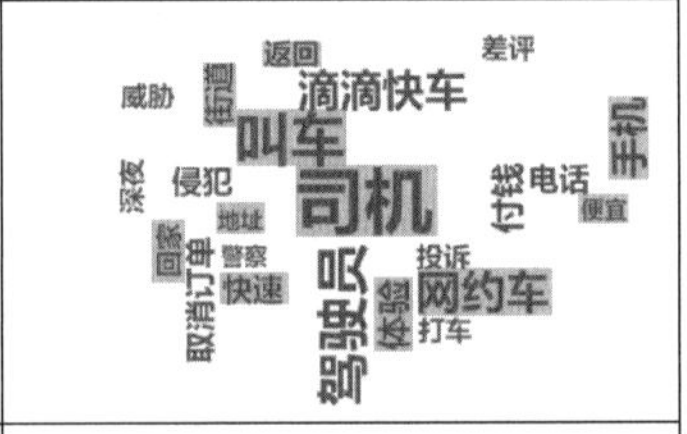
</td></tr>
<tr><td>再次安全事件</td><td>
</td><td>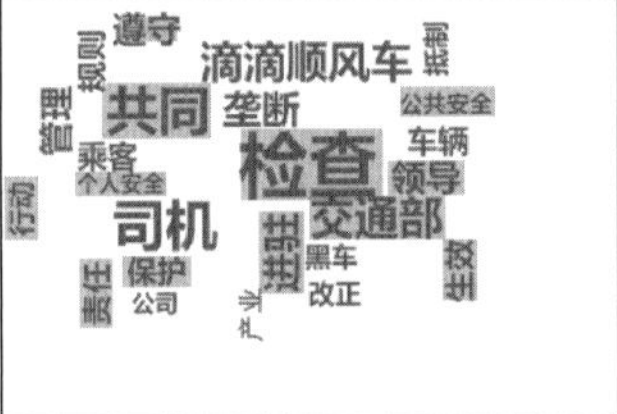
</td><td>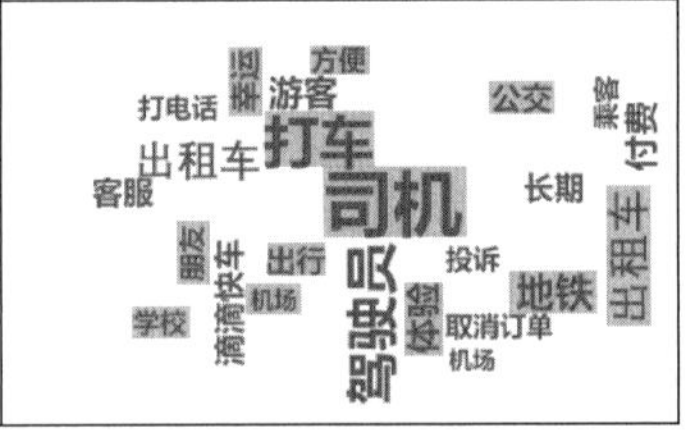
</td></tr>
</table>

注：阴影底色对应积极情绪博文的关键词，透明底色对应消极情绪博文的关键词。

由表 4-7 可知，社会公众通过微博平台表达对于网约车系列安全事件关键问题的价值诉求主要包括：

(1) 对于滴滴公司，社会公众对其在平台“功能设计”和“运营管理”方面的改进表示肯定。除了具备“共享的”和“经济的”优势以外，网约车服务在“行程记录”“保护乘客”和“依法提供服务”方面的努力得到了公众的肯定(表 4-7 话题 2)。相比之下，公众最希望平台改进的方面包括“客服”“驾驶员”“车辆”和“审查”，这意味着网约车公司今后应该加强对驾驶员和出租车的资格审查以及运营行为跟踪，以便获得更多用户的认可与支持。

(2) 对于政府部门，公众对其在运输行业的政策制定和措施实施方面表示肯定，相关关键词包括“出行”“数据”“检查”“有效果”；但是，由表 4-7 话题 3 结果可知，政府和行业监管部门还需要面临诸如“垄断”“市场”和“管理”等问题的严峻挑战。

(3) 关于网约车服务本身，网约车服务被公众认为是一种比乘坐出租车更加经济便捷的解决方案(即“需求响应式出租车”“便捷”“便宜”)；不满之处主要是网约车服务层出不穷的负面新闻(表 4-7 话题 4)。

基于文本情感分析的异常事件监测识别方法，本节以首次网约车安全事件为例，识别意见情感变化的转折点或突变点并挖掘背后的异常事件(图 4-12)。

对于出行服务运营企业而言，需要重点关注事件爆发后舆情涉及平台和服务的负面发声

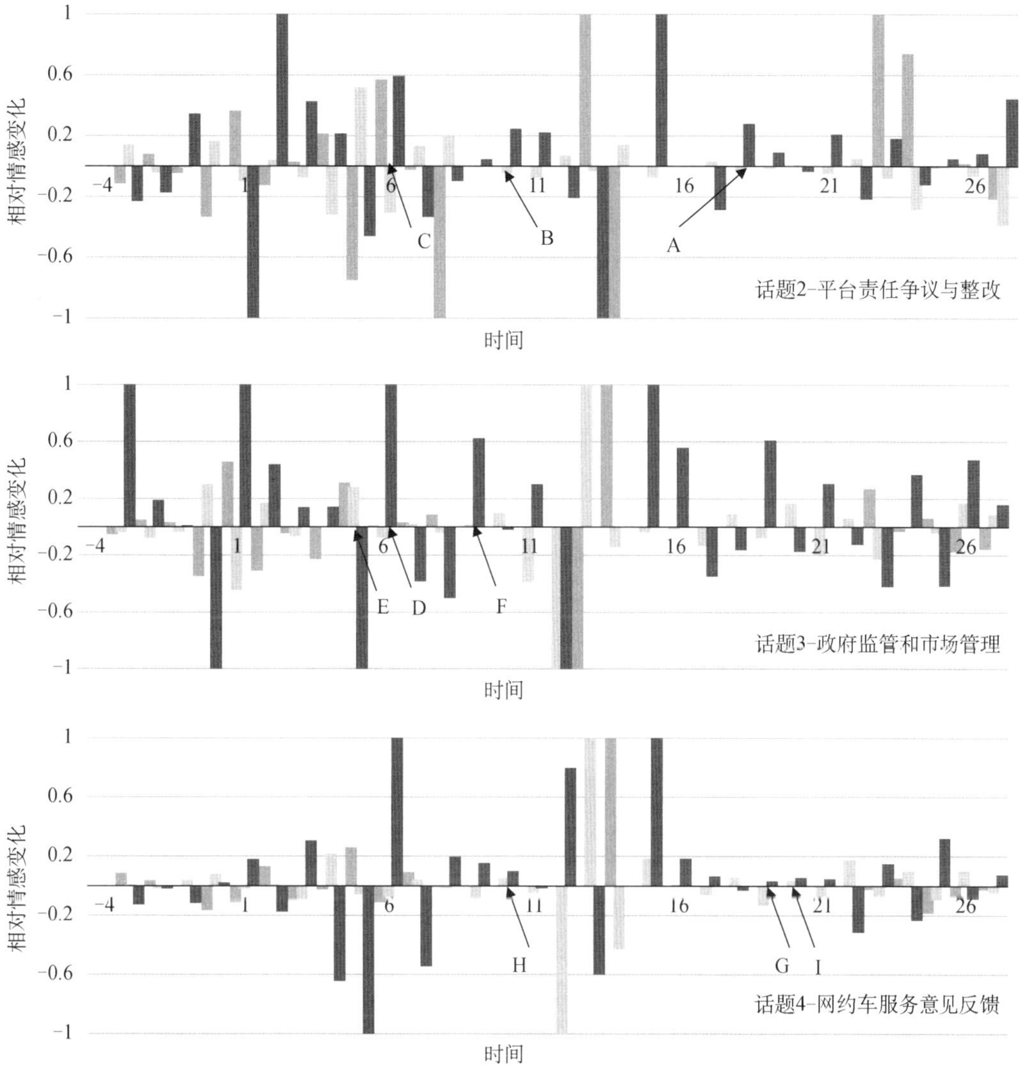

注：浅灰色对应消极情绪博文的关键词，深灰色对应积极情绪博文的关键词，黑色对应中立情感的关键词。图中 A-I 是舆情突变点，即相邻舆情波动变化前 3 位对应的时间点。令现实事件发生日为第 0 天，即时间轴标注为基准“0”。

图 4-12　网约车首次安全事件的网络异常事件识别

实时监控，以便及时发现可能的市场风险。例如，图 4-12 中 B 点和 C 点公众负面情绪达到高值，分别对应滴滴公司在事件发生后通过网络官方账号发布案件自查结果和宣布整改措施（包括更新安全措施、关闭顺风车服务一周等）。H 点微博讨论呈现非正面情绪，对应微博网友发起的“抵制滴滴”“卸载滴滴”活动。对政府部门而言，了解网络舆情走向对于针对性监管新型出行服务和维持发生重大社会事件后的社会稳定具有重要意义。例如，图 4-12 中 D 点和 E 点分别对应当地交通部门约谈处罚滴滴公司和政府宣布交通运输行业改革措施，相关公众舆论较为正面，这也证明了政府危机应对具有效果。F 点微博平台的网友多表现为中立态度，对应网友围绕出租车和网约车讨论其资质审查标准和安全保障的优劣性。

4.2.4 从网约车安全监管实证提炼多元主体协作治理模式

网约车恶性事件的本质是城市客运交通服务的安全底线,将该场景的治理过程与框架归纳为“问题暴露—多元主体响应—认知趋同—重塑关系”四个阶段,如图 4-13 所示。

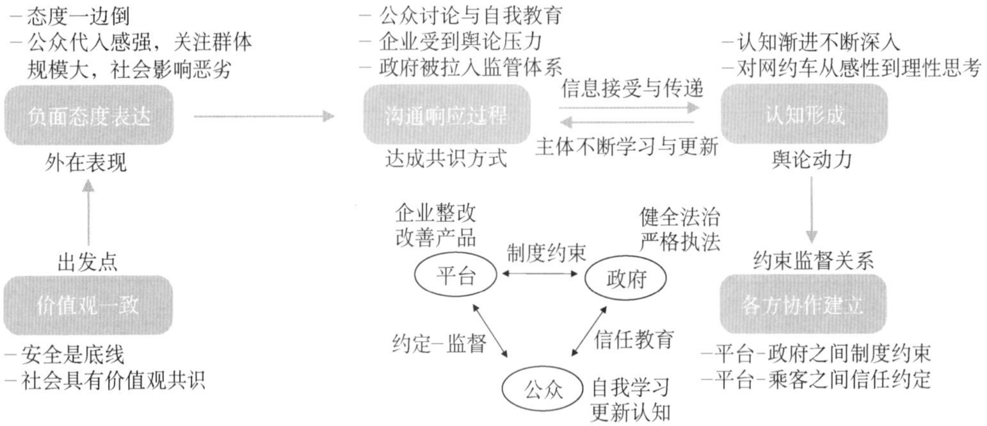

图 4-13 交通服务安全运营的多元主体认知响应更新与协作实现过程(以网约车为例)

(1) 问题暴露阶段,对应交通主体的价值导向与态度表达。社会公众作为网约车服务的乘客群体,具有统一的安全至上的价值判断。他们在网约车发展初期持信任、支持的态度,然而乘客伤害事件的发生彻底打破了用户对平台的信任,更多的是强烈的担忧与害怕情绪,社会舆论呈现一边倒的负面态度。

(2) 多元主体响应阶段,网络爆发争议到响应趋于稳定演进。随着网络空间中更多案件细节和平台回应等信息的快速传播与扩散,社会公众对网约车问题的认知渐进且不断深入。从两次网约车恶性事件的推进发酵,能最直观观察到参与主体在响应程度和讨论焦点方面的变化——从感性到理性思考的转变。社会舆论在首次事件中以批评涉事网约车平台为主,待事件再次发生时,其讨论更多围绕政府部门如何监管网约车平台、规范客运交通出行市场等长远发展议题展开。

(3) 认知趋同阶段,涉及多元主体沟通互动与认知深入的反复过程。舆论发酵使得交通主体深入思考共享交通的特殊性以及如何监管问题,同时也是平台和运营企业之间寻求治理共识的重要动力。全国各地交通管理部门以约谈、入驻检查的方式与网约车企业进行沟通协商,以进一步明确权力职责关系。交通主体建立治理共识需要各方做出妥协与让步:平台以付出社会成本、牺牲部分收益为代价;政府不仅限于政策工具和行政手段,通过降低一定行政管理效率,以换取与企业共同承担市场监管任务;用户让渡一些隐私,允许行程信息等个人数据向企业和政府开放,以保障安全措施的落实。

(4) 重塑关系阶段,以社会舆论为推动力、以制度和非正式安排为手段。基于规范引导网约车服务健康发展的共同目标,平台和政府部门制定了网约车运营管理相关的法律制度与措施。2018 年下半年,滴滴公司发布了一系列运营监管措施,重点加强司机背景审核、改进客户端安全功能、运营数据与公安管理部门联网共享等。2018 年 9 月，交通运输部、公安部发布《关于进一步加强网络预约出租汽车和私人小客车合乘安全管理的紧急通知》，明确平台与政府部门的职责，加强网约车法治管理的强制约束与行政处罚手段。网约车服务监管形成“政府—企业—公众”新型协作治理关系：平台—政府之间通过强制性制度约束；平台—乘客之间以非正式的类似“约定—监督”形式连接；政府—公众之间通过信息传递和宣传教育的方式提升公众安全意识；公众自身也随着事件推进，从与网友单纯抒发情感，到不断交流讨论更新认知，最后形成对网约车运营趋于理性思考的价值判断。

4.3 共享单车定价机制调整——市场回归理性与信任重塑[137]

4.3.1 共享单车利益相关者分析与价格调整背景

共享单车服务调价的背后是押金问题。共享单车作为一种轻资产模式，平台企业在进入市场初期就意图采用低价甚至免费骑、辅以不计成本高额补贴的定价策略吸引用户、击垮竞争品牌。甚至挪用用户押金作为资本投入也成为共享单车行业的潜规则。很快整个共享单车行业陷入资本逐利的恶性循环。然而，如此烧钱的经营策略使得单车服务财务不可持续，必然结果是无法维持产品的良性运转，最终导致资金链断裂。2017 年底，单车行业爆发“倒闭潮”，小鸣单车、ofo 等单车企业陆续宣布停止服务或倒闭。用户申请退还注册平台账号时所缴纳的押金，遭遇企业闭门羹或无法承诺偿还的处境。一时之间，押金问题迅速成为社会舆论焦点。2018 年消费者协会发布的《电商行业消费数据报告》显示，“押金难退”在共享单车投诉案例中高居第 ，占比 71.8%。

国家交通管理部门以及金融监管机关高度重视共享单车的押金难退问题。2018 年全国两会期间，交通运输部回应称，针对押金和预付金的监管办法正在制定过程中。2019 年 3 月，交通运输部联合人民银行等六部委联合发布《交通运输新业态用户资金管理办法（试行）》（征求意见稿），向社会大众征求意见；随后于 2019 年 5 月 16 日发布最终版本。《管理办法》明确规范了单车运营企业的行为，指出共享单车企业原则上不得收押金，对其资金账户管理和退款机制进行明确限定。政府部门以一种近乎釜底抽薪的方式让市场回归理性。国家政府对共享单车行业的押金监管政策时间线如图 4-14 所示。

单车出行市场逐渐回归理性，小蓝、摩拜和哈啰单车等多家企业自 2019 年起陆续宣布上涨服务计价。在接下来几个月中，越来越多的企业加入涨价队伍；甚至出现同一共享单车品牌半年内二轮涨价的现象，共享单车骑行价格增至原来的 1.5～2 倍。共享单车企业开始寻求以服务收益维持产品运转的发展方向。与此同时，社会公众对于服务价格上涨的敏感性较高，尤其在经历过低廉免费的骑行服务后短期难以适应。类似单车服务涨价的话题讨论频频成为新浪微博、微信等平台的热搜话题或热议焦点。新华网、《人民日报》等多家官方媒体发出的“共享单车涨价超过百分之百”“共享单车集体涨价你还骑吗”“骑共享单车比公交车贵”等网络投票和话题讨论也吸引了大量网友的转发、点赞和回复。图 4-14 梳理了共享单车押金风波爆发后政府政策制定与企业措施响应的时间线。

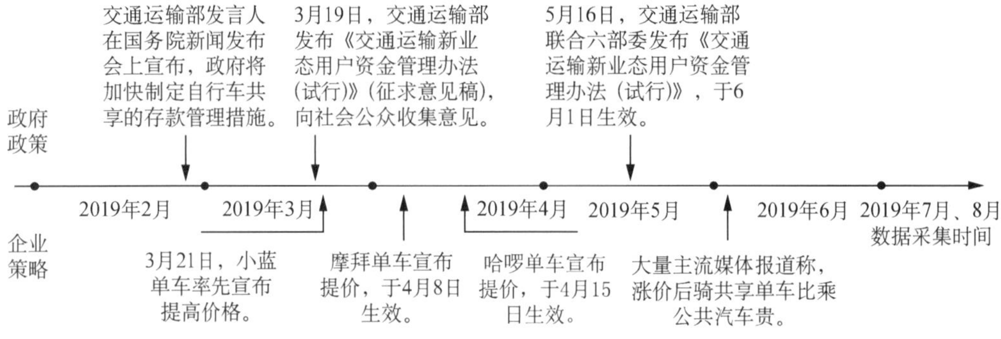

注:图中注明了社交媒体数据采集时间。

图 4-14　共享单车价格调整事件政府政策制定与企业措施响应时间线梳理

本节选取“国家 6 部门联合印发的《交通运输新业态用户资金管理办法(试行)》”和“单车企业集体涨价”作为观察案例,旨在通过社交网络平台观察交通主体参与单车定价议题的话题讨论与意见反馈行为,通过类比揭示社会公众在参与政府决策话题网络(简称“政府政策网络”)和平台策略话题网络(简称“企业策略网络”)中多元主体互动响应行为与信息传播模式的规律性与差异性。

4.3.2　共享单车定价调整事件的微博数据描述

本文以“共享单车和资金管理办法”和“共享单车 + 涨价”作为关键词搜索相关新浪微博(图 4-15),利用 4.2 节中提出的交通主体参与互动与意见传播分析框架进行数据爬取与分析。关于上述两个关键词的微博数据集于 2019 年 7 月 8 日收集,包含所有该日期之前的包含关键词的相关微博内容。

(a) 六部门联合印发《交通运输新业态用户资金管理办法（试行）》

(b) 单车企业进行集体涨价

图 4-15　共享单车价格机制调整的政策制定与企业响应微博话题

数据集由消息/转发微博信息和参与用户信息两部分组成，以下简要介绍其采集过程。对于每个关键词话题，搜索微博“热门”筛选项下所有微博内容。由于全网热门微博和其转发评论的数量大，分别达到3 184条和8 066条，并且转发深度超过3层的微博评论量显著降低；因此，为呈现更简洁的核心网络结构，按转发量筛选排名前50位的博文(称为初始博文)和其三级以内的转发评论数据作为滚雪球采样的初始数据集。其中，消息发布者为一级节点用户，其转发评论者为二级、三级节点用户，结果储存于邻接矩阵中。然后，从初始博文下提取转发其信息的用户以及其转发内容(称为转发的第一层深度)。同样，进一步搜索更深层的转发行为，直到没有新的转发被建立为止。用户信息数据集是从参与转发的用户微博主页收集的，具体是通过转发记录中显示的用户名索引进行反向寻址。

剔除重复的转发数据和用户信息，得到2 335名用户参与政府政策制定的网络发表的2 469条博文，以及2 845名用户参与企业措施响应的网络发表的2 938条博文，占关键词搜索微博消息的31.65%和16.61%。按网络深度统计的节点和连线数详见表4-8。用户信息数据集字段包括用户名、职业、教育背景和微博认证(非认证、认证个人、认证团体)、粉丝数、关注数、微博数、注册时间等，微博文本数据集字段包括用户名、发文日期和时间、发文内容。

表4-8 共享单车价格调整事件研究数据介绍

公众参与网络	一级节点	二、三级节点	有向连线
政府政策网络	50	2 259	2 419
企业策略网络	50	2 818	2 888

4.3.3 共享单车价格调整的公众参与网络结构与意见反馈

1. 交通政策参与网络模式分析

使用UCINET 6.665计算两个用户参与网络的特征指标，并借助其图形软件包NetDraw进行可视化，如图4-16所示。为了清晰地展示网络的关键结构，图4-16中剔除了网络最外层重要度低的节点(即出度较低的边缘节点，与其他参与者有较少转发联系)以简化网络。

由图4-16可得到以下三条关于用户转发网络与总体结构特征的发现：

(1) 两个公众在线参与网络具有相似的模式，即整个网络稀疏，但存在明显的簇团结构和一些转发小团体。例如，关于“政府发布共享单车资金管理办法”的用户转发网络中，可以观察到围绕用户“人民日报”的核心簇团结构，“央视新闻”发布的相关信息也影响了较多受众。在“共享单车企业集体涨价”的转发网络中，微博平台中主要有“每日经济新闻”“共青团中央”“何顾长安”三个重要信息源。

(2) 基于出度值大小可以衡量参与者的影响力。在网络平台中真正具有高影响力的个体还是少数，主要是一些主流媒体、媒体人和政府机构。

(3) 共享单车的政府政策网络吸引了157个参与者，其中包括49个认证组织/企业和13个认证有影响力个人[图4-16(a)]；企业策略网络中总共包括140个参与者，其中具有微博

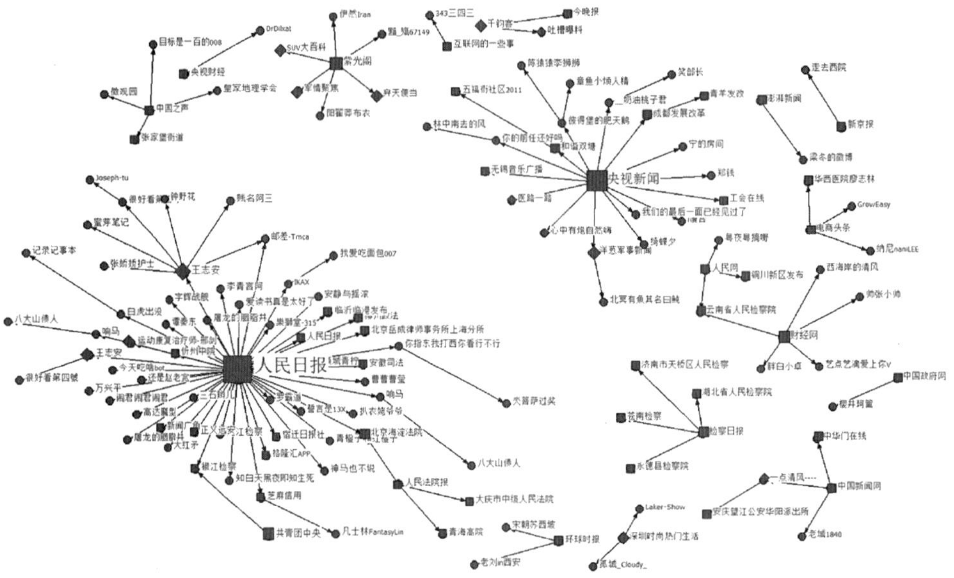

(a) 政府政策制定网络

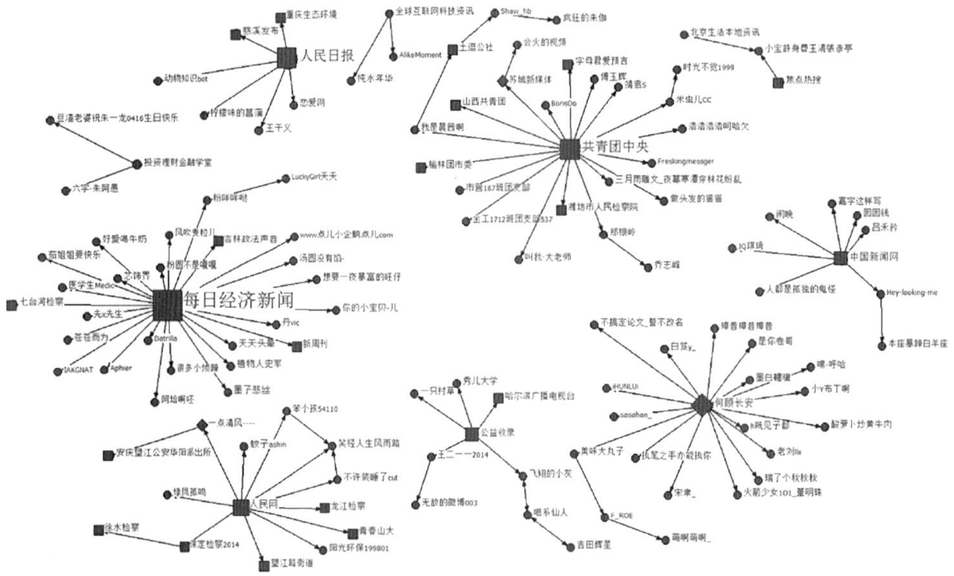

(b) 企业策略网络

注:政府政策制定网络中仅保留出度大于 1 的节点,共 157 个节点;企业策略网络中仅保留出度大于 0 的节点,共 140 个节点。网络中的节点大小和标注文字大小与其出度大小(即每个参与者转发的消息数)成正比。不同节点的大小与其出度值成比例(即每个参与者转发的消息数);不同节点形状表示不同类型的共享单车事件参与者的身份,正方形表示组织/企业,菱形表示有影响力的个人,圆形表示普通公众。

图 4-16　共享单车价格调整事件微博用户转发网络简化图

认证身份的参与者较少，仅包含 24 个组织/企业和 3 个有影响力个人[图 4-16(b)]。与共享单车费率相关的话题比政府监管措施主题对于普通公众来说更具吸引力，即从在线参与网络中可以观察到更多比例来自一般出行者或服务用户的意见。因此，这有利于服务运营企业借助微博、微信等社交媒体平台获取消费者意见和反馈。

总体而言，可以发现：相比于传统的自上而下式的决策参与形式，在线交流网络具有更开放和分散的结构特征。此发现与 Zhao、Lin 和 Derudder 等学者在研究城市公共汽车线路调整微博参与网络中的发现一致[172]。

表 4-9 展示了网络结构统计指标计算值。由表可知，在两个共享单车公众参与网络中，平均度和网络密度的数值非常接近。这表明，政府政策网络和企业策略网络的参与者之间的连接都很薄弱，大多数人仅在一条转发路径上共享信息。两个网络平均路径长度值大约为 1。此外，政府政策网络的网络直径是 4，企业策略网络的网络直径是 5，两个网络中的主要联通片比例约为 100%。这表明，关于共享单车定价调整问题的整个在线参与网络都是一个巨大的组成部分，信息传播的深度与最初的信息相距约五层。这意味着在网络空间，形成了不受地理位置和时间限制的“虚拟社区(virtual communities)”，并且这些参与者在此次共享单车事件中，无论是针对公共部门政策制定的讨论，还是关于私人机构运营决策方面的信息交流与分析，均发挥了重要作用。另外，出度中心势的结果显示，两个微博转发网络均趋向于围绕某些重要参与者(“意见领袖”)展开，与图 4-16 所示的网络结构一致。因此，共享单车价格调整事件中，网络参与者的影响力相差较大，位置优势存在不均等性。

表 4-9　共享单车微博公众参与网络统计特征

指标	政府政策网络	企业策略网络
网络平均度	1.02	1.01
网络密度	4.43×10^{-4}	3.57×10^{-4}
平均路径长度	1.16	1.07
网络直径	4.00	5.00
主要联通片比例	100.00%	99.89%
出度中心势	0.35	0.29

本研究需要进一步验证用户属性的度分布，以判断参与主体本身特征造成的用户参与网络不同主体角色和影响力不均等现象。选择关注者/粉丝数量(用 D^f 表示)和被转发消息数(即出度，用 D^{out} 表示)两个指标来衡量每个参与主体在意见传播网络中的属性。前者用来表征参与主体在微博上本身的网络空间影响力，后者表征主体在此次共享单车事件中的传播力水平。双对数坐标系下用户粉丝数和被转发消息数的累积度分布如图 4-17 所示。

整体而言，关注者/粉丝数量和被转发消息数这两个指标的度分布结果表明，两个用户交流网络中不同参与主体在共享单车事件信息共享中存在不平等力量(unequal power)。具体归纳为以下三条：

(1) 政府政策制定网络和企业策略网络中累积粉丝数度分布 D^f [图 4-17(a)和 4-17(c)]

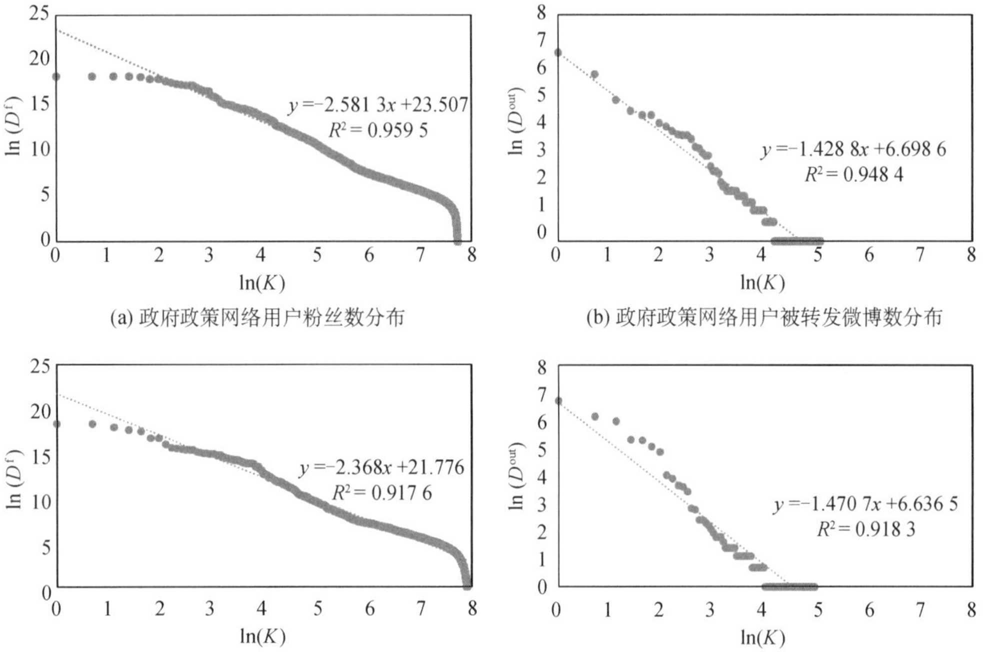

(a) 政府政策网络用户粉丝数分布　(b) 政府政策网络用户被转发微博数分布

(c) 企业策略网络用户粉丝数分布　(d) 企业策略网络用户被转发微博数分布

图 4-17　共享单车价格调整事件微博参与用户的累积度分布双对数图

和累积被转发微博数度分布 D^{out} [图 4-17(b)和 4-17(d)]随着排序 K 的增大而衰减。这表明两个在线参与网络均具有无标度属性。

(2) 两个网络均呈现一定的长尾分布特征。尤其是 D^f 累积度分布规律,用户粉丝数最多超过 ln(18),最少接近 ln(0)。这意味着参与共享单车话题讨论转发的用户本身在微博平台具有不均等的能力:只有少数用户拥有庞大的粉丝人群;大多数用户粉丝数较少,因此潜在传播消息的能力有限。

(3) D^{out} 度分布表明,由于某些参与者的信息被转发次数明显多于其他参与者,因此各个参与话题讨论的主体在信息传播网络的影响力存在差异。一些主体在意见传播网络中扮演关键角色,并且是影响其他人的“网络力量/高影响力用户”(networked power)或“意见领袖”(opinion leadership)[173]。

2. 议题参与网络的关键个体群体识别以及其角色作用

进一步识别政府政策网络和企业策略网络的高影响力用户及关键主体,采用中心性指标分析节点重要度。由于不同指标计算结果相差较大,本节选取出度中心性(用 out - *DC* 表示)和介数中心性(用 *BC* 表示)两个指标排名前 15 的用户作为重要节点,其身份和职业背景如图 4-18 所示。

在图 4-18(a)中,认证团体和认证个人在共享单车调价事件政府政策网络和企业策略网络的 out- *DC* 排名中占据大部分;而 *BC* 类别中更多是由非认证用户组成的,表明意见传播网络中存在着两类扮演不同角色的重要主体,定义为“根节点(network root)”和“桥梁节点

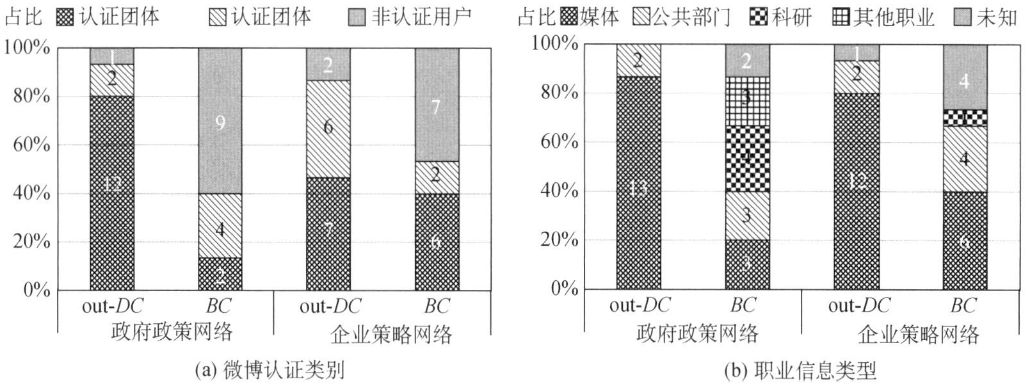

图 4-18 共享单车价格调整事件前 15 位重要参与者类别和身份分布

(network bridge)"。"根节点"用户具有较强的网络控制能力,并在共享单车调价事件政府政策网络和企业策略网络中处于中心位置,直接影响消息的传播和影响范围。结合图 4-18(a)的用户职业信息,"根节点"用户多为媒体和公共部门。相比之下"桥梁节点"用户起到枢纽中转的作用;网络用户若想向他人传递信息,则必须依赖该节点。"桥梁节点"多为非认证用户,具有更多元化的职业背景,包括媒体、公共部门、科研、其他职业等。

依据学者 Berry[174] 观点,"如果缺乏有效的组织与合作,基于社交网络的观点将很难在决策过程中发挥重要作用"。在共享单车话题在线网络中,可能归纳为一些组织和有影响力的个人在意见讨论传播中与其他参与者建立了大量联系,而更多的社会公众参与其中,进一步帮助信息在"虚拟社区"中传播扩散。"根节点"用户发布内容权威性高且叙述语调中立,往往被认为是可靠消息,更可能成为网络用户的信息来源,进一步形成他们的认知和观点。而信息传播的效率和范围很大程度上取决于"桥梁节点"用户。值得注意的是,共享出行服务在客观上已经引起来自社会身份背景差异大、利益诉求有区别的人群关注。因此,共享交通服务利益相关者无论在公共政策制定还是商业运营决策中,都需要充分调查和了解感兴趣群体和参与主体的需求。这也对政府部门思考如何协调各方利益、制定监管策略、促进共享交通服务协作治理提出了新的要求。

图 4-19 展示了经过 k-核分解且剔除最外层度值最低的节点后得到的用户参与网络核心结构。政府政策网络中 3-壳节点 15 个、2-壳节点 81 个,企业策略网络中 2-壳节点 61 个,这表明只有少量的参与者(分别占全体参与者的 4.11% 和 2.14%)在转发网络中紧密相连。

从整体来看,同样是共享单车价格调整事件,关于政府发文和关于企业涨价的讨论,转发网络的核心形态差别较大。政府政策网络更加稳健,具有三层结构[图 4-19(a)],其 2-壳结构紧凑,节点之间彼此联通,甚至存在多条路径;而企业策略网络中 2-壳节点则相对分散[图 4-19(b)]。结果表明,与单车企业运营调整话题的在线参与网络相比,政策制定话题参与网络为用户提供了更加灵活地接收或传输消息的渠道。相应地,可以理解为从政府政策网络收集的用户观点更接近多数人对该事件的真实看法,而从企业策略网络收集的意见则可能受到

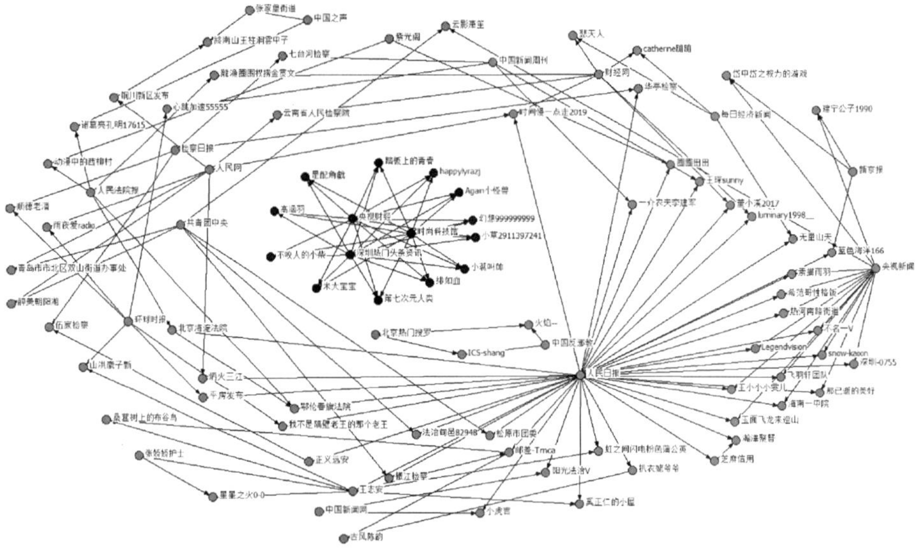

(a) 政府政策网络

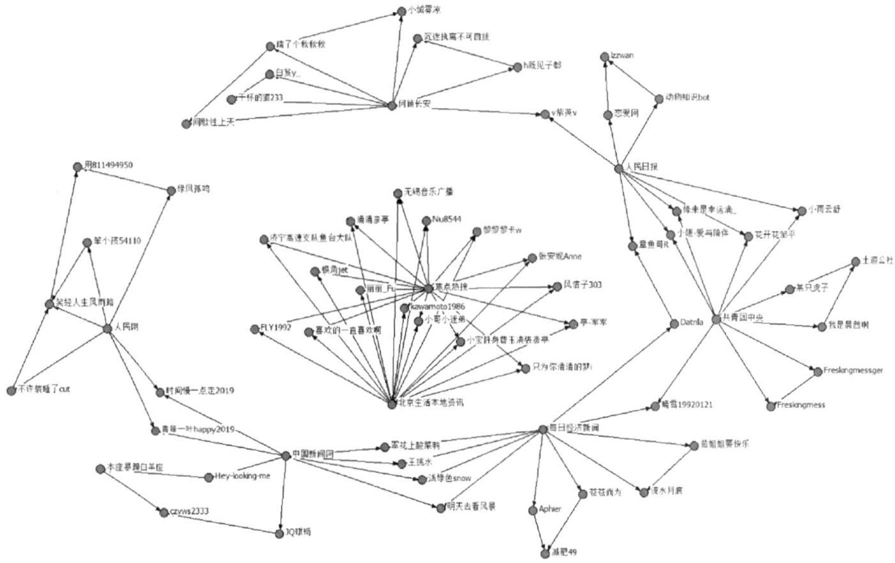

(b) 企业策略网络

注:网络中删除了位于最外围层(0 壳)的节点。节点颜色区分位于 k-壳不同层,黑色节点代表节点度值为 3,灰色节点代表节点度值为 2。图(a)的 k 核心指数是 3,图(b)的 k 核心指数是 2。

图 4-19 共享单车价格调整事件的集聚社团示意图

其“虚拟社区”的影响。此外,结合上一节中心性指标计算结果,发现三层结构内的大多数参与者并没有出现在出度中心性和介数中心性前 15 位中。这表明用户可能具有较大 k 值但却具有较小的 out-*DC* 或 *BC* 值。实际上,核心—外围结构分析是对节点在社区级别重要性的另一种度量。因此,在进行社会网络分析时,建议采用多种指标或度量方法综合评估政策网络的结构和节点特征。

有意思的是，一些具有相似特征的小团体被识别出来，如具有相似的用户属性、转发行为、态度认知等。例如，在政府政策网络中可以观察到一个由 15 个节点组成的社团[图 4-19(a)]。根据 Zhao、Lin 和 Derudder 等学者[172]提出的观点，“网络社会的一个重要特征是可以创建具有相似价值的团体或社区，并能代表集体身份”。为了在本实证案例中验证该观点，进一步调查这 15 名参与者的身份背景信息。结果显示，该社团由 3 个认证组织/企业和 12 个普通公众组成，且这 12 人均是转发这 3 个认证用户的观点，但未发表任何评论。可以推测，他们认同认证用户的意见，即该群体由对共享单车调价事件具有相似态度的个体凝聚形成。由此推断，通过社团分析提取交流网络关键结构可以实现快速获取群体态度和利益诉求的目的，这也是舆论控制和危机公关的切入点。在实际的政策实施或业态推广中，可以通过影响一些意见领袖，潜在控制或调整网络中不利的舆论导向。

3. 交通主体的意见传播网络的回音壁现象

分析政府政策网络和企业策略网络中参与用户的态度，分为积极、消极和中立三类，如图 4-20 所示。大多数参与主体持有以下三种观点之一，即：

(1) 多数(超过一半)用户在转发博文中显示中立态度或未附加任何观点评论，其中政府政策网络参与者[图 4-20(a)]占 62.4%，企业策略网络参与者[图 4-20(b)]占 55.0%。这类参与者在交流网络的信息传递方面发挥了重要作用。

(2) 大约 20.3%的政府政策网络参与者[图 4-20(a)]对政府实施共享单车资金管理办法表示不看好。他们主要担心在企业面临严重财务问题的状况下，该政策能否起到促进退款的实际效果。企业策略网络参与者[图 4-20(b)]中持反对意见的用户更多(占 33.7%)，他们认为骑自行车的花销比乘坐地铁或公共汽车还要高并不合理。

(3) 一部分用户表示支持或认可。政府政策网络参与者[图 4-20(a)]有 17.3%的用户对政府在规范共享单车行业运营发展、保护用户权益方面所做的努力表示赞赏；在企业策略网络参与者[图 4-20(b)]中，只有 11.3%的用户接受单车涨价。

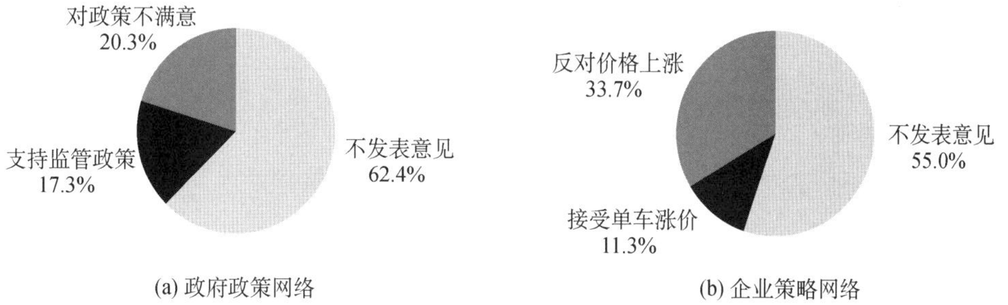

图 4-20 共享单车价格调整事件的公众态度分布

整体而言，共享单车事件的意见分配结果揭示了在线公众参与的一个重要特征：大多数参与者不会在社交媒体平台上对共享单车话题发表带有情感偏向的观点，尤其是公共部门决策制定相关内容。这是由于能够在社交媒体平台上引发大规模舆论争议的通常是社会热点事件，而该共享单车案例倾向于中性事件，并不会引起广泛情绪化观点争辩。然而，无论在公共部门还是私营部门的在线参与网络中，持消极意见的用户比例整体上要比持积极观点的多。这也符合社交媒体用户倾向于通过平台表达负面情绪的特点[175]。

本研究进一步验证实证案例公众在线参与网络中回音壁的存在，如表 4-10 所示。最终分别在政府政策网络和企业策略网络中发现了 5 个和 1 个回音壁结构。该结果也从实证研究角度给出了公共部门和私营部门的共享交通决策参与网络存在回音壁的证据。由表可知，本案例中回音壁存在比例非常小(占 2%～3%)。这表明在实际在线参与网络中，认知偏差对讨论交流的影响相对较小。

表 4-10 共享单车参与网络回音壁识别结果

回音壁识别步骤	政府政策网络	企业策略网络
S1：多次转发数量	75	57
S2：三角结构数量	10	20
S3：室结构数量	8	7
S4：回音壁数量	5	1
回音壁数量统计	**政府政策网络**	**企业策略网络**
参与网络中回音壁所占比例	3%	2%
室结构中回音壁所占比例	63%	14%

此外，从回音壁结构占整个网络和室结构的比例结果看出，政府政策网络超过一半的室结构(占 63%)能满足回音壁结构条件，即成员均具有相同的态度观点；而企业策略网络中则比例很小(占 14%)。由于共享交通规划与治理话题的专业性，一般公众在参与讨论与表达观点时倾向于倾听、接收信息，从而形成自己的认知。因此，相比于企业策略网络，政府政策网络形成的室结构中，成员更大概率会同意或追随有影响力主体的观点。相比之下，共享交通费率是一个与日常出行和活动联系更为紧密的话题，费率的提升会直接影响到消费者的出行意愿和行为。因此，推测在企业策略网络更容易出现持不同观点成员进行转发互动的现象。相应地，回音壁结构提供了在线交换观点和自由辩论的空间。

图 4-21 显示了政府政策网络和企业策略网络中回音壁的具体位置。所有回音壁结构均分布在 2-壳，说明回音壁成员本身在共享单车调价事件参与网络中也是重要参与主体。在政策网络中有 3 个代表中立观点的回音壁[标记为(i)、(ii)和(v)]，另外存在 2 个持反对意见的回音壁[标记为(iii)和(iv)]。在企业策略网络中只搜索到 1 个持中立态度的回音壁[标记为(i)]。

结合回音壁成员的身份信息，推断结构形成和运行的可能途径。在政府政策网络中[图 4-21(a)]，中立态度的回音壁存在于组织/企业(例如法院部门)之间、从组织/企业(例如主流新闻媒体)到公众之间的信息流中，更多是对应一种纯粹的信息接收和扩散行为。而代表否定观点的回音壁则形成于消息从有影响力的个人(例如著名记者)向公众传播的过程中，可以推断是持倾向性观点的意见领袖对普通公众的影响与信息笼罩。相比之下，在企业策略网络中[图 4-21(b)]，回音壁由组织/企业(例如主流新闻媒体)和两名普通公众组成，很可能对应微博用户对共享单车涨价热点新闻的关注扩散。值得注意的是，在政策网络中存在多个回音壁结构彼此重叠的现象，例如(i)和(ii)。这说明在共享单车话题讨论中，网络力量或意见领袖数量不多，实际上整个庞大的在线意见传播网络很可能起源于几个关键个体或团体。

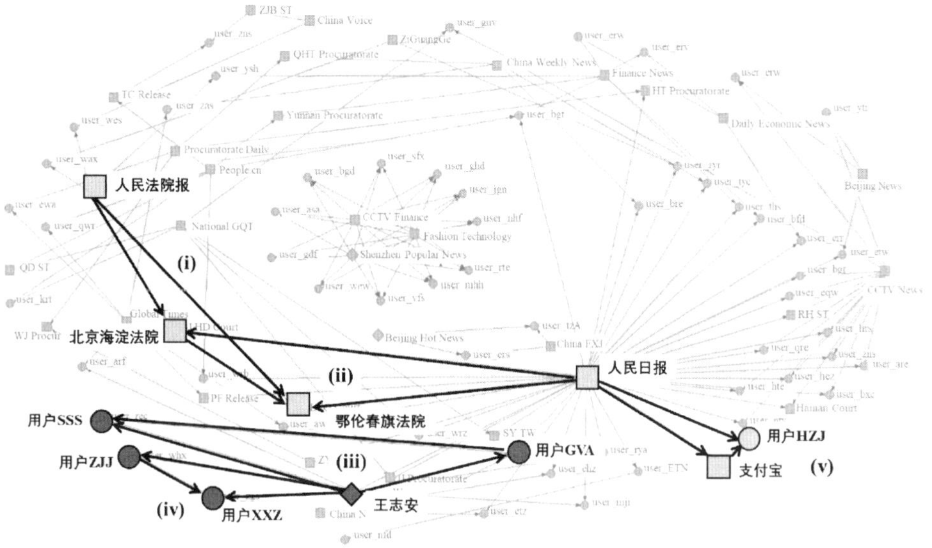

(a) 政府政策网络

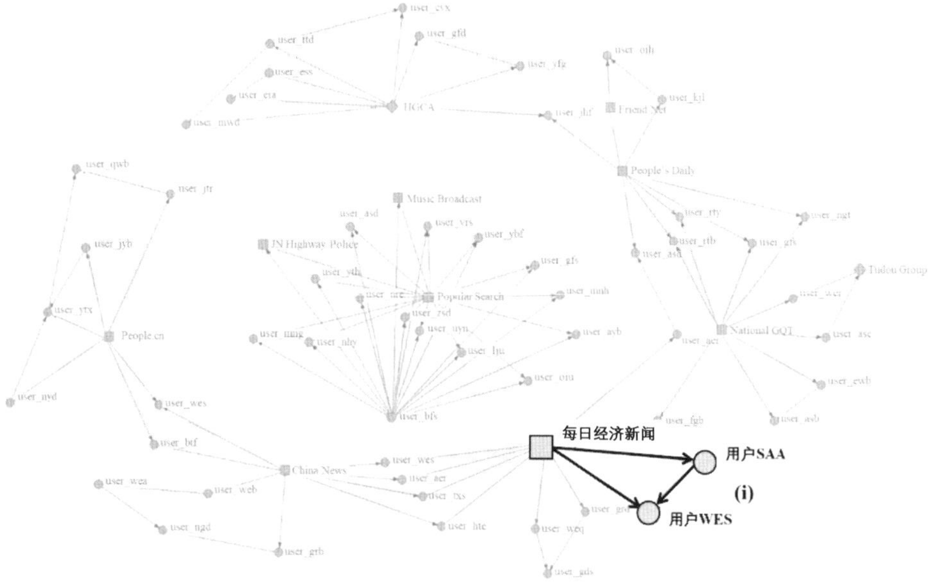

(b) 企业策略网络

注：节点颜色对应每个成员的意见倾向，与图4-20保持一致，深灰色对应反对意见，浅灰色对应中立态度。

图4-21　共享单车政府政策网络与企业策略网络的回音壁图示

以上证据表明,在交通政策在线参与网络中也观察到了"回音壁"的存在。网络空间回音壁的形成创造了更加封闭的信息空间,聚集了相似观点或认知的人,使得成员原本的态度认知不断被印证和强化,隔离了"信息茧房"之外或来自其他领域的信息和异己的观点表达。因此,处于回音壁内的人们听到的只是封闭空间内被放大的回声,而不是网络空间中全面而真实的观点。结合图 4-21 结果,一些共享交通高影响力或具有庞大读者群体的参与者正在用其观点潜移默化地影响更多成员。本案例中,对共享单车调价事件持反对或中立态度的用户更有可能置身于回音壁中。

4.3.4 从共享单车价格调整实证提炼多元主体协作治理的实现

网约车安全监管和共享单车定价调整治理场景,均体现出面向共享交通治理的制度机制和非正式安排特征。共享单车提价事件的本质是押金问题。相应地,本研究将共享单车政府约束和企业响应的治理场景归纳为"问题暴露—价值观和习惯的重塑—重建信任—妥协互馈"过程,如图 4-22 所示。

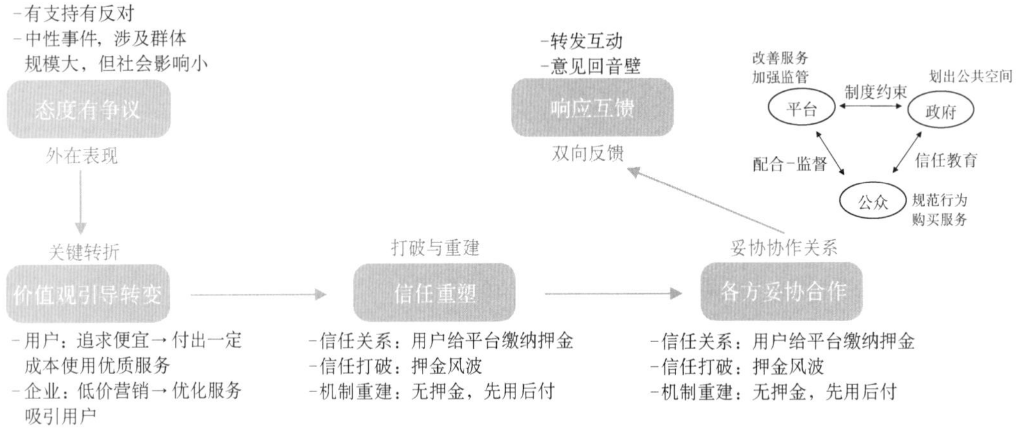

图 4-22 交通服务预付款机制多元主体认知响应更新与协作实现(以共享单车为例)[137]

(1) 问题暴露阶段,资本逐利扭曲单车市场。2017—2018 年爆发的共享单车"退押金难"是共享单车规范健康治理的重要转折点,根本在于财务运转的不可持续。价格便宜是用户的利益追求。共享单车企业发展初期也是以低价策略吸引消费者注册,用户基于信任向平台缴纳 99～299 元不等的押金。然而,资本力量的恶性竞争不断加剧,最终共享单车行业秩序彻底扭曲,爆发退押金风波。用户对平台的信任被直接打破,初期缴纳的押金也陷入退款无门的境地。

(2) 价值观重塑和习惯养成阶段,市场回归理性。共享单车行业的资本行为开始冷静,各利益主体都在为单车市场回归理性而努力。政府部门介入共享单车行业价格监管,用政策手段以期恢复城市客运交通服务市场的秩序。政府规定不允许平台收取押金,只能从服务中收费来维持运转。企业和用户在经历价值观重塑和习惯养成:用户思想从单纯追求低价,向使用优质服务需要付出多一点成本转变;企业合理定价,利用收益优化服务,优质的服务自然能吸引用户、得到市场认可。该阶段政府—企业—公众的价值认同是需要经过多元主体反复沟通协商以及妥协才能形成的。对政府而言，牺牲一部分行政效率，将单车服务定价权交给市场，引导企业探索出良性经营模式；企业则是付出更多社会维护成本，从交通服务本身思考产品改进与经营。

(3) 多元主体信任重建与协作互馈关系建立阶段。单车企业在市场理性发展时期的关键是重新建立与用户的信任机制。为此，平台配合政府规则，探索以第三方科技平台(如支付宝)信誉机制代替押金约束，提供用户先用后付、服务定价(包括月卡等套餐)远低于单车成本的方式交付共享单车。政府引导支持共享单车行业健康发展，通过创新机制实现与企业的共享共治，例如，为城市空间规划停车区、设立电子围栏等创新机制以缓解单车乱停放问题。用户也是共享单车服务供给和稳定发展的重要环节，文明守法使用单车，将车辆停放到指定位置。此外，由4.3.3节意见传播网络回音壁现象研究可知，政府—企业—公众协作关系还广泛存在于网络空间，社会公众通过转发、回复等互动行为反馈意见，监督单车服务健康发展；同时，在线参与的意见领袖也会以信息传递的方式引导影响单车监管者和使用者，多元主体得以以更多元化和灵活的方式互动响应。

第 5 章
出行活动调整协作治理
——博弈与妥协的实证

5.1 城市交通拥堵治理——需求管理影响网络运行[167]

5.1.1 交通运行指数研究

为有效评价城市道路交通运行状态变化，美国、欧洲、日本等发达国家和地区结合自身实际需求建立了较为完善的拥堵评价指标体系，定期发布规范化的交通评估报告。随着中国交通管理者对城市交通拥堵认识的深化，上海、北京、深圳等国内大城市先后建立了不同的交通运行评价体系。

1. 交通运行评价指标及指数定义

道路交通运行指数（简称“交通指数”）是一个评估道路运行状态的综合性指标，反映的是不同层次路网或路段的整体运行水平，能够较为直观、简洁地表现道路拥堵特征和变化情况，符合人们对实际交通路况的主观感受。

1）美国道路拥堵指数（RCI）

美国自 1982 年起采用道路拥堵指数（Roadway Congestion Index，RCI）来评估不同城市区域的交通拥堵程度。其中，*RCI* 通过交通密度估算交通拥堵情况，主要是高速公路和主要干道的每车道公里的日车公里数加权计算与拥堵情况下的比值，如式（5-1）所示：

$$RCI=\frac{L_{\text{VKT freeway}}\times V_{\text{KT freeway}}+L_{\text{VKT arterial}}\times V_{\text{KT arterial}}}{13\ 000\times V_{\text{KT freeway}}+5\ 000\times V_{\text{KT arterial}}} \tag{5-1}$$

式中，$V_{\text{KT freeway}}$、$V_{\text{KT arterial}}$ 分别表示高速公路和城市主要干道的日车公里数；$L_{\text{VKT freeway}}$、$L_{\text{VKT arterial}}$ 分别表示高速公路和城市主要干道每车道公里的日车公里数。

RCI 值大于或等于 1.0 表示整个区域都存在交通拥堵状况。应当注意的是，*RCI* 值小于 1.0 的区域可能会有一段严重拥堵的道路，但是区域内的平均交通水平仍可以定义为未拥堵，该公式仅能反映整个区域的交通运行状况，但是忽略了部分节点或特定区域的拥堵情况。拥堵指数是一种宏观度量，它不考虑影响旅行时间或起点-目的地组合的局部瓶颈或出行模式的变化。先前的研究将高速公路每个车道日车公里数 $VKT=13\ 000$ 和每个主要干道日车公里数 $VKT=5\ 000$ 设置为不良拥堵水平的阈值。

2）日本拥挤度（DC）

日本研究机构将拥挤度（Degree of Congestion，DC）作为评估交通拥堵情况的指标[176]，通过计算加权条件下道路路段的实际交通量与自由流状态下的基本交通量比值获取拥堵度，如式（5-2）所示：

$$DC=\frac{\omega\times Q}{C} \tag{5-2}$$

式中，Q 表示一定时间内任一路段的交通量；C 为一定时间内自由流状态下的交通量；ω 表示权重系数，$\omega=1-\alpha/100+\alpha\times\beta/100$，$\alpha$ 表示大型车在道路中的渗透率，β 表示大型车辆与标准车型的换算系数,可通过道路等级、设计通行能力等进行标定。

拥挤度 DC 不同数值代表的含义见表 5-1。

表 5-1 拥堵度 DC 的含义

拥挤度 DC	一定时段内某一路段的道路交通状态
$DC<1$	畅通状态
$1\leqslant DC<1.75$	拥堵情况逐渐增加
$DC\geqslant 1.75$	严重拥堵状态

拥挤度反映的是一定时间内任一路段内的交通整体运行状态,不能直观表现出道路任意时间任意节点的运行状态,指标表现的是宏观状态。

3) 欧洲 INRIX 拥堵指数(ICI)

从 2010 年开始,欧洲大多数国家采用 INRIX 拥堵指数(INRIX Congestion Index, ICI)来评估基于路段行驶速度的交通拥堵状态[177],ICI 代表的是交通拥堵的强度,如式(5-3)所示:

$$ICI=\frac{R_S}{C_S}-1 \tag{5-3}$$

式中,R_S (Reference Speed)表示参考速度,指 INRIX 交通数据档案库为每个路段确定的非拥堵状态下自由流速度;C_S (Calculated Speed)为计算速度,指 INRIX 交通数据档案库中每个月每个路段 15 分钟内的实际计算速度,每个路段每周将有 672 个相应的计算速度值。当 $ICI=0$ 时,表示路段没有拥堵。

为了评估和对比每年和不同城市间的交通拥堵程度,仅采用高峰时间段(星期一至星期五 06:00 至 10:00 和 15:00 至 19:00)的 40 个小时进行计算,通过分析道路网络上平均拥堵的程度和数量,采用路段长度作为加权值确定 40 个高峰时段中每个高峰时段的总体拥堵水平,则每个月的 ICI 值为:

$$ICI=\sum_{j=1}^{M}\frac{\sum_{i=1}^{N}(R_{Sij}/C_{Sij}-1)\times L_i}{M\sum_{i=1}^{N}L_i} \tag{5-4}$$

式中,i 表示路段数;j 表示 15 分钟的时间间隔数;M 表示该月的 15 分钟时间间隔数总数;N 表示路段总数;R_{Sij} 表示路段 i 在第 j 个 15 分钟时间间隔内的参考速度,C_{Sij} 表示路段 i 在第 j 个 15 分钟时间间隔内的计算速度,L_i 表示路段 i 的长度。

4) 北京交通运行指数(TPI)

北京市交通委员会于 2011 年实施的《城市道路交通运行评价指标体系》中,将交通运行指数(Traffic Performance Index,TPI)定义为道路网内拥堵里程的比例。

以快速路为例,首先以不高于 15 min 为统计间隔计算道路网中各路段的平均行程速度,如式(5-5)所示:

$$\bar{v}_j = \frac{1}{N}\sum_{i=1}^{N}\bar{v}_{ij} \tag{5-5}$$

式中，$\bar{v}_j$ 表示某一时间间隔内快速路路段 j 上所有车辆的平均行程速度；$\bar{v}_{ij}$ 表示某一时间间隔内快速路路段 j 上第 i 辆车的行程速度；N 表示时间间隔内快速路路段 j 上的所有车辆数。

根据表中速度与路段交通运行等级的关系确定快速路、主干路、次干路和支路处于严重拥堵运行等级的路段里程比例，如式(5-6)所示：

$$k_{\text{快速路}} = \sum_{i=1}^{I} L_i \Big/ \sum_{j=1}^{J} L_j \tag{5-6}$$

式中，L_i 表示处于严重拥堵状态的路段 i 的道路长度；L_j 表示任意路段 j 的道路长度。

表 5-2 路段等级与交通运行状态的对应表

道路等级划分	畅通	基本畅通	轻度拥堵	中度拥堵	严重拥堵
快速路	(65, +∞)	(50, 65]	(35, 50]	(20, 35]	(0, 20]
主干路	(40, +∞)	(30, 40]	(20, 30]	(15, 20]	(0, 15]
次干路/支路	(35, +∞)	(25, 35]	(15, 25]	(10, 15]	(0, 10]

注：表中数值表示路段平均速度(单位：公里/小时)。

以车公里数作为权重对各路段拥堵里程比例进行加权，获得全市道路网拥堵里程比例：

$$k_{\text{全市}} = \frac{k_{\text{快速路}} \times VKT_{\text{快速路}} + k_{\text{主干路}} \times VKT_{\text{主干路}} + k_{\text{次干路}} \times VKT_{\text{次干路}} + k_{\text{支路}} \times VKT_{\text{支路}}}{VKT_{\text{快速路}} + VKT_{\text{主干路}} + VKT_{\text{次干路}} + VKT_{\text{支路}}} \tag{5-7}$$

按照道路网拥堵里程比例、交通指数和运行状态的对应关系，可结合实际道路状况计算不同道路的交通指数。

表 5-3 道路拥堵里程比例、交通指数与运行状态的对应关系

道路网运行状态	畅通	基本畅通	轻度拥堵	中度拥堵	严重拥堵
交通指数(TPI)	[0, 2)	[2, 4)	[4, 6)	[6, 8)	[8, 10]
拥堵里程比例	[0, 4%]	(5%, 8%]	(11%, 14%]	(14%, 24%]	(24%, +∞)

5) 广州道路交通运行指数(TPI)

广州市交通委员会于 2013 年发布《城市道路交通运行评价指标体系》[178]，所采用的指标体系和北京市类似，以道路拥堵里程为基础，通过车公里数加权获得道路交通运行指数(Traffic Performance Index, TPI)，只是选取的早晚高峰时段和各等级道路处于同一拥堵等级的速度值有所差别。

6) 上海道路交通指数(TSI)

上海市在 21 世纪初率先通过定义道路交通指数(Road TrafficIndex, RTI)来评价城市道路交通运行状态，交通指数的取值范围为 0～1 000[178]。道路交通指数根据机动车运行速度与道路饱和度等指标综合计算获得，指数越大表明道路交通运行状态越好。

上海市的交通指数应用分两个阶段:第一阶段是 2011 年以前,主要采用红、黄、绿 3 种颜色来对应表示交通阻塞、拥挤和畅通 3 种不同等级的路况,交通运行状态表现不是很直观;第二阶段是 2011 年以后,上海市采用新的道路交通指数(Traffic State Index, TSI)来表达道路交通运行状态,交通指数的取值范围转变为 0～100,数值越大表明交通运行状态越差[179]。交通指数实现对中观、宏观区域的交通运行状态评价。

首先是基本计算模型。道路交通指数是以道路行程速度为基础值获取高峰时段的拥堵延误比值,其数值用 *TSI* 表示,如式(5-8)所示:

$$TSI = \frac{V_{fi} - V_i}{V_{fi}} \times 100 \tag{5-8}$$

式中, V_i 指路段 i 的车辆行程速度,V_{fi} 表示自由流状态下路段 i 的车辆行程速度。

其次是加权计算模型。考虑车道数、路段里程长度情况,利用车道公里数加权计算交通指数,如式(5-9)所示:

$$TSI = \frac{\sum_{i=1}^{n} k_i l_i \times [(V_{fi} - V_i)/V_{fi}]}{\sum_{i-1}^{n} k_i l_i} \times 100 \tag{5-9}$$

式中,l_i 表示路段 i 的里程长度;k_i 表示路段 i 的车道数。

同时,为便于公众理解和使用交通指数指导出行,将 0～100 的指数取值划分为 4 个区间,分别对应畅通、较畅通、拥挤和堵塞 4 种拥堵等级,如表 5-4 所示。

表 5-4 上海市交通指数分级阈值区间

颜色				
拥堵等级	畅通	较畅通	拥挤	堵塞
指数区间	[0, 30)	[30, 50)	[50, 70)	[70, 100]

结合实际应用需求,考虑交通状态指数在时间、空间维度上的差异性,将拥堵指数分为地面交通指数和快速路指数。其中,地面交通指数主要针对外环线以内区域,结合区域交通特性和区域认知度分为 68 个不同的指数区域,快速路指数则是结合路网的分合流点划分了 42 个不同的指数区域,指数更新频率可达到 2 分钟。

美国、欧洲、日本等国家和地区以及中国北京、上海和广州的交通指数有所差异,计算指标和特点如表 5-5 所示。

表 5-5 不同国家(地区)和典型城市的交通指数情况对比

类别	定义方法	特点
美国	流量、时间	计算方法简单,但仅反映区域内的平均交通运行水平,忽略了部分节点或特定区域的拥堵状况,交通拥堵指标可能与交通状况不一一对应
欧洲	速度	宏观指标,易于计算,但指标的含义不便于公众理解

(续表)

类别	定义方法	特点
日本	负荷度	宏观指标,易于计算,仅反映某一时段、某一路段内的交通拥堵整体状态,而不直接反映各个时刻、各个地点的交通状态
中国上海	行程速度、负荷度	考虑因素全面,但仅用于中观、宏观路网拥堵评价,且计算方法相对复杂,不便于公众了解
中国北京/广州	拥堵里程比例	相对而言易于理解,但拥堵里程比例仅考虑最拥堵等级的路段,弱化其他路段的影响,计算方法仅适用于特定的路网结构

2. 基于出行时间的指数算法

深圳市交通运行指数(Traffic Performance Index, TPI)[180-181]主要利用出行时间比计算交通拥堵状态,取值范围为 0～10,包括畅通[0, 2)、基本畅通[2, 4)、缓行[4, 6)、轻度拥堵[6, 8)和拥堵[8, 10]五个等级,如表 5-6 所示。

表 5-6 深圳市道路交通运行指数分级

颜色					
拥堵等级	畅通	基本畅通	缓行	轻度拥堵	拥堵
指数范围	[0, 2)	[2, 4)	[4, 6)	[6, 8)	[8, 10]

交通运行指数越大,表明城市道路交通运行状态越差,以当前状态出行相比于自由流状态下出行消耗的时间越长。深圳市交通运行指数通过大量的历史数据计算和实地调查,通过建立模型算法获取行程时间比与交通运行指数的换算关系,如式(5-10)所示。

$$TPI = F(R_T) = F(T/T_d) \tag{5-10}$$

式中, TPI 表示道路交通运行指数; R_T 表示特定时段特定道路上的车辆行程时间比,可通过该时段内的实际出行时间 $\bar{T}$ 与自由流状态下的期望出行时间 $\bar{T}_d$ 的比值计算,其中 $R_T \geqslant 1$; $F(\cdot)$ 为经过实地调查确定的换算关系,详见图 5-1。

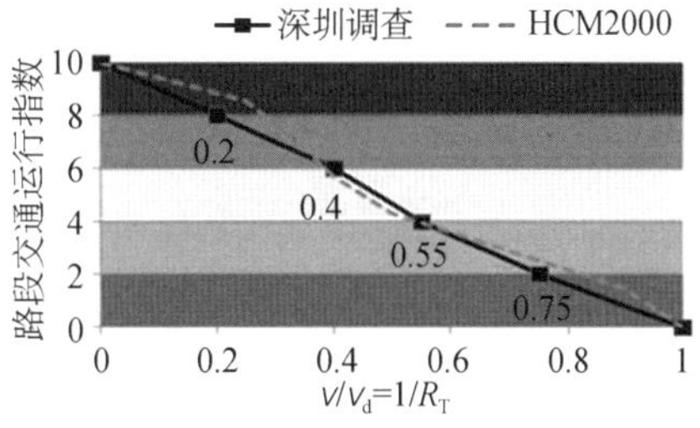

图 5-1 路段行程时间比与交通运行指数的关系

交通运行指数的计算与行程时间比密切相关,假设路网中共有 m 个节点,节点 i 至节点 j 的出行需求表示为 OD_{ij},该路径的平均出行时间表示为 T_{ij},自由流速度下的平均出行时间表示为 $(T_d)_{ij}$ ($i = 1, 2, 3, \cdots, m$; $j = 1, 2, 3, \cdots, m$),则特定时段内的行程时间比为:

$$R_T = \bar{T}/\bar{T}_d = \sum_{i=1}^{m}\sum_{j=1}^{m}(OD_{ij} \cdot T_{ij}) \Big/ \sum_{i=1}^{m}\sum_{j=1}^{m}[OD_{ij} \cdot (T_d)_{ij}] \tag{5-11}$$

因为任一出行 OD 对的路径由若干个路段组成,假设整个路网由 n 个路段组成,路网内任意路段 k 的长度为 l_k、交通流量为 q_k,真实状态下的行程时间和自由流状态下的行程时间分别为 t_k、t_{dk},真实状态下的实际速度与自由流状态下的行驶速度分别为 v_k、v_{dk},则对应的关系为：

$$\sum_{i=1}^{m}\sum_{j=1}^{m}(OD_{ij}\cdot T_{ij})=\sum_{k=1}^{n}(q_k\cdot t_k) \tag{5-12}$$

$$\sum_{i=1}^{m}\sum_{j=1}^{m}[OD_{ij}\cdot (T_d)_{ij}]=\sum_{k=1}^{n}(q_k\cdot t_{dk}) \tag{5-13}$$

那么，特定时段内的行程时间比可以表示为：

$$\begin{aligned} R_T &= \bar{S}/\bar{S}_d \\ &= \sum_{k=1}^{n}(q_k\cdot t_k)\Big/\sum_{k=1}^{n}(q_k\cdot t_{dk}) \\ &= \sum_{k=1}^{n}\left(q_k\cdot\frac{l_k}{v_k}\right)\Big/\sum_{k=1}^{n}\left(q_k\cdot\frac{l_k}{v_{dk}}\right) \end{aligned} \tag{5-14}$$

式中，v_k 可以通过一定时间内某一路段通过的车辆总行程距离除以总行程时间获取，即 $v_k=\sum_{j=1}^{m}l_{kj}\Big/\sum_{j=1}^{m}t_{kj}$；$v_{dk}$ 表示若干个自由流状态下车辆的速度平均值。

参考《美国道路通行能力手册(2000 年版)》[182]可计算得到行程时间比与交通运行指数之间的换算关系。深圳市道路交通运行指数的具体数值通过大量实地调查数据得到，在路网层面上，行程时间比与交通运行指数的线性回归关系如图 5-2 所示。

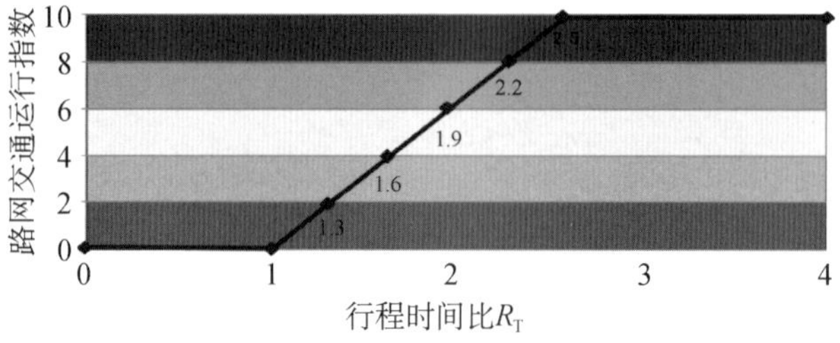

图 5-2　路网行程时间比与交通运行指数的关系[183]

其中路段的交通运行指数为：

$$TPI_{link}=F_l(R_{Tlink})=\begin{cases}0 & R_{Tlink}\in(0,\ 1] \\ 8-8/R_{Tlink} & R_{Tlink}\in(1,\ 4/3] \\ 9.5-10/R_{Tlink} & R_{Tlink}\in(4/3,\ 20/11] \\ (34-40/R_{Tlink})/3 & R_{Tlink}\in(20/11,\ 2.5] \\ 10-10/R_{Tlink} & R_{Tlink}\in(2.5,\ +\infty] \end{cases} \tag{5-15}$$

式中，TPI_{link} 表示一定时间内某一路段的交通运行指数；R_{Tlink} 为一定时间内通过某一路段的车辆行程时间比。

路网的交通运行指数为：

$$TPI_{network}=F_n(R_{network})=\begin{cases}0 & R_{network}\in(0,\ 1]\\ 20(R_{network}-1)/3 & R_{network}\in(1,\ 2.5]\\ 10 & R_{network}\in(2.5,\ +\infty]\end{cases} \tag{5-16}$$

式中，$TPI_{network}$ 为路网交通运行指数；$R_{network}$ 为特定时段内路网行程时间比。

5.1.2 多模式道路交通能耗排放模型

目前，我国国内尚未建立成套的交通能耗排放因子库，但若从零开始建立本地化交通能耗排放因子库则成本较高。考虑到我国现行的车辆能耗排放标准与欧洲类似，因此可以借鉴欧洲的排放因子数据库开展本地排放因子数据库构建。深圳市道路交通状态、驾驶行为与欧洲国家存在差异，因此针对欧洲的车辆能耗排放因子库不能直接应用于深圳，需要进一步开展本地化工作以获得符合深圳交通特征的排放因子库。

本节基于 HBEFA 模型，因地制宜进行修正，建立深圳市交通排放因子库。首先对 HBEFA 因子库中所包含的交通运行状况进行分析，若能够与深圳交通运行特征对应，则直接使用该部分因子数据。对于其他无法对应的交通状况，则使用 PHEM 模型进行计算。

1. 数据基础

用于排放因子本地化的数据来源于深圳市出租车、公交车和货车浮动车数据，数据量约 2 000 小时。所使用的数据采集设备为探险家 Columnbus V-900 插卡式多功能导航记录器，能够记录日期、时间、纬度、经度、高度、速度、方向、语音等数据。

对数据进行预处理，排除无效数据后，将数据与 GPS 地图进行匹配，获取各个数据所处的道路等级，并计算服务水平。

2. 典型工况本地化

1) 驾驶工况单元划分

综合考虑道路等级和服务水平，将行驶过程细分为不同的行驶单元，并进行编号，如图 5-3、图 5-4 所示。

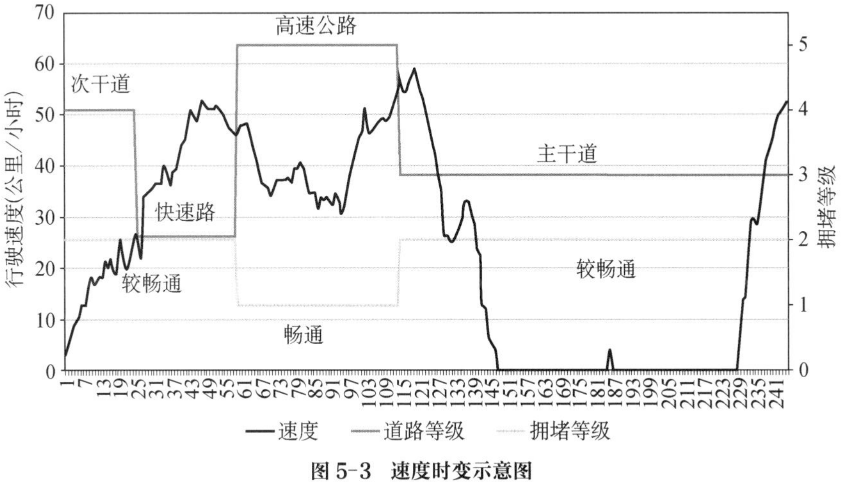

图 5-3 速度时变示意图

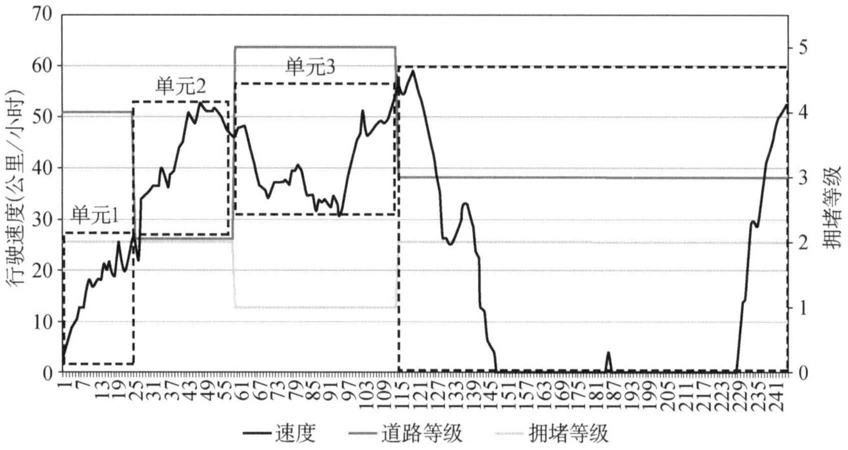

图 5-4 行驶单元划分示意图

而后计算各个单元行驶距离，平均速度、停车时间比例、相对正加速度等特征统计指标。

(1) 平均速度：

$$\bar{v} = \frac{S}{T_{total}} \tag{5-17}$$

式中，S 为一段行程的总行驶距离；T_{total} 为一段行程的总行驶时间。

(2) 停车时间比例：

$$P_{stop} = \frac{T_{total}}{T_{stop}} \tag{5-18}$$

式中，P_{stop} 为停车时间占总行程时间比例；T_{stop} 为总的停车时间。

(3) 相对正加速度：

$$RPA = \frac{\int_0^T (a_t^+ * v_t) d_t}{x} \tag{5-19}$$

式中，RPA 为计算获得的相对正加速度；T 为车辆在一个行驶单元的总时长；a_t^+ 为车辆瞬时加速度；v_t 为车辆的瞬时速度；x 为车辆在一个行驶单元内行驶的总距离。

完成平均车速、停车时间比和相对正加速度三个特征指标提取后，利用 Z 标准化方法对指标数据进行标准化以消除量纲及偏差，分别计算三个指标数据的 Z 特征值，并计算三个特征值的乘积，如图 5-5 所示。

2) 典型工况提取

基于浮动车数据，通过工况预选和工况确定两个步骤，确定符合深圳道路交通运行特征的典型工况。

VehID	CellID	均值			方差			Z 特征值			
		GoSpeed	Stop	RPA	GoSpeed	Stop	RPA	Z1	Z2	Z3	Z1*Z2*Z3
1	1	8.10	0.11	0.20	0.76	0.11	0.07	-1.31	1.78	0.04	0.0876815167
1	3	8.21	0.07	0.21	0.77	0.10	0.09	0.43	0.44	-0.88	0.1650859024
1	4	1.39	0.54	0.17	0.89	0.28	0.10	0.76	-0.03	0.56	0.0146707319
1	5	6.95	0.26	0.20	0.78	0.12	0.06	0.11	0.39	-0.06	0.0025847609
1	9	1.39	0.54	0.17	0.89	0.28	0.10	-0.20	-1.02	-0.76	0.1576821689
1	10	2.85	0.40	0.15	1.81	0.36	0.08	0.21	0.23	-0.43	0.0213388825
1	13	4.90	0.37	0.22	0.40	0.15	0.07	-0.61	-0.55	-0.95	0.3217981471
1	15	3.41	0.35	0.21	0.39	0.17	0.07	-1.50	-0.75	-0.39	0.4355078383
1	16	3.41	0.35	0.21	0.39	0.17	0.07	-0.07	-1.32	-0.82	0.0748778323
1	18	2.19	0.58	0.21	1.34	0.25	0.12	1.46	-1.51	-0.56	1.2300830959
1	25	1.41	0.61	0.20	0.88	0.25	0.12	1.10	-0.79	0.17	0.1476984656
1	26	6.95	0.26	0.20	0.78	0.12	0.06	-1.22	-1.18	-0.41	0.5869670920
1	38	6.95	0.26	0.20	0.78	0.12	0.06	-0.80	-0.21	-0.45	0.0753541101
1	40	1.41	0.61	0.20	0.88	0.25	0.12	0.00	-0.02	-0.05	0.0000034651
1	41	5.41	0.17	0.21	0.79	0.15	0.07	0.83	-1.15	-1.10	1.0461840008
1	42	5.33	0.23	0.21	0.78	0.13	0.06	-0.89	0.71	-1.31	0.8219544217
1	44	1.41	0.61	0.20	0.88	0.25	0.12	-1.37	1.18	-0.74	1.1942109178
1	48	6.95	0.26	0.20	0.78	0.12	0.06	0.65	1.53	0.09	0.0933825689
1	51	1.41	0.61	0.20	0.88	0.25	0.12	-0.11	0.28	-0.45	0.0138870951
1	54	1.39	0.54	0.17	0.89	0.28	0.10	-1.55	1.64	-1.65	4.2065087023

图 5-5 标准化处理后的数据表示例

(1) 典型工况预选

针对各类等级道路和服务水平，以 Z 特征值为指标，选择最小的前 20 个工况作为典型工况的预选集合。以快速路—基本畅通情况为例，正加速度—速度散点图如图 5-6 所示。所选择的 20 种工况中的前 10 种如图 5-7 所示。

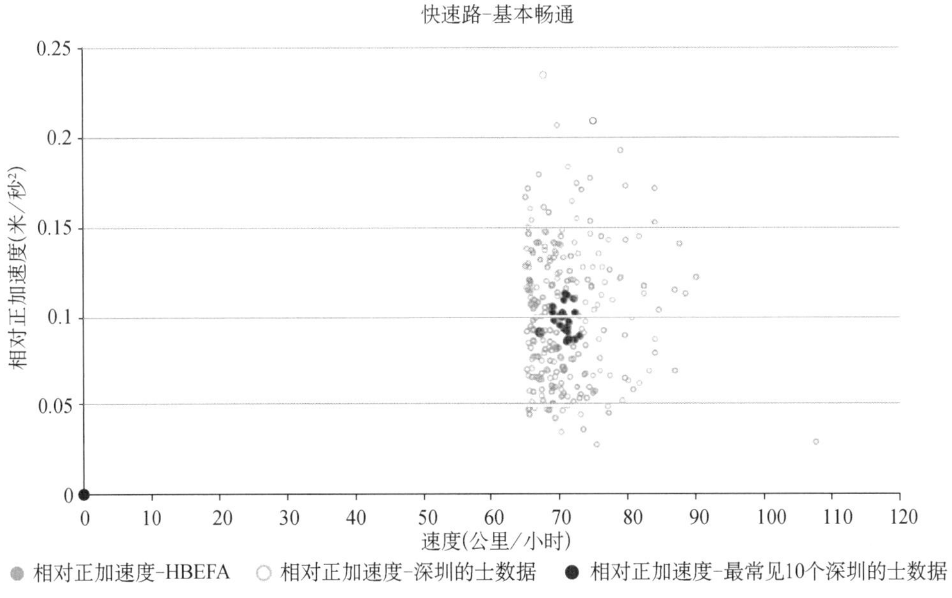

图 5-6 快速路-基本畅通情况下相对正加速度—速度散点图

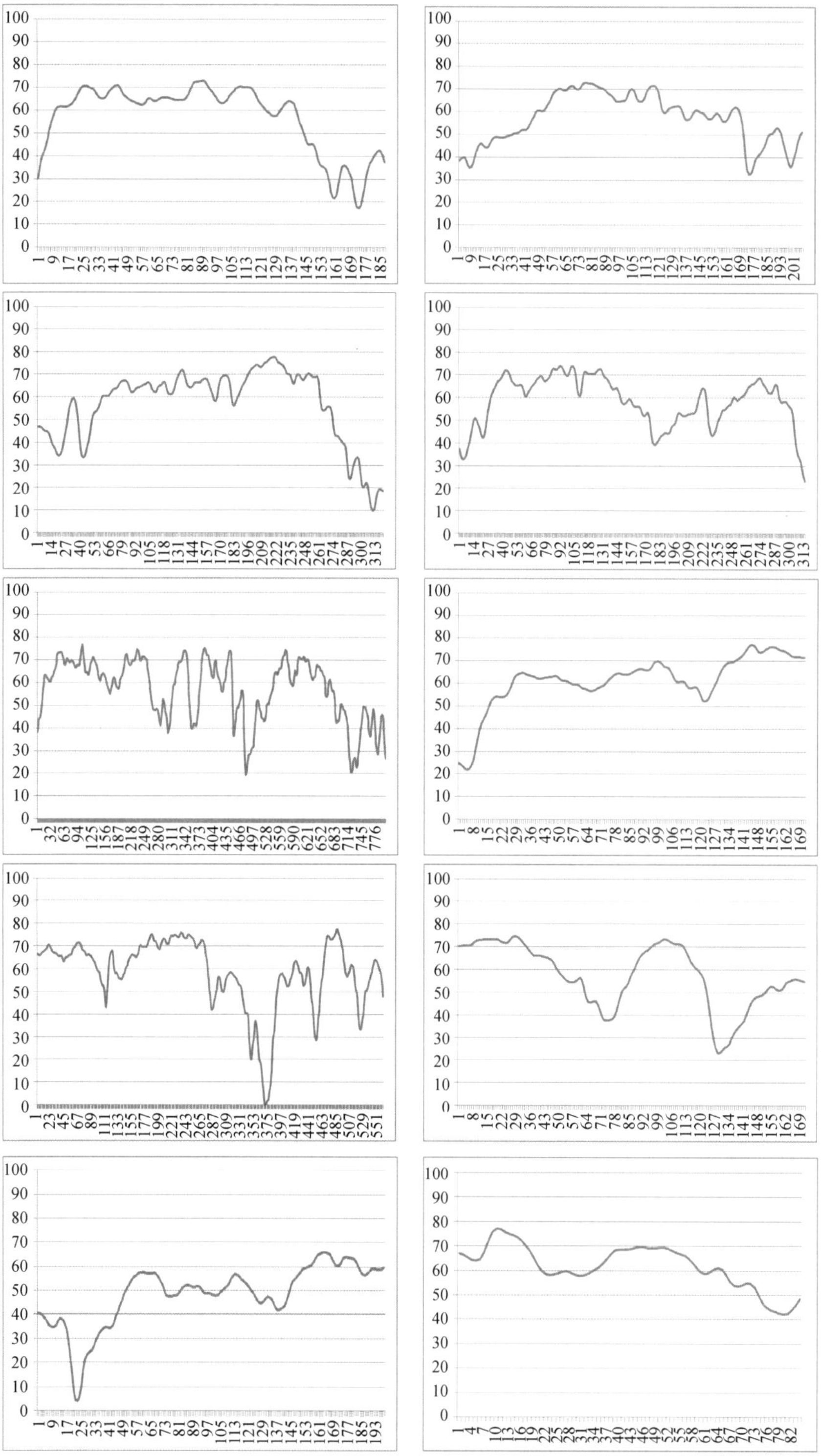

图 5-7 快速路—基本畅通情况下前 10 种工况曲线图

（横轴单位：秒 纵轴单位：公里/小时）

(2) 典型工况确定

基于典型工况的预选集合，根据以下标准选择能够代表深圳市各类道路等级、各级服务水平下交通运行特征的典型工况：

① 所选择典型工况的平均速度、停车时间比和相对正加速度指标应处于典型工况预选集合的中间位置。

② 所选择工况的时间—速度曲线必须与对应的道路等级、服务水平下的交通运行特征大致相符。

③ 所选择典型工况在导入 PHEM 模型后计算获得的能耗数据较为合理。

④ 对于特定等级的道路，不同服务水平下的典型工况各项指标应符合其变化趋势，例如停车时间比应随着服务水平降低而递增。

以高快速路—畅通情况、高快速路—基本畅通情况为例，典型工况选择如图 5-8 和图 5-9 所示。

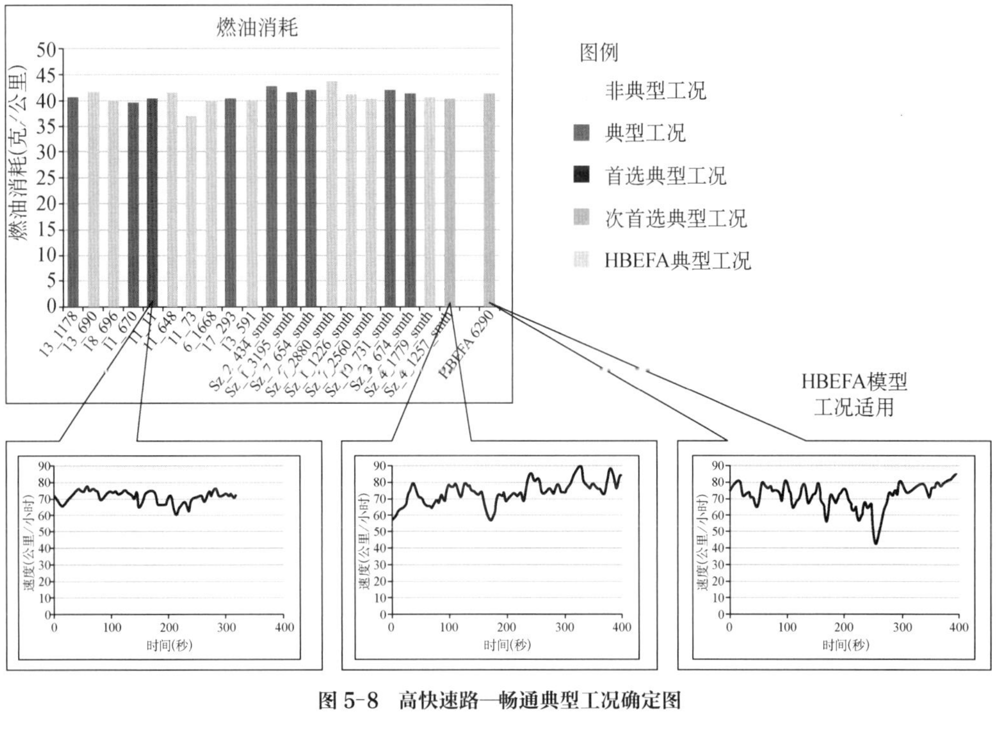

图 5-8 高快速路—畅通典型工况确定图

最终，获得符合深圳实际道路运行情况的典型工况。以小汽车为例，不同等级道路、服务水平下的典型工况如图 5-10 所示。

3. 排放因子本地化

(1) HBEFA 工况对比

如前文所述，本节基于 HBEFA 的排放因子数据库开展本地化研究，通过对比深圳市典型工况与 HBEFA 中的典型工况，若可以对应则直接使用其排放因子。通过对比分析发现，在提

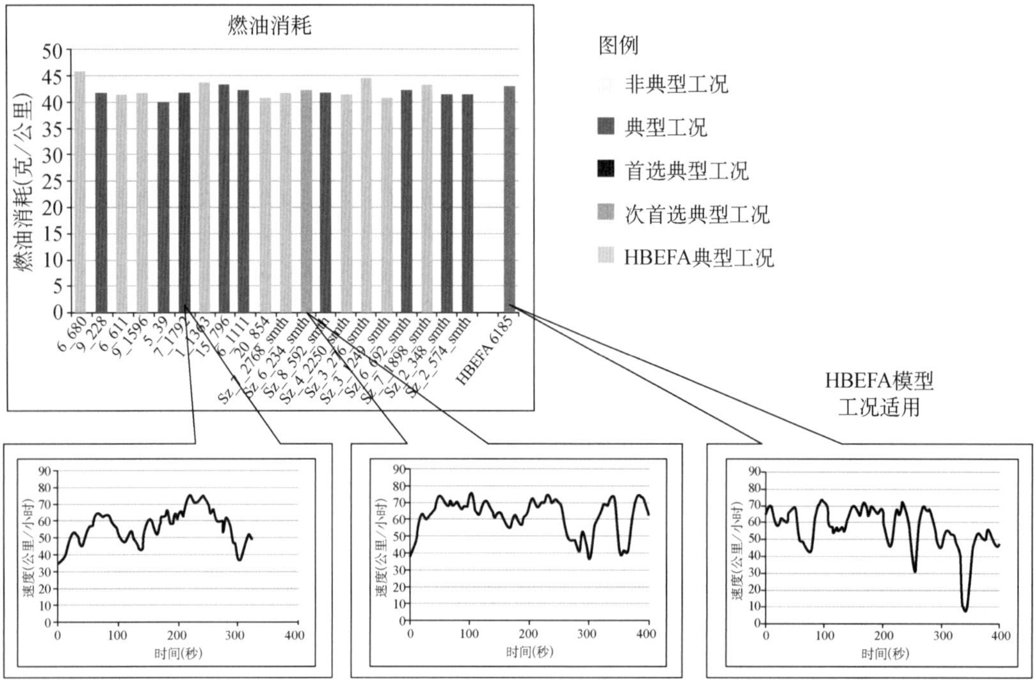

图 5-9 高快速路—基本畅通典型工况确定图

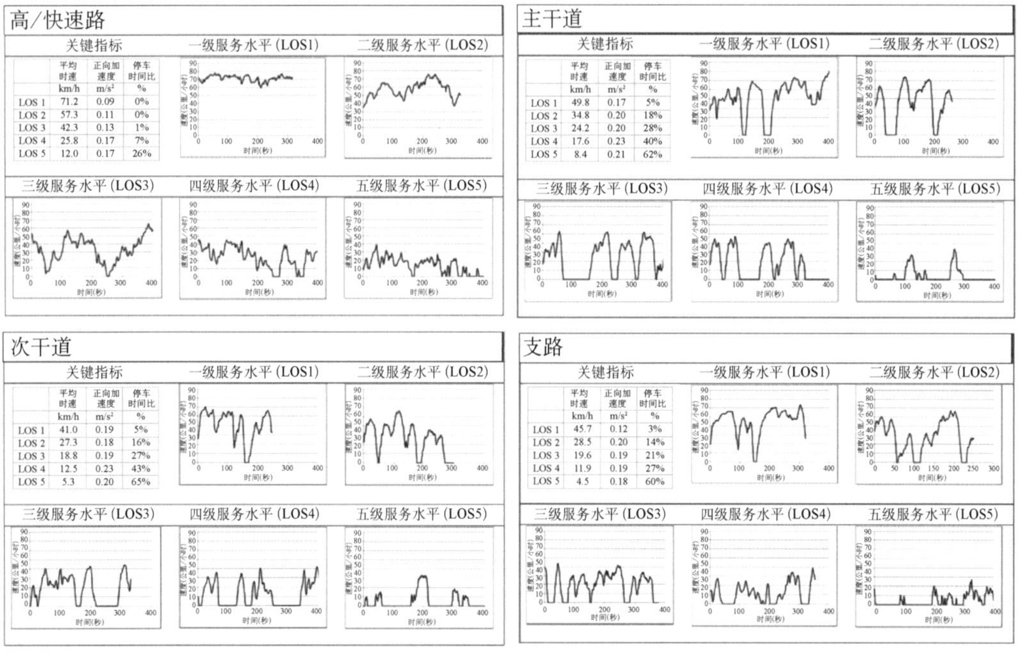

图 5-10 深圳市各等级道路典型工况曲线示意图（小汽车）

取的深圳市典型工况中，约有50%的工况能够直接使用HBEFA中的排放因子，剩余的工况则使用客车和重型车排放模型(Passenger car and Heavy duty Emission Model, PHEM)进行本地化计算。

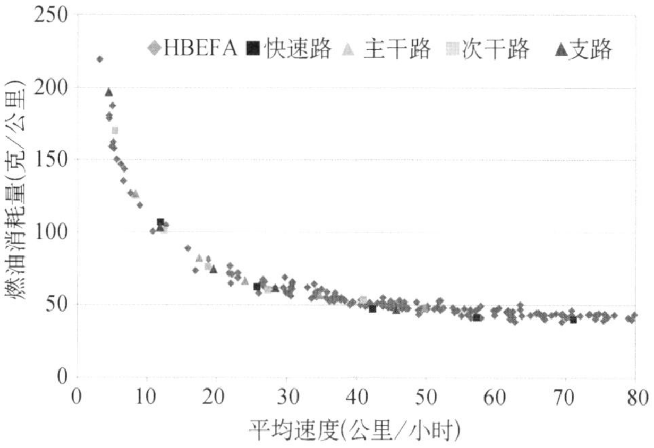

图5-11　深圳与HBEFA中典型工况对比图

(2) 基于PHEM的排放因子计算

PHEM能够利用行驶工况的三个关键参数(平均速度、停车时间比和相对正加速度)计算不同工况下的能耗排放数据。不同工况下的排放受到车辆类型影响，因此本文利用SCR模型对PHEM计算获得的排放因子进行修正。

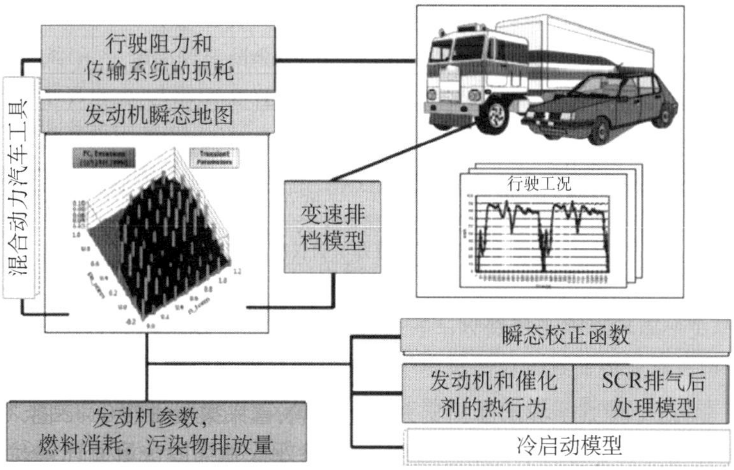

图5-12　利用PHEM模型建立深圳市交通排放因子库示意图

发动机瞬态地图是PHEM模型的核心。通过开展发动机台架试验、底盘测功机和道路测试，记录不同速度、发动机功率情况下的排放值，可绘制得到三维的发动机瞬态地图。利用此地图，可根据发动机功率和发动机速度指标，计算得到车辆燃料消耗量及交通排放量，其中：

(1) 发动机功率：

$$P_e = P_S + P_L + P_A + P_R + P_{Auxiliaries} + P_{Transmission} \tag{5-20}$$

式中，P_S 为发动机克服道路坡度的功率；P_L 为发动机克服空气阻力的功率；P_A 为发动机加速的功率；P_R 为发动机克服滚动阻力的功率；$P_{Auxiliaries}$ 为辅助设备所需的功率。$P_{Transmission}$ 为传输系统损失的功率。

(2) 发动机速度的公式为：

$$n = v \cdot 60 \cdot i_{axle} \cdot i_{gear} \cdot \frac{1}{D_{wheel} \cdot \pi} \tag{5-21}$$

式中，n 为发动机转速(转/分钟)；v 为车辆速度(米/秒)；i_{axle} 为车轴传输比例；i_{gear} 为挡位传输比例；D_{wheel} 为车轮半径。

(3) 本地化结果

借鉴 HBEFA 中排放因子库，基于深圳市道路交通典型行驶工况，利用 PHEM 模型对因子库进行补充，得到不同车型、不同行驶工况条件下，包含 3 500 个排放因子的车辆能耗、CO_2 等温室气体和污染物的排放因子库，其中小汽车排放因子 1 500 个，公交车排放因子 800 个，货车排放因子 1 200 个。

5.1.3 多源数据融合的道路交通运行评价与诊断

选择交通运行指数和平均速度对城市交通道路运行状态进行评价，通过多源浮动车数据融合算法实现对城市道路和高速公路运行速度的精准计算，反映不同道路等级对应的车辆行驶速度情况。同时，结合道路行驶速度和交通流量可计算不同道路等级的车辆出行行程时间比，根据行程时间比与交通运行指数的关系，计算得到不同道路和全路网状态下的交通运行指数。通过选取合适的范围进行交通运行指数和路网平均速度评价，能够有效评估不同时空状态下的道路整体运行状态。本节提出的道路运行评估方法可为道路运行状况的精准评价和交通需求管理施策时空范围的初步选取等提供重要决策支持。

1. 城市道路运行状态跟踪评估

通过多源数据融合获取精准的道路交通指数，结合道路交通指数的空间范围定义，可以清楚地展示不同时间段不同道路的运行状态。同时，通过长期的道路运行状态持续监测，可以直观地反映出道路交通运行的变化趋势，如深圳市 2011—2017 年高峰时段中心城区的交通指数变化图。

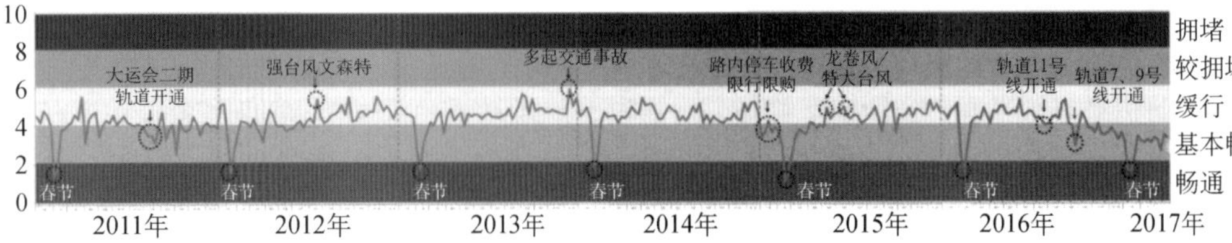

图 5-13 深圳市 2011—2017 年高峰时段中心城区交通指数周变图

2. 城市交通拥堵路段诊断排查

通过多源数据融合分析，获取不同时间、不同空间维度下的道路交通运行指数实时变化情况，统计并评估一定范围内各等级拥堵的持续时间，结合道路交通特征精准分类识别城市交通拥堵情况，有效辨识工作日常发拥堵路段、节假日常发拥堵路段、工作日偶发拥堵路段和节假日偶发拥堵路段不同交通特征(图 5-14)，准确定位拥堵路段。同时，分析交通拥堵形成的原因(如道路施工、交通事件、道路瓶颈点等)及消散机理，可以有效评估道路上不同的道路拥堵情况在时空上的分布规律，为交通拥堵治理提供技术支撑。

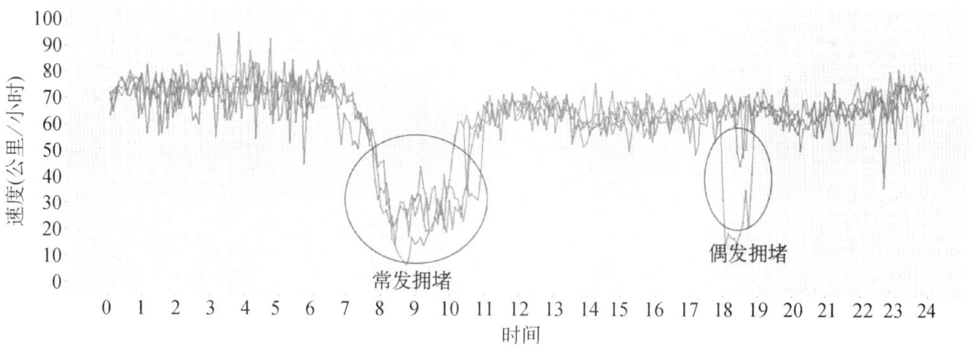

图 5-14 常发拥堵与偶发拥堵特征识别

以深圳市为例，通过对全市道路不同拥堵等级的时长和频率统计分析，排查得出 2018 年深圳全市常发拥堵路段 341 段，总拥堵里程 432.6 公里。其中，高速路 30 段，拥堵里程 149.1 公里，占高速路双向里程的 22.7%；快速路 21 段，拥堵里程 35.4 公里，占快速路双向里程的 11.6%；主干道 214 段，拥堵里程 192.6 公里，占主干道双向里程的 6.7%；次干道 76 段，拥堵里程 55.5 公里，占次干道双向里程的 2.7%。城市道路拥堵路段的识别为交通拥堵治理改善和交通管理政策制定提供了可靠的参考依据。

图 5-15 2018 年深圳市道路交通拥堵路段分布图

3. 重大事件交通运行影响评估

利用本书提出的道路运行评估方法评估重大事件（如轨道交通开通、台风异常天气等）对道路交通运行状况的影响，为政府重大政策和管理措施制定提供数据支撑。以深圳轨道三期7、9号线为例，开通前后全市平均车速增幅约7.3%，7、9号线沿线片区平均车速增幅约8.9%。2017年6月13日，在台风“苗柏”导致的大规模降雨影响下，早高峰的拥堵里程由上周同期的81公里增加至206公里，道路拥堵里程增加了约1.5倍。

图 5-16　台风“苗柏”影响下的早高峰拥堵路段分布

图 5-17　普通工作日早高峰拥堵路段分布

5.1.4 道路交通排放评价与诊断

因子和车队构成数据库本地化工作,从而实现对道路交通能耗和排放的实时测算。通过选取合适的评价范围,该方法模型能够输出目标范围内交通能耗和排放的统计数据,支撑交通排放地图的生成。

以深圳为例,2014 年 7 月 8 日在福田中心区南片区、福田竹子林片区、南山中心区和罗湖田贝片区开展路内停车收费试点工作。在已实施的路内停车收费的基础上,建立路内停车收费费率与交通排放的动态调节机制,并根据实施效果对停车收费方案进行动态调整,保障道路运行和交通排放维持在合理水平。方案实施前后碳排放密度如图 5-18 和图 5-19 所示。方案实施后,深圳中心区交通碳排放降低约 7%,政策实施效果良好。

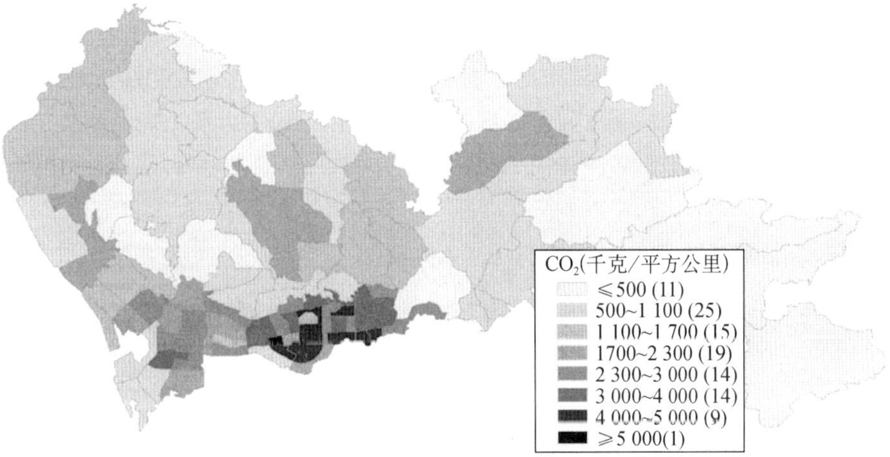

图 5-18 现状分区交通碳排放密度分布

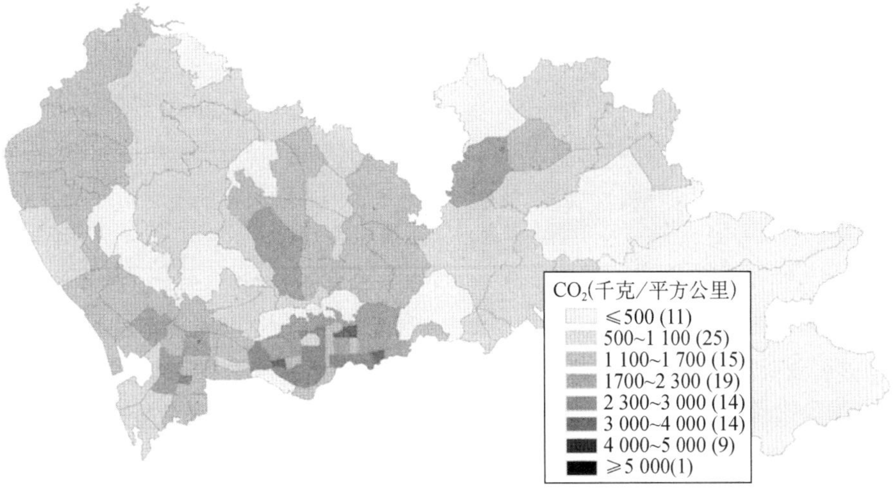

图 5-19 路内停车方案实施后模拟分区交通碳排放密度分布

5.2 交通需求管理政策情景方案评价[167]

5.2.1 深圳交通总体运行与交通需求管理政策公众意向

(1) 城市情况:人口密度位于世界大城市前列

深圳市土地面积约 1 996 平方公里,实际管理人口超 2 000 万,是一座超高密度的超大城市。按建设用地面积计算,2018 年,深圳市人口密度达 1.4 万人/平方公里,仅次于香港、东京都、新加坡三个国际化大都市(图 5-20);而交通出行密度约 3.5 万人次/平方公里,仅次于香港、东京都,位于世界大城市前列(图 5-21)。

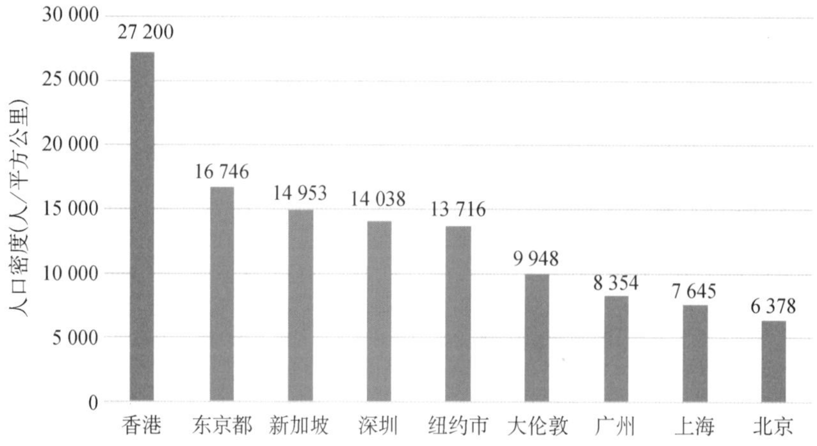

图 5-20 世界各大城市人口密度图

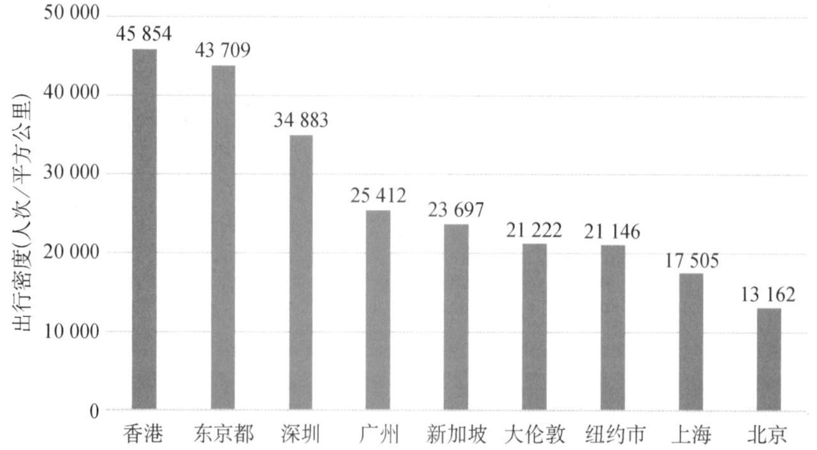

图 5-21 世界各大城市出行密度图

(2) 出行情况:机动化出行需求持续增长,车辆密度居全国第一

2010—2014 年深圳市机动车保有量年均增长 30 万辆,2014—2018 年机动车保有量年均增长 11.5 万辆,全市机动车保有量以一定的速度稳定增长(图 5-22)。当前深圳市车辆密度居全国第一,每公里道路机动车数量超 500 辆,同时私人小汽车千人保有量连续几年位居北上广深等一线城市之首(图 5-23)。

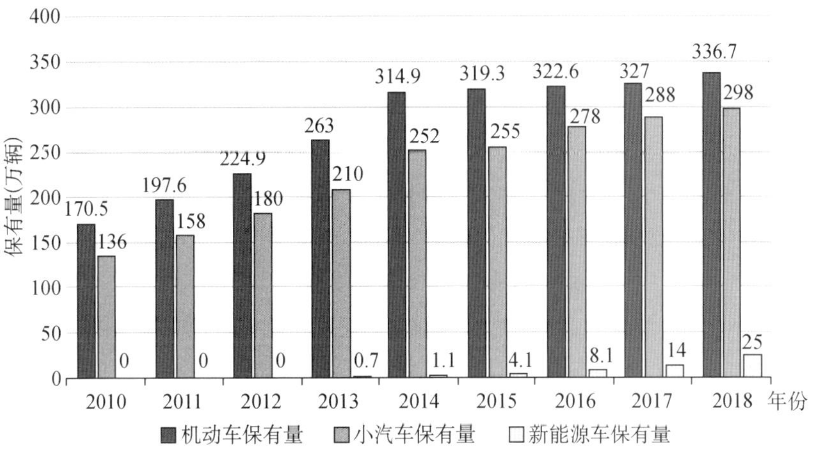

图 5-22 2010—2018 年深圳市机动车、小汽车和新能源车保有量

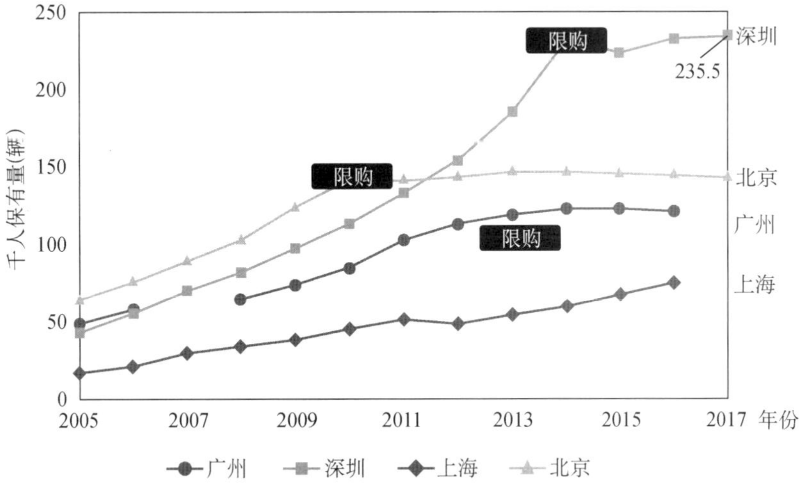

图 5-23 2005—2017 年北上广深私人小汽车千人保有量变化趋势

随着小汽车保有量的增长,小汽车的出行频次也在不断增加,深圳市小汽车的日均出行强度由 2013 年的 1.9 次增加至 2018 年的 2.3 次,处于国际较高水平。

(3) 出行结构情况:小汽车出行吸引力较其他出行方式优势明显

2010 年以来,深圳市小汽车出行在全市机动化出行中的占比始终维持在 40%左右,而常规公交的出行比例却从 2010 年的 37.0%降低至 2018 年的 23.8%,小汽车出行吸引力依然强劲,方式结构优化进入瓶颈期。

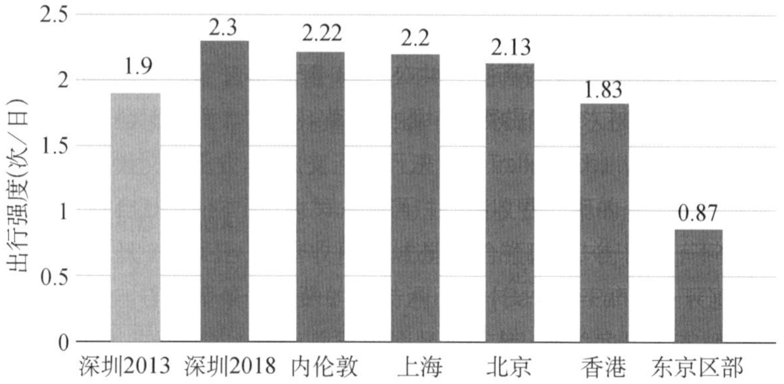

图 5-24 各大城市小汽车出行强度(次/日)

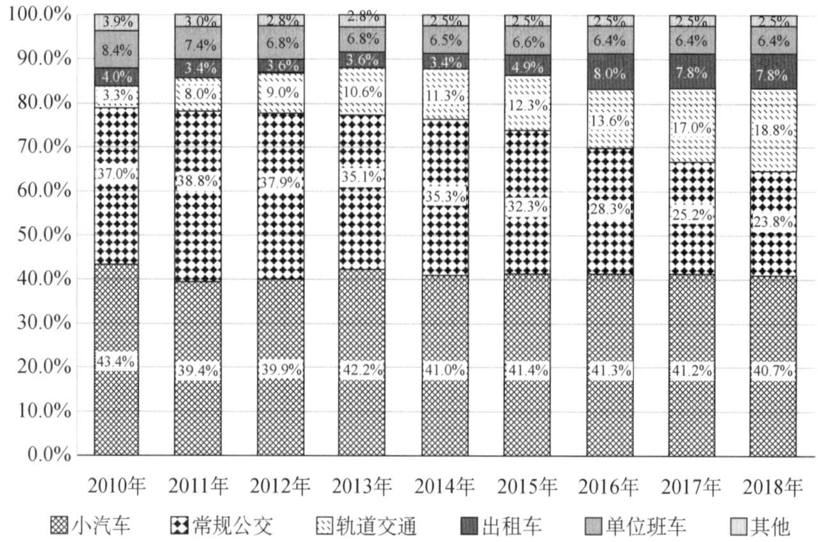

图 5-25 2010—2018 年深圳机动化出行方式比例变化

相对于公共交通出行,小汽车在不同距离的出行上均有较大的优势,尤其是在短距离出行(0~10 公里)和长距离出行(>25 公里)上,小汽车出行比例较高,而中距离出行(15~20 公里)相对较弱;常规公交的吸引力随着出行距离增加而逐渐降低,短距离出行(0~5 公里)相对较有优势;轨道交通的吸引力则随着出行距离的增加先增加后降低,在中长距离(10~25 公里)较有优势。同时,在通勤出行时间上,不同距离的常规公交出行时间是小汽车出行的 1.6 倍以上,轨道交通出行时间是小汽车出行的 1.3 倍以上,小汽车交通的通勤出行时间具有明显优势。

表 5-7 不同距离的各交通方式出行比例与通勤出行时间对比

出行距离（公里）	出行比例			通勤出行时间（分钟）			时间比值	
	小汽车	常规公交	轨道交通	小汽车	常规公交	轨道交通	常规公交/小汽车	轨道交通/小汽车
0～5	44%	42%	14%	10	30	23	3.0	2.3
5～10	42%	32%	26%	20	47	36	2.4	1.8
10～15	37%	22%	41%	32	63	48	2.0	1.5
15～20	35%	20%	45%	42	77	59	1.8	1.4
20～25	39%	19%	42%	51	89	68	1.7	1.3
25～30	46%	16%	38%	61	101	78	1.7	1.3
>30	58%	13%	29%	90	147	113	1.6	1.3

(4) 道路运行情况：全市路网高峰时段拥堵加剧

自 2006 年以来，全市高峰期平均车速随着轨道二期建设(2011 年)、路内停车收费政策(2014 年)、小汽车限购政策(2015 年)和轨道三期建设(2017 年)等规划政策的实施虽然有小范围的波动，但整体呈下降趋势，2018 年全市高峰期平均速度为 26.4 公里/小时，相比于 2011 年下降了 5.7%，拥堵情况呈不断严重趋势。

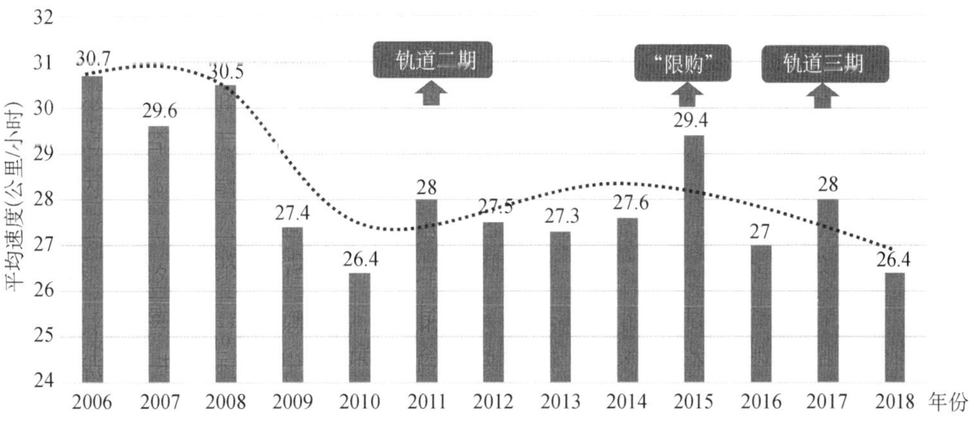

图 5-26 2006—2018 年深圳市全市高峰期平均运行速度

5.2.2 "诊断评价"——确定交通需求管理政策实施范围

(1) 基于道路运行评价初选最拥堵的中心城区高峰时段作为政策实施范围

近年来，深圳市中心城区(主要包括福田区、罗湖区、南山区)道路拥堵逐渐连绵成片，全市拥堵里程从 2014 年的 146 公里增加至 2018 年的 330 公里，中心城区拥堵里程占全市拥堵里程约 65%，增长了 130%。同时，工作日晚高峰时段，罗湖区、福田区和南山区平均车速相对较低，分别为 21.9 公里/小时、23.3 公里/小时和 25.1 公里/小时，较 2017 年降幅分别为 12.4%、10.2%和 9.1%，中心城区交通拥堵相比于其他地区更为严重。

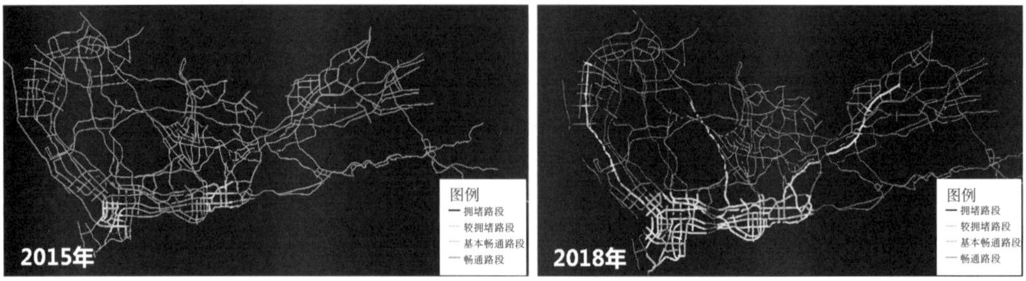

图 5-27 深圳市晚高峰拥堵路段交通指数分布示意图

(2) 基于排放评价研判中心城区交通排放密度也最高，与交通拥堵指向的时空范围基本重合，因此拟选取中心城区高峰时段作为政策实施范围

利用本节提出的交通排放评价方法，获取现状条件下(2019 年 9 月平均全天)全市行政区级及片区级交通能耗排放分布情况，如图 5-28 所示。从行政区级来看，南山、福田、龙华三个行政区总体碳排放密度较高，分别达到了 31 428 千克/(平方公里 · 小时)、19 624 千克/(平方公里 · 小时)、17 618 千克/(平方公里 · 小时)，宝安、罗湖次之，分别达到 15 421 千克/(平方公里 · 小时)、15 142 千克/(平方公里 · 小时)。但从片区级来看，碳排放密度排前 50 的片区中，属于福田、南山、罗湖的片区数量分别为 16 个、13 个和 12 个，远远高于其他行政区，如图 5-29 所示。龙华区整体的碳排密度较高主要是个别小区(深圳北站附近)的高排放引起的。因此，从排放角度来看，选择行政区总体碳排密度大于 15 000 千克/(平方公里 · 小时)且位居前 50 高排放小区占比较高的深圳市中心城区(主要包括福田区、南山区、罗湖区)开展交通需求管理较为合适。结合交通拥堵地图和交通排放地图组合叠加分析可知，高峰时段深圳中心城区是交通拥堵最严重的地区，同时也是交通排放密度最高的地区，二者指向结果基本一致。因此，拟选择深圳中心城区(主要包括福田区、罗湖区、南山区)高峰时段作为实施交通需求管理政策的时空范围。

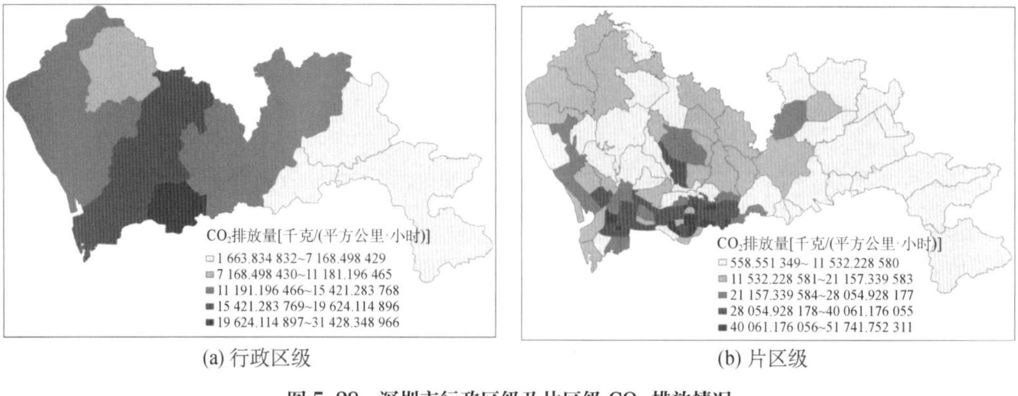

(a) 行政区级　　(b) 片区级

图 5-28 深圳市行政区级及片区级 CO_2 排放情况

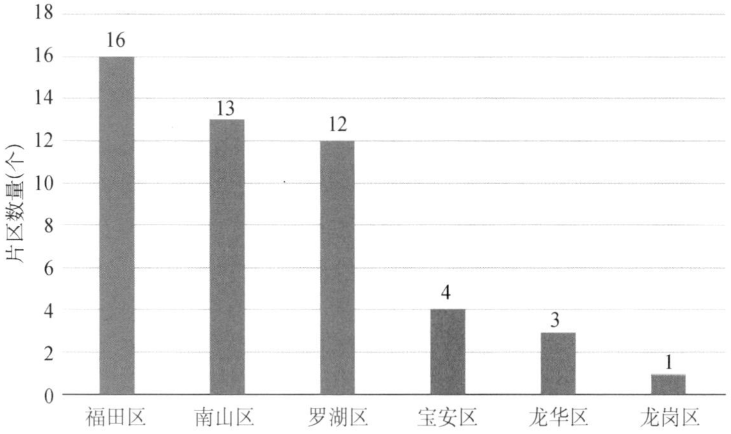

图 5-29 深圳各行政区包含的碳排放密度排前 50 名的片区数量

5.2.3 "约束评价"——评估小汽车可替代性服务能力

深圳市中心城区是深圳最早发展的区域,交通基础设施的建设与服务水平明显优于其他区域(图 5-30),按照公交可达性水平划分,福田、罗湖、南山的水平位列全市前三,根据表 5-8,三区的平均公交可达性指数均高于 15,处于较高水平,在小汽车出行受到需求管理政策限制以后,能够为辖区市民提供可替代的公共交通服务,满足市民出行需求,具备推行需求管理政策的条件。

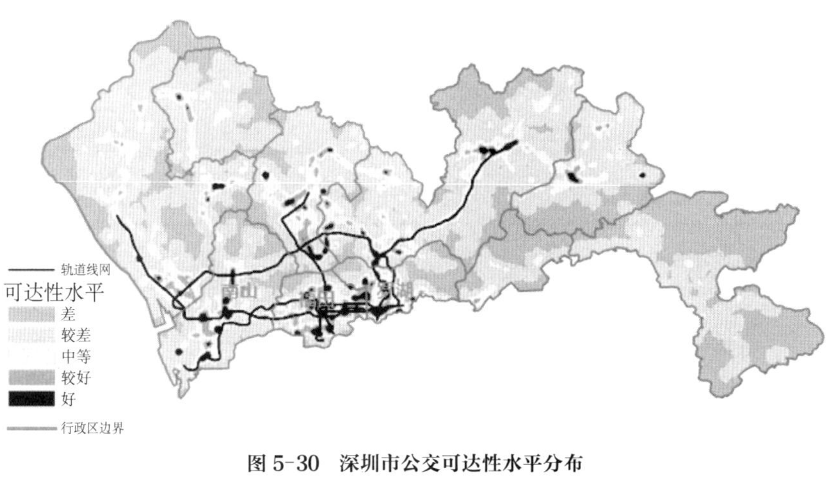

图 5-30 深圳市公交可达性水平分布

表 5-8 深圳市各行政区 PTAL 值

行政区	福田区	罗湖区	南山区	龙华新区	宝安区	龙岗区	光明新区	坪山新区	盐田区	大鹏新区
PTAL 值	37.2	22.2	16.3	15.2	11.9	11.2	9.3	6.5	5.0	1.7

基于高德地图 API 爬取全市主要商办/活动区出发到市域其他地点的公交、小汽车出行时间,

进一步分析全市人员主要商办/活动区域的公交小汽车出行时间比，计算结果如表 5-9 所示，对比可知福田、罗湖、南山主要商办/活动区的公交小汽车相对服务水平显著优于全市其他区域。

表 5-9 深圳市主要商办活动区公交小汽车行程时间比

计算指标 \ 地区	福田华强北	福田CBD	福田车公庙	南山科技园	罗湖商业中心	盐田梅沙区域	龙华坂田华为	龙岗龙城广场	坪山中心	光明中心
平均公交行程时间(分钟)	121	117	118	134	127	129	143	129	169	183
平均自驾行程时间(分钟)	69	60	66	67	59	58	61	58	69	63
平均公交小汽车行程时间比	1.79	1.97	1.92	2.11	2.18	2.22	2.42	2.39	2.77	3.09

通过“诊断评价”和“约束评价”发现，深圳市中心城区（主要包括福田区、罗湖区、南山区）高峰时段交通拥堵、交通排放最为严重，且公交服务可达性也相对最好，因此选择中心城区（主要包括福田区、罗湖区、南山区）高峰时段作为交通需求管理政策实施的时空范围较为合适。

5.2.4 交通需求管理政策情景方案

交通需求管理政策大致可分为购置限额、停车收费、拥堵收费、便捷轨道交通、尾号限行、公交优惠等多种类型。一般来讲，交通需求管理政策是以一种政策为主，辅以其他多种需求管理政策形成的成套政策体系。其中，拥堵收费以及停车收费在时空精准调节、全对象调控、可操作性等方面具有优势，因此各个国家和地区一般以拥堵收费或停车收费作为根本性的政策，如表 5-10 所示。

表 5-10 典型国家和地区需求管理政策

国家/城市	拥有环节	使用环节	
		根本性政策	辅助政策
新加坡	车辆配额制度	拥堵收费	1. 停车收费、燃油税、附加注册费 2. 扩展公共交通模式和服务 3. 降低车辆购置税和拥有权税 4. 中心区外大规模提供保障性住房等
东京	车辆自备位	高额停车费	1. 开通班车服务 2. 设立循环巴士 3. 错峰上下班(学)制度 4. 设立 HOV 道路等
伦敦	—	拥堵收费	1. 降低公交票价、增加公交发车班次等 33 策 2. 提供替代绕行方案 3. 优化信号配时 4. 建立停车控制区等

本文以深圳中心城区(主要包括福田区、罗湖区、南山区)未来拟采取的拥堵收费和停车收费两种交通需求管理政策为例(图5-31),通过预设不同的拥堵收费、停车收费费率及两种政策组合的应用情景,测试不同政策的实施效果。

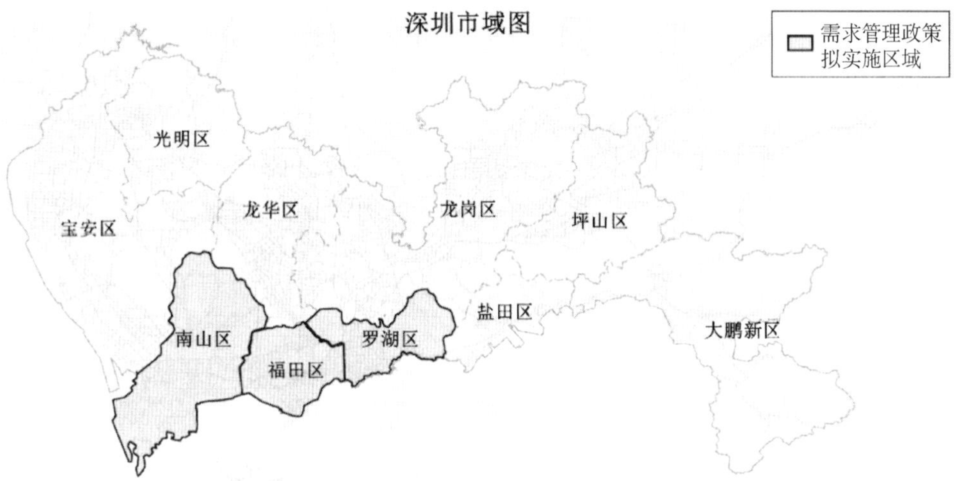

图5-31 深圳市交通需求管理政策拟实施范围示意

1. 单一政策——拥堵收费政策情景方案

本节借鉴国内外交通需求管理政策情况,共预设了8种需求管理政策情景进行测试,其中包括4种固定型费率,即在收费时段内在收费区域根据行车公里数以固定费率收取费用;以及4种阶梯费率,即对7:00—10:00、16:30—19:30时段征收拥堵费,其中高峰(8:00—9:00)按最高费率,高峰前后半小时(7:30—8:00、9:00—9:30)的准高峰折减,准高峰前后半小时(7:00—7:30、9:30—10:00)再折减,其余时段免费。各个政策的收费参数如表5-11所示。

表5-11 测试的不同拥堵收费政策情景

编号	政策内容	政策参数(元/公里)
0	现状:不收费	
1	固定费率(对7:00—10:00、16:30—19:30征收拥堵费,其余时段免费)	3
2		2.6
3		1.5
4		0.6
5	阶梯费率:对7:00—10:00、16:30—19:30时段征收拥堵费,其中高峰(8:00—9:00)按最高费率,高峰前后半小时(7:30—8:00、9:00—9:30)的准高峰折减,准高峰前后半小时(7:00—7:30、9:30—10:00)再折减,其余时段免费	3.0/2.6/1.5
6		2.5/2.1/1.2
7		2.0/1.7/1.0
8		1.5/1.3/0.8

注:在固定费率情况下,0.6元/公里定价是参考高速公路收费标准;1.5元/公里定价是扣除燃油、停车等成本后的出租车收费标准;2.6元/公里定价是现行出租车收费标准;3元/公里是综合核算基建、噪声、污染、拥堵等内外部成本后的定价。阶梯费率根据固定费率的四个等级进行制定。

2. 单一政策——路外停车收费政策情景方案

目前，深圳全市共有政府定价（政府指导价）的停车场约 600 个，包括景区、公园、体育场、口岸、枢纽等大型公共设施附带的停车场。通过调整此类停车场停车费率，调节中心城区交通流量。由于各个停车场所处区域属性不同，收费标准各有差异。为简化模型计算，在本案例应用过程中，在 TransPaaS 平台进行计算时，简化采用平均值（首小时 10 元，3 元/小时）作为现状停车收费政策。在进行模型测试时，共预设了 4 种不同的停车收费政策情景，如表 5-12 所示。

表 5-12 测试的不同路外停车收费政策情景

编号	政策内容
0	现状：首小时 10 元，3 元/小时
1	首小时 10 元，5 元/小时
2	首小时 10 元，4.5 元/小时
3	首小时 10 元，4 元/小时
4	首小时 10 元，3.5 元/小时

3. 组合政策——拥堵收费+路外停车收费政策情景方案

将拥堵收费政策与路外停车收费政策组合，形成成套的交通需求管理政策，进行模型测试。本节选择 4 种拥堵收费政策与 2 种停车收费政策进行组合，共制定了 8 种政策组合情景，如表 5-13 所示。

表 5-13 测试的组合政策情景

编号	拥堵收费	政策参数（元/公里）	停车收费
0	现状：不收拥堵费，停车费首小时 10 元，3 元/小时		
1	固定费率（7:00—19:30 征收拥堵费，其余时段免费）	3	首小时 10 元，5 元/小时
2			首小时 10 元，4 元/小时
3		1.5	首小时 10 元，5 元/小时
4			首小时 10 元，4 元/小时
5	阶梯费率：对 7:00—10:00、16:30—19:30 时段征收拥堵费，其中高峰（8:00—9:00）按最高费率，高峰前后半小时（7:30—8:00，9:00—9:30）的准高峰折减，准高峰前后半小时（7:00—7:30、9:30—10:00）再折减，其余时段免费	3.0/2.6/1.5	首小时 10 元，5 元/小时
6			首小时 10 元，4 元/小时
7		2.0/1.7/1.0	首小时 10 元，5 元/小时
8			首小时 10 元，4 元/小时

将上述设定的需求不同政策输入 TransPaaS 平台，进行城市交通仿真运行，获取主要评价指标和评价结果。

5.2.5 “综合评价”——交通需求管理政策评价分析

除获取多维综合评价结果外，在评价过程中同样利用熵权 TOPSIS 输出了交通运行、能耗排放、公交设施资源和公众参与四个层面的评价结果，以帮助解释不同管理政策的优劣，其中，公众参与方面的评价结果来自市民意愿调查。在进行评价时，各项指标取施策空间范围内各项指标数据的均值进行处理。

1. 单一政策——拥堵收费政策情景评价分析

不同拥堵收费政策下，各项指标数值以及利用熵权 TOPSIS 方法输出的各个指标的权重如表 5-14 所示，交通运行、能耗排放、设施资源、公众参与等各方面评价指标数值如表 5-15 所示，多维综合评价下的各政策贴近度如图 5-32 所示。

表 5-14 拥堵收费政策情景下各项指标权重

类别	指标	平均权重
交通运行	道路运行指数	0.165 412
	日均车公里(万公里)	0.112 842
能耗排放	车均能耗(升/100 公里)	0.121 118
	交通碳排放(千克/平方公里)	0.065 292
	污染物排放(千克/平方公里)	0.133 605
设施服务	公交服务可达性	—
	公交小汽车行程时间比	0.145 798
公众参与	支持度	0.135 621
	适应度	0.120 311

表 5-15 拥堵收费政策情景下各项指标数值

指标	政策 1	政策 2	政策 3	政策 4	政策 5	政策 6	政策 7	政策 8	现状
道路运行指数	2.6	2.8	3.1	3.8	2.9	3.2	3.4	3.6	3.9
日均车公里(万公里)	3 015	3 125	3 269	3 314	3 124	3 216	3 310	3 295	3 422
车均能耗(升/100 公里)	7.6	8.2	9.1	9.2	7.9	8.1	8.5	8.9	9.6
交通碳排放(千克/平方公里)	4 125	4 216	4 301	4 562	4 216	4 315	4 597	4 625	4 897
污染物排放(千克/平方公里)	401	423	432	478	413	426	449	468	489
公交服务可达性	15	15	15	15	15	15	15	15	15
公交小汽车行程时间比	2.7	2.5	2	2.2	2.8	2.6	2.5	2.4	2.3
支持度	36%	38%	42%	45%	38%	43%	45%	46%	48%
适应度	38%	22%	17%	6%	36%	25%	18%	12%	0

从表 5-15 和图 5-32 中可以看出，在交通运行和能耗排放两个方面，拥堵收费政策中费率强度与需求管理政策实施效果基本呈正相关关系，即收费费率越高，交通运行和能耗排放改善越好；而从设施资源角度来看，由于公交小汽车行程时间比公交车行程时间与小汽车行程时间之间的比值确定，拥堵收费政策的实施导致小汽车和公交车运行速度双提升，但由于公交车停靠上下客等原因，公交小汽车行程时间比提升并不明显，有一定波动性。从公众参与角度来看，较高费率的政策的民众支持度相对较低，但会促使民众改变其交通出行方式。

从综合评价来看，在现有 8 项政策中，政策 5(阶梯费率，3.0/2.6/1.5 元/公里)综合效果

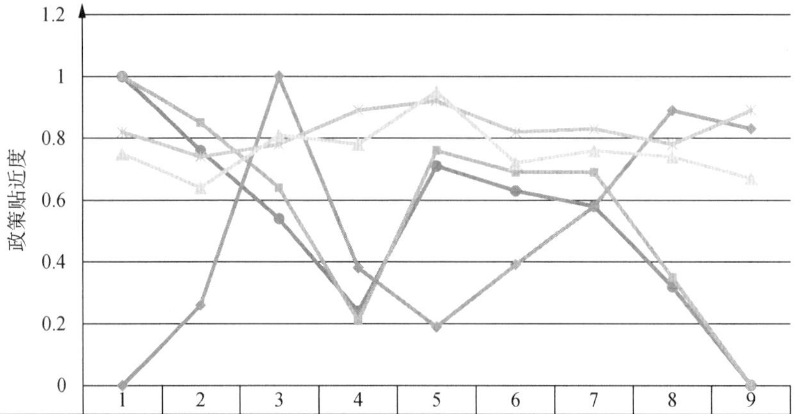

	1	2	3	4	5	6	7	8	9
交通运行	1	0.76	0.54	0.24	0.71	0.63	0.58	0.32	0
能耗排放	1	0.85	0.64	0.21	0.76	0.69	0.69	0.35	0
设施服务	0	0.26	1	0.38	0.19	0.39	0.58	0.89	0.83
公众参与	0.82	0.74	0.78	0.89	0.92	0.82	0.83	0.78	0.89
综合	0.75	0.64	0.81	0.78	0.95	0.72	0.76	0.74	0.67

图 5-32 拥堵收费政策情景评价结果

最好，公众意愿度也相对最高。观察四种固定费率趋势，最优和次优的是政策 3（固定费率，1.5 元/公里）和政策 4（固定费率，0.6 元/公里），因此在进行政策调校时，考虑向降低费率的方向调整，即 0.6～1.5 元/公里之间，如使用 1 元/公里的费率。从阶梯费率来看，除了政策 5（阶梯费率，2.0/1.7/1.0 元/公里）外，其他政策的效果均有较大的降低，在进行费率调整时，考虑将费率向政策 5 和政策 6 之间的取值调整。固定费率与阶梯费率之间的调整取值可以通过比较两类政策最优政策结果，将综合效果最优的政策作为最终优选政策。

2. 单一政策——路外停车收费政策情景评价分析

不同路外停车收费政策下，各项指标数值以及利用熵权 TOPSIS 方法输出的各指标权重如表 5-16 所示，交通运行、能耗排放、设施资源、公众参与等各方面评价指标数值如表 5-17 所示，多维综合评价下的各政策贴近度如图 5-33 所示。

表 5-16 路外停车收费政策情景下各项指标权重

类别	指标	平均权重
交通运行	道路运行指数	0.1458 07
	日均车公里（万公里）	0.081 678
能耗排放	车均能耗（升/100 公里）	0.189 186
	交通碳排放（千克/平方公里）	0.154 925
	污染物排放（千克/平方公里）	0.118 25
设施服务	公交服务可达性	—
	公交小汽车行程时间比	0.113 806
公众参与	支持度（%）	0.106 229
	适应度（%）	0.090 119

表 5-17　路外停车收费政策情景下各项指标数值

指标	政策 1	政策 2	政策 3	政策 4	现状
道路运行指数	2.5	2.7	3.2	3.6	3.9
日均车公里(万公里)	3 120	3 215	3 325	3 368	3 422
车均能耗(升/100 公里)	8.5	8.8	9.2	9.4	9.6
交通碳排放(千克/平方公里)	4 102	4 256	4 426	4 759	4 897
污染物排放(千克/平方公里)	401	415	435	468	489
公交服务可达性	15	15	15	15	15
公交小汽车行程时间比	3.1	2.9	2.6	2.4	2.3
支持度	36%	39%	45%	46%	48%
适应度	18%	14%	9%	6%	0

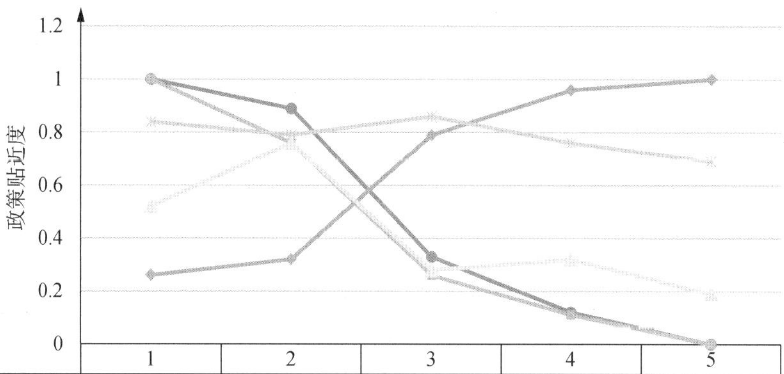

	1	2	3	4	5
交通运行	1	0.89	0.33	0.12	0
能耗排放	1	0.76	0.26	0.11	0
设施服务	0.26	0.32	0.79	0.96	1
公众参与	0.84	0.79	0.86	0.76	0.69
综合	0.52	0.76	0.28	0.32	0.19

图 5-33　路外停车收费政策情景评价结果

分析表 5-16 可以发现，相对于拥堵收费，路外停车收费对于能耗排放相关指标影响较大，即停车管理政策对于能耗排放方面的改善较大。

从表 5-17、图 5-33 数据结果来看，停车管理政策与拥堵收费政策类似，交通运行及能耗排放的变化与政策力度基本呈正相关关系，即收费费率越高，交通运行和能耗排放越能得到改善；而从设施资源角度来看，公交小汽车行程时间比现状均有所提高，路外停车收费政策的实施导致小汽车和公交车运行速度双提升，但由于公交车停靠上下客等原因，公交小汽车行程时间比提升并不明显，反而出现了公交小汽车行程时间比下降的情况。从公众参与角度来看，较高费率的政策民众支持度相对较低，但也会促使民众改变其交通出行方式。

从综合评价来看，将现状的首小时 10 元，3 元/小时路外停车收费政策调整至首小时 10 元，4.5 元/小时(政策 2)效果最佳；次优为政策 1(首小时 10 元，5 元/小时)。在进行政策调整时，考虑向 4.5～5 元/小时的区间调整收费。

3. 组合政策——拥堵收费+路外停车收费政策情景评价分析

不同拥堵收费＋路外停车收费组合政策下，各项指标的数值以及利用熵权 TOPSIS 方法输出的各个指标的权重如表 5-18 所示，交通运行、能耗排放、设施资源、公众参与等各方面评价指标数值如表 5-19 所示，多维综合评价下的各政策贴近度如图 5-34 所示。

表 5-18 组合政策情景下各项指标权重

类别	指标	平均权重
交通功能层面	道路运行指数	0.180 488
	日均车公里(万公里)	0.246 004
环境影响层面	车均能耗(升/100 公里)	0.093 341
	交通碳排放(千克/平方公里)	0.106 804
	污染物排放(千克/平方公里)	0.082 913
公交设施服务层面	公交服务可达性	—
	公交小汽车行程时间比	0.078 003
公众参与层面	支持度	0.110 692
	适应度	0.101 754

表 5-19 组合政策情景下各项指标数值

指标	政策 1	政策 2	政策 3	政策 4	政策 5	政策 6	政策 7	政策 8	现状
道路运行指数	2.5	2.6	2.7	2.9	3.1	3.2	3.4	3.6	3.9
日均车公里(万公里)	2 956	3 126	3 265	3 321	3 015	3 112	3 269	3 359	3 422
车均能耗(升/100 公里)	7.2	7.6	8.5	8.7	7.4	7.6	8.1	8.2	9.6
交通碳排放(千克/平方公里)	4 026	4 264	4 269	4 436	4 126	4 316	4 426	4 659	4 897
污染物排放(千克/平方公里)	345	378	392	421	386	403	416	436	489
公交服务可达性	15.0	15.0	15.0	15.0	15.0	15.0	15.0	15.0	15.0
公交小汽车行程时间比	3.3	3.1	3.0	2.8	3.1	3.0	3.9	2.8	2.3
支持度	25%	32%	36%	39%	35%	36%	38%	41%	48%
适应度	34%	32%	29%	27%	31%	25%	14%	12%	0

分析表 5-18 可以发现，拥堵收费和路外停车收费组合政策对道路运行方面影响更大，能够较好地降低道路拥堵。

表 5-19、图 5-34 数据结果显示，从交通运行和能耗排放方面来看，政策收费力度与政策实施后的效果基本呈正相关，与单一政策下的趋势相近。同时，从表 5-19 能看到组合政策下的效果要强于单一政策。从公众参与角度来看，固定费率政策支持率要低于阶梯费率政策，表明更柔性精准的政策更能争取市民理解。从综合评价结果来看，组合政策 3(拥堵收费：固定费率 1.5 元；路外停车收费：首小时 10 元，5 元/小时)是各类组合政策中效果最好的政策，公众接受支持度也相对最高。次优的为政策 5(拥堵收费：阶梯费率 3.0/2.6/1.5/小时；路外停车收费：首小时 10 元，5 元/小时)。可以看到，在各自固定/阶梯费率的拥堵收费类型中，均达到了最优。在进行政策调校时，需要首先单独考虑固定/阶梯费率下最优路外停车收费费率，提取各自最优政策；而后对两个政策进行对比，选择综合评价最优的政策确定为最终优选

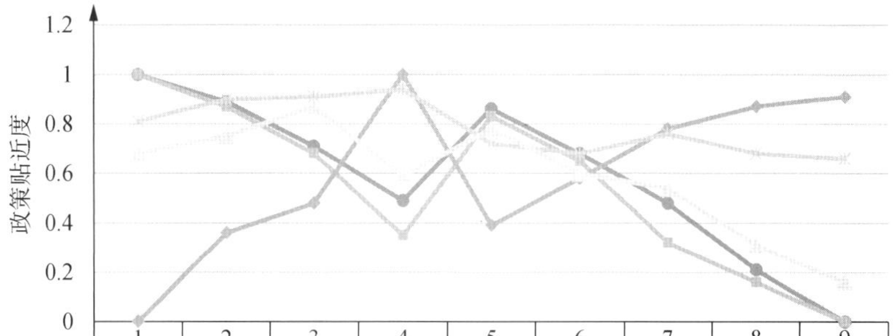

	1	2	3	4	5	6	7	8	9
交通运行	1	0.89	0.71	0.49	0.86	0.68	0.48	0.21	0
能耗排放	1	0.87	0.68	0.35	0.83	0.65	0.32	0.16	0
设施服务	0	0.36	0.48	1	0.39	0.58	0.78	0.87	0.91
公众参与	0.81	0.9	0.91	0.94	0.72	0.68	0.76	0.68	0.66
综合	0.68	0.75	0.87	0.59	0.78	0.6	0.54	0.31	0.16

图 5-34　组合政策情景评价结果

政策。

上述案例应用表明,本文所提出的“诊断评价—约束评价—综合评价”的闭环评价方法能够为交通需求管理政策制定和实施提供有效支撑。

5.3　交通拥堵收费政策制定——长期博弈妥协达成决策共识[137]

本节针对中长周期治理场景,选取交通拥堵收费政策制定进程和疫情下出行行为响应两个案例开展量化分析,通过长时期网络舆情跟踪分析,归纳凝练移动性管理过程的多元主体价值认知趋同与博弈协作形成,对治理结果和效果进行判断。

5.3.1　纽约交通拥堵收费三轮提案背景

曼哈顿区地处纽约市西侧、新泽西州东侧,是纽约市面积最小、人口最为稠密的行政区,汇集了金融、教育、医疗、休闲及交通中转等多项功能,面临严峻的交通拥堵问题。受到地理阻隔,纽约其他行政区的居民进出曼哈顿需要通过横跨哈德逊河(Hudson River)和东河(East River)的桥梁和隧道,包括连接布鲁克林区的 3 座桥梁和 1 条隧道、连接皇后区的 2 座桥梁和 1 条隧道、连接布朗克斯区的 2 座桥梁(其中 1 座与皇后区共通),新泽西州居民也可以通过 1 座桥梁和 2 条隧道来往曼哈顿。

1968 年,纽约市公共运输局(New York City Transit Authority)和三区桥梁与隧道管理局(Triborough Bridge and Tunnel Authority, TBTA)合并为纽约大都市区交通署(Metropolitan Transportation Authority, MTA)。时任纽约市长的约翰・洛克菲勒(John D. Rockefeller)将桥梁

和隧道过路费收入纳入地铁系统，一方面缓解当前公共交通系统的财政危机，另一方面应对交通拥堵。因此，曼哈顿区和纽约、新泽西州各区的连接桥隧中，仅有布鲁克林大桥(Brooklyn Bridge)、曼哈顿大桥(Manhattan Bridge)、威廉斯堡大桥(Williamsberg Bridge)和皇后区大桥(Queensboro Bridge)4 座桥梁可免费通行，通过受到 MTA 和纽约-新泽西港口事务管理局(Port Authority of New York and New Jersey, Port Authority)管辖的桥梁隧道均需要支付通行费，哈德逊河和东河上的桥隧收费情况如图 5-35 所示。

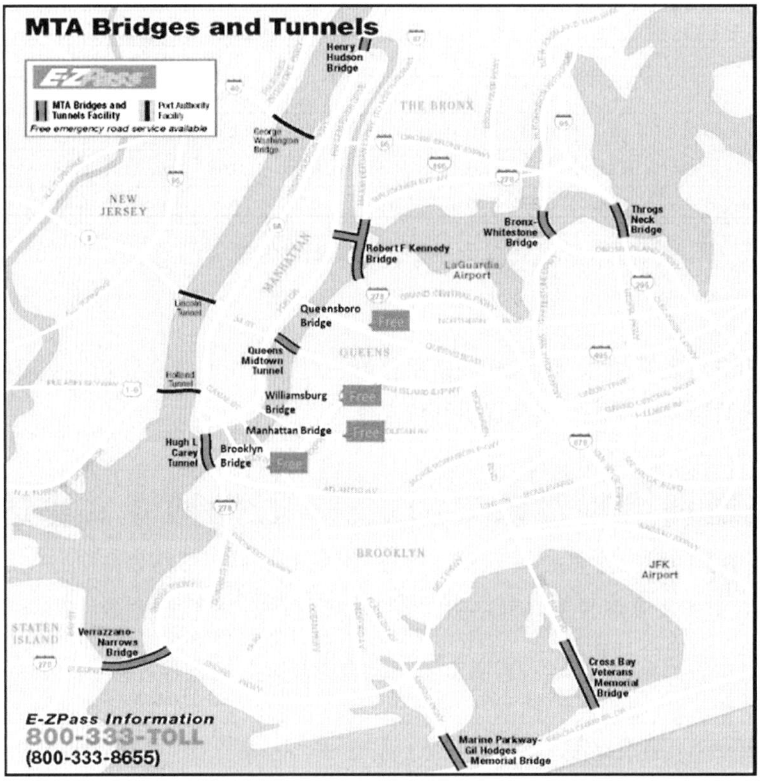

图 5-35 曼哈顿及其周边行政区及新泽西州的桥隧通道分布及收费示意图

1. 首轮市长提案（2007 年，迈克尔 · 布隆伯格）

时任纽约市长的迈克尔·布隆伯格(Michael Bloomberg)于 2007 年 4 月提出城市可持续发展计划(PlaNYC 2030 — A Greener Greater New York, PlaNYC 2030)，包括交通改善、可负担住房、清洁能源、空气质量提高等多项计划，其中拥堵收费计划是唯一需要纽约州立法机关批准且获得州财政支持的部分[184]。布隆伯格市长提案借鉴了伦敦、新加坡和斯德哥尔摩的收费方案经验，计划开展三年试点，最终由纽约市和州两级政府决定是否永久实施。

提案将拥堵区设置为曼哈顿 86 街以南，对使用收费通道的车辆收取通行费和拥堵费的差额，收费方案如图 5-36 所示。提案规定拥堵收费时段为工作日 6:00—18:00，每天收取一次费用，费率按小汽车 8 美元/天、卡车 21 美元/天计算，对黄色出租车和绿色营运车辆(For-hire Vehicles, FHVs)豁免，但起讫点位于收费区的出租车将被加收 1 美元费用。提案规定了较为灵活的支付方式，包括使用美国的公路电子收费系统(E-ZPass)或车牌识别系统等无接触操作，在零售店以现金、信用卡支付，通过电话或网络缴费。PlaNYC 2030 计划预估，拥堵收费方案将实现曼哈顿 CBD 内部交通流下降 6.3%，平均车速提高 7.2%，其他行政区行程车速也将有所提高。

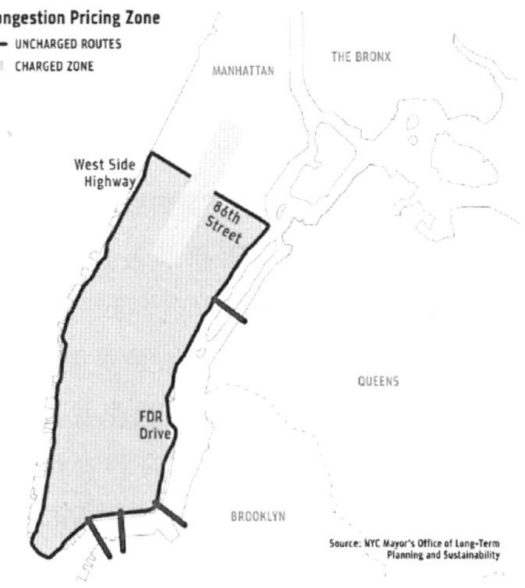

图 5-36 PlaNYC 2030 的收费方案

为评估收费策略和推荐缓堵方案，州立法机关成立了由州长、州议会、参议院、纽约市议会、纽约市长等 17 名成员组成的缓解交通拥堵委员会 (Traffic Congestion Mitigation Commission, TCMC)。2008 年 1 月，TCMC 委员会投票表决通过了拥堵收费提案(简称“TCMC 委员会提案”)并发布最终方案。相比于布隆伯格市长提案，TCMC 委员会提案将收费区域缩小至曼哈顿 60 街以南，豁免所有在曼哈顿 CBD 内部通行的车辆，同时向低排量卡车发放折扣(图 5-37)。TCMC 委员会评估报告显示，TCMC 委员会提案将产生每年 4.91 亿美元的收益。

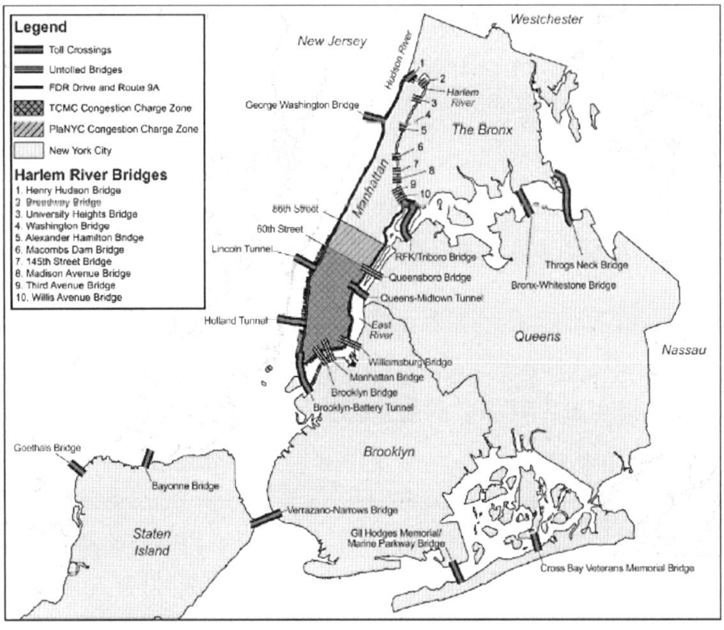

图 5-37 TCMC 委员会提案相比于 PlaNYC 2030 的调整

TCMC 委员会提案于 2008 年 3 月接受纽约市议会投票，由于小部分小汽车使用者的压倒性反对，该提案最终未在州议会进入投票表决环节[185]。否决票主要来自布鲁克林区、皇后区和史坦登岛。布鲁克林区和皇后区对曼哈顿的免费通道依赖性高，若提案通过将增加通行东河桥梁的费用。

2. 二轮交通委员提案（2015 年，山姆 · 施瓦茨）

2013 年，纽约交通委员山姆·施瓦茨(Sam Schwartz)在提出的 Move NY 计划中纳入了曼哈顿拥堵收费计划，他建议对所有东河的桥梁收费，目的是引导交通在外围通行而非穿行曼哈顿。收费计划一经公布受到社会公众广泛质疑，随后经历了多轮费率调整，最终在 2015 年 2 月发布最终方案 Move NY[186]，旨在完善纽约市收费系统、减少交通拥堵的同时为城市交通系统筹措资金。

Move NY 计划将收费区域设定为 60 街以南(在 96 街以南对出租车收取附加费)，对进出曼哈顿 CBD 的车辆收取相同的费率，同时降低外行政区通道费用，其中 60 街以南和与之相连的东河通道费用大约是外围桥梁收费的两倍，以往免费的 4 座东河桥梁由于位于 60 街以下均被收费，MTA 管辖的主要外行政区桥隧的通行费降低 45%，收费方案如图 5-38 所示。Move NY 计划采用不停车收费系统(Electionic Toll Collection, ETC)，对在 MTA 管辖桥梁使用 E-ZPass 通行的车辆优惠 39%～48%。计划单程收费费率为 2.50 美元，使用 E-ZPass 收费 3.04 美元，无 E-ZPass 收费 5.05 美元，外围桥梁通行费在每个方向下降 1 美元。Move NY 计划规定所有在曼哈顿 CBD 区域内通行的车辆均被收费。收费对象方面，Move NY 计划规定穿越曼哈顿 CBD 区域的卡车和其他商用车每天支付一次通行费，其他小汽车每次穿越 60 街或东河桥隧时支付 5.54 美元(E-ZPass 支付)或 8 美元(现金支付)，对黄色出租车和绿色营运车辆豁免收费，但包含每 3 英里多收取 1.40 美元的附加费用。

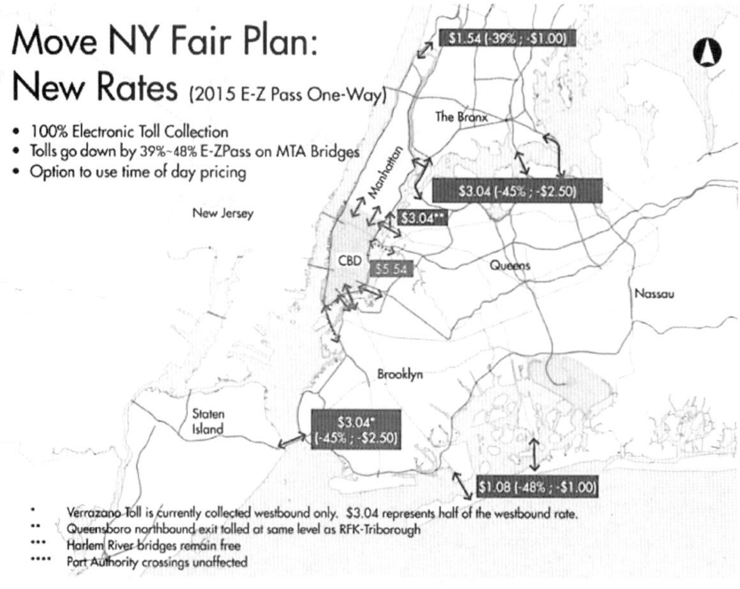

注:图中通道费用注释为当前费率(升降幅度;升降费率)。

图 5-38 2015 年 2 月 Move NY 计划拥堵收费区域和费率规定

施瓦茨委员希望通过 Move NY 计划差异化道路使用收费的形式大幅缓解交通量，预测未来的通行费涨幅将遵循外行政区主要桥隧占曼哈顿 CBD 区域通行成本 55% 的比例。Move NY 计划预测，每天往返曼哈顿 CBD 的小汽车出行将减少 10 万次，大部分出行将转变为公交出行，曼哈顿 60 街以南区域的小汽车出行时间将缩短 15%～20%，预计曼哈顿出租车服务的乘客周转量将增加 15%。据预算，Move NY 计划将筹集 15 亿美元的净年度收入，预计将 75% 划为MTA公交系统改善,25%划为支持纽约市交通运输管理局(New York City Department of Transportation, NYC DOT)的道路和桥梁建设。

2016年纽约州引入Move NY计划,但最终未通过立法机构批准,最大反对者来自皇后区等周边行政区。

3. 三轮州长提案(2017年,安德鲁·科莫)

2017年6月,纽约市地铁延误和拥挤失修相关投诉达到高峰,MTA宣布进入紧急状态。此时,伦敦和斯德哥尔摩等其他拥堵城市陆续成功实施拥堵收费策略。在此背景下,时任纽约州州长的安德鲁·科莫(Andrew Cuomo)认为拥堵收费时机已到,重新起草了拥堵收费提案。相比于第一轮布隆伯格提案,科莫州长提案的主要目的是为城市交通筹集资金,减少道路拥堵的同时兼顾郊区通勤者需求。此外,该轮提案的实施技术手段相比于第一轮存在大幅改进,将利用开放道路收费系统(open road tolling),车辆通过收费无需大幅减速。

由于科莫州长方案并未确定收费区域、时间和费率等收费细节,为此纽约州政府在2017年9月成立Fix NYC委员会开展研究。2018年1月,Fix NYC委员会发布报告,提出推荐采用根据时段和地理区域的收费方案[187]。Fix NYC委员会方案规定对高峰时期驶入曼哈顿区60街以南区域的车辆进行收费,对在96街以南的营运车辆收取费用,晚间和周末是免费通行时段。方案规定收费对象包括小汽车、卡车、出租车、营运车辆、网约车(Transportation Network Companies,TNCs),小汽车每次最多支付11.52美元,卡车最多支付25.34美元,出租车和营运车辆每次服务需支付2~5美元附加费,通过布鲁克林大桥或皇后区大桥到达曼哈顿后立即通过外围FDR Drive快速路驶离的车辆将无需缴费。

Fix NYC委员会推荐采用"两年二阶段"的收费实施计划。第一阶段是改善曼哈顿区和其他城市行政区、周边州的交通连通性,吸引出行者向公共交通转移,第二阶段重点是向出租车、网约车、营运车辆收费,第三阶段是对所有进入曼哈顿CBD区域60街以南的小汽车和卡车实施收费。方案中明确了第二阶段的收费标准,按照工作日和周末、全天时段、区域内和跨区通行、收费区域(60街以南还是90街以南)等因素实施分类费率方案。Fix NYC委员会报告预估,实施计划的第二阶段将实现1.55亿~6.05亿美元年收入,第三阶段实现8.1亿~11亿美元年收入。Fix NYC报告结论得到州政府的认可,科莫政府建议Fix NYC委员会在推荐方案与政策偏好之间留有余地,以便就降低外区桥梁通行成本等问题寻求折中方案。

与前几轮提案相比,本轮Fix NYC方案具有三个特点:①本次拥堵收费计划成形的先决条件是州长大力支持,然而时任市长比尔·白思豪(Bill de Blasio)也持摇摆态度。最初,白思豪市长认为拥堵收费会损害居住在曼哈顿区以外的中产阶级和低收入开车群体的利益,主张通过征收富人税(millionaires tax)实现改善交通拥堵的目的。Fix NYC委员会通过论证,其他行政区仅有4%的居民开车前往曼哈顿工作,且超过一半属于高收入群体。白思豪市长随后公开承认该计划相比于以往版本有所改进,态度从反对转变为谨慎对待,仍然强调拥堵收费计划还需要获得州政府承认,更倾向于采用累进所得税(progressive income tax)制应对交通拥堵。②未沿用上一轮Move NY方案的费率规定,旨在降低从郊区通过MTA管辖桥隧出行的过境成本。③相比于前几轮拥堵收费提案和城市交通状况,2017年纽约地铁紧急状态的现实需要成为科莫州长将拥堵收费方案推荐给立法机关的重要契机。

4. 提案通过（2019 年，安德鲁·科莫）

2019 年 1 月，科莫州长宣布一项包含拥堵收费的州预算。同年 2 月，科莫州长和白思豪市长首次达成共识，共同宣布一项旨在修缮 MTA 公共交通系统运营的十步骤计划，包括要求在 2020 年 12 月之前制定拥堵收费方案。科莫州长拥堵收费提案再次被纳入 2019 年纽约州预算。2019 年 4 月 1 日，纽约州议会正式通过《交通出行法案》(Traffic Mobility Act, TMA)并批准 2019 年 3 月的拥堵收费计划。自此，纽约市成为第一个通过拥堵收费提案的美国城市。

按照《交通出行法案》的规定，拥堵收费区域是曼哈顿区 60 街以南，不包括 FDR Drive 和 West Side 快速路以及连接这两条快速路的巴特利公园(Battery Park)地下通道。收费方案提出对客运车辆每日最多收费一次，豁免对象包括紧急车辆、接送残疾人车辆和收费区内低收入居民群体。按计划，国家预算拨款 1 亿美元用于安装新的收费技术和基础设施，三区桥梁与隧道管理局负责此次计划的建设、运营和维护，设立交通出行审查委员会(traffic mobility review)。计划将筹措资金目标设定为，为 2020—2024 年度 MTA 投资计划提供至少 150 亿的资金支持，其中 80%用于改善纽约市内公共交通和地铁系统，20%平均分配给长岛铁路(Long Island Railroad, LIRR)和纽约大都会北方铁路(Metro North Railroad)的建设。此外，三区桥梁与隧道管理局负责与纽约市交通运输管理局联合公布拥堵收费计划对城市交通拥堵、空气质量和排放的影响评估结果。

2019 年 9 月，纽约区域计划协会(Regional Plan Association, RPA)发布拥堵收费专题报告 *Congestion Pricing in NYC: Getting it right*[188]，包括费率方案、豁免对象、预期收益、环境评估和健康影响等内容。图 5-39 是纽约区域计划协会报告对收费区域和费率的规定。RPA 报告提出白天统一费率、高峰时段低费率、高峰时段中等费率、高峰时段高费率四种推荐定价情景，

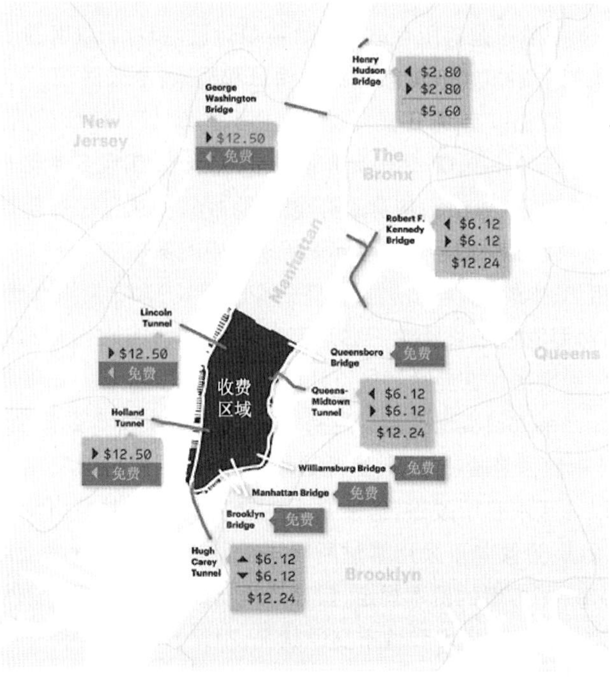

图 5-39　2019 年 9 月 PRA 协会发布的拥堵收费方案

预计将为 MTA 筹集 150 亿美元资金。本次方案同样采纳了三阶段实施计划，首先提高曼哈顿区与周边区域的公交连通性，并在几年内持续扩大共享单车服务，为居民提供更多出行选择，提高出行者对拥堵收费的适应度与支持度。

综上所述，自 2007 年布隆伯格在城市可持续发展计划（PlaNYC 2030）中首次正式提出拥堵收费计划，纽约市拥堵收费计划经历了 2007 年、2015 年、2017 年三轮大修订，最终于 2019 年获得议会通过，发展历程如图 5-40 所示。在不同政策背景和城市交通状况下，三轮提案在收费目的、收费区域、费率与豁免政策、社会公众态度、提案结果等方面存在差异，如图 5-41 所示。

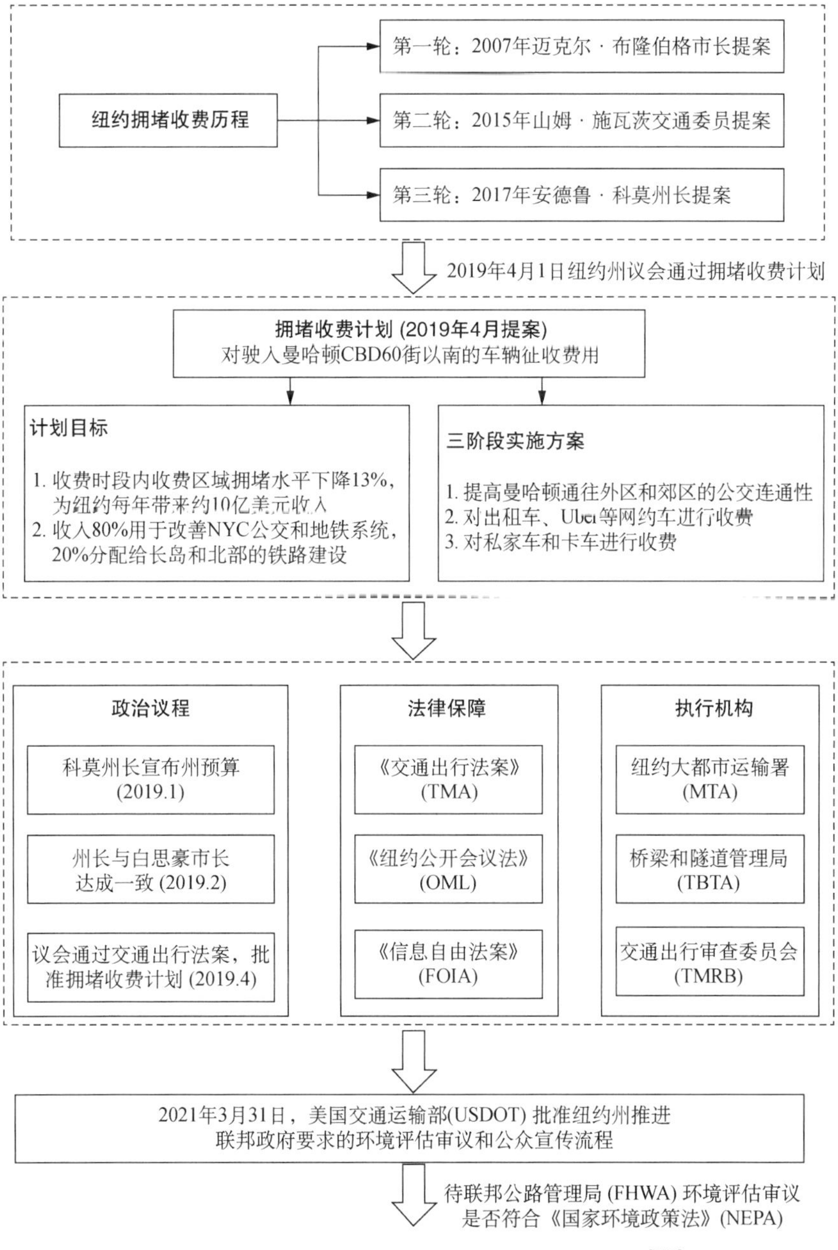

图 5-40 纽约市 13 年间交通拥堵收费计划发展历程表[137]

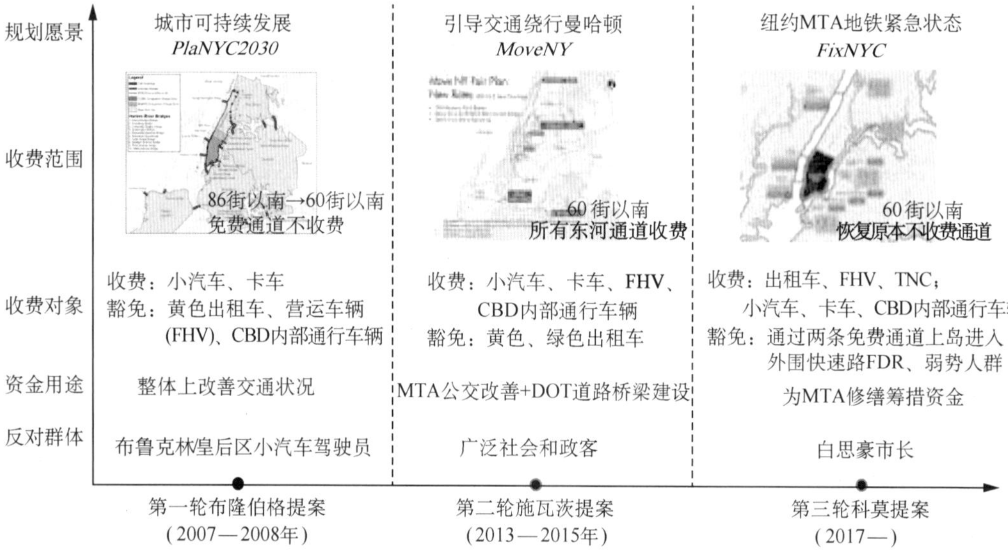

图 5-41 纽约三轮拥堵收费提案重要内容总结[137]

5.3.2 纽约拥堵收费政策研究框架与推特数据集描述

1. 研究分析框架

本研究通过背景研究、文本处理和自然语言分析三个步骤挖掘分析纽约拥堵收费政策推进过程的多元主体态度认知差异与演进(图 5-42)。在上节政策过程时间线梳理的基础上,通过采集纽约拥堵收费推特数据集,开展三模块分析:一是通过对活跃发文用户和被频繁提及用

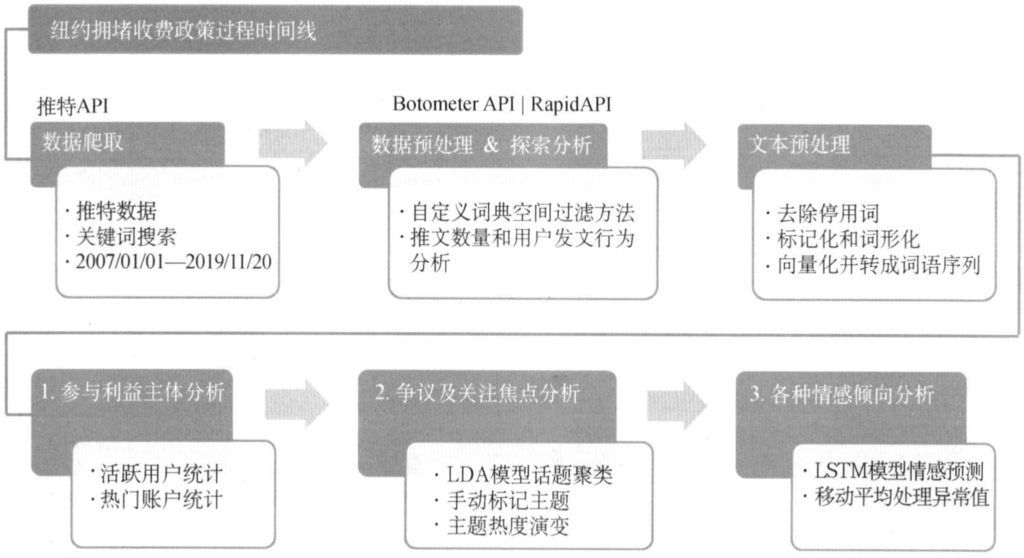

图 5-42 拥堵收费舆情数据建模分析流程图

户的维度，挖掘受到拥堵收费提案影响或影响拥堵收费政策进程的关键利益主体；二是建立无监督学习的文档主题模型，分析拥堵收费政策推进不同阶段公众关注焦点与议题的演进；三是通过公众态度变化分析政策议程不同利益主体的博弈协作、认知逐渐趋同的形成与机制，从而基于拥堵收费多年份政策过程观察构建交通政策治理框架。

2. 数据采集与预处理

本研究以拥堵收费英文关键词对 2007 年 1 月至 2019 年 10 月期间进行数据获取，共计采集 11.9 万用户发布的 22.6 万条推特推文数据。进一步从推文数据集和用户属性数据集两方面进行空间过滤，得到限定纽约市地理空间范围的数据集。数据集清洗流程如表 5-20 所示，清洗后数据量为 69 186 条(占原始推文数据集的 30.6%)，参与用户规模 25 371 人(占原始用户数据集的 21.2%)。

为修正推特平台近本身用户规模剧增对政策事件发文量的偏差影响，本研究进行归一化处理，还原公众关注趋势规律等信息量。具体而言，基于推特平台 2010—2019 年全球季度月活用户数量增长数据进行插值处理，填补 2007 年 1 月至 2010 年 1 月以及 2019 年 3 月至 2019 年 10 月的 MAU 缺失值。进一步进行标准化处理，以原始推文数据和清洗后推文数据分别除以月活用户数量得到标准化后的推文数量值，用来表征在推特平台进行政策事件讨论的关注度趋势。结果如图 5-43 所示。

表 5-20 数据清洗流程数据量情况

	推文条数	推文抽样比例	用户数量	用户抽样比例
A. 推文数据集				
1. 原始推特数据集	225 944	100.00%	119 545	100.00%
2. 提取纽约相关推文	47 731	21.13%	24 578	20.56%
3. 剔除其他案例推文	44 181	19.55%	22 344	18.69%
B. 用户数据集				
1. 原始用户数据集	—	—	119 545	100%
2. 标记地理位置用户	—	—	95 129	79.58%
3. 标记位置 NYC	25 745	—	7 369	6.16%
合并数据集				
合计	69 186	30.6%	25 371	21.2%

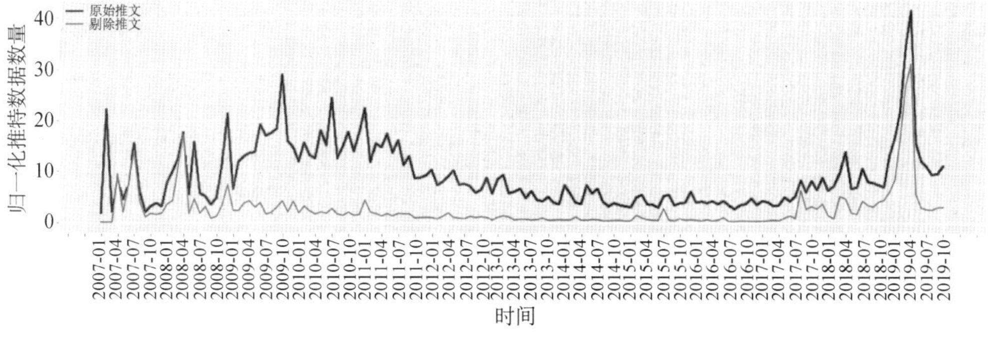

图 5-43 标准化的原始采集推文数据和拥堵收费案例推文的时间序列

5.3.3 纽约拥堵收费政策制定关键主体和争议焦点演变

本节旨在通过量化分析揭示纽约拥堵收费政策从形成到最终通过的关键影响因素,包括三个研究问题:①分析纽约市民在提案修改与推进过程中如何看待和响应;②发现在政策过程中有重要影响或主要受影响的关键利益群体;③挖掘纽约各社会群体的关注点和关注点的转变。

1. 基于关注度量化的直接和潜在利益相关者分析

本研究将通过推特平台高频次发表观点的用户(即"活跃用户")以及高频次被提及的账户(即"高影响用户")界定为两类关键利益相关者。活跃用户表征更倾向于被拥堵收费政策影响(从中受益或利益受损)的人群,因此他们通过高频次发表意见表达支持或反对;高影响用户表征被认为在政策推进过程中有能力发挥重要推动或反对作用的人群,被其他用户频繁提及,能够帮助更广大群体发声。

具体而言,本研究在 2007—2019 年各年份提取了前十位活跃用户和前十位高影响用户,作为年度潜在关键利益相关者集合(记为 100%),对每个年份各用户的发文比例进行累加,得到 2007—2019 年拥堵收费政策过程关键利益主体排序,如图 5-44 所示。

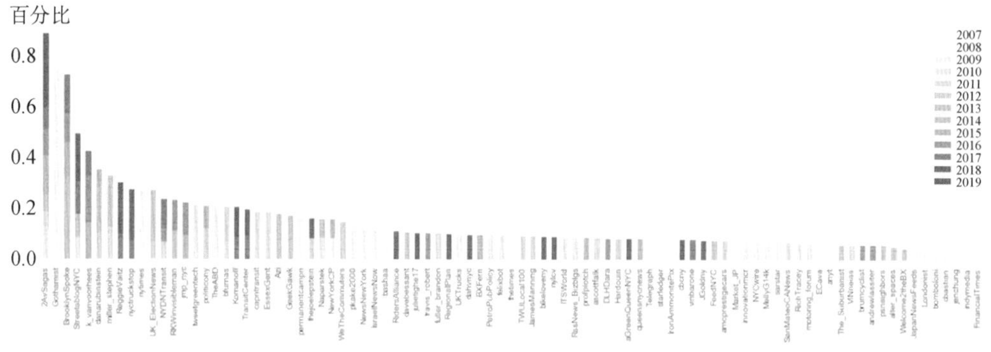

(a) 2007—2019年活跃用户提取汇总

(b) 2007—2019年高影响力用户提取汇总

注:图中柱形颜色的深浅对应不同年份,柱形的长度代表各年份该用户发文量所占比例。

图 5-44 纽约拥堵收费政策过程中关键利益主体排序

按照拥堵收费提案形成与修订过程，本研究基于时间线推测关键利益群体。

(1) 在拥堵收费提案形成初期(2010 年之前)，最感兴趣群体是新闻媒体，其次是政府官员和公共部门(如纽约市政策与计划官员@Mr. Furnas)。随后布隆伯格市长提案经历州议会投票失败后，新的媒体与社会力量加入关注与讨论，如市长官方消息来源@Second Ave. Sagas、城市交通媒体@Streetsblog NYC 和交通新闻@NYDN Transit 等。总体而言，当 2007 年布隆伯格市长首次提出纽约拥堵收费计划时，大部分社会公众并没有参与政策讨论，主要是当地新闻媒体积极跟进提案的内容和结果。

(2) 当提案经历 Move NY 和 Fix NYC 几轮修改后(2017 年前后)，活跃用户包括市长官方消息来源@Second Ave. Sagas 和城市交通媒体@Streetsblog NYC，他们仍然作为公众和政策制定者之间的沟通桥梁，不断通过社交媒体平台更新拥堵收费计划的进度。

(3) 待拥堵收费计划基本稳定后(2018 年以后)，新的活跃用户——白思豪市长成为推特平台话题讨论主要参与者之一。这与其转变立场和多次公开表明观点密切相关：市长在 Fix NYC 拥堵收费计划提出初期持反对态度，接下来两年其与科莫州长进行了多轮充分沟通，最终在 2019 年初达成一致，共同支持推动拥堵收费计划的通过。至此，拥堵收费政治议程的主要决策参与者发生态度变化，政策关注点逐渐聚焦到解决 MTA 筹资问题。因而，作为政策的受损、获益群体关系逐渐明朗。例如，一旦拥堵收费计划实施，小汽车、卡车、出租车等驾驶员将额外支出东河和哈德逊河的通行成本；而 MTA 管理者将因此获得稳定的修缮资金，大大缓解财政压力。从图 5-43(a)活跃用户结果也可以验证这一时期的利益群体代表，包括代表出租车和营运车辆发声的用户@ Ms. Vaitz、卡车和商用车组织@ New York Truck Stop、公共交通组织@TransitCenter 等。

由图 5-43(b)可知，高影响力用户的结果显示出如下特点：2007 年第一轮提案期间网友在选择关键用户时并没有特别的规律，而几轮提案修订后几个特定账号出现，高影响力用户逐渐被社会公众推出。具体而言：①第一轮提案时高影响力账号具有多样身份背景，例如城市和州的政府官员(科莫州长@Governor Cuomo，布隆伯格市长@Mayor Bloomberg，前纽约州议会议员@Mr. Brodsky)、新闻媒体(城市交通媒体@Streetsblog NYC)、其他收费政策(汽车税和汽油定价、纽约市政府服务账号@NYC 311)。尽管 2007 年提案获得市长大力推动及整体民调倾向性支持，但由推特消息分析结果可知，部分公众希望那些质疑计划的财政公平性或环境影响的议员代表为其发声。②在第二轮、第三轮提案时，科莫州长和白思豪市长被最频繁提及，二者对拥堵收费的合理性立场持有不同观点，推断这一时期纽约人对计划的态度也褒贬不一。其次，用户最多提及前交通委员@ Sam Schwarz 以及他提出的计划@Move NY。此外高影响力用户还包括@Streetsblog NYC 等新闻媒介。可以推断，经过几年的宣传普及，这一时期拥堵收费计划已经吸引较多的公众参与关注，他们利用社交媒体积极发声，表达对拥堵收费提案的建议。③2018 年科莫州长最终提案发布前后，从推特平台文观察到三个高影响力用户，分别是政治议程的推动者——科莫州长和白思豪市长和获益者 MTA。此外，作为计划的积极推动者，Uber 也被用户多次提及。

综上所述，通过社交平台观察到普通公众在拥堵收费事件中的逐渐参与过程。科莫州长和白思豪市长同时扮演着最活跃用户和最高影响力用户的角色，也是政治议程的重要推动者和决策者，他们的态度直接决定最终提案结果。此外，活跃群体还包括新闻媒体、其他交通方式（包括卡车、公共交通和出租车）代表机构，他们的利益诉求是提案内容需要考虑与体现的。相比之下，高影响力者主要是持有鲜明立场的主体，一类是计划一旦实施所直接影响的主体，例如 MTA、Uber 等；另一类是在政治议程中起到关键作用的主体，例如各行政区代表、政府议员和交通委员施瓦茨等。

2. 不同政策目标时期公众关注焦点的演变转移

运用 LDA 主题模型生成了拥堵收费政策讨论的 9 个主题分类和关键词。出现次数最多的话题是 1—3，分别是：话题 1“提案的关键要素”，例如设定适当的计划目标、在政治议程上市和州需要达成一致、最终是否获得批准；话题 2“实施和预期效果”，例如，有用户表示，进行拥堵收费可能是当前道路交通或地铁系统的一种解决方案，但是实施该计划将面临前所未有的挑战；话题 3“收费策略的细节”，即向拥挤区域内哪些车辆和车型额外收费，豁免哪些对象。话题 4 是谈论实施计划对于 MTA 筹集资金修缮地铁系统具有重要意义。话题 6 和话题 7 内容较为接近，关于实施拥堵收费计划对整个交通系统、社会、环境带来的影响。话题 8 和话题 9 是关于不同立场群体的公开辩论或非正式讨论。图 5-45 将各个公众争议焦点按其在不同年份的关注程度进行排序，不同颜色代表不同话题。

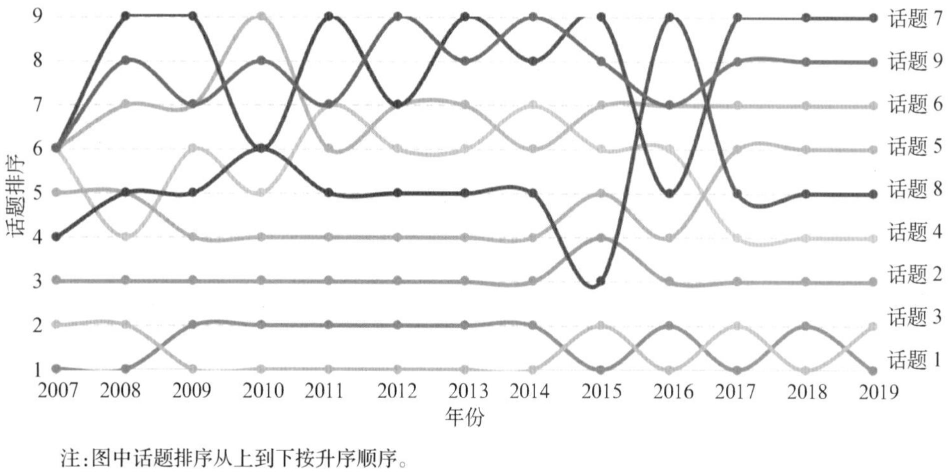

注：图中话题排序从上到下按升序顺序。

图 5-45　9 个拥堵收费争议焦点随年份的关注热度变化

由图 5-43 可知，拥堵收费争议焦点的重要程度以及随时间的转移变迁有以下特点：

(1) 无论提案提出者变化或方案细节变动（如收费地理区域的划定是 60 街以南还是 96 街以南），过去 13 年间纽约市拥堵收费计划的前三争议焦点始终是计划提案的关键要素讨论、目标和预期效果的实现与否、收费方案细节敲定。这三点也应当作为其他拥堵收费政策分析者和决策者放在首位的考虑核心。

(2) 收费计划最终施行的基础设施更新与技术保障在 2016 年之前一直是社会公众关注点，2018—2019 年关注热度逐渐减退。比较典型是 E-ZPass 系统与通道费率的关联。E-ZPass 是北美通行的一种电子收费系统，旨在采用无现金付费方式使得驾驶员快速通行，从而提高通道通行能力和效率。纽约交通部门当初为鼓励驾驶员安装 E-ZPass 设备，向驾驶员提供通行桥隧的优惠折扣。2007 年布隆伯格市长提案和 2015 年施瓦茨委员提案建立在 E-ZPass 和车牌识别系统基础上。出行者除了要面临使用和未使用 E-ZPass 通行时需缴纳不同的通行费用以外（无现金支付整体上可节约 39%～48% 费用），还与交通部门存在用户隐私保护的争议。随着 E-ZPass 系统的进一步推广，最新科莫州长拥堵收费计划建立在开放道路收费技术、路侧蓝牙读取器、车联网技术、智能手机应用程序等多种替代方案的基础上，且实施统一费率。这可以解释 2016 年后技术保障话题为何逐渐淡出公众视线。

(3) 随着 2013 年电动自行车、2019 年踏板车以及电动踏板车等新兴个体交通模式的出现，公众开始探讨缓解交通拥堵、便利通勤者的其他替代方案。一直以来，纽约州法律出于安全考虑，规定禁止在纽约州街道上驾驶电动自行车以及后面兴起的（电动）滑板车，尤其是在曼哈顿中心区。此项规定一直饱受争议。2013 年后，社会公众在谈论拥堵收费计划时倾向于提及新兴交通方式，体现以多种交通方式缓解城市拥堵的意愿。

(4) 纽约拥堵收费提案修订过程中，政策推动力和价值导向经历了多年的博弈与抉择。城市公交系统修缮的财政需求一直存在，尤其是 2017 年 MTA 爆发的地铁系统紧急状态，被认为是促成最终一轮提案顺利通过的重要因素。此外，在前几轮提案修订过程中另一个推动力是收费计划的外部性，即对社会、环境和居民健康带来的好处。在最终科莫州长提案中，为 MTA 筹措资金的目标逐渐清晰，成为主导公众诉求。

由图 5-44 可知，从整个争议焦点的年份演变过程来看，第二轮施瓦茨委员提案至第三轮科莫州长提案（即 2015—2017 年）是拥堵收费计划推进的关键转折时期，经历博弈政变到逐渐达成共识——政策目标聚焦与达成共识、公众争议逐渐缩小，形成一边倒态度。波动最大的是话题(8)“公众立场争论”。2014 年 10 月施瓦茨委员公布的 Move NY 计划规定，对所有通过 60 街以南横跨东河桥梁（尤其是涵盖原本免费的 4 座桥梁）的车辆收取相同费率，并且高于其他 MTA 桥梁的费率水平（图 5-46）。由于免费桥梁涉及多个行政区居民，策略细节一经公布便引发公众激烈讨论，一跃成为排名第三的热点话题。关键事件之一是皇后区议员在 2015 年底公开强烈反对计划对东河桥梁收费，原因是该计划极大损害了前往曼哈顿的郊区居民的利益。从图 5-46 可知，通过皇后区大桥和威廉斯堡大桥从皇后区和布鲁克林进出曼哈顿的交通量显著大于其他通道，施瓦茨委员收费方案存在空间公平性问题。洛克菲勒州长时期留下的纽约收费桥隧和免费桥隧矛盾仍然是当前拥堵收费计划需要重点解决的问题。随着政策制定者注重与公众的沟通和宣传，充分了解其利益诉求和意见，施瓦茨委员提案公布一年后，观察到推特平台该话题热度显著降低。另外值得关注的是，话题(7)和话题(4)发生了重要性替换。随着两轮提案不断修订，政策目标更为聚焦、接近社会公众生活，便于被利益相关主体所接受和理解，即从讨论“实施收费计划对绿色环境、人类健康和城市发展的益处”转变为“MTA 修缮地铁系统需求”。这也成为纽约市有别于其他城市实施拥堵收费的关键动机。

3. 城市利益群体对政策态度的摇摆波动

本研究通过分析社会公众对拥堵收费计划的反馈和态度，评价政策的公众接受度和满意度，发掘公众诉求和潜在的重要特殊事件，从而对纽约拥堵收费政策过程有更深入的理解。利用 LSTM 情感分析模型对推特文本数据集进行预测，得到共计 41 046 条正面情感和 28 140 条

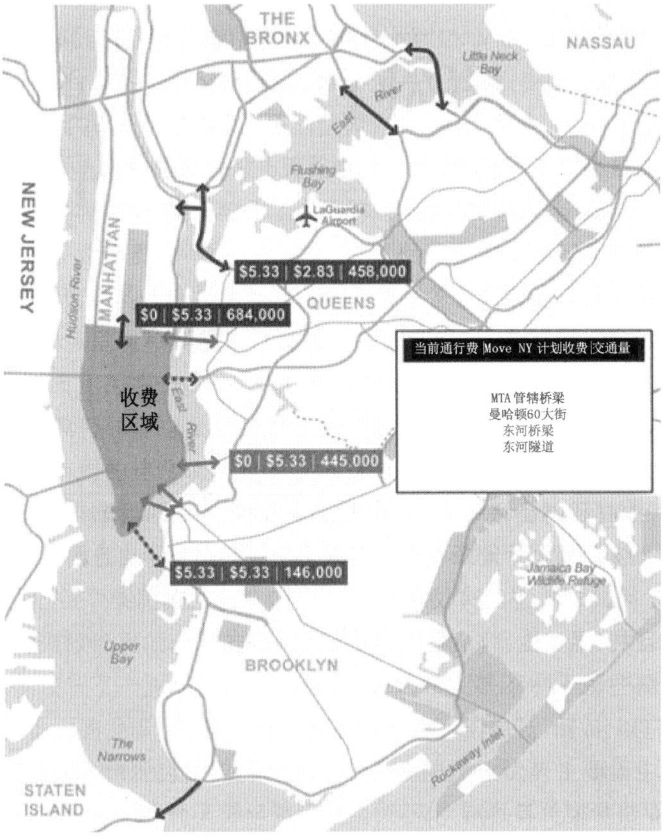

图 5-46　2014 年 10 月山姆·施瓦茨委员的 Move NY 曼哈顿收费方案示意图

负面情感的推文。图 5-47(a)展示了按月统计的倾向性情感推文所占比例及情感差值水平，推文情感比例数值越大，表示当月公众对拥堵收费越倾向于支持或赞同。由于第一轮提案期间的推特数据量较少，此时得到的情感结果没有参考价值。因此，采用 MAU 数据进行标准化，得到归一化推文数量的公众集计态度结果，如图 5-47(b)所示。

根据图 5-47 可从整体公众情感变化趋势和特征、波动幅度和稳定性、情感极性极值、公众主流情感倾向与话题讨论热度关系等方面得到以下发现：①总体而言，纽约在推进拥堵收费计划的 2007—2019 年间，社会公众的观点态度存在波动，但整体上其对这几轮提案持有中立和积极的意见。②对应每轮拥堵收费提案阶段，提案一经发布，公众发表观点的情感波动幅度较大；随着政策制定者和新闻媒体对提案的不断宣传，以及社交网络公众的沟通与自我教育，公众正负倾向性意见的比例逐渐接近、情感差值距离缩小。这体现了社会公众对交通政策的不断认知以至逐渐形成基本共识的过程。③图 5-47(b)反映了社交平台上特定时期的拥堵收费话题公众讨论参与度与人群主流态度倾向的关联。在布隆伯格市长提案期间，公众参与讨论热度低，其集计态度在支持与反对之间波动；在 2007 年提案和 2019 年提案发布期间，公众参与度高，积极态度占主流；最后，科莫州长提案获得议会通过的前三个月，全网话题参与度达到最高，此时网友发言均表现为支持赞同。可以推断，众望所归也是 2019 年 4 月科莫州长计

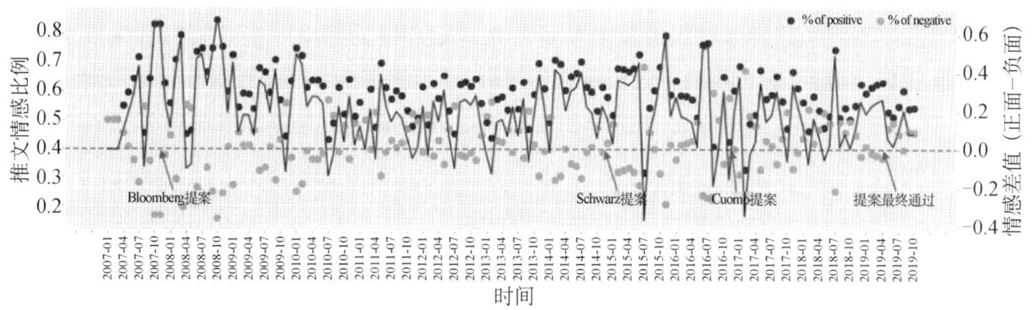

注：点状表示每月不同情感倾向推文的比例，灰色表示正面推文，黑色表示负面推文。
曲线表示每月正面推文比例和负面推文比例的差值，横向虚线对应情感差值为0。

(a) 倾向性推文所占比例及情感差值水平

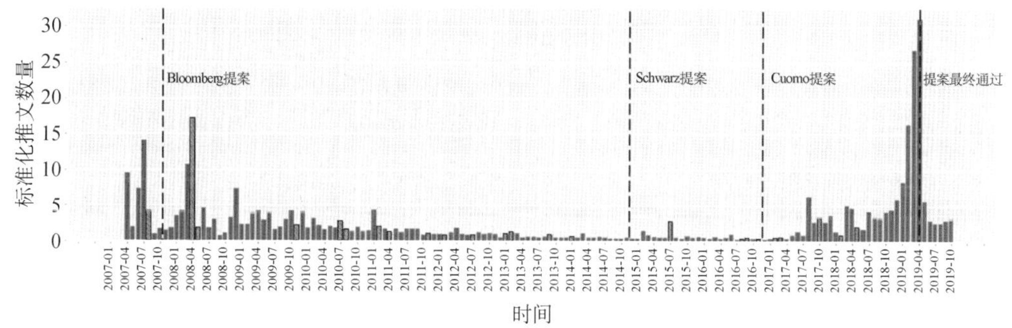

注：柱形长度代表经过MAU标准化处理后的每月推文数量，柱形颜色表示当月主流的社会公众观点，斜条柱为负面情感，灰色柱为正面情感。

(b) 标准化推文数量的公众集计态度分布

图 5-47 纽约拥堵收费情感倾向性意见的时间序列

划最终获得通过的重要因素。

自 1975 年起，拥堵收费已经在世界多个城市成功推行，包括新加坡的区域牌照计划和电子道路收费、伦敦道路拥挤收费、斯德哥尔摩拥堵税、米兰 EcoPass 和 Area C 收费系统、哥德堡拥挤税、挪威城市收费等形式[189]，纽约、巴黎、英格兰、温哥华、阿布扎比等城市也在 2019 年陆续通过提案。研究者从上述城市拥堵收费的成功和失败经验中总结了三点经验：①社会公众和政治进程上的接受度均是拥堵收费成功实施的关键[190]；②并非所有提案都可以被有效实施推进，这取决于政治议程的复杂度、文化差异对政策可接受度的影响、特定案例中的主导因素影响[191-192]；③只有在多个因素都对政策议程产生积极效果时，拥堵收费政策才能最终实施[192]。本研究分析结果显示，纽约拥堵收费政策成功推进经验对应了城市公众支持度、政治议程认可、多方博弈达成妥协三要素。

5.3.4 从拥堵收费决策提炼多元主体博弈妥协达成共识过程

拥堵收费决策的复杂性在于影响群体众多、其利益相关者之间的诉求矛盾难以调和。尤其是随着政策推进，更多潜在利益相关者被拉拢进来，且每个主体的立场意见摇摆、难以决策，导致制度安排很难实现拥堵收费政策的协调推进。纽约交通拥堵收费政策制定与推进体现了众多利益群体博弈、做出妥协与达成协作的过程，笔者将其归纳成“主体利益冲突对立—态度摇摆难以抉择—博弈协商做出妥协—社会共识塑造形成—多方协作推进决策”的过程，如图 5-48 所示。

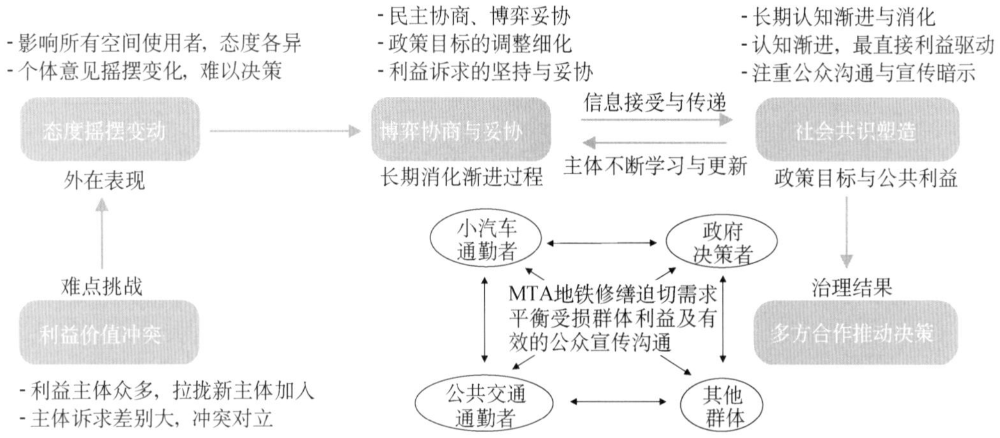

图 5-48 交通政策制定推进的多元主体博弈妥协与协作过程（以拥堵收费为例）[137]

(1) 拥堵收费实施的利益相关者包括所有城市道路等空间的使用者，并且不同利益主体受到的影响程度差异大，自然形成各方利益冲突与对立的现实难题。小汽车驾驶员要付出更多成本，换来出行时间的缩短；公共交通使用者将因 MTA 受到资金资助而享受更优质的出行服务；对于其他居民群体，曼哈顿将会释放更多公共空间，居民获得品质显著改善的街区环境，然而岛外居民也将因此损失出行的空间公平性。随着拥堵收费方案中收费对象和收费通道的不断修改细化，新的主体被拉入，既有主体的利益影响程度变动。最典型的是，网约车(TNCs)自 2015 年施瓦茨委员提案被列为新的收费对象；出入曼哈顿的 4 条东河通道是皇后区、布鲁克林区小汽车通勤群体最为敏感的方面，经历不断协商博弈，最终科莫州长方案将恢复 4 条通道免费通行这一条目固定下来。

(2) 纽约拥堵收费场景的特殊性在于其政策推进过程前后历经长达十余年，这有利于观察研究多元主体在城市治理过程中的角色、作用和行为响应。纽约拥堵收费决策的最终成功，一方面，很大程度上取决于拥有直接影响决策结果的利益相关者。决策者以议会制度与民主协商的方式，在三轮拥堵收费提案推进期间，给予各方充分表达诉求的机会。基于博弈协商和妥协，不同利益相关者权衡利益、做出让步，寻求各方共识。另一方面，取决于决策群体对公众参与的重视。方案推动者进行广泛宣传，广而告之拥堵收费的政策目标与效果，团结强化受益群体、游说反对者，各利益主体经过长期消化以及心理暗示，认知渐进并逐渐与其他利益主体达成共识，最终重塑全社会群体的意识共识。例如，将最能让社会公众理解和认可的目的作为政策目标，以寻求最广泛的支持。正如 5.3.3 节显示，经历布隆伯格市长、施瓦茨委员两轮提案，科莫州长提案中政策目标与价值更加聚焦，即从“对环境、健康和城市发展的贡献”细化为

“为MTA修缮地铁需求筹措资金”。社会公众对拥堵收费目标的认知更加清晰，争议逐渐缩小、达成支持的共识。可见，直接利益驱动而非“高大上”的宣传，更易于社会公众理解与接受政策推进。

因此，纽约拥堵收费政策推进为协调交通主体多方（无论是公共部门、私人机构还是广泛公众）利益、建立决策共识提供了成功的实践范本。最终，政府决策者、小汽车通勤者、公共交通使用者以及其他各行政区代表和交通出行服务提供商等利益相关者之间以制度和非制度安排形成协作治理。

第 6 章
城市群、都市圈协同共治体系及典型案例借鉴

2014 年,《国家新型城镇化规划(2014—2020 年)》明确提出以城市群为主体形态的新型城镇化,并提出建设长三角、珠三角、京津冀等 19 个城市群,作为支撑全国经济增长、促进区域协调发展、参与国际竞争合作的重要平台。2019 年,《国家发展改革委关于培育发展现代化都市圈的指导意见》明确,都市圈是城市群内部以超大特大城市或辐射带功能强的大城市为中心、以 1 小时通勤圈为基本范围的城镇化空间形态。建设现代化都市圈是推进新型城镇化的重要手段,既有利于优化人口和经济的空间结构,激活有效投资和潜在消费需求,增强内生发展动力,又是推动城市群高质量发展的重要抓手。对应 19 个城市群提出了 23 个都市圈,现已由发改委批复的有南京、福州、成都、长株潭、西安、重庆 6 个都市圈。

构建由协商合作、规划协调、政策协同、社会参与等多维机制构成的区域共治体系是落实城市群、都市圈发展的关键,具体关系到基础设施一体化、产业分工协作、生态环境保护、公共服务共建共享等重点任务的落实成效。面对城市单中心发展向区域一体化发展的国内外城市发展客观规律,如何基于我国行政区划设置的基本特征,针对城市群、都市圈协同发展体制机制不健全等现实问题,构建互补、有效、可持续的协作机制是治理现代化的重要内容,也是本章试图回答的内容。

6.1 城市群、都市圈概念综述

6.1.1 城市群和都市圈概念的起源与发展

城市群和都市圈概念的起源于 1957 年由城市地理学家琼·戈特曼(Jean Gottmann)提出的大都市带(Megalopolis)概念,和以其为核心形成的关于人类社会居住空间形式演化前景的讨论。[193] 戈特曼发现当城市空间经济的发展进入了“成熟”阶段,支配空间经济形式的不再仅仅是单一的大城市或都市圈,而是集聚了若干都市区,并在人口和经济活动等方面密切联系形成的一个巨大整体。这种观点引起了各方面学者的广泛兴趣,大都市带到底是普遍的还是偶然的存在、界定标准的设定以及概念的内涵和应用价值,在学术界一直存在激烈的讨论。

我国关于都市圈的研究始于 20 世纪 80 年代,与日本早期直接借鉴美国都市区概念不同的是,我国都市圈概念其实衍生于城市群概念,且对两者的讨论时常交织进行。1983 年,于洪俊、宁越敏[194] 在其著作《城市地理概论》中首次向国内学术界介绍了法国地理学家戈特曼的著名思想,并把“Megalopolis”翻译为“巨大都市带”。1985 年,宋家泰、崔功豪、张同海等[195] 借鉴了日本彰国社 1978 年出版的《现代城市规划用语》中对“Megalopolis”的翻译,将 Megalopolis 翻译为“城市群”,并将其定义为“多经济中心的城市区域,即在一个特定地区内,除其中一个作为行政—经济中心外,还存在具有同等经济实力或水平的几个非行政性的经济中心”,并指出“大城市及其周围小城镇或卫星镇的结合,可视为城市群类型的变形”。这使得城市群包含了两种类型,城市群的概念内涵也变得更加宽泛。1987 年,针对国内学者对“Megalopolis”翻译名词使用不一、界定标准缺乏定量指标的问题，周一星[196-197]提出了都市连绵区(Metropolitan Interlocking Region)的概念，与Megalopolis相对应，并归纳了5个成为都市连绵区的必要条件：①具有两个以上人口超过百万的特大城市作为发展极；②有对外口岸；③发展极和口岸之间有便利的交通干线作为发展走廊；④交通走廊及其两侧人口稠密，有较多的中小城市；⑤经济发达，城乡间有紧密的经济联系。这些标准条件的引入让关于Megalopolis的讨论变得更加具体。进入20世纪90年代，随着我国城镇化速度快速提高，关于城市群的讨论也显著增强。崔功豪[198]、顾朝林[199]等学者对我国城市群进行了较为系统的研究，姚士谋等[200-201]还于1992年首次以城市群为对象，出版了《中国城市群》专著，全面系统地阐述了我国城市群概念内涵，他们认为城市群系指“在特定的地域范围内，具有相当数量的不同性质、类型和等级规模的城市，依托一定的自然环境条件，以一个或两个超大城市或特大城市作为地域经济发展的核心，借助于现代化的交通工具和综合运输网的通达性，以及高度发达的信息网络，发生、发展着城市之间的紧密联系，共同构成一个相对完整的城市集合群体”。该书还把城市群分为了以沪宁杭、京津唐、珠三角等为代表的超大型城市群，以关中、湘中、中原为代表的中等规模城市群，和地区性的小型城市群组三类。进入21世纪，一批新的学者对城市群进行了重新阐述，如吴启焰[202]认为城市群是指“在特定地域范围内具有相当数量不同性质、类型和等级规模的城市，依托一定的自然环境条件，以一个或两个特大或大城市作为地区经济的核心，借助于综合运输网的通达性，发生与在城市个体之间，城市与区域之间的内在联系，共同构成一个相对完整的城市地域组织”。肖金成等[203]认为城市群是指在特定的区域范围内云集相当数量的不同性质、类型和等级规模的城市，以一个或几个特大城市中心为中心，依托一定的自然环境和交通条件，城市之间的内在联系不断加强，共同构成一个相对完整的城市集合体。方创琳[204]在归纳了其他学者对城市群的定义的基础上，提出城市群是指“在特定地域范围内，以1个特大城市为核心，由至少3个都市圈(区)或大中城市为基本构成单位，依托发达的交通通信等基础设施网络，所形成的空间相对紧凑、经济联系紧密、并最终实现同城化和一体化的城市群体”。

此外，受日本都市圈概念的影响，我国区域经济、城市规划和人文地理等领域的学者从20世纪80年代后期开始探讨都市圈概念。1989年，周起业等[205]在其著作《区域经济学》中对大都市圈进行了定义，提出大都市圈“按经济中心来组织管理地区经济，即以大城市为依托，有计划地发展中小城镇，在各大城市周围形成若干以中小城市为主的中小型经济中心”。1993年，沈立人[206]以浦东开发和开放为契机，提出上海都市圈的构想，指出都市圈是“以大都市为核心，超越原来边界而延伸到邻近地区，不断强化相互的经济联系，最后形成有机结合甚至一体化的区域”。1996年，王建[207]借鉴日本都市圈的发展经验，提出在我国构建九大都市圈的设想，指出“都市圈的直径距离为200～300公里，人口为3 000万人上下，在每个都市圈都要有1个或几个大城市作为中心城市，这些中心城市人口一般在200万人左右，中心城市的国内生产总值一般可占圈内的三分之一到一半以上”。高汝熹等[208]在其著作《城市圈域经济》中，较为系统地阐述了都市圈形成原因，并归纳总结了具有动态特征的城市圈域经济发展的4个阶段。2000年以后，我国对都市圈的讨论进入城市规划领域中，张京祥等[209]、陈小卉[210]对都市圈进行了比较系统的阐述，认为都市圈是指一个或多个核心城市，以及与核心城市具有紧密社会、经济联系的，具有一体化倾向的邻接城镇与地区构成的圈层式结构。2002年，南京、徐州都市圈规划相继开展，让都市圈在我国从概念走向实践。2007年，肖金成等[211]通过与城市群概念相比较，对都市圈的概念进行了辨析，指出都市圈属于同一城市场的作用范围，一般是以一个或两个大都市辐射的半径为边界并以该城市命名，随着城市规模的扩大、实力的增强，对周边区域产生辐射带动效应，形成一个又一个都市圈。2018年，张学良[212]对城市群和都市圈概念进行了对比分析，认为都市圈是"以某个大城市为中心，以经济、社会联系为纽带，以发达的交通通达为依托，以时间距离为标尺来划分的大城市及其毗邻区域"。2019年，都市圈被写入国家官方文件，《国家发展改革委关于培育发展现代化都市圈的指导意见》将都市圈界定为："城市群内部以超大特大城市或辐射带动功能强的大城市为中心、以1小时通勤圈为基本范围的城镇化空间形态"。同年，汪光焘等[213]从我国城市行政建制、发展规律和主要矛盾入手，系统性地探讨了我国现代都市圈的内涵，指出都市圈是"中心城市建成区与周边中小城市建成区间互动的城市空间形态"。

值得指出的是，在"城市群""都市圈""都市区"等概念被国内学者广泛讨论的同时，国际上对城市与区域发展的相关研究正发生显著变化。20世纪80年代以后，随着全球化和信息化的不断加深，涌现出一种有别于传统城市区域的发展动力和空间形态，即一种以"流空间"为代表的城市区域空间网络结构[214]。信息、资本、技术等核心生产要素开始在全球范围内进行配置，城市从原有的基础设施网络向更加强调功能网络的联系转变，在空间形态上则更强调多中心多层次的网络结构。这套理论衍生出世界城市、全球城市、全球城市区域等概念[214-215]。我国学者[216-217]也从2000年开始，将这些概念引入中国，让研究者对城市、都市圈和城市群的理解变得更加丰富。

如前所述，都市圈作为一个舶来品，其概念自从国外引进之日起就在我国存在多种理解。由于名词翻译不一，学者理解视角存在差异，都市圈概念的准确定义在相当长的一段时间里都没有达成共识(表6-1)。与借鉴美国都市区概念而形成都市圈概念的日本相比，我国对都市圈概念的讨论其实源自地域范围更广的Megalopolis概念讨论，并最终形成了以城市群为主的讨论侧重方向，但其实无论是在日本还是美国，对城市发展产生更大影响的概念来自具有官方意义的统计标准的都市区和都市圈。在我国，早期对都市圈的研究更多来自国内经济学者对日本东京都市圈发展经验的实践，之后被城市规划学者所重视，并于2000年之后，在南京、徐州等地开展了都市圈的规划工作。虽然，经过多年的讨论，城市群、都市圈概念的广义内涵已基本被学者所认同，但关于城市群、都市圈的空间界定标准仍未达成共识[218-220]。有共识的是，城市群是一种经济地域概念，而都市圈则是功能地域概念，特别是都市圈作为城市化进程中城市发展的高级别城市形态，它的形成与城市建成区公共服务能力的不断完善，促进了地价攀升，级差地租促使居民外迁居住和低附加值产业转移。这就是一般意义上采用通勤圈界定都市圈统计范围。共识还包含着日本、美国等国家城市行政区域面积小的因素，都市圈往往覆盖中心城市行政区域和周边毗邻的多个行政建制的城市。相对我国讲，级差地租对城市和都市圈发展的影响同样存在，但行政建制的区域范围国内外差别很大，达到几倍甚至几十倍。这就可以理解，我国学者在我国城镇化水平不高的时候引入国际经验，为什么会将都市圈和城市群混淆，或者力争说明清楚而提出各自理解的名称和概念。这些共识是破解城市群和都市圈概念的切入点。

表 6-1　国内学者对城市群和都市圈的相关研究

	学者	时间	定义
城市群	宋家泰等	1985	多经济中心的城市区域，即在一个特定地区内，除其中一个作为行政—经济中心外，还存在具有同等经济实力或水平的几个非行政性的经济中心
	周一星	1986	1)具有两个以上人口超过百万的特大城市作为发展极；2)有对外口岸；3)发展极和口岸之间有便利的交通干线作为发展走廊；4)交通走廊及其两侧人口稠密，有较多的中小城市；5)经济发达，城乡间有紧密的经济联系
	崔功豪	1992	是巨大的多中心城市化体系，它具有高度的连续性和很强的内部相互作用，其中的每个中心城市都是具有完整体系的城市。在城市带与其他任何未连成片的大城市网之间，有城市化水平很低的空旷地带作为分隔
	顾朝林	1992	依据分布形态、核心城市多寡和城市数量多少分为三种基本类型：块状城市集聚区、条状城市密集区和以大城市为中心的城市群
	吴启焰	1999	在特定地域范围内具有相当数量不同性质、类型和等级规模的城市，依托一定的自然环境条件，以一个或两个特大或大城市作为地区经济的核心，借助于综合运输网的通达性，发生与在城市个体之间，城市与区域之间的内在联系，共同构成一个相对完整的城市地域组织
	姚士谋等	2005	在特定的地域范围内，具有相当数量的不同性质、类型和等级规模的城市，依托一定的自然环境条件，以一个或两个超大城市或特大城市作为地域经济发展的核心，借助于现代化的交通工具和综合运输网的通达性，以及高度发达的信息网络，发生、发展着城市之间的紧密联系，共同构成一个相对完整的城市集合群体
	肖金成	2009	在特定的区域范围内云集相当数量的不同性质、类型和等级规模的城市，以一个或几个特大城市中心为中心，依托一定的自然环境和交通条件，城市之间的内在联系不断加强，共同构成一个相对完整的城市集合体
	方创琳	2009	在特定地域范围内，以 1 个特大城市为核心，由至少 3 个都市圈(区)或大中城市为基本构成单位，依托发达的交通通信等基础设施网络，所形成的空间相对紧凑、经济联系紧密、并最终实现同城化和一体化的城市群体

（续表）

	学者	时间	定义
都市圈	周起业等	1989	按经济中心来组织管理地区经济，即以大城市为依托，有计划地发展中小城镇，在各大城市周围形成若干以中小城市为主的中小型经济中心
	沈立人	1993	以大都市为核心，超越原来边界而延伸到邻近地区，不断强化相互的经济联系，最后形成有机结合甚至一体化的区域
	王建	1996	都市圈的直径距离为200～300公里，人口为3 000万人上下，在每个都市圈都要有1个或几个大城市作为中心城市，这些中心城市人口一般在200万人左右，中心城市的国内生产总值一般可占圈内的三分之一到一半以上
	高汝熹等	1998	以经济比较发达的城市为中心，通过经济辐射和经济吸引，带动周围城市和农村，以形成统一的生成和流动经济网络。并较为系统地阐述了都市圈形成原因，并归纳总结了具有动态特征的城市圈域经济发展的4个阶段
	张京祥等	2001	通过都市圈的运作实现中心城市功能的疏解与重新组合，扩大城镇功能调整的空间幅度，减轻中心城市高密度发展带来的压力，并促进周边城镇的发展
	陈小卉	2003	一个或多个核心城市，以及与核心城市具有紧密社会、经济联系的，具有一体化倾向的邻接城镇与地区构成的圈层式结构
	肖金成等	2007	属于同一城市场的作用范围，一般是以一个或两个大都市辐射的半径为边界并以该城市命名，随着城市规模的扩大、实力的增强，对周边区域产生辐射带动效应，形成一个又一个都市圈
	宁越敏	2011	在一些经济比较发达的地区，受城市化和郊区化的共同影响，以中心市为核心，与周边区县存在紧密交互作用的都市区成为中国城市化的新形势。界定标准为：以1)全部人口为城镇人口的市区为中心市，人口下限为50万人；2)城镇化率大于60%的区县作为都市区的外围县
	张学良	2018	以某个大城市为中心，以经济、社会联系为纽带，以发达的交通通达为依托，以时间距离为标尺来划分的大城市及其毗邻区域
	国家发展改革委	2019	城市群是新型城镇化主体形态，是支撑全国经济增长、促进区域协调发展、参与国际竞争合作的重要平台。都市圈是城市群内部以超大特大城市或辐射带动功能强的大城市为中心、以1小时通勤圈为基本范围的城镇化空间形态
	汪光焘等	2019	都市圈是一种跨行政区划的、二个或者多个行政主体之间的经济社会协同发展区域，能够更好发挥辐射功能强的中心城市在发展中的主导作用、实现跨区域的资源合理配置，是顺应城镇化发展规律、跨行政区的城市空间形态，即：中心城市建成区与周边中小城市建成区间互动的城市空间形态
	自然资源部	2020	都市圈是以中心城市为核心，与周边城镇在日常通勤和功能组织上存在密切联系的一体化地区，一般为一小时通勤圈，是区域产业、生态和设施等空间布局一体化的重要空间单元。城镇圈是以多个重点城镇为核心，空间功能和经济活动紧密关联、分工合作可形成小城镇整体竞争力的区域，一般为半小时通勤圈，是空间组织和资源配置的基本单元，体现城乡融合和跨区域公共服务均等化

6.1.2 城市群和都市圈范围的时空特征

尽管目前国内外对城市群、都市圈还没有统一界定标准，但核心思想是经济发展载体的区域整体观和系统观，是以交通为依托和纽带、具有较强社会经济联系的城市聚合体。其中，以交通便利性作为界定城市群和都市圈地理空间范围，或划定规划空间范围的主要依据。

1. 1小时都市圈与2小时都市圈

2019年9月《交通强国建设纲要》提出基本形成都市区1小时通勤、城市群2小时通达、全国主要城市3小时覆盖的“全国123出行交通圈”，是通过交通时间可达性来界定城市群和都市圈空间范围及联系功能的基本体现，涉及不同空间功能互补性和独立性、完整性的关系。

以中心城市为核心的“1小时通勤圈”其实是对城市主体功能空间范围的界定。其背景与国外最初的新城建设密切相关，早期的新城建设的初衷，是疏解中心城的特定功能，培育居住、产业等功能性空间板块，由于其处于中心城的核心吸引范围内，在“中心—外围”之间衍生出高强度的通勤交通“流”，逐步产生潮汐交通问题，从而对交通系统的支撑能力超出了城市间交通的常规要求，特别是由于通勤而产生的高强度双峰交通需求，这与城际间均值的出行分布有显著差距。为了将这部分密切空间联系纳入城市核心功能范围之中，国外开始用“通勤率”指标来表征中心—外围之间的“流”关系，并确定相应的交通走廊的设施标准及规模，因为通勤对交通设施的能力需求，远远超越了商旅等类型的出行需求。总结国外一些大都市实践案例，东京、伦敦、纽约等国际大都市的中心城一般在600多平方公里，对应15～20公里的空间半径，这恰好是设计时速80公里地铁、快速路等城市快速交通系统所能支撑的集中延绵范围的时空尺度。

“1小时通勤圈”是一个动态系统性指标，尚存在界定的技术难点，其阈值的选取也存在争议，也难具有规划的可用性和预期性。相比而言，“1小时交通圈”对都市圈的界定方法更具有操作性。其优势在于：第一，从设施可达性角度将都市圈空间范围基本框定；第二，从功能互补角度识别功能布局，现状1小时不可达的功能空间，可以通过交通设施规划实现1小时可达，可实现“现状评估—问题识别—规划补足”的完整闭环。相比较而言，“1小时通勤圈”在现状评估、问题诊断上的确是非常有价值的；但“1小时交通圈”在支撑空间规划，尤其是中长期规划中更能体现作用，空间范围更为稳定和可预期，边界清晰。此外，“1小时交通圈”既符合出行时间预测的基本规划，也可为支撑中心城向外围更大范围的辐射，形成产业互动，密切商务人员往来，提供更好的指引。

基于“2小时可达”的城市群界定标准是若干中心城或都市圈之间的交通联系需要，典型的特征是可实现“一日往返”，能支撑商务游憩等出行类别对出行预算的基本要求。交通强度和组织模式与都市圈存在显著差异，相对应的载运速度和容量也不一样。在《国家综合立体交通网规划纲要》中，特别强调了城市圈和都市圈之间的交通走廊布局，是构建新发展格局，增强区域平衡发展的支撑，因此宏观层面要控制好交通走廊，给出大的引导方向和实际支持。

2. 已批复的六个都市圈发展规划

2019 年 2 月《国家发展改革委关于培育发展现代化都市圈的指导意见》出台之后，我国都市圈的发展步伐加快，部分有一定发展基础的都市圈相继发布了官方都市圈发展规划，指引未来都市圈的发展。截至 2022 年 9 月，我国一共公布了 6 个都市圈的发展规划（表 6-2）：南京都市圈、福州都市圈、成都都市圈、长株潭都市圈、西安都市圈、重庆都市圈。都市圈的面积在 1.89 万～3.5 万平方公里之间，人口在 10 822～7 610 000 之间，虽然存在一定差异，但基本控制在 150 公里范围以内（图 6-1），常住人口规模都在 1 000 万以上。

表 6-2 我国 6 个都市圈的基本情况对比

都市圈	时间	面积（万平方公里）	经济总量（万亿元）	常住人口（万人）	实施机制
南京都市圈	2021 年 4 月	2.7	4.7	2 000	南京都市圈城市人大常委会主任联席会议
福州都市圈	2021 年 6 月	2.6	1.5	1 300	福建省推进新型城镇化工作联席会议＋都市圈建设领导小组及其办公室
成都都市圈	2021 年 11 月	2.64	2.5	2 761	成都平原经济区联席会议＋成德眉资同城化发展领导小组及其办公室
长株潭都市圈	2022 年 3 月	1.89	1.8	1 484	三市联席会议机制
西安都市圈	2022 年 3 月	2.06	1.3	1 082	西安市牵头建立都市圈各市（区）党政联席会议制度和一体化发展办公室
重庆都市圈	2022 年 8 月	3.5	2.1	2 440	成渝地区双城经济圈川渝合作机制＋重庆都市圈联席会议机制

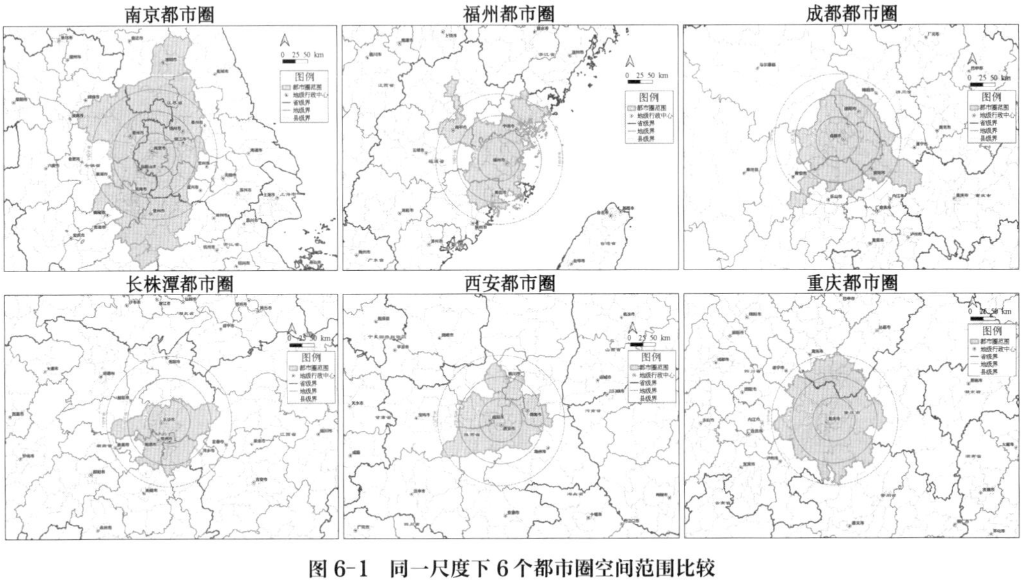

图 6-1 同一尺度下 6 个都市圈空间范围比较

其中，南京都市圈和重庆都市圈是两个跨省级行政区都市圈。从规划内容看，6个都市圈发展规划的原则基本一致，均强调都市圈应以中心城市与周边城市同城化发展为主攻方向，以健全同城化发展机制为突破口，实现基础设施一体化、产业分工协作、公共服务共建共享、生态环境共保共治、城乡融合发展五大板块的发展。“同城化”成为都市圈发展的主题，也符合中心城市扩大辐射腹地，向更高能级城市发展的普遍规律。

3. 已批复的城市群

2006年，“城市群”首次出现在国家“十一五”规划中。规划提出，要把城市群作为推进城镇化的主体形态，逐步形成以沿海及京广、京哈线为纵轴，长江及陇海线为横轴，若干城市群为主体，其他城市和小城镇点状分布，永久耕地和生态功能区相间隔，高效协调可持续的城镇化空间格局。已形成城市群发展格局的京津冀、长江三角洲和珠江三角洲等区域，要继续发挥带动和辐射作用，加强城市群内各城市的分工协作和优势互补，增强城市群的整体竞争力。2007年，中共十七大报告指出，以大城市为依托，形成辐射作用大的城市群，培育新的经济增长极。2012年十八大报告指出，继续实施区域发展总体战略，科学规划城市群规模和布局。2013年中央城镇化工作会议提出，要在中西部和东北有条件的地区，依靠市场力量和国家规划引导，逐步发展形成若干城市群。2014年《国家新型城镇化规划(2014—2020年)》及“十三五”规划要求建设长三角、珠三角、京津冀、山东半岛、海峡西岸、哈长、辽中南、中原、长江中游、成渝、关中平原、北部湾、山西中部、呼包鄂榆、黔中、滇中、兰州—西宁、宁夏沿黄、天山北坡19个城市群。2017年，十九大报告指出，以城市群为主体构建大中小城市和小城镇协调发展的城镇格局。2018年，中共中央、国务院《关于建立更加有效的区域协调发展新机制的意见》明确指出，以京津冀城市群、长三角城市群、粤港澳大湾区、成渝城市群、长江中游城市群、中原城市群、关中平原城市群等城市群推动国家重大区域战略融合发展，建立以中心城市引领城市群发展、城市群带动区域发展新模式，推动区域板块之间融合互动发展。2015年至今，国务院已批复15个城市群规划(表6-3)。

表6-3 我国19个城市群的基本情况对比

城市群	面积（平方公里）	经济总量（万亿元）	常住人口（万人）	城镇化率	批复时间
长三角城市群	213 980	17.7	16 509	68.60%	2016年5月
珠三角城市群	54 954	8.1	7 801	85.30%	2019年2月
京津冀城市群	221 825	8.4	11 026	65.40%	2015年4月
长江中游城市群	350 286	8.3	12 652	60.90%	2015年3月
成渝城市群	239 545	5.8	10 271	53.80%	2016年4月
中原城市群	226 663	3.8	12 853	49.70%	2016年12月
山东半岛城市群	158 429	7.9	10 153	56.70%	2017年2月
海峡西岸城市群	227 799	4.2	8 239	64.90%	2010年12月

(续表)

城市群	面积（平方公里）	经济总量（万亿元）	常住人口（万人）	城镇化率	批复时间
哈长城城市群	306 719	2.7	4 053	58.80%	2016年2月
辽中南城市群	82 850	2.2	3 074	58.60%	/
北部湾城市群	120 322	2.1	4 396	50.40%	2017年2月
关中平原城市群	161 699	1.8	4 346	58.50%	2018年1月
呼包鄂榆城市群	174 753	1.5	1 193	69.90%	2018年2月
山西中部城市群	69 856	0.9	1 477	60.40%	/
黔中城市群	76 609	1.2	2 226	51.70%	2017年3月
滇中城市群	79 093	1.1	1 897	47.90%	2020年7月
兰州—西宁城市群	70 934	0.6	1 258	59.30%	2018年2月
宁夏沿黄城市群	48 655	0.4	606	61.40%	/
天山北坡城市群	149 739	0.6	902	50.60%	/

相比较而言，各城市群之间的空间范围存在显著差异，面积最大的为长江中游城市群，面积达到35.03万平方公里，最小的为宁夏沿黄城市群，面积仅为4.87万平方公里，两者相差7倍。这一方面是因为不同城市群社会经济水平存在较大差异，也体现了我国城市群是从全国尺度下的区域协调发展出发，在主体功能区的统筹背景下，提出的优化开发或者重点开发的城市化地区；是在农业空间、生态空间之外规划的城市空间范围，以提供工业品和服务品为主体功能。因此，有别于以通勤和产业联系为界定标准的都市圈，理解城市群还需要从生态、城乡等维度去考虑其发展的方向，是基于城市空间分布形成的我国城镇化战略格局，也是过去10年和未来30年我国城市化空间布局的基本遵循。

6.1.3 行政区划对都市圈和城市群发展的重要影响

认识中国城市群、都市圈的发展规律，还需了解我国行政区划对城市发展的重要影响。依据《中华人民共和国宪法》和《中华人民共和国地方各级人民代表大会和地方各级人民政府组织法》的有关规定，地方各级人民代表大会和地方各级人民政府在其行政区域内，保证宪法、法律、行政法规的遵守和执行，管理经济、教育、科学、文化、城乡建设事业和财政等行政工作。此外，县级以上的地方各级人民政府在行使职权时，必须执行上级国家行政机关的决定和命令，规定行政措施，发布决定和命令。这种属地化和垂直化的行政管理制度对城市造成的影响是：①城市的市域边界成为地方政府公共权力行使的绝对空间边界；②各级行政区之间形成了严格的管辖和被管辖的隶属关系和排列组合。

由此对城市发展产生了两种不同效应:①从正面效应来看,属地化的管理制度调动了地方政府发展经济和解决社会问题的积极性,明确了地方政府对城市发展主体责任的空间边界,促进了改革开放后我国各地经济的蓬勃发展。②但在各行政区政府自身利益的驱动下,这种行政区划职能管理模式也造成了地方封锁、本位主义、市场分割等负面效应,学者称之为“行政区经济”,即行政区划界限如同一堵“看不见的墙”,对区域经济的横向联系形成了极强的刚性约束,并由此引发了一系列特殊区域经济现象[221]。现今,“行政区”与“区域经济”两种空间界面之间相互冲突,由行政管理体制造成的垂直化及属地化管理方式难以适应市场经济所追求的网络化、流动性要素配置模式[222]。对于超大和特大城市而言,在规模经济和腹地经济的发展带动下,产业和人口向优势区域集聚和分散,从而推动了都市圈或城市群的主体形态发展,这是市场资源配置的必然结果,也是我国新型城镇化发展的基本规律。习近平总书记指出,行政区划本身也是一种重要资源,用得好就是推动区域协同发展的更大优势,用不好也可能成为掣肘。发挥我国制度优势,在充分发挥市场配置资源作用的同时,将政府行政的推动力和行政区划作为资源结合起来,尤其突出国家中心城市的辐射能力,让周边中小城市建成区的企业参与产业分工,形成具有中国社会主义特色的都市圈发展新形态。这就是贯彻《决议》要求,建设现代化都市圈的应有内容。

6.2 城市群与都市圈协作治理及路径选择

从跨区域的角度来看城市群与都市圈的发展,跨越行政区域的协同治理是推动城市群和现代化都市圈发展的关键,也是现代国家行政改革的重要内容之一[223]。随着经济社会的发展,以公共事务为主要内容的治理日益呈现出整体性、复杂性和多样性的特征。在治理对象(都市圈和城市群)发展特征促使治理主体(多元主体)能力水平面临更多挑战的客观要求,以及公众对于公共服务不断提出更高期待的主观需求共同作用下,如何构建硬性与柔性相融合的合作机制整合资源、形成组织合力,以共同应对复杂、跨界、多变的区域治理难题的广域行政跨域治理模式,是都市圈与城市群发展亟待回应的时代命题。

6.2.1 城市群和都市圈协作治理的基本内涵

从 21 世纪初开始,提升区域协调发展水平就已经成为促进我国经济社会发展的重要途径。2003 年,十六届三中全会提出,统筹区域协调发展,形成东中西相互促进、优势互补、共同发展的新格局。在我国经济进入新常态发展的阶段,区域协调发展进一步被强调。2016 年发布的国家“十三五”规划纲要正式提出城市群协作治理概念,确立城市群作为推进我国新型城镇化的主体形态,制定区域协同发展、优化产业结构、开放合作、多元共治的总体战略。2017 年 10 月 18 日,党的十九大报告中提出,实施区域协调发展战略,建立更加有效的区域协调发展新机制。2018 年 11 月,国务院颁布了《关于建立更加有效的区域协调发展新机制的意见》,提出到2020年建立与全面建成小康社会相适应的区域协调发展新机制。到2035年,建立与基本实现现代化相适应的区域协调发展新机制,实现区域政策与财政、货币等政策有效协调配合,区域协调发展新机制在显著缩小区域发展差距和实现基本公共服务均等化、基础设施通达程度比较均衡、人民基本生活保障水平大体相当中发挥重要作用,为建设现代化经济体系和满足人民日益增长的美好生活需要提供重要支撑。

理解城市群和都市圈协同治理需要探寻认识治理承载的两个基本内涵[224]:

一是治理是为了提供更高品质的公共服务体系,增强对工商业的吸引力,提升相互配套性,满足市民更高水平的公共服务需求。这里所讲的公共服务体系,包括道路、桥梁、学校、医院、公园等物质性的基础设施,以及教育、文化、医疗、社会保障、公共交通、环境保护、经济监管、社会监管等非物质的服务项目。协同共治要求各类公共服务项目相互衔接、彼此配套,形成公共服务体系,共同服务于市民、企业及社会组织,这也是城市之所以成为城市的根本所在。

二是形成可持续的资源筹措机制,不断改进公共服务体系。这里的资源,不仅包含财政资金,还包含政策扶持等调配工具。城市群和都市圈提供优质公共服务时都需要成本、需要具有稳定的资金和其他类型的资源支撑。特别是涉及城市群和都市圈的基础设施建设的资金需求大,回报周期长,成本具有沉淀性。因此,治理还需要致力于促进经济增长的力量合作,支撑工商业发展,"进一出"之间构建城市群和都市圈发展的良性循环。

在市场经济体制下,城市群和都市圈的治理要充分发挥市场配置资源的决定性作用和坚持政府调控作用,即要区分好"掌舵"和"划桨"职能。地方政府承担着提供公共服务的使命,负责公共服务供给决策,其生产既可由公共部门承担,也需要通过整合与社会合作的方式,让企业和社会组织参与进来,在不同机构之间展开竞争。公共服务的提供涉及一系列的集体选择行为,应当由政府承担基本责任。生产是将资源投入转化为产出的技术性过程,私人部门和第三部门都可以介入并承担具体安排,既可由公共部门直接提供,也可采取合同承包、政府补助、凭单制、特许经营等方式,由企业或社会机构来完成。这也是讨论协同治理的基本出发点。

城市群的高质量发展归根结底是区域治理问题。中国城镇化已进入以城市群为主体形态、大中小城市和小城镇协调发展阶段,其落实的基本逻辑是发挥好城市群中首位城市的辐射带动作用,携手其他省市推进交通、生态、产业等重点领域率先突破,着力构建协同创新共同体,推动公共服务共建贡献,依托国家新区、自贸区、产业园区等合作平台,强化交界地区规划建设管理,优化生产力布局和空间结构,建设绿色、智慧、宜居的城市群。城市群协作治理的提出,标志着我国城市管理体制由科层管理模式,转为涉众系统环境下的协作治理模式[54]。

总而言之,跨行政区治理可以归纳为一个政府权责变化的政治过程,是一个集合了城市发展、空间治理、权力变化、价值认同等一系列因素互动的综合结果,其目标是实现更高质量的公共服务"生产"与"供给",但治理内容整体性、复杂性和多样性的特征促使原有垂直分割的城市行政架构须向平等共融的行政治理体系进行转变,不变的是治理成本最小化和治理效益最大化的治理目标。

6.2.2 城市群和都市圈协作治理的主要困境

1. 城市之间低水平同质化竞争问题日渐凸显

城市群和都市圈作为一种紧密的城市网络组织形态，演化的动力来自追求绩效最大化的结构存在[225]。产业链的异质性特征给予了城市群内不同能级城市参与产业分工的机会，而产业链的组合性特征又使城市群内不同禀赋的城市需相互合作才能实现集体收益最大化。因此，城市群和都市圈内合理的产业布局和产业群内部的各个城市在产业分工基础上的密切协作，是推动规模经济效应呈现和集聚效应发挥的基本前提，也是不断提升城市群整体竞争力和实现以城市群和都市圈为增长带动区域协调发展目标的重要保障。但是，当前我国绝大多数城市群的产业布局具有显著的同质性特点，各城市之间因产业同构而引发的低水平竞争严重阻碍了城市群和都市圈的建设成效，也违背了区域协调发展的初衷。

在现实发展中，城市群和都市圈内各地方政府在行政关系上相互独立，得益于自身所具有的要素禀赋，通常根据各自既有的比较优势来制定产业政策和发展策略。而以行政范围为边界的绩效单元，始终将"产业效益的最大化"锁定在行政单位内。同时，为了尽可能实现经济快速增长的目标，地方政府更倾向于支撑那些盈利水平高的行业发展，并且希望能在短时间内见到成效，这其实违背了产业培育发展的基本规律，特别是不利于那些需要长周期才能培育成型的产业细分类别的发展，最终让产业分工合作成为"幻想"。例如，以京津冀城市内部各地区间的产业分工与协作情况为例，在产业链上，北京的产业优势主要集中在科技和现代服务业，且均处于产业链的高端。而天津经济正在由以石化、钢铁等传统制造业为主向以装备制造、电子信息、航空航天、新能源新材料等战略新兴产业为主过渡中，处于产业链的中端。而河北除个别地区外，在制造业和服务业中均处于产业链的低端，且优势产业中以高能耗、高污染、低附加值的传统产业居多。因此，京津冀三者之间产业结构差异巨大，产业的互相依赖性和上下游关联性较弱，互补模式停留在产业发展的初始阶段，与产业关联、产业协作、产业融合等高质量的产业互补模式存在差距，而三者之间利益共享制度的缺失又进一步限制了京津冀协同发展的动力基础和动力[226]。

2. 行政权力边界制约跨区域政策之间有效衔接

归纳起来讲，政府和市场是推动城市群和都市圈发展的两大动力。单就府际协同治理而言，其实核心是政府间的权责配置和成本—利益分配关系。自 20 世纪 90 年代以来，我国开展了行政权力下放和财税体制改革，中央行政权力逐渐向地方政府下放，地方政府逐渐拥有了制定地方经济发展规划和配置资源的权力。特别是财政体制改革使地方政府成为相对独立的利益主体，具备了独立的行政决策权，也为我国地方政府间关系格局带来了深刻的变革[227]。一方面，伴随行政分权改革力度的不断加大，地方政府在公共安全、地方规划、教育、社会保障、环境保护等若干公共事务和公共服务领域，获得了更多的政策决定权和管理责任(事权)，增强了自主管理的能力，能够更好地制定和实施符合本地区实际的经济社会发展等方面的规划和政策，有利于激发地方政府发展经济的主动性、积极性和创造性，不断提升各地区的经济社会发展水平。另一方面，行政分权改革的实施，也使得地方政府在决策和行为上的独立性不断增强，地方政府逐渐拥有了制定本地区经济社会发展规划和主导本行政区内资源配置的权力，但也为地区间政策壁垒的形成埋下了隐忧。各地方政府的权责行使范围被规定在各自行政区内，因此在经济社会发展规划的编制以及产业政策、社会政策等政策的制定上通常缺乏有效的沟通与必要的协调，导致各地区经济社会发展规划、产业政策和社会政策之间通常缺乏有效的衔接，“行政区经济”现象像一堵看不见的墙，阻碍了人口和生产要素跨行政区的合理流动，进而阻碍了区域协调发展水平的提升。

3. 公共服务不均导致人口和要素配置失衡明显

一个地区的义务教育、基本医疗、基本社会保障、公共卫生、公共文化的和公共就业服务等类型基本公共服务供给水平和供给质量，不仅会对一个地区居民的基本生活、身体健康和发展机会等产生基础性的影响，也关系到一个地区的经济社会发展水平。在城市群和都市圈空间内，各地区在基本公共服务供给数量、供给水平和供给质量上的差异，是影响人口和生产要素在城市群内部流动方向和配置格局的重要因素。因此，公共服务均等化是保障区域一体化发展的基本前提。地区间公共服务水平的差距与地区间经济发展水平的差距是相互影响、相互制约的。落后地区基础设施及其他公共服务水平较差，使得国家和其他投资主体在进行投资的区域选择时“用脚投票”，容易向经济较发达、公共服务水平较高的地区倾斜；而越是如此，就越不利于落后地区公共服务水平提高。

目前，我国城市群空间的基本公共服务统筹层次相对较低，除了基本养老保险等少数基本公共服务实现了省级统筹外，绝大部分基本公共服务的统筹层次还停留在地级市层面。城市群内部的各地方政府在财力上的差距通常较为明显，因而各地区的基本公共服务水平和供给质量也存在显著差异。特别是城市群、都市圈内部优质的教育、医疗、文化等公共服务资源主要集中在行政等级较高的城市群中心城市、省会城市和副省级城市，导致人口和要素的空间配置过度集中于这些地方，促使中心城市人口和生产要素的疏解阻力巨大，公共服务的供应停留在追赶满足需求阶段，没有达到引导要素配置的作用，导致空间结构优化的规划成效一直难以令人满意。

4. 跨区域合作规制缺乏降低治理预期性及稳定性

法律法规是地方政府处理跨区域公共事务制度的固化式表述，关系到能否调节区域之间的资源利益冲突、增强激励。城市群、都市圈的发展注定是一个长周期的过程，跨区域合作规制的构建，能够有效提升城市群和都市圈发展的稳定性和可预期性。然而，现阶段我国跨区域协同治理的制度化程度较低，主要依靠非正式制度来协调，尚缺乏法律制度保障。与跨区域公共问题不确定性日益增加的现实需求相比，府际合作治理的制度建设更是严重滞后[228]。我国尚未制定专门的法律法规来规范跨区域治理与政府合作，地方政府之间往往基于联席会议协商达成跨域合作，但涉及各方核心利益时，由于没有法律依据，合作协议容易流于形式，难以落地，且非正式的协调制度极易受到地方主政官员的个人偏好、职务变动等因素影响[229]。此外，现有地方政府绩效考核体系也并未考虑本地政府行政对邻近城市社会福利的外部性，在跨域协同治理中的横向补偿问题等制度建设上存在短板，在发达地区与欠发达地区之间、资源输出地与输入地之间尤其突出[230]。叶必丰等[231]在对我国行政协议进行了较为系统的研究后发现，不管是长三角和珠三角等市场机制发育相对较为成熟、地方政府间府际协作治理水平相对较高的城市群，还是其他市场机制发育相对较为滞后、地方政府间府际协作治理水平相对较低的城市群，在城市群内部各地方政府签署的行政协议中，很少有关于各地方政府在行政协议履行过程中如违约需要承担何种责任，以及地方政府在行政协议履行过程中所发生的府际争议应该如何化解等方面问题的具体规定，行政协议的缔约机关消极履行行政协议或者完全违反行政协议来决策和行动的现象时有发生。

6.2.3 城市群和都市圈协同共治体系的理论范式

习近平总书记指出："社会治理是一门科学，管得太死，一潭死水不行；管得太松，波涛汹涌也不行。"强调治理要处理好活力和秩序的辩证关系。从国内外的区域协同治理的经验来看，城市群和都市圈的协同治理可以分为以"国家干预"为主的"政府模式"、以"市场主导"为主的"多中心治理模式"和以区域多方协作为主导的"新区域主义"三种理论范式[232]（图 6-2）。

单中心 ←——————————→ 多中心

传统区域主义		新区域主义			多中心主义
合并政府	多层级政府	多边联合治理	城市社区	跳跃式合作	公共选择

统治 ←——————————→ 治理

图 6-2 城市群治理三种理论范式

1. "国家干预"为主的"政府模式"

以"国家干预"为主的"政府模式"是受传统区域主义理论影响而形成的，强调建立新的政府层级和纵向的科层规章，认为要通过结构性调整加强中心城市政府的支配权。解决都市圈治理的碎片化问题，就要取消区域内各个独立的市政府，通过市县合并等方式将它们合并成为一个庞大统一的大都市区政府，以期获得区域内社会治理的公正和公平。这一模式被认为能够更好地吸收经济外部性和随之而来的"溢出"效应。合并模式的假设是统一的综合的区域政府在制定和提供公共政策方面，以及协调政策执行方面比单个的市政府更有效。因此，它能够更好地应对区域治理中的各自为政、资源分配不均等问题。我国山东省济南市和莱芜市的合并就是这一模式的具体体现。该模式的支持者认为，这种"大政府"模式能够拓展规模经济，并且给本地区民众提供更廉价更有效的服务。然而，"大盒子"模式也存在着实践上的困难，一是区域内的地方政府出于自身利益的考虑未必能够组成一个统一的大都市区政府；二是即使各地方政府同意建立一个统一的大都市区政府，但是这样一个区域政府涉及行政区划的诸多变动，也需要中央政府的同意和核准。

"多层次政府"也是解决都市圈治理困境的方式之一。这一方式的核心理念就是建立一个政府的"伞状层级机构"，保留现有都市区内的各个城市的独立性，但各个城市都让渡一定程度的权力来建立更高层级的大都市区政府，在不同的地方政府间实现更大范围的合作。"多层次政府"模式较"大盒子"模式更加灵活，它把区域内地方政府和大都市区政府在社会事务管理的范围上进行了划分，主张地方性的事务由区域内的地方政府来解决，区域性的事务由大都市区政府来解决。地方政府管理范围相对"窄"的地方性服务事务，比如，治安、卫生、住房等居民每天都要接触的事务；而大都市区政府负责管理更为广泛的跨越不同地方政府界限的公共事务，比如制定战略规划和环境保护、固体废物处理等生态治理问题。美国的明尼阿波利斯市就采用了这一治理方式。这一模式被认为能够更好更快地回应民众的需求。

虽然“国家干预”和“多层次政府模式”看上去协调了地方政府与区域政府的不同目标，但在实践中也面临诸多阻力。上层政府的官员对“中层”(大都市区政府)政府官员不满，因为这些中层政府官员可以指挥区域内大面积的选区公民并且超越其权限。底层政府也不喜欢接受大都市区政府的指令，如大都市区政府会要求地方政府采取配合治理措施，如在地方政府的地域上建设垃圾焚化厂或为低收入者建造保障性住房等，虽然这些举措都是对整个大都市区有好处的，但各地方政府为了自身利益的考量，往往并不情愿听从这样的指令。

从国外区域治理的实践来看，北美、欧洲、亚洲的很多大都市区也印证了这样的结论，即经历了构建大都市区政府(结构性改革)、废除大都市区政府和区域治理运动三个阶段。在这一过程中，许多国家相继建立了负责区域事务的大都市区政府，如英国大伦敦总署、日本东京都、加拿大多伦多大都市区政府、荷兰鹿特丹大都市区政府、美国华盛顿大都市区政府等。然而，在实践中，大都市区政府在管理区域事务时也存在不少弊端，如难以突破官僚体系的桎梏从而不能全面履行其职能，短时间难以在区域内建立治理的权威等。因此，有些国家的都市圈开始转向区域治理模式，由政府与私营企业、非政府组织展开合作，共同治理区域公共事务。

2. 以“市场主导”为主的“多中心治理模式”

以“市场主导”为主的“多中心治理模式”的代表是公共选择理论所倡导的多中心自愿合作模式。该模式认为民众可以自由地选择那些最能够满足自己偏好的地区来定居，而这些地区往往能够提供民众所需要的公共服务。这种模式也就是通常所说的“用脚投票”方式。所以公共选择理论认为区域内的“地方碎片化”问题恰恰是一个值得肯定的地方，因为这样能够确保各个地方政府之间进行竞争，从而使民众来选择一套最优的服务。当然，源于多中心学派的公共选择模式主要强调依赖市场经济条件下的个人决定来实施治理，不太注重公共部门在区域问题上的协作，很少或几乎没有政府参与其中。然而，在处理公共事务时，政府的干预和管理是必不可少的，所以单纯地依靠“以脚投票”的公共选择模式也难以应对区域公共事务治理问题。例如，对于环境保护问题，中央政府和州(省)政府常常会要求通过区域内政府间的合作来防止污染的蔓延，恢复空气的清洁，这就使得公共选择模式在区域治理的协作方面面临着困境。

3. 以区域多方协作为主导的“新区域主义”模式

以区域多方协作为主导的“新区域主义”模式主张通过谈判形成都市区不同层级政府、社会团体和私营部门间的协作机制，以此来共同解决区域公共事务。该模式试图在以“国家干预”为主的“政府模式”和以“市场主导”为主的“多中心治理模式”之间找到平衡点。“多边联合治理”模式、城市社区模式和“跳跃式”合作模式是在新区域主义的影响下形成的区域治理模式，强调在现有政府的基础上建立横向的政府间合作，力图解决不同行政区的冲突。地方利益的相互作用和它们之间的共识被认为是减少“负外部性”的最佳方式。

新区域主义与传统的“大盒子模式”的区别在于，前者强调治理，而后者注重管理。新区域主义提倡“以灵活的治理横向网络代替单一僵化的政府管理模式，吸纳区域内其他非营利组织、商业社团和公民组织参与整体治理”。同时，该理论也试图避免“多中心”的公共选择模式所带来的区域内地方政府各自为政、效率低下的问题，试图通过灵活的政策网络倡导区域的整合和协调发展，提倡区域性合作组织的构建。

“多边联合治理”模式指的是区域内不同政府之间在区域问题治理的某个方面实现职能上的“对接”，或者签订地区间的合作协定。与“大盒子”模式和“多层次政府”模式不同的是，“多边联合治理”模式并不产生新的政府层级，因而这一模式更加灵活。在一段时期内，连接的职能可以增加、删减或在不同的政府间转移。美国的路易维尔市就采用了这一治理方式。这一模式既保留了各个地方政府的自主性和独立性，也确保了中心城市在区域治理中的带动作用。“多边治理”模式的灵活性也常常被其不稳定性所抵消，因为仅仅在某些职能方面的连接并不能实现全面而综合的政府间合作，所以这一模式经常被视为一种“权宜之计”，或者是走向合并模式的过渡阶段。此外，这一模式主张的职能上的对接有时也会受到权力分配等因素的影响，因此，这样的职能连接不一定会产生更好的管理效果。

城市社区模式这种方式不需要建立一个单独的大都市区政府，只是把许多地方政府集合起来进行合作。城市社区方式保持各个地方政府的完整性，通过把现任地方政府官员合并到一个大都市区议会来运作。大都市区议会被赋予了管理地区间议题(环境、交通)的责任，并且最为重要的是，它也从各个地方政府征收共同税来贯彻社区的广泛目标。这样，城市社区模式就类似于多层级政府模式，但是这一模式并没有超越各个地方政府在身份和选举方面的权限。它强调现有的机构和来自地方政府合作的灵活的制度安排。正因如此，城市社区可能是这些方式中最为易变的一个。法国的里昂市、加拿大的蒙特利尔市就采用了这一治理方式。

“跳跃式”合作方式是在地理上不接壤的区域之间形成的合作联盟，跨越国界或跨越州(省)域而形成的长期合作关系。在实践中，我国的“泛珠三角”区域合作，即香港和澳门与广东、福建、江西等省份进行的合作就是典型的“跳跃式”合作。在欧洲，法国马赛与瑞士日内瓦和西班牙巴塞罗那之间的合作也属于此种模式的合作。

新区域主义影响的这些治理模式也遇到了诸多困境。一方面，这些模式里没有一个核心政府来引导或指导这一系统，因而不能确保区域公共问题的解决；另一方面，这种模式强调各个地方政府的自我治理，因而在区域整体性目标上难以达成一致，容易导致仓促而杂乱的区域政策的出台。此外，这些模式忽视了集体责任，区域内没有哪个主体能够为区域整体的公共问题负全责。

总而言之，三种模式是治理体系“分”与“合”之间的程度化表达，为治理模式的路径选择提供了原则性的参照坐标(表 6-4)，但任何一种模式其实都不会一成不变，更不能完全代表我国区域协作的时间和创新。比如，在我国区域合作中，中央政府具有明显的推动作用和指导作用。相比较而言，受到联邦宪政体制的影响，很多欧美国家的区域治理并无明显的国家政策指引，中央政府的影响作用更是有限。治理是对现实的优化，永远需要构建与问题、目标、能力相适应的治理模式。鉴于此，下文将具体介绍城市群和都市圈协同治理的典型案例，总结相关经验，以期为未来的发展提供可参照的选择路径。

表 6-4 区域协作治理模式的比较分析

范式	协作方式和做法	治理目标	理论基础	治理途径	治理成效
“国家干预”为主的“政府模式”	建立单层巨型政府，裁撤分散的地方政府部门；建立双层协调型政府机构，保留地方政府，但须让渡一部分行政权力交由上层政府行使指挥协调权	均等；效率	马克斯·韦伯（Max Weber）理性官僚制模型（rational bureaucracy model）	出台正式的法律法规和条例； 以书面文件的形式下达命令和计划； 明确责任分工和信息交流方式； 确立各部门标准作业程序	传统区域主义对降低网络不确定性的作用并不显著。巨型政府在提供公共服务的过程中交易成本会显著上升。 区域型政府为区域内公共服务和行政管理统筹资源、统一协调，但也会带来机构臃肿、政府公务人员难于管理、改革无法有效实施等组织问题
以“市场主导”为主的“多中心治理模式”	基于市场调解手段，由地方政府自发形成合作关系，上层政府不再施加干预	竞争；开放；透明；效率	埃莉诺·奥斯特罗姆（Elinor Ostrom）的多中心治理理论（polycentricity; polycentric governance）	签订具有法律效力的合同、协议； 通过合同条款明确各方责任、澄清相关信息、知识和技术	分权的地方政府机构很难通过签订协议降低不确定性。事实上，地方政府之间在生态治理整体目标上的偏好差异、生态协作治理整体目标上的偏好差异、生态协作治理的公共物品属性的不同，以及地方政府合作成员间影响力的不均衡、横向问责机制的不健全和纵向问责机制的局限性，以及地方政府间的政治锦标赛都造成了合作的困境
以区域多方协作为主导的“新区域主义”模式	结合上层政府或协调型政府机构的干预效力和地方政府基于市场规则建立的合作关系	平等；竞争；开放；效率；弹性；回应	赫伯特·西蒙（Herbert Simon）的可拆卸系统理论（decomposable system theory）；赫尔曼·哈肯（Hermann Hakken）的自组织理论和协同学原理（self-organization theory and synergetics）	明确目标与价值取向；反复沟通协商进行目标取舍和利益交换； 创造共同利益和互惠模式； 互相调试中建立规则	相互调试的协作过程需要网络治理手段的输入，并且协作产出对更新系统运行环境有反馈作用。 协作有效进行的关键因素在于网络参与者协作和整合资本的创建和积累

6.2.4 我国六个都市圈规划实施保障：联席会议机制

联席会议机制是目前都市圈发展规划实施保障机制的广泛应用的形式，是在现有的行政体制框架下，灵活解决跨区域、跨部门、跨领域等社会公共事务的一种途径。联席会议制度的前身可以追溯到公元5世纪英国国王亚瑟在与他的骑士们共商国是时所采用的圆桌会议形式[233]。联席会议制度是相对建立在平等、独立的基础上，将各种不同行业工作中出现的新情况、新问题所涉及的部门集中起来，以会议的形式加强联系与沟通，相互学习借鉴经验，研究探索解决问题的新方法，因此，联席会议制度在处理跨区域、跨部门、跨领域等社会公共事务时可以在一定程度上减少和避免“政府失灵”和“市场失灵”的现象，具有较强的可操作性。

从一定意义上来讲，联席会议制度仍然是构建面向多元主体“价值—信任—合作”的新型关系的初级探索[54]。联席会议以会议为形式，由出席会议的个体分别代表不同的利益主体，具有各自的利益诉求，但为了解决单一利益主体非常棘手的跨区域、跨部门、跨领域等社会公共事务进行相互协商、协调和协作。联席会议制度与英国的“区域治理(region governance)”“策略社区(strategic community)”，美国的“都会区治理(metropolitan governance)”，日本的“广域行政”类似，均强调在处理社会公共问题时不同部门、领域间的协作关系。相对而言，我国的联席会议制度主体主要由地方政府和各负责部门建立。如长株潭都市圈就明确将长沙市、株洲市、湘潭市作为推进长株潭都市圈发展的责任主体，制定具体行动计划和专项推进方案，确保规划各项目标任务落实落地。省各有关部门要按照职责分工，组织编制都市圈基础设施、产业发展、国土空间、生态环境、公共服务、对外开放等领域专项方案，研究出台配套支持政策和综合改革措施，形成规划统筹、政策配套、项目支撑和体制机制创新的工作体系，形成横向联动、纵向协调的长效机制和强大合力。

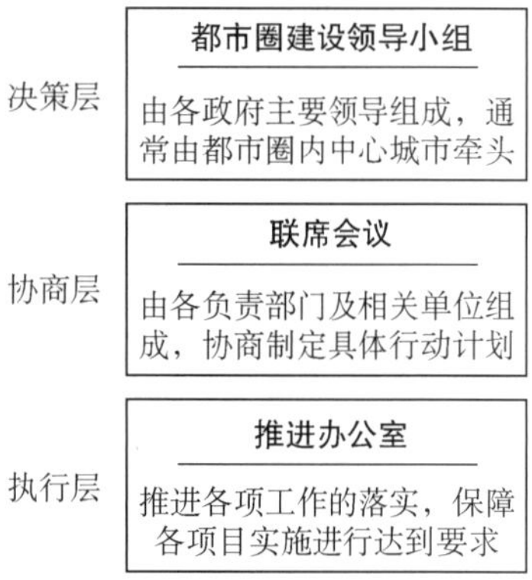

图6-3 都市圈“三级运作”实施保障机制

在联席会议的基础上，部分都市圈向上还形成了主要领导座谈会或领导小组，向下设立了工作推进办公室、重点合作专题组、城市经济合作组等机构，整体构建了决策层—协商层—执行层的“三级运作”实施保障机制(图6-3)。

如福州都市圈发展规划提出由福州市政府牵头，成立相应都市圈建设领导小组及办公室，负责规划编制、项目对接、信息沟通、事务协调、调查研究等工作。同时，充分发挥设区市和平潭的主体作用，完善党委和政府主要领导定期协商、分管领导互访交通等工作机制，建立健全对口部门常态化对接机制，推进重大项目、重点项目、重要事项的沟通衔接，形成“横向协同、上下联动”的工作格局。此外，社会参与在实施保障中的作用也逐渐被认识，如重庆都市圈提出，要鼓励智库参与重庆都市圈建设决策咨询，建立健全第三方评估机制，鼓励社会各界对规划实施进行监督，增强社会各方的认同感和积极性，汇聚形成推动重庆都市圈建设的强大合力。

6.3 长江三角洲区域发展一体化：治理与合作

6.3.1 长三角协同共治的发展背景

从20世纪80年代的上海经济协作区发展到由26个城市组成的长三角城市群，再到有三省一市的长三角经济区，长三角是我国经济发展最活跃、开放程度最高、创新能力最强的区域之一，在国家现代化建设大局和全方位开放格局中具有举足轻重的战略地位[234]。面对长三角高度城市化的发展现实，对于以更高质量一体化为战略目标的长三角区域来说，无论是目标实现的价值基础，还是推进区域一体化的路径选择，都将具有一些全新的特点，并在本地化的具体诉求下，都给长三角发展提出了新的课题。长三角区域高质量一体化的动力源于长三角区域内各城市自身的高质量发展和城市之间的高质量合作。对于城市自身的高质量发展而言，将体现出的将是一种收敛趋势，而环境保护、公共服务的新发展理念将成为城市高质量发展的新内涵，并有可能改变现有基础性配置资源的分配方式和运行效率。而对于如何开展城市之间的高质量合作，则仍然处于探索阶段，但可以肯定的是高质量合作会呈现出多样化、多角度、多元化的发展趋势。如2019年国家发展改革委印发的《长三角生态绿色一体化发展示范区总体方案》，具有"系统化定制"的特点，兼具行政边界融合、高质量转型、制度创新等示范效应[235]。

城市治理将成为长三角区域一体化的价值基础、合作基础和制度基础，是影响长三角区域深度融合和具体合作项目的前提条件。目前，长三角区域内部城市治理的不均衡对于区域一体化的影响是结构性的。特别是在民生重点领域，诸如与民生密切相关的区域养老服务和医疗服务，需要一整套更具针对性的制度体系与推进策略，涉及人口流动政策、市场资源的调配和重组、社会力量的导入等多个方面的内容。在政府基本公共服务领域，应注重提高城市失业保险的覆盖率、缩小公共文化服务、基础设施的供给差距，地方财政则要加大对教育事业的支持力度，在城市之间有效分配教育资源、医疗资源和基础设施资源。而人工智能、大数据、政务网络平台等信息化技术工具为精细化的治理对象识别、过程互动、结果评价等治理能力的提升，提供了重要机遇。

6.3.2 长三角区域一体化发展探索与阶段特征

长三角区域合作起源于20世纪80年代，迄今为止其合作过程经历了规划协调、要素合作、机制对接、更高质量一体化发展国家战略四个阶段(表6-5)。

1. 规划协调阶段（1982—1991年）

为协调区域经济发展，1982年12月22日，国务院决定成立上海经济区规划办公室，由国家计委、经委，国务院有关部及上海市、江苏省、浙江省的负责人组成。作为上海经济区的领导机构，其职能主要是通过调查研究为地方政府的经济合作与共同发展、为中央对这一区域

表 6-5 长三角一体化的四个阶段

发展阶段	时间节点	组织形式	重要事件（会议）	地理范围
规划协调阶段	1982 年 12 月	中央派出机构协调	两省一市省市长会议	上海、苏州、无锡、常州、南通、杭州、嘉兴、湖州、宁波、绍兴
	1986 年			上海、江苏、浙江、安徽、江西、福建
要素合作阶段	1992 年	成员城市合作	长三角城市协作办主任联席会议	上海、南京、苏州、无锡、常州、扬州、镇江、南通、杭州、嘉兴、湖州、宁波、绍兴、舟山
	1997 年 4 月		长三角城市经济协调会市长联席会议	上海、南京、苏州、无锡、常州、扬州、镇江、南通、杭州、嘉兴、湖州、宁波、绍兴、舟山
	2001 年	副省级会议	沪苏浙经济合作与发展座谈会	上海、江苏、浙江
机制对接阶段	2003 年 8 月	成员城市合作	长三角城市经济协调会第四次会议在南京召开	台州加入城市经济协调会
	2005 年 12 月	省级会议	首次沪苏浙主要领导座谈会在杭州举行	上海、江苏、浙江
	2008 年 12 月	决策层、协调层和执行层框架体系	沪苏浙皖主要领导座谈会在宁波召开	上海、江苏、浙江、安徽
	2010 年		长三角城市经济协调会第十次市长联席会议在嘉兴召开	合肥、盐城、马鞍山、金华、淮安、衢州加入城市经济协调会
	2013 年		长三角城市经济协调会第十三次市长联席会议在合肥召开	芜湖、滁州、淮南、丽水、温州、徐州、宿迁、连云港加入城市经济协调会
	2014 年		习近平总书记在上海考察时提出:长三角地区率先发展、一体化发展	上海、江苏、浙江、安徽
	2016 年 6 月		《长江三角洲城市群发展规划》发布	
	2018 年 1 月		长三角区域合作办公室在上海正式设立	
	2018 年 4 月		长三角城市经济协调会第十八次市长联席会议在衢州召开	铜陵、安庆、池州、宣城加入城市经济协调会
	2018 年 6 月		沪苏浙皖主要领导上海座谈会	上海、江苏、浙江、安徽
更高质量一体化发展国家战略阶段	2018 年 11 月	中央领导小组	习近平总书记在首届中国国际进口博览会上宣布长三角一体化发展上升为国家战略	上海、江苏、浙江、安徽

的经济发展的支持提出建议，制定区域发展规划。最早的上海经济区只包括上海、苏州、无锡、常州、南通、杭州、嘉兴、湖州、宁波、绍兴 10 个城市。1984—1986 年，经国务院批准，上海经济区扩展至江苏、浙江、安徽、江西、福建五省全境。上海经济区规划办公室先后建立了两省一市省市长会议制度、十市市长联席会议制度。省市长会议执行主席由各省市负责人轮流担任，1984—1988 年，每年召开一次上海经济区省市长联席会议。在历次会议的推动下，先后制定了《上海经济区发展战略纲要》和《上海经济区章程》。长三角地区先后确定交通、能源、外贸、技术改造以及长江口、黄浦江和太湖综合治理等为规划重点，提出了十大骨干工程。这些工作促进了省市间交流，特别是经济往来，带动了企业开展横向经济合作，使企业间以市场为导向的跨省市经济活动日益频繁，各城市、各省市之间的经济互动蓬勃发展。这一时期，苏浙沪合作的主要形式是上海的国有企业与江浙的乡镇企业之间的横向配套合作，合作内容是工业加工上的对接。1988 年 6 月，国家计委发出"计办厅(1988)120 号"文件，通知"撤销国务院上海经济区规划办公室"。

2. 要素合作阶段（1992—2002 年）

1990 年浦东开发开放以后，外资在长三角地区的布局及江浙民营经济的发展和崛起，使得长三角一体化有了质的变化。利用浦东的优惠政策以及上海的国际影响力大力吸引外资及引进技术，长三角区域合作由过去单一的横向配套协作，逐步向按照市场配置资源的要求整合生产要素的方向发展，区域合作的广度与深度不断得到拓展。这不仅巩固了上海在长三角的核心地位，而且在一定程度上加强了江浙两省与上海的区域合作。在这一阶段，长三角地方政府职能部门积极推进制度创新，自发倡议并建立起初步的合作机制。

1992 年，在国务院 1980 年代设立上海经济区时划定的沪苏浙三省市内的 15 个地级以上城市的范围内，上海等 14 个城市经协作委(办)发起、组织，成立长江三角洲十四城市协作办(委)主任联席会。1996 年 8 月，扬州分拆为扬州和泰州两市，泰州随此自然作为长江三角洲协作办(委)主任联席会议成员。至 1996 年，长江三角洲协作办(委)主任联席会共召开五次会议。1997 年，联席会议升格为长江三角洲城市经济协调会，协调会按城市笔画顺序每两年在执行主席方城市举行一次市长会议。在"政府搭台、企业唱戏"的长三角区域合作新模式下，长三角区域合作领域由过去单一的生产加工销售，逐步向商贸、旅游、产权、生态、金融、科研等方面发展。

3. 机制对接阶段（2003 年—2018 年 10 月）

进入 21 世纪，长三角区域一体化进入建章立制的阶段，即一个以政府为主体的制度对接阶段。长三角地方政府间通过平等磋商，以共赢为目的，大力展开体制机制对接，形成了包括决策层、协调层和执行层在内的三个层次的政府间合作协调机制(图 6-4)。决策层是指"长三角主要领导座谈会"，最早是 2005 年 12 月在杭州举办的沪苏浙"两省一市领导人座谈会"，此后该座谈会每年召开一次，会上两省一市主要党政领导商议、提出推进长三角区域合作的要求及合作重点领域。2008 年 12 月，两省一市吸纳安徽作为正式成员出席在宁波召开的长三角地区主要领导座谈会、长三角地区经济合作与发展联席会议。协调层是常务副省(市)长级别的长三角经济合作与发展联席会议的机制，这一机制始于 2001 年。联席会议以轮流做东的形式每年召开一次会议，重点是落实主要领导座谈会的部署，定期协调推进区域重大合作项目。执行层可以分为城市组和专题组。城市组主要是指长三角城市经济协调会，常务主席方是上海，常设联络处设在上海市人民政府合作交流办公室；协调会每两年召开一次，其城市成员数目已经从 1992 年设立之初的 14 个扩容到 2018 年的 34 个。专题组是指长三角各城市政府职能部门之间的不定期协调会，其主要职责是进行合作专题的策划与提出以及贯彻落实长三角地区主要领导座谈会及常务副省(市)长联席会议专题方案审批结果，商议专题推进过程中遇到的重大问题及其解决方式。

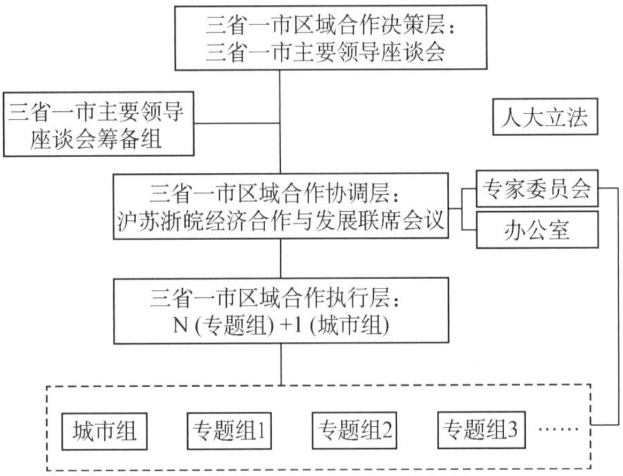

图 6-4　长三角地区的合作机制框架

2018 年 1 月底，长三角一体化进程中第一个跨行政区划的官方合作常设机构——长三角区域合作办公室在上海正式设立。长三角区域合作办公室的成立，丰富了执行层，三省一市抽调 17 人在此合署办公，使得区域协调对话机制常态化、制度化。在合作机制逐渐完善的基础上，21 世纪长三角各领域的一体化深入开展。在产业合作领域，通过合作共建产业园区、产业转移、建立产业合作基金等形式，三省一市逐步深化产业合作。在旅游合作领域，2001 年，三省一市旅游部门就区域旅游一体化合作问题进行深入研究，提出了发展思路、目标和重点。自 2011 年开始，长三角地区每年召开一次旅游合作联席会议。在旅游合作联席会议的基础上，长三角各省市在共享旅游资源、共同打造旅游品牌产品、共同举办营销活动、共同认定旅游标准与标识、共同推进旅游执法等方面不断推进合作，取得了可喜的成果。在环保合作领域，2009 年 4 月，长三角地区环境保护合作第一次联席会议召开，决定由苏浙沪三地环保部门分别牵头开展加强区域大气污染控制、健全区域环境监管联动机制、完善区域“绿色信贷”政策方面的工作，使长三角地区环境保护合作工作进入实质性启动阶段。在教育合作领域，苏浙沪三地教育厅从 2009 年开始正式建立长三角教育联动发展会商机制，每年召开一次高层论坛并形成制度，同时不断拓宽合作领域，深化合作内容，创新合作形式，有力推进了长三角教育改革与发展进程。在医疗服务合作领域，从 2008 年起，长三角地区在全国率先推出医疗保险跨省转移机制。2010 年 1 月，长三角地区社会保障合作与发展联席会议第一次会议审议通过《关于长三角地区职工基本医疗保险关系转移接续的意见》。在社会保障合作领域，2015 年 6 月，泛长三角地区社会保障合作与发展联席会议第一次会议在南京召开。沪苏浙皖三省一市的人力资源和社会保障厅(局)牵头成立了泛长三角地区社会保障合作专题组,积极推进长三角社会保障体系的对接。

4. 更高质量一体化发展国家战略阶段(2018年11月起)

2018年11月5日,习近平总书记在首届中国国际进口博览会开幕式上宣布,将支持长江三角洲区域一体化发展并上升为国家战略,着力落实新发展理念,构建现代化经济体系,推进更高起点的深化改革和更高层次的对外开放,同"一带一路"建设、京津冀协同发展、长江经济带发展、粤港澳大湾区建设相互配合,完善中国改革开放空间布局。这意味着长三角一体化的地位得到提升,从地方层面升级到国家层面;同时,长三角一体化发展进入了一个新的阶段,面临更艰巨的任务与挑战,不能仅仅从区域自身发展实施一体化,而要更多地承担国家战略任务,实现高质量发展。

6.3.3 长三角交通一体化进程与挑战

1. 长三角一体化发展进展

交通一体化是区域一体化发展的重要标志,加快建设现代综合交通运输体系是长三角区域一体化的内在要求,也是长三角区域经济高质量发展的必由之路。

长三角地区交通一体化的推进早在十多年前就已经开始,并制定了专门的规划纲要作为长三角地区交通一体化的行动指南。2005年,交通部发布《长江三角洲地区现代化公路水路交通规划纲要》,作为首部由交通部牵头制定的区域交通规划纲要,明确提出要打破地区界限、体制界限以及行业界限,以区域公路水路交通一体化为主线,突出强调跨省公路水路基础设施的布局衔接和功能互补,规划提出到2020年,长三角都市圈内中心城市实现"三小时互通",所有地区"20分钟上高速";而上海与长三角以外周边地区将可实现"五小时沟通",形成以上海为中心、覆盖长江三角洲的"半日交通圈"。2009年,为贯彻《国务院关于进一步推进长江三角洲地区改革开放和经济社会发展的指导意见》,加快长江三角洲地区道路运输协调发展,更好地服务社会经济发展,上海、浙江、江苏两省一市交通主管部门联合编制了《长江三角洲地区道路运输一体化发展规划纲要》。2018年11月底,在南京召开的长三角综合交通发展大会上,三省一市一致通过《长三角综合交通发展大会倡议书》,提出共同强化长三角综合交通高质量一体化发展使命担当,共同深化长三角综合交通划有机衔接,加快长三角综合交通基础设施互联互通,促进长三角综合交通科技创新示范引领,推进长三角综合交通生态环境保护治理,推动长三角综合交通管理服务高效协同。2019年9月发布的《交通强国建设纲要》中,从服务国家战略的高度,统筹谋划长三角区域综合交通运输体系建设,已将长三角区域列为交通强国建设的先行引领示范区,而且组织编制长三角区域交通一体化发展相关规划,高起点谋划现代综合交通运输体系建设蓝图;加大力度,尽最大可能在政策、资金、人才、项目等方面给予支持,持续推动重大交通基础设施建设、运输服务水平、交通环境治理、交通政策和管理协调取得新突破;重点扶持、谋划一批交通重大改革、重大科技、重大政策、重大项目、重大平台在长三角区域先行先试[236]。2021年,在中共中央、国务院印发的《国家综合立体交通网规划纲要》中,提出要建设轨道交通上的长三角,辐射全球的航运枢纽,大众交通高质量发展先行区,提升整体竞争力和影响力。为此，国家发改委印发了《长三角多层次轨道交通规划》，按照这一规划，到 2035 年基本建成“轨道上的长三角”，形成干线铁路、城际铁路、市域(郊)铁路、城市轨道交通多层次、优衔接、高品质的轨道交通系统，长三角地区成为多层次轨道交通深度融合发展示范引领区，有效支撑基础设施，互联互通和区域一体化发展。届时，长三角地区轨道交通总里程达到 2.2 万公里以上，新增里程超过 8 000 公里，高速铁路通达地级以上城市，铁路联通全部城区常住人口 20 万以上的城市，轨道交通运输服务覆盖 80% 的城区常住人口 5 万以上的城镇。《2020 年长三角交通一体化发展年度报告》统计结果显示：

(1) 水运。2019 年长三角沿海港口泊位总数 1 833 个，码头货物年通过能力 36.31 亿吨；长三角内河港口泊位数 9 732 个，码头货物年通过能力 17.13 亿吨。长三角内河航道通航里程 41 773 万公里；其中 III 级及以上航道占长三角总里程的 9.1%。长三角地区水路运输网络以“长江干线＋京杭运河”为主通道，以“两纵六横”高等级航道网为目标。

(2) 航空。区域民航机场 23 座，以上海的浦东机场、虹桥机场为主，杭州萧山机场和南京禄口机场为辅。长三角基本形成了“2＋3＋18”的机场布局体系。航空客运量 11 445 万人次，同比上升 4.9%；其中，上海市占比 53.5%，江苏省占比 11.9%，浙江省占比 31.5%，安徽省占比 3.1%。航空货运量 468 万吨，同比下降 1.7%；其中，上海市占比 86.7%，江苏省占比 1.6%，浙江省占比 11.3%，安徽省占比 0.4%。

(3) 公路。长三角公路总里程 51.3 万公里，公路网密度 143.3 公里/百平方公里，万人平均公路里程 22.6 公里。整体上形成了“五纵五横”的高速公路网络，高速公路总里程 15 230 公里，高速公路网密度 4.3 公里/百平方公里，万人平均高速公路里程 0.67 公里。长三角地区公路客运量 216 084 万人次，同比下降 3.1%；其中，上海市占比 1.5%，江苏省占比 43.7%，浙江省占比 33.7%，安徽省占比 21.1%。公路货运量 598 749 万吨，同比下降 4.8%；其中，上海市占比 6.5%，江苏省占比 24.6%，浙江省占比 29.7%，安徽省占比 39.2%。

(4) 铁路。长三角运营铁路总里程为 11 526.9 公里，密度为 3.21 公里/百平方公里；其中，高铁里程 4974.1 公里，密度为 1.39 公里/百平方公里。长三角地级市铁路站点覆盖率达到 97.6%，高铁站点覆盖率达到 90.2%。长三角地区铁路客运量 73 152 万人次，同比上升 8.5%；其中，上海市占比 17.5%，江苏省占比 31.3%，浙江省占比 32.9%，安徽省占比 18.3%。铁路货运量 18 402 万吨，同比上升 1.7%；其中，上海市占比 2.6%，江苏省占比 33.5%，浙江省占比 21.4%，安徽省占比 42.5%。

总体而言，长三角地区交通网络在过去 20 年的发展下，取得了明显的成效，总体适应了长三角地区经济社会发展的需求。特别是形成了以高速铁路、高速公路和长三角黄金水道为主的多向联通对外运输大通道和城际综合交通网络，高速铁路、高速公路和民用机场覆盖率显著高于全国平均水平，基本实现了上海、南京、杭州等城市之间高频次 1～1.5 小时快速通达。在运输管理方面，依托长三角区域合作办公室，港航资源整合持续推进，民航协同发展工作机制建立运行，一批跨区域的重大项目统筹衔接推进，货运车辆超限超载治理等交通联合执法行动机制加快完善。

2. 长三角一体化发展挑战

对位更高质量一体化发展要求，目前长三角地区综合交通运输体系一体化发展水平仍待提升,与国土空间、人口分布、产业布局衔接适应能力有待加强。主要表现在:①综合交通网络结构性矛盾突出:部分对外和城际通道能力不足,局部区域轨道交通网络覆盖不够、功能定位不准、标准层次不清,公路、内河航道待贯通或通而不畅等问题依然存在;②枢纽分工协作水平和国际竞争力不强:港口、机场分工协作不足,综合交通枢纽衔接水平不高,上海国际航运中心现代航运服务功能有待加强;③运输服务一体化水平亟待提升:同城化通勤化运输服务短板明显,全流程、一站式、一单制等模式发展不足,集装箱铁水联运比例偏低;④一体化体制机制亟待健全:跨地区、跨部门规划建设运营等统筹协调力度不够,土地、空域等供需矛盾突出,资源集约节约利用效率不高,统一开放的运输市场尚未形成,信息不共享、政策不完善、标准不统一等制约因素依然存在。

6.3.4 长三角区域一体化主要挑战与提升策略

1. 主要挑战

国际上保护主义、单边主义抬头,经济全球化趋势放缓,世界经济增长不确定性较大,长三角一体化发展面临更加复杂多变的国际环境。长三角地区在众多领域存在国际经济交流合作,国际环境不稳定性不确定性增强,对长三角地区的经济增长造成较大影响,经济运行出现一定波动,外贸进出口均受到来自外部环境的挑战。

区域内发展不平衡不充分,跨区域共建共享共保共治机制尚不健全,基础设施、生态环境、公共服务一体化发展水平有待提高。相较于交通、科技、产业等领域,生态环境、公共服务等领域利益共享的合作推进难度则较大。地区之间生态环境差异大,解决跨界环境问题、实施生态补偿、协同推进生态环境共同保护的机制手段还不够完善,第三方沟通协商平台和运作手段单一,环境治理市场化运作机制不够健全。优质公共服务资源依然短缺,均衡化、便利化程度还不够高,区域、城乡、群体和省市间的公共服务资源配置还不够合理,公共服务共享机制还需完善。不打破行政区划的毗邻区域合作实施机制仍需深入探索,跨区域合作平台构建与地方行政矛盾不易协调。

科创和产业融合不够深入,产业发展的协同性有待提升。特别是科技创新能力不足,2020年长三角人均GDP约为1.6万美元,居世界六大城市群最末位,是前一位欧洲西北部城市群水平(4.5万美元)的36%;2020年长三角地均GDP接近1 000万美元/平方公里,也远低于其他城市群。目前长三角10%的科技成果转化率与发达国家40%的水平差距很大,提高本土科技创新能力任重道远。

阻碍经济社会高质量发展的行政壁垒仍未完全打破,统一开放的市场体系尚未形成。

各地"十四五"规划纲要都提出重点发展布局高端装备、新材料、新能源产业、人工智能、生物医药领域,相似度非常高。不考虑自身发展水平条件存在的客观差异,同质化布局战略性新兴产业,容易引起低水平重复和资源浪费,甚至是新兴产业发展不确定性带来的经济风险。

但就交通方面而言,长三角地区综合交通运输体系发展水平仍待提升,与国土空间、人口分布、产业布局衔接适应能力有待加强。主要表现在:一是综合交通网络结构性矛盾突出。部分对外和城际通道能力不足,局部区域轨道交通网络覆盖不够、功能定位不准、标准层级不清,公路、内河航道待贯通或通而不畅等问题依然存在。二是枢纽分工协作水平和国际竞争力不强。港口、机场分工协作不足，综合交通枢纽衔接水平不高，上海国际航运中心现代航运服务功能有待加强。三是运输服务一体化水平亟待提升。同城化通勤化运输服务短板明显，全流程、一站式、一单制等模式发展不足，集装箱铁水联运比例偏低。四是一体化体制机制亟待健全。跨地区、跨部门规划建设运营等统筹协调力度不够，土地、空域等供需矛盾突出，资源集约节约利用效率不高，统一开放的运输市场尚未形成，信息不共享、政策不完善、标准不统一等制约因素依然存在。

2. 提升策略

以都市圈建设推进区域一体化。充分发挥上海中心城的龙头带动作用，推进上海和苏州、南通、嘉兴、宁波、舟山等近沪城市的同城化。推动南京、杭州、合肥等都市圈由规划编制转向具体落实，强化中心城市发展能级，提升周边城市联动发展水平。以高水平生态绿色一体化发展示范区建设为突破口，推进省级毗邻地区协同联动发展，优化示范区管理机构协调机制，深化一体化制度创新。加快苏皖合作区建设，推动双边合作向“一地六县”多边合作转变，完善多方共同运作方式和体制。加快新安江—千岛湖生态补偿试验区建设，深化上下游跨省联动合作机制，探索多元化生态补偿方式，形成先行先试示范经验。

加快构建协同创新产业体系。强化科技战略力量，以张江、合肥两大综合性国家科学中心建设为突破口，推动重大科技基础设施集群化发展。建设长三角科技创新共同体，加快构建一批技术研发和转化合作平台，深化科技创新资源共用共享，完善“揭榜挂帅”科技项目管理方式。加强产业协同分工与合作，全面推行产业链供应链“链长制”，推动产业管理部门与链主企业或科研机构合作，加快形成区域供应链的内循环。

推动共享更高品质公共服务。加快基本公共服务均等化，全面实施基本公共服务标准化管理，探索设立一体化发展基金和差别化的财政支持政策，推进社会保险异地办理，推动康养资源共享和异地养老，打造健康长三角。加强优质教育医疗资源共享，加快提升中小城市教师和医生的执业水平，弥补教师和医生数量不足的短板。加强基础设施互通互联，加快打通沿海、沿江、环太湖和省际通道，在同城化地区率先实践公共交通合作，统筹推进跨区域能源水利基础设施建设，完善新一代信息基础设施互联互通。

共同建设绿色美丽长三角。加强长江大保护协同合作，加强皖西大别山、皖南—浙西南山区、淮河—洪泽湖等区域重要生境共同保护和建设。推进环境协同治理，加强环太湖地区环境综合整治，探索长三角区域固体废物和危险废物联防联治机制、太湖流域水资源共保共享机制，加强节能减排降碳区域政策协同。建立健全生态产品价值实现机制，加快打通生态优势转化为经济优势路径，完善相应的生态产品价值实现考核评估机制。完善多元主体协同体制机制。正确处理好政府与市场的关系，明晰自身地域和一体化的任务清单，营造公平竞争开放的市场环境，系统清理各类显性和隐形壁垒障碍。创新区域合作组织架构，探索组建以专业力量为核心支撑的专家委员会，加强跨行政区合作重大问题的统筹研究谋划。探索建立市场化导向、企业化运作的负责跨行政区合作项目建设、运营、管理专项功能的区域性公共机构。鼓励各类行业组织、商会、产学研联盟、企业家联盟、智库等机构参与推动一体化发展，多平台、多领域开展咨询献策与区域合作[237]。

6.4 京津冀交通一体化:“自上而下”协调机构

6.4.1 京津冀协同共治的发展背景

早在 2001 年,吴良镛院士团队就开始了“京津冀(大北京地区)城乡空间发展规划研究”;2004 年国家发改委启动《京津冀都市圈区域规划》编制;2011 年 3 月,“京津冀一体化”“首都经济圈”的概念被写入我国“十二五”规划纲要;2014 年 2 月 26 日,习近平总书记提出京津冀协同发展十大需求和七点要求,把京津冀协同发展上升到国家重大战略地位,李克强总理进一步把“加强环渤海及京津冀地区经济协作”写入 2014 年度政府工作报告。在 2014 年 12 月召开的中央经济工作会议上,京津冀与“一带一路”、长江经济带并列成为中国区域发展的三大战略,2015 年第十二届全国人大三次会议再次将“京津冀协同发展”写入政府工作报告,并列入 2015 年经济工作重点。社会各界从不同层面、角度出发探索京津冀协同发展路径,三地在交通一体化、产业协同发展、生态环境保护等领域的合作机制正在日趋完善[238]。

京津冀地区包括北京、天津两个直辖市和河北的唐山、保定、廊坊、秦皇岛、张家口、承德、沧州、石家庄、邯郸、邢台和衡水 11 个地级市,是我国最重要的政治、文化中心,也是我国北方最大和发展程度最高的经济核心区。近年来,京津冀区域的经济社会发展取得了长足发展,但与长三角和粤港澳大湾区两个经济圈相比,其人均地区生产总值、人均可支配收入等指标还远远落后,反映了京津冀区域经济整体实力不强的现实。此外,京津冀区域城乡经济发展二元结构特征十分突出,区域内的中心城市与其外围中小城镇及区域腹地在发展水平或发展阶段上存在巨大的差异。在河北省北部与京津接壤的地区,形成了 个贫困人口集中的贫困带。贫困带的客观存在制约着北京、天津两个中心城市的发展,也制约着京津冀一体化发展。从文化方面来看,京津冀区域处于大陆北方,历史上又长期处于封建思想文化统治的核心地带,民风趋于保守与封闭、官本位和等级观念较重,营商环境差,市场意识不强,与东南沿海开放较早的地区相比,开放程度明显较低[239]。总体而言,京津冀地区不像珠三角那样能够在省域内解决城市间的协调发展问题,也不像长三角那样,城乡发育较为成熟,区域市场高度繁荣,在上海的带领下与各省市共同推进。京津冀的发展仍存在诸多风险和不确定性,特别是在人口流动、职能疏解、交通融合、生态共治等重点领域,亟须得到重点研究和创新探索[240]。

6.4.2 京津冀交通一体化组织框架及协调机制

京津冀城市群已成为继长三角、珠三角之后我国第三个最具活力、最具潜力的区域。实现京津冀协同发展是一个重要的国家战略,国家及地方层面高度支持相关工作,目前已经建立一些京津冀层面的单位或机构,指导和支持三地相关工作,包括京津冀协同发展领导小组、京津冀三地分别成立的领导小组、京津冀城际铁路投资有限公司、渤海津冀港口投资发展有限公司等(表 6-6)。

表 6-6 京津冀层面已成立的单位情况

单位名称	成立时间	简要介绍
京津冀协同发展领导小组	2014 年 8 月	国务院成立京津冀协同发展的领导小组以及相应的办公室，由副总理张高丽担任组长
北京市“区域协同发展改革领导小组”	2014 年 4 月	小组办公室设在市发改委，主要负责城市功能疏解、产业结构布局等
河北省“河北省推进京津冀协同发展工作领导小组办公室”	2014 年 6 月	指导京津冀一体化相关工作
天津市“天津市京津冀协同发展领导小组”	2014 年 9 月	市委书记孙春兰担任组长，推动京津冀协同发展和京津双城联动
北京市交通委“京津冀区域协同发展交通一体化领导小组办公室”	2014 年	北京市交通委员会牵头成立领导小组，下设办公室和规划组、建设推进组、运输服务组三个专项小组和一个技术支持单位
北京市发改委“京津冀协同发展处”	2014 年	承担市推进京津冀协同发展领导小组办公室的具体工作
河北省各市相关一体化办公室	—	支持京津冀交通一体化工作
京津冀城际铁路投资有限公司	2015 年 3 月	京津冀三地政府和中国铁路总公司共同出资，公司作为京津冀城际铁路项目的业主，承担规划、投融资、建设、运营管理职责
渤海津冀港口投资发展有限公司	2014 年 8 月	由秦皇岛港股份有限公司与天津港集团有限公司共同组建，经营范围为港口项目的投资运营与管理

2014 年 3 月以来，中央政府和京津冀三地先后成立相应的协同发展组织机构，为京津冀协同发展提供制度保障。2014 年 8 月，国务院成立京津冀协同发展的领导小组以及相应的办公室，由时任副总理张高丽担任组长。就京津冀三地而言，2014 年 3 月，北京市率先成立“区域协同发展改革领导小组”，小组办公室设在市发改委，主要负责城市功能疏解、产业结构布局等；2014 年 6 月，河北省成立“河北省推进京津冀协同发展工作领导小组办公室”；2014 年 9 月，天津市成立“天津市京津冀协同发展领导小组”，由时任市委书记孙春兰担任组长，推动京津冀协同发展和京津双城联动；之后，河北省各市也相继成立京津冀协同发展领导小组和对接北京产业转移工作的专门办公室；北京市交通委京津冀区域协同发展交通一体化领导小组办公室成立于 2014 年，下设办公室和规划组、建设推进组、运输服务组三个专项小组和一个技术支持单位。

2015 年 3 月，京津冀三地政府和中国铁路总公司共同出资，注册成立了京津冀城际铁路投资有限公司，股权比例为 3∶3∶3∶1。公司作为京津冀城际铁路项目的业主，承担规划、投融资、建设、运营管理职责。渤海津冀港口投资发展有限公司 2014 年 8 月由秦皇岛港股份有限公司与天津港集团有限公司共同组建,经营范围为港口项目的投资运营与管理。

京津冀城市群交通一体化由国家领导、发改委等组成京津冀协同发展领导小组,负责研究确定城市群交通发展规划,"自上而下"协调包括专项规划编制、重点项目实施及配套政策和运营服务管理等方面的内容,组织架构和协调机制相对成熟(图6-5)。

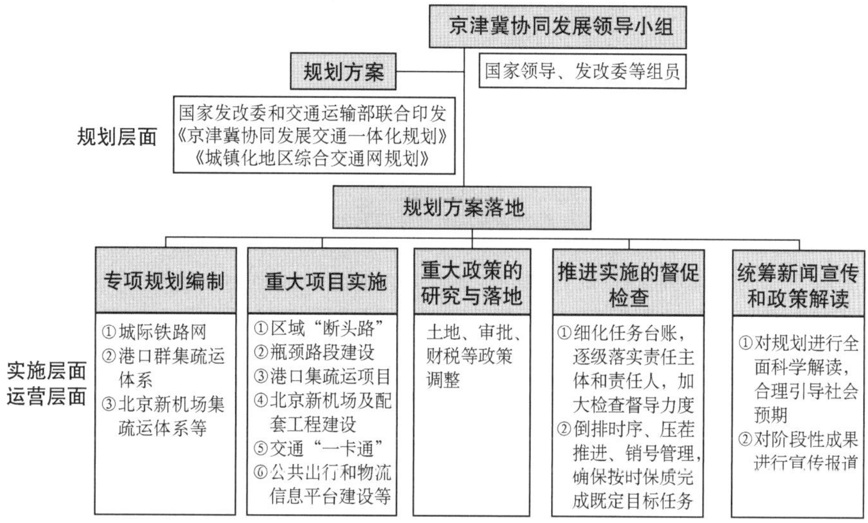

图6-5　京津冀交通一体化组织架构及协调机制

京津冀是全国区域协同发展改革引领示范区,交通肩负着探索区域协同发展新模式的重任。在党中央和国务院的大力推动下,三省市立足实际情况,通过改革创新不断健全和完善协同发展机制,保障交通一体化的高质量发展。

为了落实交通先行的定位,在京津冀协同发展领导小组和地方推进京津冀协同发展领导小组的部署和领导下,交通领域也形成了多层级的协同发展机制。交通运输部于2014年7月牵头成立了推进京津冀交通一体化领导小组,由交通运输部书记和部长挂帅,三省市人民政府、交通运输部各相关领导同志参加,下设办公室及综合规划组、政策协调组、建设推进组等工作组,协调解决推进交通一体化发展过程中的重大问题。在区域层面,三省市交通主管部门联合成立了京津冀三省市区域交通一体化统筹协调小组,由三省市交通主管部门主要领导任组长、各相关单位参加,并设立办公室以及专项工作小组。确立了京津冀交通一体化联席会议机制,通过定期召开会议、专项对接工作,凝心聚力、共同推进一体化的具体工作。各地交通主管部门层面,同样建立了内部的工作机制。如北京市交通委员会作为北京市推进京津冀协同发展领导小组下设的9个专项工作小组之一,成立了北京市交通委员会京津冀区域协同发展交通一体化领导小组,并建立了委内工作机制。

2014—2020年七年来,交通运输部推进京津冀交通一体化领导小组(现为京津冀暨雄安新区交通建设领导小组)牵头举行会议10次,京津冀三省市区域交通一体化统筹协调小组组织各种联席会、专题会40余次,共签署接线协议16份。协同发展机制的建立对推动京津冀交通一体化工作、提升三省市协同管理水平起到了至关重要的支撑和保障作用(表6-7)。

表 6-7　京津冀交通一体化统筹协调工作机制

层级	工作机制
国务院	京津冀协同发展领导小组
交通运输部	京津冀交通一体化领导小组 下设办公室及综合规划组、政策协调组、建设推进组
城市	北京市推进京津冀协同发展领导小组 天津市京津冀协同发展领导小组 河北省推进京津冀协同发展工作领导小组
区域	京津冀三省市交通一体化统筹协调小组 建立了联席会议机制，联席会议每年至少召开一次
交通主管部门	以北京为例：北京市交通委员会京津冀区域协同发展交通一体化领导小组

6.4.3　京津冀交通一体化发展探索与成效

1. 不断探索市场机制重大创新举措

铁路投资体制改革加快实施。为落实京津冀协同发展战略，适应国家铁路投资体制改革，2014 年 12 月 30 日，北京市、天津市、河北省三地政府和中国铁路总公司签署合作协议，设立京津冀城际铁路投资有限公司（图 6-6）。公司初始注册资本金 100 亿元，四方股比为 3∶3∶3∶1。北京市、天津市、河北省和中国铁路总公司出资人代表分别为北京市基础设施投资有限公司、天津铁路建设投资控股（集团）有限公司、河北建投交通投资有限责任公司和中国铁路北京局集团有限公司。

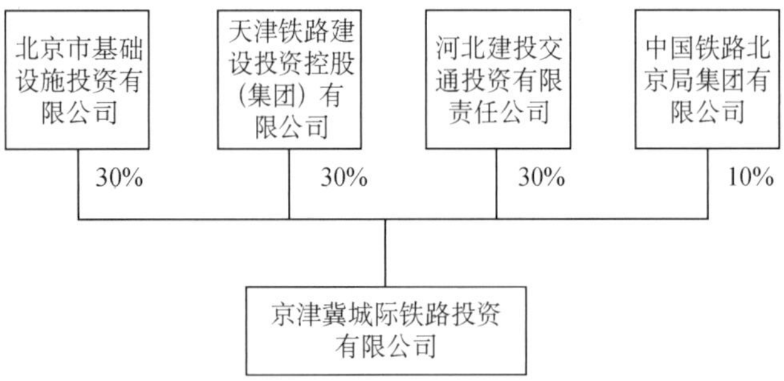

图 6-6　京津冀铁投公司股权结构

公司经营的主要业务是京津冀城际铁路投资、建设和运营，土地综合开发；公司经营的其他业务包括房地产开发、物业管理、金融服务、咨询服务、设备物资供应、文化广告、餐饮住宿及旅游服务、生活服务设施的经营管理等。公司按照“政企分开、产权明晰、市场运作、独立核算”原则确立基本运作模式。京津冀三省市按各自境内城际铁路建设需求分别承担各自境内建设资金，城际铁路项目建设投资通过沿线土地资源综合开发收益实现平衡，城际铁路项目运营成本通过票款收入及广告、物业等综合经营收入实现平衡。按照“1＋N”的母子公司架构，截至2019年，公司拥有合并范围内7家子公司，分别为京唐城际铁路有限公司、京滨城际铁路有限公司、京安城际铁路有限公司、京津冀城际地产有限公司、河北城际铁路工程公司、石港城际铁路有限责任公司、京津冀城际铁路发展基金，参股投资九州纵横城际铁路投资有限公司。

天津港集团和唐山港集团共同组建津唐国际集装箱码头有限公司，实现两港之间的集装箱资源统筹和航线共享，推动津冀两地集装箱运输发展。天津港和河北港口集团联合成立渤海津冀港口投资发展有限公司，联合对河北和天津的港口基础设施和业务运营进行投资和管理，对推进津冀港口资源集约利用、促进两地港口提质增效作用明显。

区域统一的机场管理体系建立完善。首都机场集团公司统一管理京津冀三省市枢纽机场，实现机场管理体制的重大革新，构建起航空枢纽协同发展机制，对促进区域机场群合理定位、优势互补、协调发展起到有力支撑作用。

2. 开展一体化规划政策的制定和出台

2015年，在《京津冀协同发展规划纲要》的指导下，国家发展改革委和交通运输部联合编制了《京津冀协同发展交通一体化规划》，明确了京津冀交通一体化发展的目标和主要任务。《京津冀协同发展交通一体化规划》适时修改调整，多个项目调整纳入铁路、公路、港口等中长期专项规划。

出台《京津冀城际铁路网规划》《京津冀核心区铁路枢纽总图规划》等区域专题规划，落实“一张蓝图绘到底”的理念。《推进京津冀民航协同发展实施意见》《加快推进津冀港口协同发展工作方案(2017—2020年)》《津冀沿海锚地布局方案》等各行业的协同发展政策密集出台，区域分工协作、竞合发展的局面加快形成。

津冀积极配合《北京市高排放货车通行管理方案》有效实施，引导过境货车绕行，缓解北京过境交通压力；机动车排放标准、油品标准和监管、老旧车辆提前报废以及黄标车限行等政策实现统一，区域连续一致的交通运输政策体系逐步完善。

城际铁路建设加快推进，多层级的轨道交通服务体系加快构建。京津城际延伸线、京雄城际、津保铁路、崇礼铁路建成通车，京唐城际、京滨城际、津兴铁路、石衡沧港城际和城际铁路联络线一期等一大批城际铁路加快建设。相邻城市间基本实现铁路1.5小时通达，京雄津保“1小时交通圈”已经形成。京津城际延伸线实现“公交化”运营，方便京津两地居民互通。北京清河站、北京西站和天津站等铁路站实现铁路与城市轨道信息共享、安检互认；北京站、北京北站、天津站、天津西站等多个铁路站实现高铁与市郊铁路、城市轨道的便捷换乘，各层级轨道交通间的融合发展逐步完善。利用既有铁路开行市郊列车取得实效，北京市郊铁路S2线、城市副中心线、怀密线、通密线4条市郊铁路相继开通并不断改造提升。北京市与中国国家铁路集团有限公司签署战略合作框架协议，深化路市战略合作，积极推进市域(郊)铁路规划建设。

强化协同共建，“待贯通路”“瓶颈路”基本消除。过去，京津冀三省市因为规划和建设节奏不同，形成了多条“待贯通路”和“瓶颈路”，阻碍三省市互联互通。京津冀交通一体化工作开展以来，三省市交通主管部门加强了工程对接。截至2020年年底，三省市累计打通“待贯通路”“瓶颈路”32条段，共2 005公里，国高网首都放射线路段全部打通。

跨省客运服务水平日益提升。京津冀三省市着手大力推动公交和省级客运改革，极大方便了毗邻地区居民出行。北京共实现 38 条公交线路常态化运营，服务河北省廊坊市、保定市、张家口市、承德市的 17 个县市及地区，日均客运量约 27 万人次，支撑了环京地区居民日常和通勤出行。京津冀三省市联合制定《京津冀省际毗邻地区主要通道客运班线公交化改造实施方案》，合力完成平谷至遵化、宝坻、蓟州等 6 条客运班线的公交化改造，沿途 40 余个村庄、8 万余人受益，对扩大省级道路客运服务覆盖、推动城乡客运一体化发展起到促进作用。

京津冀交通"一卡通"不断推广使用。交通运输部会同京津冀三地交通运输主管部门、公共交通和交通一卡通企业成立京津冀交通一卡通互联互通工作领导小组和推进小组，建立督导工作机制，加强沟通对接，形成工作合力，稳步推进互联互通工作。2017 年年底已基本实现京津冀区域主要城市、各种公共交通方式"一卡全覆盖"。

推进道路客运联网售票一体化。京津冀三地交通运输主管部门组织编制《京津冀道路客运联网售票一体化实施方案》。2015 年 6 月，交通运输部印发《京津冀城乡客运一体化改革试点工作实施方案的批复》，批准实施。京津冀三地交通运输主管部门联合中国交通通信信息中心制定《京津冀道路客运联网售票业务规范》《京津冀道路客运联网售票协议》《京津冀道路客运联网售票清分结算管理办法》等系列协议规范，定期召开工作推进会，协调解决困难问题。2020 年底，三省市共计 169 个二级及以上客运站（北京 8 个、天津 10 个、河北 151 个）均可提供跨省（市）内联网售票、改退签和快捷乘车等功能。

旅客联程联运模式更加多样，效率不断提升。大兴国际机场推出空轨联运票价优惠政策，旅客可在地铁草桥站办理值机和行李托运，实现"一站式服务"。天津滨海机场、石家庄正定机场推出空铁、空巴、空轨等联运产品，异地候机楼、客运直通班线覆盖范围持续扩大，对周边中小城市的辐射作用有效增强，旅客在不同运输方式间的中转换乘更加方便快捷。

推进交通领域联合立法和常态化开展区域联合执法。三省市联合印发《京津冀公路立法协同工作办法》《京津冀交通运输行政执法合作办法》等规范性文件，交叉备份文件 140 份（其中北京 100 份，天津 30 份，河北 10 份），共同研究推进大兴国际机场联合执法、冬奥会交通秩序保障等一体化法治建设工作。京冀两地共同开展区域治超协作工作，加大环京市县区域超限超载运输车辆执法力度，强化源头治理。三地毗邻区域签订合作框架协议，为深化区域治超合作奠定坚实基础。开展跨省市运输违法违章联合治理工作，在执法内容上由单纯执法拓展到信用联合惩戒，在执法频率上由重大活动联合保障拓展到经常性执法联动，在组织方式上由交通主管部门协同扩展到多部门合作，不断加强三省市交通执法和治理深度协作。

研究拓展交通标准一体化工作。三省市着力推动多个跨区域的交通行业技术标准落地实施。2015 年 6 月，首个区域性交通行业技术标准《电子不停车收费系统路侧单元应用技术规范》对外发布，为后续的区域标准编制起到示范引领作用。2014—2020 年，三省市共计联合发布《京津冀跨省市省级高速公路命名和编号规则》《高速公路服务区服务规范》等 9 个标准，区域协同的地方标准体系正在加快形成。

6.5 粤港澳大湾区交通一体化：轨道交通四网融合

6.5.1 粤港澳大湾区交通一体化发展背景与基础

2017 年 3 月，“粤港澳大湾区”概念由国务院总理李克强在政府工作报告中首次提出，并逐渐上升为国家战略。2018 年，粤港澳三地发布《深化粤港澳合作推进大湾区建设框架协议》。2019 年《粤港澳大湾区发展规划纲要》印发，在国家级发展战略指引下，粤港澳大湾区将突破城市行政边界，实现区域经济协同发展，建设成富有活力和国家竞争力的一流湾区和世界级城市群。交通是湾区经济生活的命脉，是湾区发展的先行官，2019 年印发的《交通强国建设纲要》提出“构建便捷顺畅的城市(群)交通网，建设城市群一体化交通网，推进干线铁路、城际铁路、市域(郊)铁路、城市轨道交通融合发展”。2020 年国家发改委批复《粤港澳大湾区(城际)铁路建设规划》，明确在继续实施并优化珠三角地区城际轨道交通网规划基础上，进一步加大城际铁路建设力度，做好与大湾区内高铁、普速铁路、市域(郊)铁路等轨道网络的融合衔接，形成“轴带支撑、极轴放射”的多层次铁路网络，构建大湾区主要城市间 1 小时通达、主要城市至广东省内地级城市 2 小时通达、主要城市至相邻省会城市 3 小时通达的交通圈，打造“轨道上的大湾区”，完善现代综合交通运输体系。目前轨道交通作为湾区对外、对内重要客运交通体系，主要包括国家铁路、城际铁路、城市轨道等制式，不同制式在线网发展、换乘衔接、客流发展、票务政策等方面呈现出不同的特征，实现不同制式、不同主体在运营网络、资源及票务客运组织上一体化融合发展已成为粤港澳大湾区轨道交通融合发展的重要课题。

粤港澳大湾区包括广东省广州、深圳、珠海、佛山、中山、东莞、肇庆、江门、惠州九座城市以及香港、澳门两个特别行政区，面积 5.65 万平方公里，地区生产总值约为 11.6 万亿元人民币，人口 8 617 万人。经过“城市发展”—“珠三角发展”—“粤港澳大湾区”发展，粤港澳大湾区的交通系统，特别是轨道交通网络系统的建设取得的成就体现在[241]：

(1) 基本呈现国家铁路、城际轨道、城市轨道等轨道交通线网一体化发展态势

湾区内已呈现出国家铁路、城际铁路、城市轨道在运营网络、客运组织上一体化发展的轨道交通体系格局。客运线路具体包括：6 条高速铁路、4 条普速铁路构成的 1 085 公里的国家铁路客运网络；以广州、深圳为中心对外辐射，6 条 474 公里的城际轨道网络；以及各城市内部的地铁、有轨电车组成的城市轨道交通系统。

(2) 打造轨道上的湾区，向多层次、多模式、大规模轨道交通网络迈进

世界湾区均具有多层次、多模式、大规模轨道交通网络，同时轨道交通在湾区客运体系中发挥骨干作用。2020 年批复的《粤港澳大湾区城际铁路建设规划》中提出，形成高铁、普速铁路、市域(郊)铁路等轨道网络融合衔接，“轴带支撑、极轴放射”的多层次铁路网络；构建湾区主要城市 1 小时通达，打造“轨道上的大湾区”；近期到 2025 年，大湾区铁路网络运营及在建里程达到 4 700 公里，全面覆盖大湾区中心城市、节点城市和广州、深圳等重点都市圈；远期到 2035 年，大湾区铁路网络运营及在建里程达到 5 700 公里，覆盖 100% 县级以上城市。根据《粤港澳大湾区城际铁路建设规划》《粤港澳大湾区发展规划实施方案交通专项研究》《广州市

交通发展战略规划》,未来粤港澳大湾区将形成多层次、多模式、大规模的轨道交通网络。①与国家铁路有效结合,规划建设高标准轨道交通网络。规划建设深茂铁路(深江段)、广深第二高铁、广中珠澳高铁、赣深高铁、广汕高铁、广湛高铁、广永高铁等。②形成主轴强化、区域覆盖、枢纽衔接的城际轨道网络。规划建设 13 个城际铁路,总里程约 755 公里。打造同城化、全方位的城市轨道交通对接。③基于广佛同城深度融合、广清一体化加速发展、广深科技走廊发展,提出城市轨道衔接通道 23 条,构建 17 条通道,形成广佛轨道一张网;5 条通道,构建穗莞深互相渗透的衔接网络。

(3) 各种轨道交通方式之间的衔接主要通过换乘站点实现

粤港澳大湾区轨道交通系统换乘方式主要为枢纽衔接模式,各种轨道交通方式之间的衔接主要通过换乘站点实现。目前,湾区内的轨道交通客运站点包括铁路站、城轨站、地铁站、有轨电车站点四种类别。以广州市为例,区域内铁路站 5 座,分别为广州南站、广州站、广州东站、广州北站、庆盛站;城轨站 8 座,分别为新塘南站、银盏站、狮岭站、乐同站、花都站、花城街站、花山镇站、白云机场北站;地铁站 245 座(含广佛线),其中地铁系统内部换乘站 37 座;有轨电车 30 座,不直接衔接枢纽车站。各轨道交通方式间换乘枢纽共计 6 座,国家铁路系统与城际轨道系统普遍采用“同车站”模式,干线铁路与城际轨道可实现不出站付费区换乘,国家铁路系统、城际轨道系统与城市轨道系统普遍采用“相互独立”的模式,需出站在非付费区换乘。《粤港澳大湾区城际铁路建设规划》提出,要在粤港澳大湾区内构建层次分明、分工合理、衔接高效的铁路客运枢纽体系,促进对外交通、城际交通和城市交通便捷衔接换乘。

6.5.2 粤港澳大湾区交通一体化发展主要挑战

轨道交通作为粤港澳大湾区发展的重要支撑,尽管历经多年发展,建设成就显著,但与世界一流湾区对比,在总体规模、网络层次、网络布局、技术标准等方面还存在诸多差距[242]。

(1) 轨道交通规划总量不足,轨道交通体系构成不尽合理

网络规模方面,粤港澳大湾区轨道交通里程超过 3 000 公里,总体规模大于旧金山湾区,与东京湾区相当,但远小于纽约湾区(表 6-8)。线网密度方面,粤港澳大湾区仅为 0.038 6 公里/平方公里,万人平均里程仅为 0.31 公里,远低于世界三大湾区的水平。轨道交通体系方面,世界三大湾区均构建了层级合理、分工明确、衔接高效的轨道交通系统。与湾区发展相适应,纽约湾区、旧金山湾区重点辐射范围约 100 公里,其中核心区范围主要通过大运量的地铁、中低运量的轻轨和有轨电车系统进行服务,50～100 公里范围采用市域(郊)铁路、通勤铁路等快速轨道交通系统,超过 100 公里则利用城际铁路进行服务。东京湾区拥有多种轨道交通系统,包括地铁、私人铁路、JR、新干线高速铁路,分圈层提供轨道交通服务,对外辐射日本大部分城市。以广州、深圳、香港、澳门为核心的粤港澳大湾区轨道交通体系由高速铁路、普速铁路、城际铁路、市域铁路、地铁组成,分别占比 31.9%, 24.8%, 11.5%, 1.1%, 30.6%,市域(郊)铁路发展相对滞后,轨道交通体系构成不合理。

表 6-8 国际一流湾区轨道交通规模对比层情况

项目			东京湾区	纽约湾区	旧金山湾区	粤港澳大湾区
面积(平方公里)			5.65	2.15	1.79	5.65
人口(万人)			6 957	2 340	760	6 957
线网规模(公里)	总量		3 894	8 937	1 702	3 193
	国家铁路	高速铁路	228	0	0	1 019
		普速铁路	228	0	0	1 019
	城际铁路		1 550	3 248	511	368
	市域(郊)铁路		1 758	5 309	883	36
	城市轨道交通(地铁)		358	380	308	978
线网密度(10^{-2} 公里/平方公里)	总量		26.39	39.90	7.79	3.86
	国家铁路	高速铁路	1.70	0	0	1.80
		普速铁路	0	0	0	1.40
	城际铁路		11.57	15.11	2.85	0.65
	市域(郊)铁路		13.1	24.69	4.93	0.06
	城市轨道交通(地铁)		2.67	1.77	1.72	1.72
万人平均里程(公里)	总量		0.97	3.61	1.82	0.31
	国家铁路	高速铁路	0.06	0	0	0.15
		普速铁路	0	0	0	0.11
	城际铁路		0.43	1.37	0.67	0.05
	市域(郊)铁路		0.46	2.24	1.15	0.005
	城市轨道交通(地铁)		0.09	0.16	0.4	0.14

(2) 城际铁路技术标准偏低、时耗长、端点布局不合理,与国家铁路干线连通度不高

城际铁路运营初显成效,对促进区域联系发挥了重要作用。广深线(广深铁路)于 1998 年完成准高速电气化,目前已实现"公交化"运营,平均旅客发送量超过 23 万人次/天,年客运收入最高近 80 亿元。地铁广佛线于 2000 年建成首通段,2018 年年底全线通车,以跨市地铁的形式承担城际通勤交通,跨市交换量达 12.9 万人/天。广珠城际于 2011 年开通运营,平均旅客发送量接近 10 万人次/天,其中,中山往广州的客流量占绝对比例(70%)。城际铁路仍存在技术标准低、时耗长、端点布局不合理等问题。现状在建及既有规划的城际铁路速度均在 200 公里/小时及以下(广佛线为地铁制式 80 公里/小时、广深城际 160 公里/小时、广珠城际铁路 200 公里/小时),总体技术标准偏低。广佛肇城际铁路全长约 110 公里,但旅行时间超过 60 分钟(最长为 90 分钟),出行时耗过长,不具备竞争力(如果通过贵广、南广铁路,广州至肇庆旅行时间可以控制在 40 分钟以内)。部分城际列车止于城市外围车站,如广珠城际尽端站为广州南站,距离城市中心区较远,接驳时间较长,难以满足城际客流高时效性的要求。此外,根据 2018 年 7 月运行图,广珠城际铁路开行跨线客车仅 19 对,包括贵广 7 对、南广 4 对、武广 5 对、广深港 3 对。广佛肇、莞惠城际铁路与国铁干线尚无跨线客车,连通度不足,换乘成本增加。

(3) 地铁规模领先其他湾区，市域(郊)铁路发展滞后

国际一流湾区的地铁基本服务于核心城市中心区，如东京地铁、轻轨线网主要服务于东京市区5～10公里范围，规模为357公里。旧金山地铁、轻轨主要服务于旧金山湾区核心10～15公里范围，线网总长308公里。纽约湾区地铁主要服务于纽约市区20公里范围以内，规模为380公里(铺轨里程为1 370公里)。粤港澳大湾区地铁分布于广州、深圳、香港、澳门、东莞等区域，线网规模已达到978公里，地铁发展遥遥领先。但受限于行政管辖、城市发展，粤港澳大湾区内部城市间相对独立，相互间通过城市轨道交通的联系较少，具有跨市联系性质的市域(郊)铁路发展滞后，对连绵发展地区的轨道交通服务欠缺，导致湾区发展不够均衡。

6.5.3 粤港澳大湾区交通一体化探索与成效

粤港澳大湾区战略定位为国际一流湾区，充满活力的世界级城市群，未来将构建极点带动、轴带支撑网络化空间格局，加强基础交通设施建设，实现大湾区主要城市间1 h通达。根据国际湾区经验，粤港澳大湾区必将形成“多层次”一体化轨道交通网络，打造为“轨道上的大湾区”[243]。

(1) 跨市地铁作为城市间轨道线路

广佛线(即佛山1号线)是粤港澳大湾区内首条跨越行政区运营的地铁线路，由广州市地铁集团有限公司与佛州市轨道交通发展有限公司共同出资，也是国内首条跨越地级行政区的地铁线路，建成后由广州市地铁集团运营管理。广州市地铁集团持有广东广佛轨道交通有限公司56.52%的股份，根据广州市地铁集团与广佛轨道公司签订的服务合同，广州市地铁集团每年将向广佛轨道公司收取一定额度的代管服务费。

2010年11月开通运营一期首通段(魁奇路—西塱)，2015年12月开通运营一期后通段(西塱—燕岗)，2016年12月开通运营二期(魁奇路—新城东)，2018年12月开通运营二期后通段(燕岗—沥滘)。广佛线自开通运营客流不断增长，开通首年(2011年)日均客流10.1万人次，2019年日均客流增长至53万人次，是开通年的5.3倍；2020年由于新冠肺炎疫情的影响，日均客流下降至40.3万人次。全线设站25座，其中佛山设15座、广州设10座，换乘站4座(西塱站换乘广州地铁1号线，沙园站换乘广州地铁8号线，南洲站换乘广州地铁2号线，沥滘站换乘广州地铁3号线)，2020年线路换乘系数1.76，与广州地铁8号线换乘的沙园站日均乘降量最高，达到22.9万人次，其中换乘量15.4万人次，约占全线客流的38.2%，广佛线作为广佛间城际轨道线路作用非常明显。

(2) 粤港澳大湾区轨道交通票务管理

粤港澳大湾区轨道交通包括国家铁路、城际铁路和城市轨道等多种制式，同一制式涉及多个行政主管部门和运营主体，运营事务需各单位联合处理。国家铁路由中国铁路广州局集团有限公司管辖，各线路分别委托给不同公司运营。城际轨道由珠三角城际轨道交通有限公司管辖，各线路分别委托不同公司运营。城市轨道交通由地方政府执行物价监督和服务监督，各城市轨道交通企业进行运营(图6-7)。

粤港澳大湾区轨道交通客票模式主要包括国铁和城轨两种。根据《中央定价目录》《国家

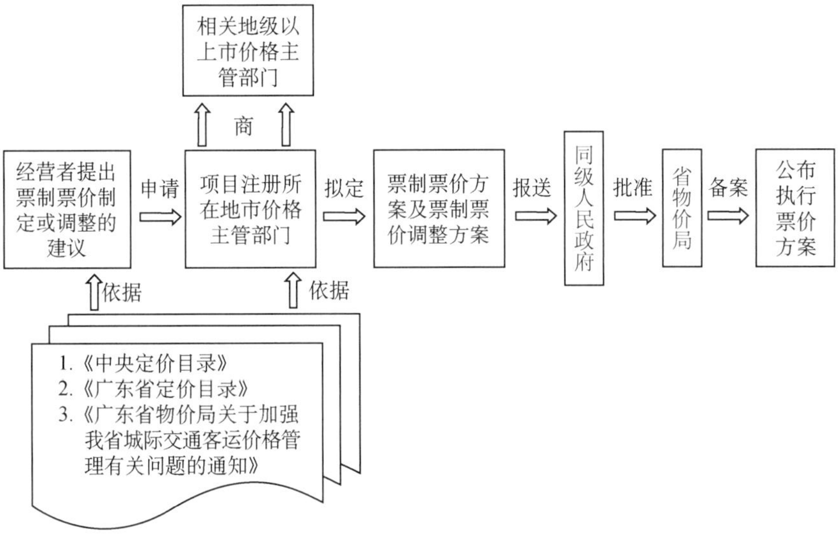

图 6-7 粤港澳大湾区城际地铁票价制定机制及流程

发展改革委关于改革完善高铁动车组旅客票价政策的通知》《广东省物价局关于加强我省城际交通客运价格管理有关问题的通知》，普通旅客列车硬座、硬卧票价率由国务院价格主管部门定价，高铁动车组票价根据市场定价，城市轨道交通票价由地方市价格主管部门定价。湾区内的城际轨道经营者向有定价权的政府价格主管部门（省发改委）提出制定或调整价格的建议，经依法批准后执行；城市轨道经营者向注册地的地级以上市价格主管部门（主办市）提出书面建议，涉及城际地铁的，主办市商相关地级以上市价格主管部门提出定价方案，报同级人民政府批准，并报省物价局备案后公布执行。

湾区内的城际轨道除广珠城际分一等座、二等座外，其余城际轨道线路均为自由席，运价率 0.5～1.0 元/（人·公里），购票需实名制管理。湾区内的地铁线路各城市基础票价方案相同（除香港、澳门外），均按里程分段计价，首 4 公里 2 元；4 公里至 12 公里部分，每 1 元可乘坐 4 公里；12 公里至 24 公里部分，每 1 元可乘坐 6 公里；超过 24 公里，每 1 元可乘坐 8 公里[241]。但各城市结合当地实际，分别实施不同的优惠政策，建立了不同的财政补贴机制。

（3）广州市“城际＋地铁”一体化运营

2020 年国家发展改革委批复的《粤港澳大湾区（城际）铁路建设规划》强调，按照资源共享、互利共赢原则，支持铁路企业通过委托运营、购买服务等方式参与城际铁路运营。积极支持城市轨道交通企业开展城际铁路运营试点，及时总结经验成效，适时推广实施。

广州是中国最早探索城际铁路自主运营的城市，一直在探索形成一套自身发展的投建管运机制。2020 年 11 月 30 日开通的广清城际和广州东环城际均由广州地铁集团自主运营。广州地铁集团以全面接管珠三角城际铁路项目运营工作为目标，按照“全面接管、分步实施、均衡部署、有序推进”的原则，广东省制定了一揽子运营接管方案。广州地铁集团正式开始广东城际铁路广州都市圈范围内线路的运营，2020 年广州都市圈内轨道交通建设和运营管理主体有中国铁路广州局集团有限公司、广东珠三角城际轨道交通有限公司以及广州地铁集团。为避免网络化运营出现管理多头、效率不高等问题，市域(郊)铁路作为都市圈公共交通系统组成部分，应统一调整运营主体以广州地铁集团为主，并在省层面成立区域轨道交通协调机构，负责统筹各都市圈的运营主体，深化构建“一张票、一张网、一串城”的大湾区轨道交通发展格局。例如，在票务方面，乘客可选择 12306 购票系统购票，凭身份证验票乘车。也可采用城际铁路公交化多元支付票务系统进行购票，持实名认证的普通羊城通、岭南通、全国交通一卡通、广州地铁乘车码等多元支付系统乘坐，从而实现各种交通制式更便捷换乘。

广州市地铁集团在“城际 + 地铁”一体化运营，保障城际网与地铁网设施共享、过轨运行等互联互通方面进行了初步探索，未来还需要在制定城际及地铁网互联互通技术标准[线网控制指挥系统技术标准，线路通信、信号系统技术标准，车辆及轨道系统技术标准，票务系统技术标准(含票制研究)，清分系统技术标准，供电系统技术标准，车站及换乘设施技术标准等]方面进行更多的融合。

6.6 美国大都市区规划组织：多方利益协调者

6.6.1 大都市区规划组织出现的背景

美国的政府结构分为联邦、州和地方三级，其中地方政府由各州自主设立，一般包括郡县及其以下的市和乡镇政府。进入 20 世纪以后，美国的城市化过程加快，人口集中、地域连片、经济比重畸高的大都会已成为趋势，都市特别是大都市覆盖的地域迅速冲破了地方性市镇、郡县甚至州的行政边界。大都市所具有的产业集聚、人口居住和土地利用等特征，自然提出对城市形态、基础设施、公共服务、环境保护和交通活动的内在一体化要求，而二战后美国城市郊区化也逐渐引致城市无节制蔓延，并伴随着日益严重的交通拥堵、噪声和污染等一系列大城市问题。由于绝大多数美国大都市区都包含多个不同市镇、郡县以至州的辖区，却并不存在与大都市地域层级相称的政府，分散分割的行政边界在很大程度上必然阻碍区域内的必要合作与共同发展。另一方面，交通建设的重点也逐渐从地区之间的线路与通道领域转移到城市与枢纽方面，由于城市交通建设在土地、时间、环境、搬迁、遗迹保护和公众意愿等方面的制约条件相对严格，所需要解决的投资数量、工程技术、体制合作、长期预见等问题的难度都大幅度提升，导致每一个大都市区的交通规划都应该由所在地区的相关利益群体通过合理协商决定，以便形成能够代表大多数成员共同长远利益的解决方案。但传统的郡县、城镇体制导致都会区域内的各行政机构无法共同克服和解决那些越来越严峻、紧迫的城市问题，即便意识到有必要克服和解决，也很难迅速达成共识并形成合力。因此，在城市化连片的大都市区域，一些类似政府联合会性质的组织(Metropolitan Planning Organizations, MPO)开始出现，试图打破原有的市镇、郡县以至州的行政边界，对整个区域进行系统规划并解决那些日益尖锐的社会问题。纽约地区在 20 世纪 20 年代一直是美国最大的都市区，而且它还是一个跨州地区，这就使行动达到协调一致的问题更加复杂化，其对规划协调组织的需求更加迫切。纽约都市区 1965 年成立了三州区域规划委员会，负责三州区域内的交通规划、土地利用和其他非交通领域的公共项目等内容。MPO是根据地方政府机构之间达成的协议而设立的，并没有一致性的编制和工作方式。

6.6.2 大都市区规划组织的设立与发展

1. 大都市区规划组织的核心职能

作为大都市区规划组织的MPO具有6项核心职能(表6-9)。第一，为区域内与交通系统相关的公共机构和私人群体提供一个协商平台，为有效率的规划决策创建一个公平的环境。第二，提供评价规划方案的技术支持，以便按照区域交通的复杂程度、约束条件和现实可行性来进行判别。第三，编制并定期修订长期的都市区交通规划MTP。主要目标是确认未来至少20年的区域交通运输需求，并通过每5年一次的修订预测未来的交通发展趋势，同时提出长期交通战略和投资的重点，以保证系统的高效运转和大都市区内居民生活品质的改善。第四，编制符合大都市区长期交通规划并符合财务预算条件的中期交通改进计划MTIP。要确定未来6年中能够确保投资的所有项目，包括技术设计方案、资金预算和明确的来源。MTIP每2年修订一次，以准确反映联邦资助项目在时间安排、投资额以及资金来源等方面发生的变化。第五，根据大都市区的长期交通规划和中期改进计划编制每年度的统一规划执行方案UPWP，确保在执行方案中的规划项目能够顺利建成，同时要确保所有下年度预期开工项目的相关空气质量影响符合国家标准。第六，在行使以上五项核心职能时都尽力争取实现普通公众和所有受到规划影响的群体的广泛参与。

表6-9 MPO的核心职能

序号	核心职能	备　注
1	提供区域规划协商平台	为区域内与交通系统相关的公共机构和私人团体提供一个协商平台，为有效率的规划决策创建一个公平的环境
2	提供区域规划技术支持	提供评价规划方案的技术支持，以便按照区域交通的复杂程度、约束条件和现实可行性来进行判别
3	编制并定期修订长期的都市区交通规划MTP	主要目的是确认未来20年以上的区域交通运输需求，并通过每5年一次的修订预测未来的交通发展趋势同时提出长期交通战略和投资的重点，以保证系统的高效运转和区内居民生活品质的改善
4	编制符合都市区长期交通规划并符合财务预算条件的中期交通改进计划MTIP	主要目的是确定未来6年中能够确保投资的所有项目，包括技术设计方案、资金预算和明确的来源。MTIP每两年修订一次，以准确反映联邦资助项目在时间安排、投资额以及资金来源等方面发生的变化
5	编制每个年度的统一规划执行方案UPWP	主要目的是确保在执行方案中的规划项目能够顺利建成，同时要确保所有下年度预期开工项目的相关空气质量影响严格符合国家标准
6	实现多方参与	在行使以上五项核心职能中都尽力争取实现普通公众和所有受到规划影响的团体广泛参与

2. 大都市区规划组织的运作流程

美国交通规划主体与文件关系由国会与联邦运输部(DOT)、州运输部(SDOT)、大都市区规划组织(MOT)三级组织(图 6-8)。国会制定政策并通过联邦交通立法,决定交通规划的方针、原则与程序,并决定未来时期内联邦交通资金的数额及分配方式,联邦运输部则是联邦政策与立法的执行机构;各州要制定并向联邦运输部上报州的长期交通规划和中期改进计划,同时要接受州内各都市区 MPO 上报的都市区交通规划、中期改进计划和年度规划实施方案并负责汇总;MPO 负责大都市区长期交通规划(MTP)、中期改进计划(MTIP)和年度执行方案(UPWP)。三个主要工作文件之间分别存在目标、指导、细化及执行的对应关系。例如,对规划中的建设项目预算有严格规定:没有分别在长期规划和中期改进计划中经过论证过的项目不可能进入年度执行方案,不可能得到建设资助,而没有可靠财务保障的项目也难以进入长期规划和中期改进计划。严格的规划责任和资源分配制度在程序上保证了规划预算制度的严肃性,在要求规划满足交通安全和环境保护方面,受到的关注程度也越来越高。

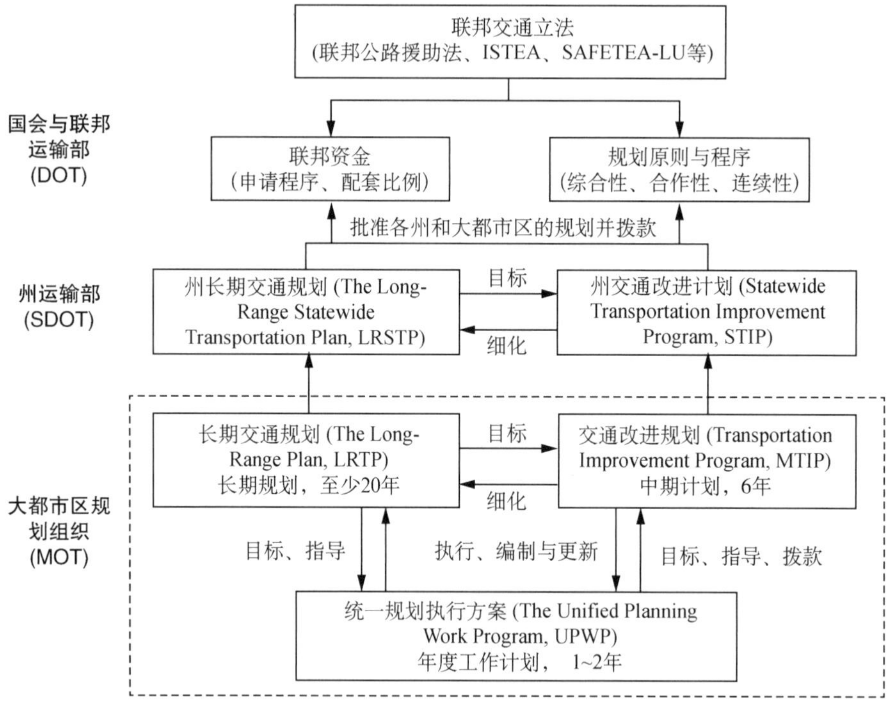

图 6-8 美国交通规划主体与文件关系示意图

MPO 都有一个包括各方代表,负责审议并投票决定是否通过 MTP、MTIP、UPWP、预算及其他重要规划文件的核心决策机构政策委员会。政策委员会是 MPO 的最高决策主体,其成员一般包括当地行政官员、交通公团的代表、州运输、环保部门官员以及无投票权的联邦机构官员等。为使政策委员会能够有效工作,一般还设立技术委员会,成员通常由地方、州和联邦政府的一般公务员组成，还可能包括相关利益方、各种运输方式以及当地居民的代表，负责向政策委员会提出与规划相关的技术咨询建议。MPO的决策运作方式通过投票方式决定，决策方式则根据大都市区所在地方的具体特点而定，确定投票决策机制。例如，波士顿大都市区MPO一般采取2/3以上多数通过的投票决策机制，而纽约都市区交通委员会（MPO）则采取全部通过的投票决策机制。

在区域协调资金的组建的情况下，应规范资金申请和使用的流程（图6-9）。美国联邦MPO为保障州与州之间所签州际协议的合法性，以ISTEA和TEA-21等法案的形式，规定了大都市区交通协调作用的程序，并赋予其法律职能，为各市签署合作协议提供法律保障、规定区域交通协同发展规划的强制性和制定合作资金的使用流程[244]。

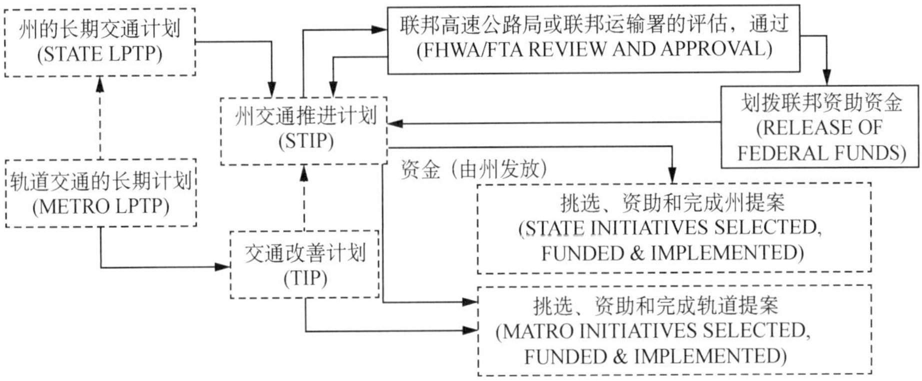

图6-9 联邦交通基金申请发放基本流程图

3. 大都市区规划组织的法律依据

MPO地位的确立与发展经历了美国社会自治理念与联邦政府及其立法结合的过程（表6-10）。20世纪60年代初，肯尼迪政府认识到交通建设对大都市的合理发展具有重要影响，因此建议只有当大都市区已经开始积极从事整个地区的总体规划时，联邦政府才应对该地区的交通项目提供经济支持。该建议很快在1962年的《联邦资助公路法》中得到体现，并首次以法律形式对交通规划的程序和组织安排提出要求：只有开展了大都市区域交通规划，地方政府才能获得联邦政府对该区域交通项目的资金支持；交通建设资金的1.5%要专门用于开展大都市区域交通规划及相关的研究性工作；大都市区交通规划中，有关机构必须秉承综合性、合作性和连续性（Comprehensive, Cooperative & Continuing, 3C）的规划原则，以克服过去各种交通方式单独规划，且交通规划与土地利用、经济发展及环境保护脱节，各政府机构缺少合作协调机制，以及政府换届导致长期规划所必须的连续性被忽视等问题。3C原则对后来美国的交通规划产生了深远影响。于是，在众多建设项目推动、联邦财政支持以及迫切的实际需要等多方因素的作用下，各类大都市区域规划组织纷纷建立起来。此后陆续颁布的一些联邦法令更加明确并强调了大都市区域交通规划。

表 6-10 MPO 的法律依据

序号	法律依据	对于 MPO 的相关说明
1	《联邦资助公路法》(1962 年)	首次以法律形式对交通规划的程序和组织安排提出要求
2	《联邦资助公路法(修订)》(1964 年)	为符合 3C 原则与流程的城市公共交通建设提供拨款,最高比例可达总费用的 2/3
3	《住宅和城建法》(1965 年)	要求相应部门为区域性机构的资料收集和规划提供资金
4	《示范城市与大都市区域发展法》(1966 年)	指定由区域性机构负责审查地方政府约 40 种联邦拨款和贷款的申请
5	《联邦资助公路法(修订)》(1973 年)	确定各类区域性合作规划组织统一归类为"大都市区规划组织"(即 MPO)
6	《联合公路/公交规划条例》(1975 年)	要求 MPO 在制定规划时必须遵守相应的程序,而获得联邦援助资金的前提条件则是提交都市化地区与交通规划活动相关的三种重要文件(MTP、MTIP、UPWP)
7	《联邦资助公路法(修订)》(1978 年)	要求应由州长和地方政府协议产生,对在 1978 年以前就有的 MPO 可以在一年内根据有关条件重新予以认定
8	《联合公路/公交规划条例(修订)》(1980 年)	各大都市区域提交长期规划(MTP)、中期改进计划(MTIP)和年度执行方案(UPWP)这三种文件,同时也允许州和 MPO 自己确定规划流程
9	《地面多式运输效率法》(1991 年)	MPO 的地位、3C 规划原则以及长期 MTP、中期 MTIP 和年度 UPWP 三种文件都得到进一步强调

6.6.3 大都市区规划组织的实效与借鉴价值

美国大都市区规划组织的出现是美国城市化和运输化进程与原有州、县及市镇行政体系产生矛盾,因而在行政组织上进行调整的结果。城市化对美国的社会经济形态产生了深远影响,联邦政府希望形成有针对性的政策,包括规定总人口达到 5 万人以上的城市化地区就可以进入非乡村行列,有权力自主决定与城市未来形态更好结合的交通发展进程,可直接享受联邦对大都市区的资助待遇,而不必像农村和城市间的交通问题那样须交由政府统一解决。但政策也要求城市化地区必须主动规划未来。

MPO 的实质是通过建立政府机构之间的协商决策机制,解决城市交通规划这类需要跨行政区划和部门职能边界,并需要综合战略性视角及协调能力的问题。它是美国自治制度在交通规划所需要的综合性、合作性与连续性原则上得到的体现,也是联邦政府力图有效引导与影响地方交通发展的一种途径。经过数十年的不断演变,MPO 已成为针对大都市区域长远交通规划具有实质性资金分配权的政府间协作机构。这些年也有不少地区根据需要设立了其他领域的政府间组织,但至今都未能获得像 MPO 那样的地位,这使得 MPO 成为美国区域性机构中唯一被法律明确要求必须在全国范围内所有都市区都要发挥作用的类别。这说明在交通规划领域强调综合性、合作性和连续性原则的重要性,而且必须找到相应的责任组织形式。

从效果来看,MPO 的确发挥了一定的积极作用。在联邦政府的政策引导和资金杠杆作用下,MPO 为各都市区域合作提供了一个相对有效的平台,通过都市区内各相关条块政府机构的制度化磋商与共同决策,以及确保畅通的利益集团与公众参与渠道,能够更好地了解和把握地方需求,进而合理地整合联邦、州和地方政府的资金,提高资源的配置效率。于是,通过特定的组织机构、决策程序和工作文件(MTP、MTIP 和 UPWP),确保 3C 原则顺利实现,就成为美国交通规划体制中一个突出的特色。但由于 MPO 并非正式政府部门,也缺少相应的拥有税收权的责任政府层级,因此在动员资源和推动规划意志方面必然存在尴尬之处。其次,由于 MPO 跨越了传统的行政边界,因此有批评者认为 MPO 阻碍了州政府行使合法职责。此外,MPO 按职能只负责面向未来的交通设施规划,与掌管着存量交通资源并负责运营管理的州运输部及城市交通局等实权机构相比,还处于弱势地位,在关系协调上也有一定难度。

交通运输发展在我国大都市区及城市群中的重要性已经日益凸显,但从形成认同到协商运作再到推动落实仍面临着诸多任务与挑战。根据美国大都市区规划组织的发展经验,政府必须承担起交通运输发展规划的责任,特别是长期规划要起到统领交通发展的作用,并协调好交通运输与工业化、城市化进程中的各种关系[245]。综合性、合作性和持续性的 3C 原则需要具有相应职权和形式的政府组织才能得以切实贯彻。中央、州(省)、城市等不同层级行政机构在交通规划体系中要明确分工,并以立法的形式确定交通资源的分配原则、流程和去向。具体形式要弄清其赖以存在的政治、文化、历史背景,并根据我国经济社会发展及城市化、运输化进程和行政组织特点进行管理体制的创新。

第 7 章
城市交通网络运行状况的评价指标

7.1 研究前提

7.1.1 总体思路

我国新时代社会主要矛盾已经转化为人民日益增长的美好生活需要和不平衡不充分的发展之间的矛盾，全面深化改革的总目标是国家治理体系和治理能力现代化，到2035年基本实现国家治理体系和治理能力现代化。建立城市交通运行评价指标，是以信息化为基础，反映城市交通内涵、体现发展的进程，促进城市基本实现现代化。具体讲，选取指标主要是反映城市交通复合网络的运行状况，注重城市交通运行状况要素的评价；各项指标之间相互呼应，从整体上可勾画出城市发展水平。城市交通治理过程采用的措施，包括信息技术的应用和物理设施的建设，及其法律、行政措施，目的在于完善城市交通复合网络，改善城市运行效益。

7.1.2 内涵要求

评价指标要体现城市交通研究的内涵，即服务于人的需求，组织城市高效、安全、低耗可持续运行，带动培育发展现代化都市圈，增强城市群实力和竞争力，支持新业态发展发挥引领作用：

(1) 城市交通是满足人民美好生活向往的重要保障。推进以人为核心的城镇化，要使城市更健康、更安全、更宜居，成为人民群众高品质生活的空间。国家"十四五"规划提出，经济社会发展必须"以满足人民日益增长的美好生活需要为根本目的"。作为实现人流、物流空间移动的载体，城市交通与就业机会获取、生活质量提升等民生问题息息相关，是满足人民对美好生活向往的重要基础。

(2) 城市交通的可持续是影响城市可持续发展的重要方面。可持续交通为获得经济发展、商品、就业和服务提供了关键途径，城市交通的可持续是影响城市可持续发展的重要方面：一是城市交通发展要满足社会经济发展的需求。城市交通发展必须能够满足社会经济发展所产生的基本交通需求，支持城市社会经济的持续发展。同时要考虑城市用于交通系统建设与管理的投资能力，不超出经济的承受能力。二是城市交通发展需要满足社会公平和多样化的交通需求。交通资源的分配注重社会公平，合理满足不同层次的交通需求，尤其要考虑社会低收入居民和交通弱者的需求。三是城市交通发展要满足与自然环境和谐发展的需求。尽量减少污染物、温室气体、废弃物的排放和交通噪声，避免对生态的破坏，实现与自然环境和生态环境相协调。

(3) 城市交通是提升中心城市、都市圈、城市群承载力和辐射能力的重要支撑。城市竞争力带动区域发展，形态是由城市建成区、都市圈、城市(镇)密集地区向城市群发展的过程。城市交通是城市要素集聚与扩散的重要渠道与载体，高质量的城市交通是推进城市群发展的重要支撑，主要体现为：一是支撑经济运行，降低城市群空间组织的成本；二是服务人的流动，支持人口流动与人才集聚；三是推动枢纽经济，优化城市群发展格局。

7.1.3 指标选取原则

一要反映现状，体现创新，促进可持续发展；二要可量化，可对比；三要力求简洁，含义清晰，指标不宜过多；四要统筹考虑传统评估指标。

7.2 国内外交通评价指标及演变综述

7.2.1 国内城市交通评价指标

1. “畅通工程”评价指标体系

我国城市交通评价研究开展较晚。2000 年 2 月，国务院办公厅转发公安部建设部《关于实施全国城市道路交通管理“畅通工程”意见》[246]的通知。随后 2002 年 4 月，公安部交通管理局、建设部城市建设司印发了 2002 年版的《城市道路交通管理评价指标体系》[247]，其主要目的是作为城市交通管理的评比标准，全面推动畅通工程建设。新版《城市道路交通管理评价指标体系》从道路交通管理机制指数、道路通行条件指数、绿色交通发展指数、交通科学组织管理指数、道路交通运行安全状况指数、交通文明素质指数六方面对城市道路交通管理进行评价并打分(表 7-1)。

表 7-1 “畅通工程”评价指标体系

序号	一级指标	二级指标
1	道路交通管理机制指数	道路交通规划体系
		交通综合协调机构
		交通影响评价
		交通秩序综合治理机制
2	道路通行条件指数	道路网密度
		人均道路面积
		步行和自行车交通系统
		百辆汽车社会公共停车泊位数
		大型公共建筑配建停车位
		路内停车系统
		交通治理设施规范设置率

(续表)

序号	一级指标	二级指标
3	绿色交通发展指数	公交汽电车万人拥有量
		公共交通覆盖率
		公共交通分担率
		步行分担率
		自行车分担率
		公共交通专用车道设置率
		公共交通服务质量
4	交通科学组织管理指数	路口渠化率
		交通指挥系统应用
		交通信号协调控制率
		交通诱导设施设置
		占用道路施工作业交通组织
		交通事故快速处理率
		交通治理勤务机制
5	道路交通运行安全状况指数	高峰时段建成区主干道平均车速
		高峰期交叉路口阻塞率
		万车死亡率
		一次死亡多人的特大交通事故起数
6	交通文明素质指数	主干道交通出行守法率
		严重交通违法行为导致事故比例
		中小学生交通法规和交通安全常识普及率
		校园交通安全服务保障
		校车安全管理体系

2. 公交都市考核评价指标体系

2013 年，交通运输部发布了《公交都市考核评价指标体系》[248]。共设置指标 30 个，分为考核指标和参考指标，其中考核指标 20 个，是考核评价公交都市的约束性指标；参考指标 10 个，是考核评价公交都市的重要参考依据。2022 年新修订的《国家公交都市评价指标体系》[249]提出了 19 项评价指标和 1～3 个特色指标(表 7-2)。

表 7-2 公交都市考核评价指标体系

序号	指标名称	指标定义
1	城市公共交通机动化出行分担率	城市居民采用公共交通的出行量占机动化出行总量的比重
2	城市公共交通乘客满意度	城市公共交通乘客对城市公共交通服务的可得性、安全性、可靠性、便捷性及舒适性等方面的满意程度
3	城市公共交通行车责任事故死亡率	城市公共汽电车、城市轨道交通每行驶百万公里发生的行车责任事故死亡人数(单位:人/百万车公里)
4	城市公共交通站点 500 米覆盖率	中心城区的建成区城市公共交通站点 500 米半径覆盖面积占中心城区的建成区面积的比率
5	城市公共交通正点率	城市公共汽电车、城市轨道交通正点行车次数占总行车次数的比率
6	早晚高峰时段城市公共交通拥挤度	早晚高峰时段通过城市公共汽电车、城市轨道交通最大客流断面的客流量占额定载客量的比率
7	早晚高峰时段城市公共汽电车平均运营时速	早晚高峰时段城市公共汽电车平均运营速度(单位:公里/小时)
8	城市公共汽电车来车信息实时预报率	所有站点均可提供来车信息实时预报服务(包括网络、手机、电子站牌等方式)的城市公共汽电车线路数占城市公共汽电车线路总数的比率
9	城市公共交通投诉处理完结率	按规定处理完结的城市公共交通投诉案件数量占城市公共交通投诉案件总数的比率
10	万人城市公共汽电车保有量	按城区人口计算,每万人平均拥有的城市公共汽电车标准运营车数(单位:标台/万人)
11	新增和更新新能源城市公共汽电车比率	新增和更新新能源城市公共汽电车数占新增和更新城市公共汽电车总数的比率
12	新增和更新低地板及低入口城市公共汽电车比率	新增和更新低地板及低入口城市公共汽电车数占新增和更新城市公共汽电车总数的比率
13	城市公交专用道设置率	中心城区设置城市公交专用车道的道路长度占城市公共汽电车线路网总长度的比率
14	城市公共汽电车港湾式停靠站设置率	中心城区快速路、主干道及次干道上,设置城市公共汽电车港湾式停靠站的站点个数占中心城区快速路、主干道及次干道停靠站点总数的比率
15	城市公共汽电车进场率	城市公共汽电车运营车辆平均每天夜间进场停放车辆数(含在城市公交专用停车场停放及在公交首末站、保养场或枢纽站中停放的车辆数)与总运营车辆数的比率
16	无障碍城市公共汽电车站台设置率	中心城区设置无障碍城市公共汽电车站台数量占城市公共汽电车站台总数的比率
17	城市公共交通企业职工工资收入水平	城市公共交通企业在岗职工的平均工资与当地社会职工平均工资的比率

（续表）

序号	指标名称	指标定义
18	城市公共交通运营补贴补偿到位率	城市公共交通实际补贴补偿金额与合理计算的政策性补贴总金额的比率
19	绿色出行比例	城市居民采用城市轨道交通、公共汽电车、自行车、步行等绿色出行方式的出行量占全部出行量的比率
20	特色指标	创建城市结合本地城市公共交通发展特点提出的指标(1～3个)

3. 城市道路交通运行评价指标体系

2011年，北京市交通委员会提出并组织实施了北京市地方标准《城市道路交通运行评价指标体系》(DB11/T 785—2011)[250]。该标准适用于对城市整体道路网或区域道路网交通运行状况评价，选取道路交通运行指数、道路交通拥堵率、拥堵里程比例、拥堵持续时间、常发拥堵路段数和行程时间可靠性指数等指标对城市道路网交通运行状况进行评价（表7-3）。

表7-3 城市道路交通运行评价指标体系

序号	指标名称	指标定义
1	道路交通运行指数	道路交通运行指数是综合反映道路网交通运行状况的指标(也称道路交通拥堵指数)，可以按照时段设定道路交通运行指数，如日道路交通运行指数等。根据道路交通运行指数(TPI)的数值将道路网交通运行水平划分为5个等级
2	道路交通拥堵率	特定时段内道路网处于中度拥堵和严重拥堵等级的道路交通运行指数之和，与该时段内所有道路交通运行指数之和的比值，综合反映特定时段内的交通拥堵程度，值越大拥堵越严重
3	拥堵里程比例	各等级道路分别处于中度拥堵、严重拥堵等级的路段里程比例，从空间分布的角度反映道路网交通拥堵的影响范围
4	拥堵持续时间	道路网分别处于中度拥堵、严重拥堵等级的持续时间(小时)，从时间分布的角度反映道路网交通拥堵状况和变化趋势
5	常发拥堵路段数	道路网中以一定频率出现严重拥堵的路段的数量(条)。分为周常发拥堵路段、月常发拥堵路段和年常发拥堵路段。常发拥堵路段的空间与方向分布反映交通拥堵发生的聚集性、潮汐性
6	行程时间可靠性指数	95%概率条件下通过一个或多个路段比平均行程时间多花费的时间与畅通状态下行程时间的比值，值越大越不可靠。行程时间可靠性指数反映道路网交通运行的波动性

4. 城市公共交通发展水平评价指标体系

国家标准《城市公共交通发展水平评价指标体系》(GB/T 35654—2017)[251]规定城市公共交通发展水平评价指标集及评价指标描述，适用于重点城市公共交通发展水平评价

(表 7-4)。

表 7-4 城市公共交通发展水平评价指标体系

序号	指标名称
1	公共交通机动化出行分担率
2	公共交通站点覆盖率
3	公共汽电车运营线路网覆盖率
4	公共交通车辆万人保有量
5	公共汽电车进场率
6	公交专用道建设完成比例
7	公共交通乘客满意度
8	公共交通正点率
9	公共交通责任事故死亡率
10	公共汽电车和小汽车运行速度比
11	公共交通换乘衔接率
12	公共汽电车来车信息实时预报率
13	公共交通单位人次运营成本
14	公共交通车辆单位能源消耗强度

5. 高德地图中国主要城市交通分析报告

高德地图《中国主要城市交通分析报告》[252]将城市道路公共交通评价、地面道路交通评价分别进行独立计算。地面道路交通评价采用“六宫格”综合指标表示城市交通运行健康状况,城市道路公共交通评价“公交出行幸福指数”采用“公交全天运营速度、社会车辆与公交车速比及全市全天线路运营速度波动率”三项指标综合评价城市地面公交效率(表 7-5)。

表 7-5 高德地图中国主要城市交通分析报告评价指标

序号	指标名称	指标内容
1	交通健康指数	路网高延时运行时间占比
2		路网高峰行程延时指数
3		路网高峰拥堵路段里程比
4		常发拥堵路段里程比
5		高峰平均速度
6		道路运行速度偏差率
7	地面公交出行幸福指数	公交全天运营速度
8		社会车辆与公交车速比
9		全市全天线路运营速度波动率

6. 中国主要城市通勤监测报告

住房和城乡建设部城市交通基础设施监测与治理实验室、中国城市规划设计研究院、百度地图联合发布的《2022 年度中国主要城市通勤监测报告》[253] 选取 44 个中国主要城市，呈现中国城市职住空间与通勤特征变化。其中，“单程平均通勤时耗”“5 公里以内通勤比重”“轨道 800 米覆盖通勤比重”作为衡量交通便捷的重要指标被纳入《2022 年城市体检指标体系》(表 7-6)。

表 7-6 中国主要城市通勤监测报告评价指标

序号	指标名称	指标定义
1	45 分钟以内通勤比重	中心城区通勤人口中，单程 45 分钟以内可达比重。对于超大、特大城市，80%通勤者 45 分钟可达是城市运行效率和居民生活品质的衡量标准
2	60 分钟以上通勤比重	中心城区通勤人口中，单程 60 分钟以上可达比重，作为城市超长通勤问题的量度
3	单程平均通勤时耗	中心城区通勤人口，早高峰从居住地到就业地，全方式出行时耗的平均值，是人们通勤出行的直观感受，是居民生活品质的重要影响因素
4	通勤空间半径	构建覆盖 90%中心城区通勤人口居住与就业分布的空间椭圆，以椭圆长轴定义通勤空间半径，作为城市通勤空间辐射范围测度。通勤空间半径越大，说明城市通勤紧密联系的空间范围越大
5	职住分离度	不考虑就业差异与人的选择，在既有职住布局条件下通过交换就业地，在理论上能够实现的最小通勤距离，是城市职住空间布局匹配的测度，职住分离度越小，说明城市职住空间供给的平衡性越好
6	单程平均通勤距离	中心城区通勤人口居住地到就业地的平均路网距离，是融入人的选择后城市真实职住分离情况的测度，也是城市运行成本的体现，平均通勤距离越大，居民通勤成本就越高，城市越需要更高效的交通系统支撑
7	5 公里以内通勤比重	中心城区通勤人口中单程距离小于 5 公里的通勤人口比重，作为衡量城市职住平衡和通勤幸福的指标。5 公里以内通勤比重越高说明城市能够就近职住、绿色出行，拥有幸福通勤体验的人口比重越高
8	轨道覆盖通勤比重	居住地和就业地两端均在轨道站点 800 米覆盖范围内的中心城区通勤人口比重，体现了轨道线网与职住空间组织的匹配度，覆盖通勤比重越高，说明轨道对职住空间支撑作用越好
9	45 分钟公交服务能力占比	45 分钟内能够通过轨道交通、公共汽车等公交方式通勤的人口比重，是城市的公交通勤服务能力的测度，反映了公交系统与职住空间的契合程度，一般来说 45 分钟公交服务能力比重越高，说明公交系统对城市通勤的保障越好

7. 城市体检指标体系

城市体检是通过综合评价城市发展建设状况、有针对性制定对策措施，优化城市发展目标、补齐城市建设短板、解决“城市病”问题的一项基础性工作，是实施城市更新行动、统筹城市规划建设管理、推动城市人居环境高质量发展的重要抓手。住房和城乡建设部《2022 年城市体检指标体系》[254]中涉及交通的指标共 6 项(表 7-7)。

表 7-7　城市体检交通相关指标

序号	指标名称	指标定义
1	建成区高峰期平均机动车速度(公里/小时)	市辖区建成区内高峰期各类道路上各类机动车的平均行驶速度
2	城市道路网密度(公里/平方公里)	市辖区建成区内城市道路长度与建成区面积的比例
3	城市常住人口平均单程通勤时间(分钟)	市辖区内常住人口单程通勤所花费的平均时间
4	通勤距离小于 5 公里的人口比例	市辖区内常住人口中通勤距离小于 5 公里的人口数量,占全部通勤人口数量的百分比
5	轨道站点周边覆盖通勤比例	市辖区内轨道站点 800 米范围覆盖的轨道交通通勤量,占城市总通勤量的百分比
6	专用自行车道密度(公里/平方公里)	市辖区建成区内具有物理隔离的专用自行车道长度,与建成区面积的比例

8. 新型智慧城市评价指标

为大力发展数字经济,有力支撑智慧社会建设,引导各地有序推进新型智慧城市建设,国家发展改革委、中央网信办会同有关部门组织开展了新型智慧城市评价工作,其中涉及交通服务的指标由城市交通运行指数发布情况、公共汽电车来车信息实时预报率、公共交通乘车电子支付使用率三个指标构成(表 7-8)。

表 7-8　新型智慧城市交通相关评价指标

序号	指标名称	指标定义
1	城市交通运行指数发布情况	计算方法:分数=40%×($b_1+b_2+b_3$) b_1:①城市交通公共管理部门按照 GB/T 33171—2016《城市交通运行状况评价规范》计算城市交通运行指数,建成城市交通运行指数公共平台(15 分);②城市交通运行指数公共平台具有综合多数据源实时计算(10 分)、即时和回溯监测(5 分)、预测(10 分)、预警(10 分)、事件分析(10 分)等能力。总计 60 分:不满足 b1 中①项得 0 分,即本项整体不得分。 b_2:具有公共发布能力通过可变情报板(6 分)、手机 App(总计 5 分,其中,自发布 2 分,每多 1 个社会 App 平台发布加 1 分)、网站(4 分)、广播(3 分)、电视(2 分)等公共媒介发布。总计 20 分。 b_3:城市交通运行指数分析与发布达到次干路以上快速路(5 分)、主干路(5 分)、次干路(10 分)。总计 20 分
2	公共汽电车来车信息实时预报率	计算方法:分数=45%×(可提供来车信息实时预报服务的公共汽电车线路数/城乡公共汽电车线路总数)×100
3	公共交通乘车电子支付使用率	计算方法:分数=15%×(使用电子支付的出行人次/公共交通出行总人次)×100

7.2.2 国外城市交通评价指标

1. 可持续城市交通指数(SUTI)[255]

联合国亚洲及太平洋经济社会委员会(U. N. Economic and Social Commission for Asia and the Pacific, ESCAP)制定了可持续城市交通指数(Sustainable Urban Transport Index, SUTI),可以帮助总结、跟踪和比较城市可持续城市交通系统的效果。SUTI 作为评估城市交通系统和服务的指标框架,主要基于可持续城市的交通系统、社会、经济和环境维度 10 项指标,反映出城市交通系统情况。10 项指标涵盖了规划、可达性、安全、质量和可靠性、负担能力和排放等要素,可以帮助城市评估 SDG 目标 11.2 的实现情况,并支撑《新城市议程》的实施(表 7-9)。SUTI 对不同尺度上的指标进行归一化,并在 1～100 的尺度上比较每个指标的性能,最后在蜘蛛图中进行了展示说明(图 7-1)。

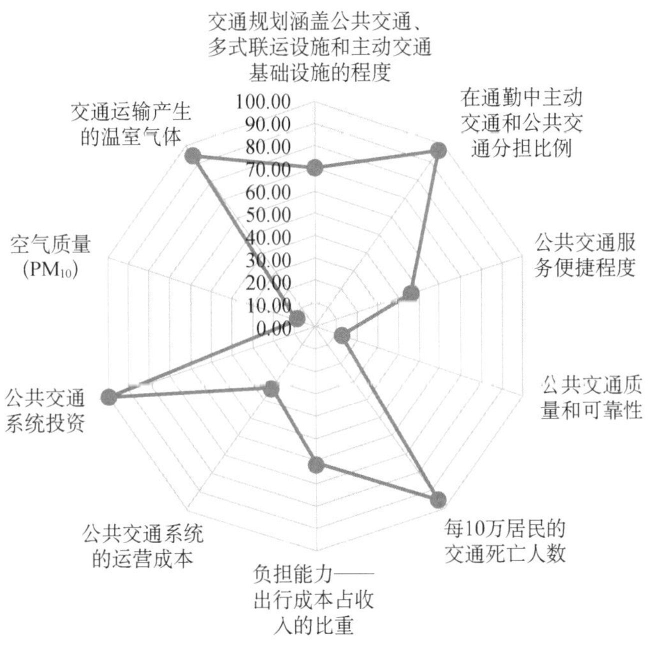

图 7-1 可持续城市交通指数(SUTI)展示图

表 7-9 可持续城市交通指数(SUTI)

序号	指标	单位	权重	范围	
				最小	最大
1	交通规划涵盖公共交通、多式联运设施和主动交通(active modes)基础设施的程度	0～16 级	0.1	0	16
2	在通勤中主动交通和公共交通分担比例	出行模式占比	0.1	10	90
3	公共交通服务便捷程度	人口百分比	0.1	20	100

（续表）

序号	指标	单位	权重	范围	
				最小	最大
4	公共交通质量和可靠性	满意百分比	0.1	30	95
5	每 10 万居民的交通死亡人数	死亡人数	0.1	10	0
6	负担能力——出行成本占收入的比重	收入百分比	0.1	35	3.5
7	公共交通系统的运营成本	成本回收率	0.1	22	100
8	公共交通系统投资	占总投资的百分比	0.1	0	50
9	空气质量(PM_{10})	微克/立方米	0.1	150	10
10	交通运输产生的温室气体	二氧化碳当量吨/人/年	0.1	2.75	0

2. 欧洲可持续城市出行指标集（SUMI）[256]

随着欧洲城市陆续制定可持续城市出行规划(SUMP),欧盟委员会制定了一套全面、实用、可靠的指标,支持城市对其交通系统进行标准化评估,并衡量新的交通实践或政策带来的改善。欧洲可持续城市出行指标集(SUMI)包括 13 项核心指标和 5 项非核心指标(表 7-10)。

表 7-10 欧洲可持续城市出行指标集（SUMI）

指标		定义	指标值
核心指标	最贫穷群体的公共交通负担能力	25%最贫困的家庭预算中公共交通月票支出的占比	公共交通月票价格 * 平均家庭人口/市区 25%最贫困的家庭收入
	行动不便群体的公共交通可达性	这一指标决定了行动不便群体能否获得公共交通服务。这些行动不便群体包括视觉和听觉障碍者和身体受限者,如孕妇、轮椅和移动辅助设备使用者、老年人、使用婴儿车的父母和护理人员以及临时受伤者	公共交通实现无障碍出行的比例
	大气污染物排放	市区所有客运和货运方式的空气污染物排放量($PM_{2.5}$ 中的尾气和非尾气排放)	排放指数(年人均 $PM_{2.5}$ 当量公斤数)
	噪声干扰	城市交通产生的噪声对人的干扰	受城市交通产生的噪声干扰的人口百分比
	道路交通死亡	市区每年发生的所有交通事故致死人数	每年每 10 万名城市居民因城市交通事故而在交通事故发生后 30 天内死亡的人数
	获得出行服务	享有恰当出行服务(公共交通)的人口比例	可恰当使用公共交通工具(公交车、电车、地铁、铁路)的人口百分比
	温室气体排放量	市区所有客运和货运方式的全周期温室气体排放量	温室气体排放量[吨二氧化碳(等量)/人均每年]
	拥堵和延误	与非高峰出行(私人道路交通)和最优公共交通出行时间(公共交通)相比,高峰时段道路交通和公共交通的延误	道路私人交通和公共交通在代表性的交通走廊上的延误的加权总和

（续表）

指标		定义	指标值
核心指标	能源效率	城市交通每人公里和吨公里的总能耗(所有交通方式的年平均值)	能源消耗率(兆焦耳/公里)
	主动出行的条件	主动出行即步行和骑自行车的基础设施情况	有人行道、自行车道、30公里/小时(20英里/小时)限速区域和步行区的道路和街道的长度与城市道路网(不包括高速公路)总长度之比
	多模式整合	换乘点是指可以从一种交通方式转换到另一种交通方式的地方,需要步行或等待时间最少/合理。换乘点可用的出行模式越多,多模式整合的程度就越高	指数介于0～1之间,表示城市交通网络内各换乘点的多种交通方式衔接的平均水平
	公共交通的满意度	使用公共交通工具的满意度	市民对在市区乘坐公共交通工具的平均满意度
	主动出行方式下的交通安全	城市交通事故中主动出行方式人群的死亡人数	交通事故发生后30天内,每年因主动交通方式引起的事故而导致的死亡人数(每十亿人出行次数/年)
非核心指标	公共空间质量	公共空间的感知满意度	绿色和非绿色公共空间平均满意度
	城市功能多样性	功能多样性是指一个区域内空间功能的混合,创造相互关联活动的接近性	与日常活动相关的10个空间功能存在计为1,不存在计为0,计算平均值。将城市分为1公里×1公里网格,在每个网格中计算10个空间功能得分,并与地区的人口加权
	通勤出行时间	上下班或上下学出行时间,包括所有交通方式	平均通勤出行时间(分钟/天)
	出行空间使用	所有城市交通方式(包括直接和间接使用)占用的土地比例	人均直接或间接使用的出行面积(平方米)
	安全感	城市交通中的犯罪风险和乘客安全感知	对城市交通系统(包括货运和公共交通、公共空间、自行车道和汽车道以及其他设施,如汽车或自行车停车场)中与犯罪相关的安全的感知

注:1英里约等于1.6公里。

3. 伦敦市长交通战略[257]

1999年出台的大伦敦政府法案批准大伦敦政府成立,要求市长制定交通发展战略以支撑大伦敦地区经济发展、社会发展和环境改善。迄今为止,三任市长已依法发布2001、2010、2018三版市长交通战略。伦敦市长交通战略提出的交通发展指标如表7-11、表7-12所示。

表 7-11　伦敦市长交通战略目标及指标（2010）

目标	指标	定义
背景指标	出行需求总量	达到伦敦、从伦敦出发、伦敦内部的出行量
	出行方式分担率	达到伦敦、从伦敦出发、伦敦内部的交通方式分担率
支持经济发展和人口增长	工作岗位的可达性	45 分钟内能到达的工作岗位数量
	行程时间的可靠性	对于选定的关键交通走廊，能在 5 分钟内完成的比例
	公共交通的可靠性	对于不同公共交通方式分别设置可靠性指标
	公共交通容量	不同交通方式规划的容量乘以运营里程
	每人公里公共交通运营成本	主要公共交通方式每人公里运营成本
	基础设施条件	处于良好状态的基础设施比例
提高生活质量	NO_X 排放量	每年地面交通排放的 NO_X 量(吨)
	PM_{10} 排放量	每年地面交通排放的 PM_{10} 量(吨)
	公共交通乘客满意度	乘客对主要公共交通方式运营情况的总体满意度
	道路使用者的满意度	私人道路使用者对道路网络维护和运营的满意度
	公共交通拥挤度	乘客对主要公共交通方式拥挤情况的满意度
	出行体验感知	居民对于出行体验的感知
	对噪声感知	居民对于噪声程度的感知
	对城市的感知	居民对于城市空间质量的感知
提高安全性	道路交通伤亡者数量	每年由于道路交通事故造成的死亡或严重受伤的人数
	公共交通上的犯罪率	主要公共交通方式每百万人次出行所发生的犯罪数量
	犯罪/安全性的感知	居民出行时对于安全或犯罪情况的感知
提高全体市民出行机会	服务的可达性	公共交通、步行和自行车到达工作、教育、健康服务、购物和公共空间的平均时间的得分
	交通设施可达性	到达公共交通和街道的无障碍通道水平
	实际出行费用水平	具有代表性的一类出行费用
降低交通对气候变化的影响	CO_2 排放量	每年地面交通排放的 CO_2 量(吨)
支持 2012 年奥运会及奥运遗产	五个奥运区和伦敦其他地区在社会和经济效应的趋同性	趋同性的衡量通过交通遗产行动计划定义

表 7-12　伦敦市长交通战略目标及指标（2018）

目标	战略/策略	指标
不仅仅吸引更多人在伦敦居住就业，更要将伦敦打造成更宜居的城市。将减少对汽车使用的需求作为首位目标	健康街道、健康市民、提升公共交通体验、构建新的居住和就业场所	2041 年 80%的居民选择步行、骑自行车和乘坐公共交通出行； 市民每天主动出行(active travel)时间至少能达到保持其健康所需的 20 分钟； 2030 年由公共汽车造成的死亡率降至零，2041 年消除道路交通事故造成的人员死亡和严重伤害； 所有出租车和约租车在 2033 年之前实现零排放；所有公共汽车在 2037 年之前实现零排放；整个伦敦运输系统到 2050 年实现零排放； 2041 年全市道路交通量减少 10%～15%(600 万车公里)； 到 2041 年，与通过整个网络相同的出行路径相比，通过无障碍网络出行耗费的时间减少 60%

4. 麦肯锡城市移动性评价

2018 年，麦肯锡公司发布报告《24 个全球城市的交通系统：成功要素》[258]，通过对 24 个全球城市进行移动性现状考察，综合评估城市交通运输系统如何影响都市生活质量，并确认了在每次出行前、出行中、出行后影响出行者体验的五大因素：可获得性、可负担性、效率、便捷性、可持续性(表 7-13)。

表 7-13　麦肯锡城市移动性评价

阶段	指标	内容
出行前	可获得性	轨道基础设施 居住在地铁/市郊铁路车站 1 公里范围内的人口比例 地铁/市郊铁路车站 1 公里范围内的岗位比例
		道路基础设施 道路基础设施质量 行人出行非直线系数 道路网络中自行车道长度占比(不包括高速公路)
		共享交通 每百万人可租用和共享的自行车数量 每百万人可租用和共享的汽车数量
		外部连接性 城市机场定期航班可到达的目的地数量
	可负担性	公共交通 每个月公共交通出行费用占平均收入的比重 受补贴乘客类型的数量 1 公里出租车出行费用占平均收入的比重
		私人交通的成本与障碍 两小时停车费占平均收入的比重 购买车辆税费或牌照费 私人小汽车拥堵收费 城市收费道路 私人小汽车使用限制

（续表）

阶段	指标	内容
出行中	效率性	公共交通 早高峰平均有效速度[有效速度定义为两点之间的直线距离/出行时间（考虑到不同网络中线路实际长度会有所差异）]地面交通平均等待时间 公交专用道占道路网络的比重（不包括高速公路）
		私人交通 高峰小时出行时间与自由流出行时间的比较 早高峰小时平均行驶速度 通勤时间预测指数
	便捷性	出行舒适度 Bus/地铁平均车辆年限 Bus/地铁每周运营小时数 无障碍出行的 Bus/地铁车站比重
	票务系统	票务系统 多种公交出行卡的可获得性 远程充值的可能性 移动支付的可获得性 通过银行卡购买票/卡的可能性 付费闸机处使用非接触式卡或移动应用的可能性 非交通服务使用交通卡的可能性
	电子服务	电子服务 最热门的官方交通 App 使用率 官方交通 App 的平均评分 地铁/Bus 车厢、车站的 WiFi 可使用情况 公共交通实时在线信息的可使用情况 在线停车信息；可否在线支付停车费用
	换乘	换乘 地铁站至附近最近的三个公交站的平均距离（米） 公共交通方式之间的平均换乘时间 城市范围内导向标识系统的可获得性
出行后	可持续性	安全 每百万人道路伤亡者数量 每百万人公共交通乘客伤亡数量 安全执法指数
		环境影响 柴油和汽油燃料标准 小汽车平均使用年限 电动小汽车销售在所有乘用车销售的占比 城市范围内，每平方公里私人小汽车的周驾驶时间
	公共感知	满意度 对当前某一服务感到满意的受访者比重
		变化感知 对过去 3～5 年的变化感到满意的受访者比重

7.2.3 小结

对比国内外交通评价指标设置，国际城市交通评价指标设置更加关注可达性与生活品质，同时注重交通对经济活力、社会公平、环境质量的影响，更加关注人的出行体验。

1. 关注交通对经济活力、社会公平、环境质量等多个维度的影响

城市交通的本质要求不仅仅是车辆的移动，而是服务于人的需求和组织支持城市的可持续运行，研究城市交通要从道路和交通工具的发展导向，转为更注重城市宜居、宜业的高质量发展。国际城市交通发展愿景和目标设置不仅局限于交通自身，更加关注交通对经济、社会、环境等方面的影响。如伦敦在《交通 2025—— 个成长中的国际都市的交通展望》[259]中提出 2025 年交通规划三大目标：支持经济发展、应对气候变化和改善环境、增强社会融合，并围绕这三大目标提出了相应的指标；2010 年版《伦敦市长交通战略》[260]提出了支持经济发展和人口增长、提高生活质量、提高安全性、提高全体市民出行机会、降低交通对气候变化的影响等指标。欧洲可持续城市出行指标集（SUMI）考虑社会公平、环境等因素设置了最贫穷群体的公共交通负担能力、行动不便群体的公共交通可达性、大气污染物排放、噪声干扰等指标。

2. 将交通的可达性/出行时间作为关键指标，体现“以人为本”

国际城市交通发展指标设置均将交通的可达性/出行时间作为关键指标，如伦敦提出了“45 分钟出行时间内，公共交通所能达到的就业岗位数量”，纽约提出“居民乘坐公共交通工具平均 45 分钟通勤距离以内的就业岗位数”“45 分钟通勤距离内的居民占全部居民比例”，均突出了就业岗位的可达性及选择就业机会的空间公平性，体现了以人为本。新加坡在交通指标设置过程中同样强调了交通的可达性和出行时间，2013 版《新加坡陆路交通总体规划》[261]提出“2020 年，85%的通勤者能够在 60 分钟内完成行程”以及“2030 年，80%的家庭从其住处步行不到 10 分钟即可到达轨道车站”。

3. 关注公共交通、步行、自行车出行体验改善

国际城市交通发展指标设置充分体现了公共交通优先发展战略，多数为与公共交通、步行、自行车相关的指标，关注公共交通出行体验。

7.3 交通网络运行评价的指标框架

7.3.1 描述城市基本属性的情景指标

用于描述城市的基本属性，此项仅用来表征或刻画城市的基本特征，并不进行评价。用以描述城市基本属性的指标主要为与交通运行关联度较大的指标，包括城市规模、城市交通出行机动化发展水平和城市出行强度水平（表 7-14）。

表 7-14 情景指标框架

一级指标	二级指标
城市基底分类	城市规模
	城市交通出行机动化发展水平
	城市出行强度水平

7.3.2 衡量交通系统构建与运行成效的评价指标

评价指标由面向居民(满足人民美好生活愿望)、面向城市(实践城市可持续运行)、面向区域(促进区域发展)三个方面构成,多维度评价交通系统构建与运行成效(表 7-15)。

表 7-15 评价指标框架

一级指标	二级指标
面向居民(满足人民美好生活愿望)	通勤便利水平
	生活宜居水平
	出行服务水平
面向城市(实践城市可持续运行)	经济可持续水平
	社会可持续水平
	环境可持续水平
面向区域(促进区域发展)	客运联络水平
	货运辐射水平

一是从居民角度看,城市交通要满足人民美好生活愿望。指标要以人的需求为导向,体现使用者对于出行品质、生活品质的向往。面向居民的指标包括三个维度,即通勤便利、生活宜居和出行服务。人口向城市的集聚必然产生人的多样化需求,其中就业需求和生活需求最为核心。通勤是城市生活的重要组成,关系着居民幸福感,影响着城市宜居性,将通勤时间控制在合理的范围内,是保证生活质量的重要前提。以智能化技术提升出行服务水平,是保证通勤便利和生活宜居的重要手段。

二是从城市角度看,城市交通要实践城市可持续运行。指标要体现交通系统对城市经济、环境、社会公平等方面的影响。面向城市的指标包括三个维度,即经济可持续、社会可持续和环境可持续。城市交通要满足社会经济发展所产生的基本交通需求,支持城市经济的持续增长,并不超出经济的承受能力。城市交通要促进社会公平、包容性发展,通过合理配置各类资源,满足城市社会不同群体的活动需要和由此产生的交通出行需求,弱势群体有同等权利享受可达、可靠、可支付的城市交通服务,获得满足自身生存、生活和发展的机会。城市交通要应对气候变化的挑战,支撑碳达峰、碳中目标的实现。

三是从区域(城市群)角度看,城市交通要促进区域发展。指标要体现交通系统对区域(城市群)的聚流和扩散辐射能力、体现对区域人口和经济要素时空配置的组织能力。面向区域

(城市群)的指标包括两个维度,即客运联络和物流辐射。以高质量的城市交通充分支撑城市群(都市圈)经济运行、推动枢纽经济,以枢纽为支撑扩大客运联络和物流辐射范围,实现城市发展带动区域发展。

7.4 交通网络运行评价的指标选取

7.4.1 交通网络运行评价指标汇总

1. 城市基底分类

综合既有统计数据、相关指标体系文件以及专家意见,整理汇总可体现城市规模、城市交通出行机动化发展水平、城市出行强度水平的备选三级指标如表 7-16 所示。

表 7-16 城市基底分类指标备选

一级指标	二级指标	三级指标(备选)
城市基底分类	城市规模	城区常住人口
		建成区面积
		建成区人口密度
		就业岗位数量
		GDP
		第三产业占比
		老年人口(60 岁及以上)占比
	城市交通出行机动化发展水平	机动车保有量
		建成区路网密度
		公共交通日均客运量
		公共交通日均周转量
		万人城市公共汽电车保有量
		机动化分担率中小汽车比例
	城市出行强度水平	建成区出行强度
		人均出行距离
		人均出行次数
		人均出行时间

2. 面向居民(满足人民美好生活愿望)

综合既有相关指标体系文件、国内外城市经验以及专家意见,整理汇总可体现通勤便利水平、生活宜居水平、出行服务水平的备选三级指标如表 7-17 所示。

表 7-17 面向居民（满足人民美好生活愿望）指标备选

一级指标	二级指标	三级指标（备选）
面向居民(满足人民美好生活愿望)	通勤便利水平	45 分钟通勤(通学)人口占比
		5 公里以内通勤(通学)占比
		45 分钟公共交通通勤(通学)人口占比
		45 分钟出行时间内公共交通所能达到的就业岗位数量
		城市常住人口平均单程通勤时间
		机动化出行时间指数
		道路交通运行指数
		交通出行延误时间
		建成区高峰时间平均机动车速度
		早晚高峰时段城市公共汽电车平均运营时速
		公共交通与小汽车行程时间之比
		公共汽电车和小汽车运行速度比
		城市公共交通正点率
		早晚高峰时段城市公共交通拥挤度
		城市公共交通站点 500 米覆盖率
		公共交通换乘衔接率
		地面交通平均等待时间
		公共交通方式之间的平均换乘时间
	生活宜居水平	15 分钟社区生活圈覆盖率
		慢行友好街道占比
		主动出行方式(active mobility)占比
		专用自行车道密度
	出行服务水平	城市交通运行指数发布情况
		公共汽电车到站信息实时预报率
		公共交通乘车电子支付使用率
		共享出行服务使用率
		城市道路交通事故万车死亡率
		公共交通乘客满意度

3. 面向城市（实践城市可持续运行）

综合既有相关指标体系文件、国内外城市经验以及专家意见，整理汇总可体现经济可持续水平、社会可持续水平、环境可持续水平的备选三级指标如表 7-18 所示。

表 7-18 面向城市（实践城市可持续运行）指标备选

一级指标	二级指标	三级指标（备选）
面向城市(实践城市可持续运行)	经济可持续水平	轨道交通覆盖通勤人口比重
		城市交通投资建设占 GDP 的比重
		公共交通票款收入占公交运营总成本的比重
		城市交通投资对 GDP 的贡献率
		公共客运交通在交通建设投资中所占份额
		公共交通运营补贴占财政支出的比例
		车均载客人次或百公里运营人次
		每人公里公共交通运营成本或公共交通单位人次运营成本
		由聚集效应引起的生产效益增值
		交通拥堵成本
	社会可持续水平	城市低收入家庭交通支出比例
		交通支出占可支配收入的比例
		25%最贫困的家庭预算中公共交通月支出占比
		城市道路无障碍设施设置率
		公共交通实现无障碍出行的比例
		最贫困地区到达市中心的行程在 45 分钟内的人口比例
	环境可持续水平	万人单程通勤交通碳排放量
		年人均交通碳排放量
		交通行业能耗总量
		机动车污染物排放
		道路交通噪声平均等效声级
		新能源车辆占比

4. 面向区域（促进区域发展）

综合既有相关指标体系文件、国内外城市经验以及专家意见，整理汇总可体现区域客运联络水平、货运辐射水平的备选三级指标如表 7-19 所示。

表 7-19 面向区域（促进区域发展）指标备选

一级指标	二级指标	三级指标（备选）
面向区域(促进区域发展)	客运联络水平	对外客运平均运距
		城市对外枢纽综合交通 30(45)分钟可达性
		1 小时交通圈覆盖的地域范围
		通勤空间半径
		中心城区到毗邻城市时间
	货运辐射水平	货运平均运距
		非公路运输比重

7.4.2 交通网络运行评价指标比选

考虑可量化、可对比、力求简洁以及统筹考虑传统评估指标的原则，在既有相关指标体系文件、国内外城市经验以及专家意见的基础上，筛选得到三级指标如表 7-20 所示。

表 7-20 指标选取汇总

分类	一级指标	二级指标	三级指标
情景指标	1. 城市基底分类	1-1 城市规模	1-1-1 城区常住人口
			1-1-2 建成区面积
			1-1-3 建成区人口密度
		1-2 城市交通出行机动化发展水平	1-2-1 机动车保有量
			1-2-2 建成区路网密度
			1-2-3 公共交通日均客运量
		1-3 城市出行强度水平	1-3-1 建成区出行强度
评价指标	2. 面向居民(满足人民美好生活愿望)	2-1 通勤便利水平	2-1-1 45 分钟通勤人口占比
			2-1-2 5 公里以内通勤占比
			2-1-3 机动化出行时间指数
		2-2 生活宜居水平	2-2-1 15 分钟社区生活圈覆盖率
			2-2-2 慢行友好街道占比
		2-3 出行服务水平	2-3-1 城市交通运行指数发布情况
			2-3-2 公共汽电车到站信息实时预报率
			2-3-3 共享出行服务使用率
	3. 面向城市(实践城市可持续运行)	3-1 经济可持续水平	3-1-1 轨道交通覆盖通勤人口比重
			3-1-2 公共交通运营补贴占财政支出的比例
		3-2 社会可持续水平	3-2-1 城市低收入家庭交通支出比例
			3-2-2 城市道路无障碍设施设置率
		3-3 环境可持续水平	3-3-1 万人单程通勤交通碳排放量
	4. 面向区域(促进区域发展)	4-1 客运联络水平	4-1-1 城市对外枢纽综合交通 30(45)分钟可达性
			4-1-2 1 小时交通圈覆盖的地域范围
		4-2 货运辐射水平	4-2-1 货运平均运距
			4-2-2 非公路运输比重

7.5 交通网络运行评价指标的定义及计算方法

7.5.1 城市基底分类指标

1. 城市规模指标

(1) 城区常住人口指标定义及计算方法见表7-21。

表7-21 常住人口指标定义及计算方法

指标释义	反映城市规模。《国务院关于调整城市规模划分标准的通知》(国发〔2014〕51号)以城区常住人口为统计口径,将城市划分为五类七档
计算方法	统计指标
数据要求	城区是指在市辖区和不设区的市,区、市政府驻地的实际建设连接到的居民委员会所辖区域和其他区域
数据来源	统计数据(住建部城市建设统计年鉴等)

(2) 建成区面积指标定义及计算方法见表7-22。

表7-22 建成区面积指标定义及计算方法

指标释义	反映城市规模
计算方法	统计指标
数据要求	建成区是指实际建成的空间范围,是城市实际开发建设、市政公用设施和公共服务设施基本具备的空间地域,以居(村)民委员会所辖区域为最小统计单元。本次统计的中心城区建成区为中心城区范围和建设用地重叠的区域。建设用地为根据地表覆被的遥感影像(地理国情普查数据)解译识别范围
数据来源	统计数据;地理国情普查数据

(3) 建成区人口密度指标定义及计算方法见表7-23。

表7-23 建成区人口密度指标定义及计算方法

指标释义	城市规模、人口密度与出行强度之间存在一定相关性,城市交通在不同的人口密度下表现出来的运行特征有所不同
计算方法	中心城区建成区常住人口数/中心城区建成区面积
数据要求	以现行城市总体规划中明确提出的中心城区范围为基础,计算其中主要建成区域的人口密度。建成区是指实际建成的空间范围,是城市实际开发建设、市政公用设施和公共服务设施基本具备的空间地域,以居(村)民委员会所辖区域为最小统计单元
数据来源	统计数据;地理国情普查数据

2. 城市交通出行机动化发展水平指标

（1）机动车保有量指标定义及计算方法见表 7-24。

表 7-24 机动车保有量指标定义及计算方法

指标释义	反映城市机动化交通及交通网络运行状况的基本情况与发展水平
计算方法	统计指标
数据要求	行政区范围本市登记的机动车
数据来源	统计数据

（2）建成区路网密度指标定义及计算方法见表 7-25。

表 7-25 建成区路网密度指标定义及计算方法

指标释义	反映城市机动化交通及交通网络运行状况的基本情况与发展水平
计算方法	统计指标
数据要求	范围为中心城区建成区，其中，中心城区范围为全国主要城市现行城市总体规划中明确提出的中心城区范围；建设用地为根据地表覆被的遥感影像（地理国情普查数据）解译识别范围；本次统计的中心城区建成区为中心城区范围和建设用地重叠的区域
数据来源	地理国情普查数据；电子地图测绘数据

（3）公共交通日均客运量指标定义及计算方法见表 7-26。

表 7-26 公共交通日均客运量指标定义及计算方法

指标释义	反映城市机动化交通及交通网络运行状况的基本情况与发展水平
计算方法	统计指标
数据要求	公共交通日均客运量为行业统计口径，包含地面公交、轨道交通两种方式。轨道交通统计需单独注明市域（郊）铁路等制式
数据来源	统计数据

3. 城市出行强度水平指标

城市建成区出行强度指标定义及计算方法见表 7-27。

表 7-27 建成区出行强度指标定义及计算方法

指标释义	在一定程度上反映该城市的规模、出行活跃程度、出行压力大小，判断该城市的发展活力及可能出现的潜在问题
计算方法	中心城区建成区出行出发及到达总量/中心城区建成区面积
数据要求	出行量与面积统计在同一空间范围开展，均为中心城区建成区。其中，中心城区范围为全国 36 个主要城市现行城市总体规划中明确提出的中心城区范围；建设用地为根据地表覆被的遥感影像（地理国情普查数据）解译识别范围；本次统计的中心城区建成区为中心城区范围和建设用地重叠的区域
数据来源	运营商手机信令数据；综合交通调查数据；互联网数据

7.5.2 面向居民交通服务的指标

1. 通勤便利水平指标

(1) 45 分钟通勤人口占比指标定义及计算方法见表 7-28。

表 7-28 45 分钟通勤人口占比指标定义及计算方法

指标释义	中心城区单程 45 分钟以内的通勤人口占比,是城市运行效率和居民生活品质的衡量标准与发展目标
计算方法	中心城区通勤时长在 45 分钟以内的通勤人口数量与通勤总人口的比值
数据要求	以居住地或就业地至少一端位于中心城区范围内的工作日通勤人口为统计对象。统计范围是现行城市总体规划中提出的中心城区范围
数据来源	采用移动通信运营商手机数据进行计算,即识别用户居住地、就业地信息,以 250 米栅格汇聚形成通勤 OD,并进一步计算通勤时间;可参考《中国主要城市通勤监测报告》

(2) 5 公里以内通勤占比指标定义及计算方法见表 7-29。

表 7-29 5 公里以内通勤占比指标定义及计算方法

指标释义	将中心城区通勤人口中单程距离小于 5 公里的通勤人口比重,作为衡量城市职住平衡的指标。5 公里通勤比重高,说明城市能够就近职住、绿色出行,拥有幸福通勤体验的人口比重高
计算方法	中心城区通勤距离小于 5 公里通勤人口数量与通勤总人口的比值
数据要求	以居住地或就业地至少一端位于中心城区范围内的工作日通勤人口为统计对象。统计范围是现行城市总体规划中提出的中心城区范围。通勤距离采用路网最短路
数据来源	采用移动通信运营商手机数据进行计算,即识别用户居住地、就业地信息,以 250 米栅格汇聚形成通勤 OD,进一步根据路网最短路计算通勤距离;可参考《中国主要城市通勤监测报告》或住建部城市体检指标

(3) 机动化出行时间指数指标定义及计算方法见表 7-30。

表 7-30 机动化出行时间指数指标定义及计算方法

指标释义	用机动化出行时间指数评价机动化方式综合出行效率,出行时间指数即出行者 1 公里平均出行时间(全程)
计算方法	按照轨道交通、地面公交、小汽车每种出行方式分别计算时间指数,用周转量加权得到综合出行时间指数
数据要求	针对高峰时段进行计算,统计范围是现行城市总体规划中提出的中心城区范围。超短距离和超长距离异常出行需要剔除
数据来源	运营商手机信令数据、综合交通调查数据、互联网数据

2. 生活宜居水平指标

(1) 15 分钟社区生活圈覆盖率指标定义及计算方法见表 7-31。

表 7-31 15 分钟社区生活圈覆盖率指标定义及计算方法

指标释义	15 分钟社区生活圈是指社区居民能完全享受到的社区安全、卫生、教育、养老、文化、商服、体育、公园等设施的相应服务要求，是居民高品质生活的直接体现
计算方法	15 分钟社区生活圈的各类服务设施和服务项目可覆盖的社区个数占社区总数的比例。服务设施包括社区安全、卫生、教育、养老、文化、商服、体育、公园等。具体计算方法参照自然资源部发布《国土空间规划城市体检评估规程》指标 A-29"15 分钟社区生活圈覆盖率"
数据要求	统计口径为建成区范围
数据来源	POI 数据

(2) 慢行友好街道占比指标定义及计算方法见表 7-32。

表 7-32 慢行友好街道占比指标定义及计算方法

指标释义	街道空间是城市公共空间的重要组成部分，慢行友好是宜居城市的重要指标之一
计算方法	慢行友好的街道占道路网总里程的比例。慢行友好的街道指中心城区范围内(居住区、商业区、办公区，不包括工业区、仓储物流等)，满足步行道宽度不低于 2 米，非机动车道宽度不低于 2.5 米，具有铺装和过街设施，慢行空间无长期占用、绿化遮阴率≥90%等条件的街道
数据要求	统计口径为建成区范围
数据来源	街景地图数据；调查、统计数据

3. 出行服务水平

(1) 城市交通运行指数发布情况定义及计算方法见表 7-33。

表 7-33 城市交通运行指数发布情况指标定义及计算方法

指标释义	用于评价城市开展交通出行信息服务的情况
计算方法	城市交通公共管理部门按照《城市交通运行状况评价规范》计算城市交通运行指数，建成城市交通运行指数公共平台(15 分)；城市交通运行指数公共平台具有综合多数据源实时计算(10 分)、即时和回溯监测(5 分)、预测(10 分)、预警(10 分)、事件分析(10 分)等能力；具有公共发布能力(通过可变情报板，6 分)、手机 App(总计 5 分，其中自发布 2 分，每多一个社会 App 平台发布加 1 分)、网站(4 分)、广播(3 分)、电视(2 分)等公共媒介发布；城市交通运行指数分析与发布达到次干路以上(快速路 5 分、主干路 5 分、次干路 10 分)
数据要求	统计口径为全市范围
数据来源	参照新型智慧城市评价指标(2021 版)

(2) 公共汽电车到站信息实时预报率指标定义及计算方法见表 7-34。

表 7-34 公共汽电车到站信息实时预报率指标定义及计算方法

指标释义	用于评价城市开展交通出行信息服务的情况，反映"互联网＋交通"对居民出行提供的服务
计算方法	可提供来车信息实时预报服务的公共汽电车线路/城乡公共汽电车线路总数
数据要求	统计口径为全市范围。提供来车信息实时预报的方式包括通过网络、手机、电子站牌等方式提供公共汽电车实时行驶或到站信息
数据来源	统计数据；参照新型智慧城市评价指标(2021 版)

(3) 共享出行服务使用率指标定义及计算方法见表 7-35。

表 7-35 共享出行服务使用率指标定义及计算方法

指标释义	反映新的出行服务业态在居民出行中的普及程度
计算方法	使用共享出行服务的出行人次与城市出行总人次之比
数据要求	统计口径为全市范围。共享出行服务包括通过互联网、移动 App 等形式使用网约车、共享单车、分时租赁等方式的出行活动
数据来源	运行监测数据;统计数据;运营商数据

7.5.3 面向城市可持续运行的指标

1. 经济可持续水平指标

(1) 轨道交通覆盖通勤人口比重指标定义及计算方法见表 7-36。

表 7-36 轨道交通覆盖通勤人口比重指标定义及计算方法

指标释义	居住和就业地两端均在轨道站点 1 公里覆盖范围内的中心城区通勤人口占通勤总人口的比例,体现了轨道线网与职住空间的匹配度,覆盖通勤比例越高,说明轨道对职住空间支撑作用越好
计算方法	居住和就业地两端均在轨道站点 1 公里覆盖范围内的中心城区通勤人口占通勤总人口的比例
数据要求	统计范围是现行城市总体规划中提出的中心城区范围。采用移动通信运营商手机数据进行计算,即识别用户居住地、就业地信息,以 250 米栅格汇聚形成通勤 OD。以居住地或就业地至少一端位于中心城区范围内的工作日通勤人口为统计对象
数据来源	移动通信运营商手机数据;可参考《中国主要城市通勤监测报告》或住建部城市体检指标

(2) 公共交通运营补贴占财政支出的比例指标定义及计算方法见表 7-37。

表 7-37 公共交通运营补贴占财政支出的比例指标定义及计算方法

指标释义	反映公共交通运营补贴(轨道交通、地面公交等)的财政可负担情况
计算方法	公共交通运营补贴和财政支出之比
数据要求	包括轨道交通、地面公交等公共交通方式
数据来源	统计数据

2. 社会可持续水平指标

(1) 城市低收入家庭交通支出比例指标定义及计算方法见表 7-38。

表 7-38 城市低收入家庭交通支出比例指标定义及计算方法

指标释义	反映城市贫困家庭的交通可支付能力
计算方法	城市低收入家庭年人均交通支出占消费总支出的比例
数据要求	由统计部门调查中心城区范围内居民家庭人均消费支出总额和其中的交通支出额。低收入家庭根据各地颁布的划分标准进行确定
数据来源	统计数据

(2) 城市道路无障碍设施设置率指标定义及计算方法见表 7-39。

表 7-39 城市道路无障碍设施设置率指标定义及计算方法

指标释义	为适应老龄化,保障出行不便者的出行权利,构建全龄友好城市,采用道路无障碍设施设置率进行评价,体现社会包容
计算方法	建成区内主干道、次干道、支路的无障碍设施设置率
数据要求	统计范围为中心城区。无障碍设施设置率是缘石坡道设置率、盲道设置率、出入口盲道与道路盲道相衔接比例、人行横道过街音响提示装置配置率、人行横道安全岛轮椅通道设置率、新建人行天桥和人行地道无障碍设施建设率的平均值
数据来源	调查数据;统计数据

3. 环境可持续水平指标

万人单程通勤交通碳排放量指标定义及计算方法见表 7-40。

表 7-40 万人单程通勤交通碳排放量指标定义及计算方法

指标释义	中心城区通勤人口中每天每万人单程通勤出行的碳排放总量,取决于通勤距离和交通结构,反映城市职住空间和交通运行对碳排放的影响
计算方法	碳排放量根据中心城区各种交通方式通勤人口数量、通勤平均距离、碳排放因子计算。万人单程通勤交通碳排放量=Σ交通方式通勤人口(万人)×交通方式通勤平均距离×交通方式碳排放因子。交通方式包括小汽车、轨道、公共汽电车、骑行、步行等
数据要求	以居住地或就业地至少一端位于中心城区范围内的工作日通勤人口为统计对象。统计范围是现行城市总体规划中提出的中心城区范围。通勤距离采用路网最短路方法进行计算。通勤人口数量及其出行距离可通过调查或城市交通大数据计算。碳排放因子参考第三方机构研究成果
数据来源	统计数据;调查数据;可参考《中国主要城市通勤监测报告》

7.5.4 面向区域协同发展的指标

1. 客运联络水平指标

(1) 城市对外枢纽综合交通 30(45)分钟可达性指标定义及计算方法见表 7-41。

表 7-41 城市对外枢纽综合交通 30(45)分钟可达性指标定义及计算方法

指标释义	在一定程度上反映旅客抵离城市主要对外枢纽的便捷程度及城市对内交通的可达性水平
计算方法	以枢纽几何中心为原点,平峰 30(45)分钟机动化交通最大可达性范围占建成区或中心城区面积的比重。多个枢纽需叠合累加后再除以建成区或中心城区面积
数据要求	城市主要对外枢纽包括航空、铁路、公路和港口客运枢纽。依据《城市客运交通枢纽设计标准》(GB/T 51402—2021),选取一级及以上客运交通枢纽进行统计。如不满足级别条件,则选择下一级别进行统计
数据来源	采用互联网地图平台数据计算

(2) 1小时交通圈覆盖的地域范围指标定义及计算方法见表7-42。

表7-42 1小时交通圈覆盖的地域范围指标定义及计算方法

指标释义	以城市中心为起点,高峰时段1小时交通出行覆盖的地域范围。覆盖范围越大,说明交通效率越高,辐射能力越强
计算方法	以城市中心为起点,高峰时段1小时(门到门时间)通过小汽车、公交、轨道、铁路等交通方式能够到达的区县单元面积总和。城市中心是城市的行政中心、经济中心或供市民集中进行公共活动的地点,不同城市根据实际情况进行选取
数据来源	采用互联网地图平台数据计算

2. 货运辐射水平指标

(1) 货运平均运距指标定义及计算方法见表7-43。

表7-43 货运平均运距指标定义及计算方法

指标释义	在一定程度上反应该城市对外货运辐射能力,由公路、铁路、水路、民航构成的全方式平均运距可表征全国联络能力,公路单方式平均运距可表征区域联络能力
计算方法	行政区范围统计口径下的货物周转量除以货运量
数据要求	货运量指在一定时期内,各种运输工具实际运送的货物重量,是研究区域运输发展规模和速度的重要指标。货物不论运输距离长短、货物类别,均按实际重量统计。货物周转量指在一定时期内,由各种运输工具运送的货物数量与其相应运输距离的乘积之总和,是反映运输业生产总成果的重要指标。货物周转量通常按发出站与到达站之间的最短计费距离计算
数据来源	各城市行业主管部门报送

(2) 非公路运输比重指标定义及计算方法见表7-44。

表7-44 非公路运输比重指标定义及计算方法

指标释义	货运运输结构中非公路运输情况,可反映货运绿色发展转型程度及"双碳"战略目标在货运领域实现程度
计算方法	铁路到发量与水运货运量在总货运量中的占比
数据要求	总货运量不含航空与管道货运量
数据来源	统计数据

参 考 文 献

[1] 全永燊，潘昭宇. 建国60周年城市交通规划发展回顾与展望[J]. 城市交通，2009，7(5)：1-7.

[2] 联合国经济和社会事务部. 2018年版世界城镇化展望[R/OL]. (2018-03-25)[2020-11-02]. https://www.un.org/development/desa/zh/news/population/world-urbanization-prospects-2014.html.

[3] 国家统计局. 2018中国统计年鉴[M]. 北京：中国统计出版社，2018.

[4] 麦肯锡. 关于未来出行方式(移动性)的全面展望(2030年未来出行报告)[R/OL]. (2016-10-20)[2020-11-02]. https://www.udparty.com//index.php/detail/articledetails/?id=2395.

[5] 彭宏勤，张国伍. 未来城市交通及其对未来城市发展影响："交通7+1论坛"第五十六次会议[J]. 交通运输系统工程与信息，2020，20(1)：2-5.

[6] 刘淑妍，张斌. 中国城市交通治理现代化转型的思考[J]. 城市交通，2020，18(1)：59-64.

[7] 赵庆海，费利群，马兆龙. 世界城市发展的未来趋势及对我国的昭示[J]. 开发研究，2008(2)：52-54.

[8] KUMMITHA R. Smart cities and entrepreneurship: an agenda for future research[J]. Technological Forecasting and Social Change, 2019(149): 1-10.

[9] 张晓春，邵源，孙超. 面向未来城市的智慧交通整体构思[J]. 城市交通，2018，16(5)：1-7.

[10] 庞哲，谢波. 城市绿色交通的内涵、特征及发展策略：基于国外实践经验的思考[J]. 规划师，2020，37(1)：20-25.

[11] 何玉宏. 城市交通必须坚持以人为本的发展理念[J]. 江苏交通，2003(s1)：60-61.

[12] 何梅，陈艳艳，陈学武，等. 新时代城市交通需求演变与治理变革：中国城市交通发展论坛2018年第1次研讨会[J]. 城市交通，2018，16(3)：93-101.

[13] 周宏春. 未来城市的智慧交通有何亮点[J]. 中国商界，2019(7)：48-49.

[14] 周春山，邓鸿鹄，史晨怡. 粤港澳大湾区协同发展特征及机制[J]. 规划师，2018，34(4)：5-12.

[15] 方创琳. 京津冀城市群协同发展的理论基础与规律性分析[J]. 地理科学进展，2017，36(1)：15-24.

[16] 曹蕾. 数字城市基本框架及关键技术[J]. 交通科技与经济，2009，11(2)：44-46.

[17] 理特管理顾问公司，未来出行实验室. 未来城市交通3.0：在颠覆性和创造性的时代重塑交通[M]. 路熙，陈徐梅，许飒，等译. 北京：人民交通出版社，2020.

[18] 蔡先华,邵建,张远. 交通信息可视化技术方法[J]. 现代测绘,2010,33(4):17-20.

[19] 汪光焘. 城市交通与信息化[J]. 城市交通,2015,13(3):1-4.

[20] 顾朝林,李满春. “数字城市”研究漫谈[J]. 城市规划汇刊,1999(5):3-5.

[21] 王凤霞,张超. “数字城市”研究初探[J]. 世界地理研究,2002,11(2):34-40.

[22] 任刚,王炜. 基于 GIS 的交通网络可视化编辑平台的开发[J]. 公路交通科技,2003,20(1):85-88.

[23] WANG CHUNYAN, WANG WEI, LU JIAN, et al. Visual object-oriented application for lane following on intelligent highway system [J]. Journal of Southeast University (English Edition), 2003, 19(2): 165-167.

[24] 辜胜阻,王敏. 智慧城市建设的理论思考与战略选择[J]. 中国人口资源与环境,2012,22(5):74-80.

[25] 巫细波,杨再高. 智慧城市理念与未来城市发展[J]. 城市发展研究,2010,17(11):56-60,40.

[26] DE JONG M, JOSS S, SCHRAVEN D, et al. Sustainable-smart-resilient-low carbon-eco-knowledge cities; making sense of a multitude of concepts promoting sustainable urbanization[J]. Journal of Cleaner Production, 2015(109): 25-38.

[27] 陈冬蕾. 大数据在智慧城市研究与规划中的应用[J]. 建筑工程技术与设计,2016(27):35.

[28] RATHORE M M, AHMAD A, PARL A, et al. Urban planning and building smart cities based on the Internet of things using big data analytics[J]. Computer Networks, 2016, 101: 63-80.

[29] 杨正航,杨新苗,岳锦涛. 从“城市之星”模式到“城市风轮”体系:基于绿色交通导向的城市交通发展模式研究[J]. 北京规划建设,2020(4):109-112.

[30] 刘光新. 浅谈小城市绿色交通治理思路与实践[C]//中国城市规划学会城市交通规划学术委员会. 交通治理与空间重塑:2020 年中国城市交通规划年会论文集. 北京:中国建筑工业出版社,2020:421-428.

[31] 潘海啸. 基于绿色环保理念下的上海城市交通治理[J]. 上海城市管理,2018,27(2):66-70.

[32] 任旭,白明. PPP+TOD 模式下城市轨道交通定位研究[J]. 铁道运输与经济,2020,42(7):109-114.

[33] LUO XIAO, DONG LIANG, DOU YI, et al. Factor decomposition analysis and causal mechanism investigation on urban transport CO_2 emissions: comparative study on Shanghai and Tokyo[J]. Energy Policy, 2017(107): 658-668.

[34] DOU YI, LUO XIAO, DONG LIANG, et al. An empirical study on transit-oriented low carbon urban land use planning: Exploratory Spatial Data Analysis (ESDA) on Shanghai, China[J]. Habitat International, 2016(53): 379-389.

[35] 郭曦榕,吴险峰. 智慧城市评估体系的研究与构建[J]. 计算机工程与科学,2013,35(9):

167-173.

[36] 叶建红,郑佳琦.共享出行:重塑可持续交通的新动能[J].可持续发展经济导刊,2020(9):16-18.

[37] 彭岳.共享经济的法律规制问题:以互联网专车为例[J].行政法学研究,2016(1):117-131.

[38] 杨新贺.共享单车的法律规制[J].现代经济信息,2018(16):318.

[39] 侯登华.共享经济下网络平台的法律地位:以网约车为研究对象[J].政法论坛,2017,35(1):157-164.

[40] 姚恩建,李翠萍,郇宁,等.共享单车对通勤走廊出行结构的影响[J].华南理工大学学报(自然科学版),2020,48(7):85-92,142.

[41] 王丽,王聪,曹有挥.共享移动性对城市综合交通系统的影响研究:基于国内外比较的思路[J].城市发展研究,2019,26(8):91-97.

[42] 诸大建.后汽车时代城市的共享出行问题:基于循环经济视角的思考[J].城市交通,2017,15(5):12-19.

[43] 曾洗石.共享单车的公益性与经济效益分析[J].低碳世界,2017(9):234-235.

[44] PAN ZIHUA, WEI QINGCHAO, TORP O, et al. Influence of evacuation walkway design parameters on passenger evacuation time along elevated rail transit lines using a multi-agent simulation[J]. Sustainability, 2019, 11(21): 1-17.

[45] ILIOPOULOU C, KONSTANTINIDOU M A, KEPAPTSOGLOU K L, et al. ITS technologies for decision making during evacuation operations: a review[J]. Journal of Transportation Engineering Part A: Systems, 2020, 146(4):4020010.1-4020010.20.

[46] BU LEI, WANG FENG, ZHOU XUESONG, et al. Modeling gate control strategy for traffic management in emergency evacuation[J]. International Journal of Transportation, 2016, 4(2): 31-46.

[47] 沈文超,朱伟,邓瑞生,等.大型公共场所应急交通疏散仿真演练系统设计与实现[J].电子设计工程,2020,28(1):6-10.

[48] SHEN JIN, DUAN HONGYANG, ZHANG BAOYING, et al. Prevention and control of COVID-19 in public transportation: experience from China[J]. Environmental Pollution, 2020, 266(2): 1-5.

[49] 茹小磊,杨超,严钢,等.应对突发大规模流行病的城市常规公交管控策略[J].中国公路学报,2020,33(11):11-19.

[50] QI ZEYUAN, LIMSAMSUNG, RASHIDI T H. Assessment of transport equity to Central Business District(CBD) in Sydney, Australia[J]. The International Journal of Transportation Research, 2020, 12(4): 246-256.

[51] CHANG ZHENG, CHEN JIAYU, LI WEIFENG, et al. Public transportation and the spatial inequality of urban park accessibility: new evidence from Hong Kong[J]. Transportation Research Part D: Transport and Environment, 2019(76): 111-122.

[52] BLACK J, CONROY M. Accessibility measures and the social evaluation of urban structure

[J]. Environment and Planning A: Economy and Space, 1977, 9(9): 1013-1031.

[53] YANG D H, GOERGE R, MULLNER R. Comparing GIS-based methods of measuring spatial accessibility to health services[J]. Journal of Medical Systems, 2006, 30(1): 23-32.

[54] 汪光焘,陈小鸿,叶建红,等.城市交通治理现代化理论构架与方法初探[J].城市交通,2020,18(2):1-14.

[55] 任福田.新编交通工程学导论[M].北京:中国建筑工业出版社,2011.

[56] 杨晓光.交通设计[M].北京:人民交通出版社,2010.

[57] 汪光焘.论城市交通学[J].城市交通,2015,13(5):1-10.

[58] 汪光焘,陈小鸿,殷广涛,等.新常态下城市交通理论创新与发展对策研究:成果概要[J].城市交通,2019,17(5):1-12.

[59] 刘祖云.公共管理学科建设:逻辑、核心与基础[J].学海,2019(1):33-41.

[60] 吴志强,李德华.城市规划原理[M].北京:中国建筑工业出版社,2010.

[61] 汪光焘.大数据时代城市交通学发展的机遇[J].城市交通,2016,14(1):1-7.

[62] 王浦劬,臧雷振.治理理论与实践:经典议题研究新解[M].北京:中央编译出版社,2017:105.

[63] 黄绪明.道路收费政策下的博弈分析[J].鄂州大学学报,2005(6):42-45.

[64] 诸大建,于立,杨东援,等.全球化时代的城市发展与合作治理[J].城市交通,2019,17(1):121-126.

[65] 杨东援.顺应发展阶段变化的城市交通对策体系变革[J].交通与运输,2018,34(4):1-3.

[66] 汪光焘.城市交通治理的内涵和目标研究[J].城市交通,2018,16(1):1-6.

[67] 谷凯.城市形态的理论与方法——探索全面与理性的研究框架[J].城市规划,2001(12):36-42.

[68] 齐康.城市的形态(研究提纲初稿)[J].城市规划,1982(6):16-25.

[69] 费移山.城市形态与城市交通相关性研究[D].南京:东南大学,2003.

[70] 张晓彤,张立新.中国城镇化进程概述和未来城镇化水平预测[J].云南农业大学学报(社会科学),2021,15(1):20-25.

[71] 汪光焘.城市:40 年回顾与新时代愿景[J].城市规划学刊,2018(6):7-19.

[72] 汪光焘.城市交通与法治[M].上海:同济大学出版社,2021.

[73] BG PETERS, J PIERRE. Urban governance[M]//KAREN MOSSBERGER, SUSAN E CLARKE, PETER JOHN. The Oxford handbook of urban politics. NewYork: Oxford University Press, 2012: 71-86.

[74] 许万增,王行刚,徐筱棣,等.人工智能对人类社会的影响[M].北京:科学出版社,1996.

[75] 孙超,邵源,韩广广,等.新一轮科技革命对交通发展的影响及应对策略[J].城市交通,2021,19(3):10-17.

[76] 汪光焘,王继峰,赵珺玲.新时期城市交通需求演变与展望[J].城市交通,2020,18(4):1-10.

[77] 杨东援.城市交通的智慧赋能[J].交通与港航,2021,8(2):1.

[78] SAE J3016 Levels of Drving Automation. Taxonomy and Definitions for Terms Related to Driving Automation Systems for On-Road Motor Vehicles J3016_202104[EB/OL]. (2021-04-30)[2022-06-25]. https://www.sae.org/standards/content/j3016_202104/.
[79] 文魁,祝尔娟. 首席专家论京津冀协同发展的战略重点[M]. 北京:首都经济贸易大学出版社,2015:26-29.
[80] 葛颖恩,陈志建,张鹏. 共享交通的运营与管理综述[J]. 上海大学学报(自然科版),2020,26(3):311-327.
[81] 顾丽梅,张云翔. 共同生产视角下的城市共享单车服务治理——基于上海市案例的混合方法研究[J]. 公共管理学报,2019,16(1):89-104,173.
[82] 中国信息通信研究院政策与经济研究所,摩拜单车. 2018 年中国共享单车行业发展报告[R/OL]. (2018-03)[2022-06-15]http://www.caict.ac.cn/kxyj/qwfb/ztbg/201804/t20180426_158533.htm.
[83] 陈小鸿,成嘉琪,叶建红,等. 共享汽车用户及出行时空特征分析[J]. 同济大学学报(自然科学版),2018,46(6):796-803,841.
[84] 莱昂·狄骥. 公法的变迁[M]. 郑戈,译. 北京:商务印书馆,2013.
[85] OSTROM V, TIEBOUT C M, WARREN R. The organization of government in metropolitan areas: a theoretical inquiry[J]. The American Political Science Review, 1961, 55(4): 831-842.
[86] E. S. 萨瓦斯. 民营化与公私部门的伙伴关系[M]. 周志忍,等译. 北京:中国人民大学出版社,2002.
[87] RAN BING, QI HUITING. Contingencies of power sharing in collaborative governance[J]. American Review of Public Administration, 2018,51(online first): 1-16.
[88] 朱迪·弗里曼. 合作治理与行政法[M]. 毕洪海,陈标冲,译. 北京:商务印书馆,2010.
[89] 甘海威,娄成武. 公共服务私人部门供给下的逆向公私合作研究——以共享单车服务为例[J]. 内蒙古社会科学(汉文版),2018,39(2):29-35.
[90] THOMAS J C. Citizen, customer, partner: engaging the public in public management[M]. Armonk: ME Sharpe, 2012.
[91] 翁士洪. 数字时代治理理论——西方政府治理的新回应及其启示[J]. 经济社会体制比较,2019(4):138-147.
[92] 刘淑春. 数字政府战略意蕴、技术构架与路径设计——基于浙江改革的实践与探索[J],中国行政管理,2018(9):37-45.
[93] JANSSEN MARIJN, YANNIS CHARALABIDIS, ANNEKE ZUIDERWIJK. Benefits, adoption barriers and myths of open data and open government [J]. Information Systems Management, 2012,(29): 68-258.
[94] 李勇坚. 互联网平台数据垄断:理论分歧、治理实践及政策建议[J]. 人民论坛·学术前沿,2021(21):56-66.
[95] 黄启乐. 常规公交发展态势研究与思考——以广州市为例[C]. 成都:2019 年中国城市交

通规划年会,2019.
[96] 尹远斌.浅谈新时代国有道路客运企业的市场定位与创新发展[J].市场周刊·理论版,2019(15):9-12,18.
[97] 中华人民共和国交通运输部.2020 年交通运输行业发展统计公报[EB/OL].(2021-05-19)[2022-06-15]. https://xxgk.mot.gov.cn/2020/jigou/zhghs/202105/t20210517_3593412.html.
[98] 中华人民共和国交通运输部.交通运输行业稳定恢复、提质升级——《2020 年交通运输行业发展统计公报》解读[EB/OL].(2021-05-19)[2022-06-15]https://xxgk.mot.gov.cn/2020/jigou/zhghs/202105/t20210517_3593413.html.
[99] 周晶.道路客运企业转型升级进入快车道——解读《交通运输部关于深化改革加快推进道路客运转型升级的指导意见》[J].人民公交,2017(2):33.
[100] 赵雪钢,张守军,孔国强,等.网约定制公交对城市交通治理的价值思考——以"深圳 e 巴士"品质公交服务为例[J].城市公共交通,2018(7):42-46.
[101] 吴娇蓉,刘安娜.基于运营特征的通勤定制客运线路提供机制市场化发展策略[J].综合运输,2021,43(7):41-47.
[102] 卜照雪,陈乐.南京公交开启"定制公交新模式"[J].城市公共交通,2020(10):17-19.
[103] ALBALATE D, BEL J, CALZADA J. Urban transport governance reform in Barcelona[R]. Barcelona: University of Barcelona, 2010.
[104] TACO B, VICTOR P. Co-production, the third sector and the delivery of public services[J]. Public Management Review, 2006,8(4):493-501.
[105] ROGER B P, PAULA C B, LARRY K, et al. Consuumers as coproducers of public services: some economic and institutional considerations[J]. Policy Studies Journal, 1981,9(7):1001-1011.
[106] WHITAKER G P. Coproduction: citizen participation in service delivery[J]. Public Administration Review, 1980,40(3):240-246.
[107] ANURADHA J, MICK M. Institutionalised co-production: unorthodox public service delivery in challenging environments[J]. Journal of Development Studies, 2004, 40(4):31-49.
[108] JOSHI A, MOORE M. Institutionalised co-production: unorthodox public service delivery in challenging environments[J]. Journal of Development Studies, 2004, 40(4): 31-49.
[109] STEPHEN L P. Citizen participation in the coproduction of urban services[J]. Urban Affairs Review, 1984, 19(4):431-446.
[110] 朱春奎,易雯.公共服务合作生产研究进展与展望[J].公共行政评论,2017,10(5):188-201.
[111] ELINOR O. Crossing the great divide: coproduction, synergy, and development[J]. World Development, 1996,24(6):1073-1087.
[112] 戴维·H·罗森布鲁姆,公婷."合作生产"与廉政建设:合作治理逻辑的延伸[J].广州大学学报(社会科学版),2014,13(1):5-11.

[113] SAMUELSON. The pure theory of public expenditure[J]. The Review of Economics and Statistics, 1954,36(4):387-389.
[114] 孙园.小猪巴士 CEO 李俊:没了风口的“猪”,互联网巴士是地上的生意(附视频)[EB/OL].(2016-10-23)[2022-06-15].https://www.sohu.com/a/116952392_492535.
[115] 吴佳妮.杭州“定制公交”变成“企业包车”公交部门:运营压力大[EB/OL].(2015-07-28)[2022-06-15].https://zjnews.zjol.com.cn/system/2015/07/28/020757690.shtml.
[116] 林青.定制公交服务的评价指标及模型研究——以北京市为例[J].调研世界,2016(2):46-49.
[117] 黄玮琪,靳文舟,黄靖翔,等.不同市场策略下的定制公交定价问题[J].广西师范大学学报(自然科学版),2018,36(2):8-17.
[118] 安健,姚广铮,孙玲,等.北京市定制商务班车乘客支付意愿研究[J].城市交通,2015,13(2):63-71.
[119] 王欢明,诸大建.国有民营模式:城市公交服务治理模式的创新[C].北京:北京大学2012 政治学行政学博士论坛暨国家的治理理论与实践学术研讨会,2012.
[120] 王欢明,诸大建,吴光东.公共交通运行模式的选择[J].城市问题,2010(10):45-49.
[121] 王欢明,李鹏.城市公共自行车服务民营化供给模式比较研究[J].中国软科学,2015(6):56-66.
[122] 王钦,杨张博.共享单车的主导设计与标准之争[J].科学学研究,2018.36(9):1602-1609.
[123] 郝雅立,温志强.共建共治共享:大数据支持下共享单车智能化治理路径[J].管理论,2019,31(1):249-254.
[124] 李鑫,陈玲.新兴产业的协作治理何以达成?——以共享单车停放管理为例[J].电子政务,2022(7):113-124.
[125] NOLL ROGER G. Regulatory policy and the social sciences[M]. Oakland: University of California Press, 1985.
[126] 邹焕聪.政府购买公共服务的责任分配与行政实体规制——基于公私协力视角的探究[J].行政论坛,2017,24(6):30-34.
[127] H.K.科尔巴齐.治理的意义[M]//王浦劬,臧雷振.治理理论与实践:经典议题研究新解.北京:中央编译出版社,2017.
[128] 科林·斯科特.规制、治理与法律:前沿问题研究[M].安永康,译.北京:清华大学出版社,2018.
[129] HEIMER C A. Disarticulated responsiveness: the theory and practice of responsive regulation in multi-layered systems[J]. University of British Columbia law Review, 2011, 44(3): 663-694.
[130] BRONWEN MORGAN, KAREN YEUNG. An introduction to law and regulation: text and materials[M]. Cambridge: Cambridge University Press, 2007.
[131] IAN AYRES, JOHN BRAITHWAITE. Responsive regulation: transcending the deregulation debate[M]. Oxford: Oxford University Press, 1992.

[132] NEIL GUNNINGHAM, PETER GRABOSKY. Smart regulation: designing environmental policy [M]. Oxford: Oxford University Press, 1998.
[133] ROBERT BALDWIN, JULIA BLACK. Really Responsive Regulation[J]. The Modern Law Review, 2008, 71(1): 59-94.
[134] 张清,武艳.包容性法治框架下的社会组织治理[J].中国社会科学,2018(6):91-109.
[135] RICHARD JOSEPH STILLMAN. Public administration: concepts and cases(9th edition)[M]. Boston: Wadsworth Publishing, 2009: 312.
[136] 罗伯特·鲍德温,马丁·凯夫,马丁·洛奇.牛津规制手册[M].宋华琳,李鸻,安永康,等,译.上海:上海三联书店,2018.
[137] 叶倩.面向交通服务创新的多元主体协作关系研究[D].上海:同济大学,2021.
[138] 迈克尔·D.迈耶,埃里克·J.米勒,杨孝宽.城市交通规划[M].北京:中国建筑工业出版社,2008.
[139] GROUP W B. World development report 2017: governance and the law[R]. Washington D. C.: The World Bank, 2017.
[140] OSBORNE S. The new public governance: emerging perspectives on the theory and practice of public governance[M]. London: Routledge, 2010.
[141] 王佃利.城市治理中的利益主体行为机制[M].北京:中国人民大学出版社,2009.
[142] 刘淑妍,诸大建.城市管理中的公众参与研究——基于利益相关分析视角[J].政治学研究,2007(4):99-108.
[143] 汪光焘等.未来城市交通预判——2035年愿景[M].北京:中国建筑工业出版社,2020.
[144] 弗里曼.战略管理:利益相关者方法[M].王彦华,梁豪,译.上海:上海译文出版社,2006.
[145] MITCHELL R K, B AGLE. Toward a theory of stakeholder identification and salience: defining the principle of who and what really counts[J]. Academy of Management Review, 1997, 22(4): 853-886.
[146] 贾生华,陈宏辉.利益相关者的界定方法述评[J].外国经济与管理,2002(5):13-18.
[147] 陈小玲.利益相关者理论视角下广州市公共自行车管理模式研究[D].广州:华南理工大学,2014.
[148] GRIMBLE R, WELLARD K. Stakeholder methodologies in natural resource management: a review of principles, contexts, experiences and opportunities[J]. Agricultural Systems, 1997, 55(2): 173-193.
[149] 郭贞.旅游景区利益相关者利益分配研究[D].成都:四川大学,2007.
[150] 杨留花.基于合作生产的共享单车服务与城市公共空间研究[D]:上海:同济大学,2020.
[151] 陆维特,陈婷婷,闫鹏飞.城市共享单车利益相关者判定与分类方法研究[J].中国水运(下半月),2020,20(10):49-50.
[152] 金晶,卞思佳.基于利益相关者视角的城市共享单车协同治理路径选择——以江苏省南京市为例[J].城市发展研究,2018,25(2):92-99.
[153] 闫鹏飞,陆维特,朱国旺,等.基于利益相关者理论的杭州市共享单车管理对策分析[J].

浙江理工大学学报(社会科学版),2019(5):467-474.
[154] 聂帅钧.共享电单车的政府监管研究[J].重庆大学学报(社会科学版),2019,25(1):162-177.
[155] 马亮,李延伟.中国城市网约车的监管:政策走向与发展前景[R].北京:中国人民大学国家发展与战略研究院,2019.
[156] SIEVERT C, K E SHIRLEY. LDAvis: a method for visualizing and interpreting topics[C]. Baltimore: Proceedings of the Workshop on Interactive Language Learning, Visualization, and Interfaces at the Association for Computational Linguistics, 2014.
[157] RADIM REHUREK, PETR SOJKA. Software Framework for Topic Modelling with Large Corpora[C]. Valletta: Proceedings of the LREC 2010 Workshop on New Challenges for NLP Frameworks, 2010.
[158] ZHAO JICHANG, DONG LI, WU JUNJIE, et al. MoodLens: an emoticon-based sentiment analysis system for chinese tweets[J]. ACM, 2012: 1528-1531.
[159] 秦海龙,刘挺.新浪微博与 Twitter 的特性对比研究[J].智能计算机与应用,2018,8(4):69-72,77.
[160] 刘玮,贺敏,王丽宏,等.基于用户行为特征的微博转发预测研究[J].计算机学报,2016,39(10):1992-2006.
[161] 王凯.社交媒体用户交互行为建模与推荐应用研究[D].武汉:武汉大学,2019.
[162] KATH BROWNE. Snowball sampling: using social networks to research non-heterosexual women[J]. International Journal of Social Research Methodology, 2005, 8(1): 47-60.
[163] 汪小帆,李翔,陈关荣.网络科学导论[M].北京:高等教育出版社,2012.
[164] JAMIESON K H, J N CAPPELLA. Echo chamber: Rush Limbaugh and the conservative media establishment[M]. Oxford University Press, 2008.
[165] WAGNER P M, T YLÄ-ANTTILA. Can policy forums overcome echo chamber effects by enabling policy learning? Evidence from the Irish climate change policy network[J]. Journal of Public Policy, 2018, 40(2): 1-18.
[166] JASNY L, J WAGGLE, D R FISHER. An empirical examination of echo chambers in US climate policy networks[J]. Nature Climate Change, 2015, 5(8): 782-786.
[167] 孙超.大城市交通需求管理政策评价方法研究[D].上海:同济大学,2020.
[168] SUN C, CHEN X, ZHANG H M, et al. An evaluation method of urban public transport facilities resource supply based on accessibility [J]. Journal of Advanced Transportation,2018.
[169] 黄泽,江捷.一种基于可达性的城市公交资源分布评价方法[C].深圳:2016 年中国城市交通规划年会论文集,2016.
[170] 岳文泽,裘双双,张群,等.新媒体时代城市规划的公众参与:话题演进与情感判别[J].浙江大学学报(人文社会科学版),2019(4):105-118.
[171] TSUGAWA S, H OHSAKI. Negative messages spread rapidly and widely on social media

[C]. Palo Alto: Proceedings of the the 2015 ACM on Conference on Online Social Networks, 2015.

[172] ZHAO MIAOXI, LIN YANLIU, DERUDDER B, et al. Demonstration of public participation and communication through social media in the network society within Shanghai[J]. Environment & Planning B Urban Analytics & City Science, 2018, 45(3):529-547.

[173] CASTELLS M. A network theory of power[J]. International Journal of Communication, 2011, 5(1): 773-787.

[174] BERRY L L. The collaborative organization: leadership lessons from Mayo Clinic[J]. Organizational Dynamics, 2004, 33(3): 228-242.

[175] TSUGAWA S, H OHSAKI. Negative messages spread rapidly and widely on social media [C]. London: Proceedings of the the 2015 ACM, 2015.

[176] 郑淑鉴,杨敬锋.国内外交通拥堵评价指标计算方法研究[J].公路与汽运,2014(1): 57-61.

[177] REED T, KIDD J. INRIX Global Traffic Scorecard[J]. INRIX Research, 2019.

[178] 广州市质量技术监督局.城市道路交通运行评价指标体系:DBJ440100/T 164—2013 [S].广州:广州市质量技术监督局,2013.

[179] 魏正明.上海推出交通指数评价运行质量[J].上海环境科学,2002(9):46.

[180] 张扬,何承,张祎,等.上海市道路交通状态指数简介及应用案例[J].交通与运输,2016(3):16-18.

[181] 陈蔚,段仲渊,周子益,等.基于出行时间的道路交通运行指数算法与应用研究[C].北京:公交优先与缓堵对策——中国城市交通规划年会暨学术研讨会,2012.

[182] Transportation Research Board. Highway capacity manual[M]. Washington D. C.: Transportation Research Board, 2000.

[183] 深圳市城市交通规划设计研究中心.深圳市道路交通运行指数研究及发布方案[R].深圳:深圳市城市交通规划设计研究中心,2012.

[184] MICHAEL R BLOOMBERG. PlaNYC 2030 — A Greener Greater New York[R]. New York: City of New York,2007.

[185] SCHALLER B. New York City's congestion pricing experience and implications for road pricing acceptance in the United States[J]. Transport Policy, 2010, 17(4): 266-273.

[186] Move NY. Move NY Fair Plan[R/OL]. [2022-06-15]. http://www.move-ny.org.

[187] Fix NYC Advisory Panel. Fix NYC Advisory Panel Report[R]. New York, 2018.

[188] Regional Plan Association(RPA). Congestion pricing in NYC: getting it right[R]. New York: Regional Plan Association(RPA), 2019.

[189] LEHE L. Downtown congestion pricing in practice[J]. Transportation research, 2019, 100(3): 200-223.

[190] HENSHER D A, M BLIEMER. What type of road pricing scheme might appeal to politicians? Viewpoints on the challenge in gaining the citizen and public servant vote by staging reform

[J]. Transportation Research Part A Policy and Practice, 2014, 61(3): 227-237.
[191] LIU Q, K LUCAS, G MARSDEN, et al. Egalitarianism and public perception of social inequities: a case study of Beijing congestion charge[J]. Transport Policy, 2019(74): 47-62.
[192] NOORDEGRAAF D V, J A ANNEMA, B V WEE. Policy implementation lessons from six road pricing cases[J]. Transportation Research Part A: Policy and Practice, 2014, 59:172-191.
[193] 史育龙,周一星.关于大都市带(都市连绵区)研究的论争及近今进展述评[J].国际城市规划,2009,24(S1):160-166.
[194] 于洪俊,宁越敏.城市地理概论[M].合肥:安徽科学技术出版社,1983.
[195] 宋家泰,崔功豪,张月海.城市总体规划[M].北京:商务印书馆,1985.
[196] 周一星.城市地理求索[M].北京:商务印书馆,2010.
[197] 周一星,史育龙.建立中国城市的实体地域概念[J].地理学报,1995(4):289-301.
[198] 崔功豪.中国城镇发展研究[M].北京:中国建筑工业出版社,1992.
[199] 顾朝林.中国城镇体系[M].北京:商务印书馆,1992.
[200] 姚士谋,陈彩虹,陈振光.我国城市群区空间规划的新认识[J].地域研究与开发,2005(3):37-41.
[201] 姚士谋,陈振光,朱英明.中国城市群[M].合肥:中国科学技术大学出版社,2006.
[202] 吴启焰.城市密集区空间结构特征及演变机制——从城市群到大都市带[J].人文地理,1999(1):15-20.
[203] 肖金成,袁朱.中国十大城市群[M].北京:经济科学出版社,2009.
[204] 方创琳.城市群空间范围识别标准的研究进展与基本判断[J].城市规划学刊,2009(4):5-10.
[205] 周起业,刘再兴,祝诚,等.区域经济学[M].北京:中国人民大学出版社,1989.
[206] 沈立人.为上海构造都市圈[J].财经研究,1993(9):16-19.
[207] 王建.九大都市圈区域经济发展模式的构想[J].宏观经济管理,1996,(10):21-24.
[208] 高汝熹.城市圈域经济论[M].昆明:云南大学出版社,1998.
[209] 张京祥,邹军,吴启焰,等.论都市圈地域空间的组织[J].城市规划,2001(5):19-23.
[210] 陈小卉.都市圈发展阶段及其规划重点探讨[J].城市规划,2003(6):55-57.
[211] 肖金成,袁朱.中国将形成十大城市群[N].中国经济时报,2007-03-29(A01).
[212] 张学良.以都市圈建设推动城市群的高质量发展[J].上海城市管理,2018,27(5):2-3.
[213] 汪光焘,叶青,李芬,等.培育现代化都市圈的若干思考[J].城市规划学刊,2019(5):14-23.
[214] SASSEN S. The global city[M]. Princeton: Princeton University Press, 1991.
[215] SCOTT A J. Global city-regions: trends, theory, policy[M]. Oxford: Oxford University Press, 2001.
[216] 顾朝林.巨型城市区域研究的沿革和新进展[J].城市问题,2009(8):2-10.
[217] 胡彬.长三角城市集群[M].上海:上海财经大学出版社,2011.
[218] 李郇,周金苗,黄耀福,等.从巨型城市区域视角审视粤港澳大湾区空间结构[J].地理科

学进展，2018，37(12)：1609-1622.
[219] 冯健，周一星，李伯衡，等.城乡划分与监测[M].北京：科学出版社，2012.
[220] 马爽，龙瀛.中国城市实体地域识别：社区尺度的探索[J].城市与区域规划研究，2019，11(1)：37-50.
[221] 刘君德.中国转型期"行政区经济"现象透视——兼论中国特色人文—经济地理学的发展[J].经济地理，2006(6)：3-7.
[222] 刘君德，马祖琦，熊竞.中央直辖市政区空间组织与制度模式探析：理论架构，比较分析及实证研究[M].南京：东南大学出版社，2012.
[223] 白智立，刘丛丛，桥本绘美.关西广域联合：地方分权改革视域中的日本跨域治理实践[J].日本学刊，2021(2)：54-74，145，149.
[224] 杨宏山，黄文浩.论城市的性质与治理使命[J].中共中央党校学报，2016，20(6)：64-69.
[225] 陈鹏.城市群协调发展问题研究[D].上海：华东政法大学，2020.
[226] 薄文广，陈飞.京津冀协同发展：挑战与困境[J].南开大学学报(哲学社会科学版)，2015(1)：110-118.
[227] 张明军，汪伟全.论和谐地方政府间关系的构建：基于府际治理的新视角[J].中国行政管理，2007(11)：92-95.
[228] 余璐，戴祥玉.经济协调发展、区域合作共治与地方政府协同治理[J].湖北社会科学，2018(7)：38-45.
[229] 赵峥，李粉.跨区域治理与政府合作：经验、挑战与对策[J].重庆理工大学学报(社会科学)，2020，34(8)：1-6.
[230] 刘亚平，刘琳琳.中国区域政府合作的困境与展望[J].学术研究，2010(12)：38-45，159.
[231] 叶必丰，何渊，李煜兴，等.行政协议：区域政府间合作机制研究[M].北京：法律出版社，2010.
[232] 崔晶.都市圈地方政府协同治理：一个文献综述[J].重庆社会科学，2014(4)：11-17.
[233] 乔伟，杨建东，李亚龙，等.联席会议制度的理论基础及实践研究[J].四川水力发电，2017，36(S2)：105-108.
[234] 韦伟.长三角高质量一体化发展若干议题的理论思考[J].区域经济评论，2019(6)：18-22.
[235] 胡彬，仲崇阳.长三角生态绿色一体化示范区跨界治理的需求层次与模式创新[J].科学发展，2021(3)：71-81.
[236] 林涛.长三角的交通一体化现状、进程与挑战[J].科学，2022，74(3)：34-39，69.
[237] 陈雯，兰明昊，孙伟，等.长三角一体化高质量发展：内涵、现状及对策[J].自然资源学报，2022，37(6)：1403-1412.
[238] 张贵，梁莹，郭婷婷.京津冀协同发展研究现状与展望[J].城市与环境研究，2015(1)：76-88.
[239] 吴群刚，杨开忠.关于京津冀区域一体化发展的思考[J].城市问题，2010(1)：11-16.
[240] 吴良镛，等.京津冀地区城乡空间发展规划研究三期报告[M].北京：清华大学出版

社,2013.

[241] 李晓玉,苏跃江,谭静. 粤港澳大湾区轨道交通一体化发展思考——以广州为视角[J]. 交通与港航,2021,8(4):17-24.

[242] 景国胜,黄荣新,徐士伟,等. 粤港澳大湾区轨道交通体系发展的思考[J]. 城市交通,2019,17(3):67-74.

[243] 刘新杰,马小毅,陈建均,等. 基于分层轨道交通客流视角的"轨道上的大湾区"规划思考[J]. 交通与运输,2022,38(4):26-31.

[244] 周素红,陈慧玮. 美国大都市区规划组织的区域协调机制及其对中国的启示[J]. 国际城市规划,2008,23(6):93-98.

[245] 程楠,荣朝和,盛来芳. 美国交通规划体制中的大都市区规划组织[J]. 国际城市规划,2011,26(5):85-89,108.

[246] 国务院办公厅转发公安部建设部《关于实施全国城市道路交通管理"畅通工程"意见》[EB/OL]. (2002-02-28)[2022-10-11]. http://www.gov.cn/gongbao/content/2000/content_60048.htm.

[247] 公安部交通管理局,建设部城市建设司. 城市道路交通管理评价指标体系[EB/OL]. (2002-04-19)[2022-10-11]. https://www.taodocs.com/p-303344935.html.

[248] 交通运输部. 公交都市考核评价指标体系[EB/OL]. (2013-07-23)[2022-10-11]. https://xxgk.mot.gov.cn/2020/jigou/ysfws/202006/t20200623_3314986.html.

[249] 交通运输部. 国家公交都市评价指标体系[EB/OL]. (2022-04-11)[2022-10-11]. https://xxgk.mot.gov.cn/2020/jigou/ysfws/202204/t20220411_3650428.html.

[250] 北京交通发展研究中心. 城市道路交通运行评价指标体系:DB11/T 785—2011[S]. 北京:北京市交通委员会,2011.

[251] 交通运输部科学研究院,上海市城市建设设计研究院,上海市交通港航发展研究中心,等. 城市公共交通发展水平评价指标体系:GB/T 35654—2017[S]. 北京:中华人民共和国交通运输部,2017.

[252] 高德地图. 中国主要城市交通分析报告[EB/OL]. (2022-07-19)[2022-10-11]. https://report.amap.com/share.do?id=a184d9c2821458380182145838e00000.

[253] 住房和城乡建设部城市交通基础设施监测与治理实验室,中国城市规划设计研究院,百度地图. 2022 年度中国主要城市通勤监测报告[EB/OL]. (2022-07-29)[2022-10-11]. http://www.360doc.com/document/22/0805/15/38506261_1042682179.shtml.

[254] 住房和城乡建设部. 2022 年城市体检指标体系[EB/OL]. (2022-07-24)[2022-10-11]. http://www.gov.cn/zhengce/zhengceku/2022-07/09/content_5700178.htm.

[255] ESCAP. SUTI: Sustainable Urban Transport Index[EB/OL]. (2021-11)[2022-10-11]. https://www.unescap.org/our-work/transport/suti.

[256] European Union. SUMI: Sustainable Urban Mobility Indicators[EB/OL]. (2021-08)[2022-10-11]. https://transport.ec.europa.eu/transport-themes/clean-transport-urban-transport/sumi_en.

[257] London Governme. Mayor's transport strategy[EB/OL]. (2018-03)[2022-10-11]. https://tfl. gov. uk/corporate/about-tfl/the-mayors-transport-strategy.

[258] McKinsey & Company. Elements of success: urban transportation systems of 24 global cities [EB/OL]. (2018-06) [2022-10-11]. https://www. mckinsey. com/capabilities/sustainability/our-insights/elements-of-success-urban-transportation-systems-of-24-global-cities.

[259] Transport Research Laboratory. Transport 2025: transport vision for a growing World city[EB/OL]. (2006-11) [2022-10-11]. https://www. google. com. hk/url? sa = t&rct = j&q = &esrc = s&source = web&cd = &ved = 2ahUKEwj-3rWOmNf6AhXD7WEKHR9TDggQFnoECAsQAw&url = https%3A%2F%2Fciteseerx. ist. psu. edu%2Fviewdoc%2Fdownload%3Fdoi%3D10. 1. 1. 135. 5972%26rep%3Drep1%26type%3Dpdf&usg - AOvVaw0H9SOsj0Lh6W2Wq4-YHGSW.

[260] Mayor Of London. Mayor's transport strategy[EB/OL]. [2022-10-11]. https://tfl. gov. uk/corporate/about-tfl/the-mayors-transport-strategy.

[261] Singapore Government. Land transport master plan [EB/OL]. [2022-10-11]. https://www. lta. gov. sg/content/ltagov/en/who_we_are/our_work/land_transport_master_plan_2040. html.